上海市工程建设规范

市域铁路设计标准

Standard for design of suburban railway

DG/TJ 08—2435—2023
J 17003—2023

主编单位:中铁上海设计院集团有限公司
　　　　　上海申铁投资有限公司
批准部门:上海市住房和城乡建设管理委员会
施行日期:2023年12月1日

同济大学出版社

2024　上海

图书在版编目(CIP)数据

市域铁路设计标准 / 中铁上海设计院集团有限公司，上海申铁投资有限公司主编. —上海：同济大学出版社，2024.5
 ISBN 978-7-5765-1088-1

Ⅰ.①市… Ⅱ.①中…②上… Ⅲ.①城市铁路-设计标准-上海 Ⅳ.①U239.5-65

中国国家版本馆CIP数据核字(2024)第052657号

市域铁路设计标准

中铁上海设计院集团有限公司
上海申铁投资有限公司 主编

责任编辑	朱　勇
责任校对	徐春莲
封面设计	陈益平
出版发行	同济大学出版社　www.tongjipress.com.cn
	(地址：上海市四平路1239号　邮编：200092　电话：021-65985622)
经　　销	全国各地新华书店
印　　刷	启东市人民印刷有限公司
开　　本	889mm×1194mm　1/32
印　　张	19.125
字　　数	479 000
版　　次	2024年5月第1版
印　　次	2024年5月第1次印刷
书　　号	ISBN 978-7-5765-1088-1
定　　价	198.00元

本书若有印装质量问题，请向本社发行部调换　　版权所有　侵权必究

上海市住房和城乡建设管理委员会文件

沪建标定〔2023〕276 号

上海市住房和城乡建设管理委员会关于批准《市域铁路设计标准》为上海市工程建设规范的通知

各有关单位：

　　由中铁上海设计院集团有限公司和上海申铁投资有限公司主编的《市域铁路设计标准》，经我委审核，现批准为上海市工程建设规范，统一编号为 DG/TJ 08—2435—2023，自 2023 年 12 月 1 日起实施。

　　本标准由上海市住房和城乡建设管理委员会负责管理，中铁上海设计院集团有限公司负责解释。

　　特此通知。

上海市住房和城乡建设管理委员会
2023 年 6 月 1 日

前 言

为满足市域铁路建设和发展的要求，体现上海市域铁路（以下简称"市域铁路"）的功能和特点，指导市域铁路设计，根据上海市住房和城乡建设管理委员会《关于印发〈2020年上海市工程建设规范、建筑标准设计编制计划〉的通知》（沪建标定〔2019〕752号）要求，由中铁上海设计院集团有限公司和上海申铁投资有限公司会同有关单位，制定本标准。

本标准共30章，内容包括总则，术语、缩略语和符号，总体设计，客流预测，行车组织与运营管理，车辆，限界，线路与站场，轨道，路基，桥涵，隧道，车站建筑，地下车站结构，高架及地面车站结构，人防，牵引供电，电力，通信，信号，信息，综合监控与安全防护，调度中心，车辆基地，综合维修设施，给水排水，通风与空调，综合接地，防灾，环境保护。

各单位及相关人员在执行本标准过程中，如有意见和建议，请反馈至上海市交通委员会（地址：上海市世博村路300号；邮编：200125；E-mail：shjtbiaozhun@126.com），中铁上海设计院集团有限公司（地址：上海市共和新路1265号《市域铁路设计标准》编写组；邮编：200070；E-mail：xlq@sty.sh.cn），上海市建筑建材业市场管理总站（地址：上海市小木桥路683号；邮编：200032；E-mail：shgcbz@163.com），以供今后修订时参考。

主 编 单 位：中铁上海设计院集团有限公司
　　　　　　上海申铁投资有限公司
参 编 单 位：中铁第四勘察设计院集团有限公司
　　　　　　中国铁路设计集团有限公司
　　　　　　上海市隧道工程轨道交通设计研究院

上海市政工程设计研究总院(集团)有限公司
上海市城市建设设计研究总院(集团)有限公司
上海市地下空间设计研究总院有限公司
上海市质量和标准化研究院。

主要起草人:刘建红　刘　涛　胡光祥　饶雪平　杜　峰
　　　　　　王俊生　林海榕　许琳琪　章建庆　张中杰
　　　　　　秦　平　陈茂华　刘利锋　冯　云　蔡君君
　　　　　　安友臣　李海鹰　程晓青　王月辉　李奇默
　　　　　　孙双簏　马　述　江正东　侯　悦　王亚丽
　　　　　　刘高坤　周明星　符倍维　陆　云　韩建文
　　　　　　王法武　曹伟飚　赵俊骏　陈加核　吕尚文
　　　　　　颜　文　杨嘉琛　王斌晓　刘　洋(铁四院)
　　　　　　刘智平　全良臣　吴　量　刘　洋(上铁院)
　　　　　　李杰超　刘红娇　鲁青青　郑晋丽　胡　臣
　　　　　　利　敏　梅晓海　张　轶　倪海珺
主要审查人:朱沪生　徐正良　杨立新　陆　静　叶　蓉
　　　　　　何永昶　徐敢锋　袁　莉　郭　健

上海市建筑建材业市场管理总站

目　次

1 总　则 ·· 1
2 术语、缩略语和符号 ·· 2
　2.1 术　语 ··· 2
　2.2 缩略语 ··· 3
　2.3 符　号 ··· 4
3 总体设计 ··· 6
　3.1 一般规定 ·· 6
　3.2 主要技术标准 ·· 7
　3.3 系统设计 ·· 8
4 客流预测 ··· 12
　4.1 一般规定 ·· 12
　4.2 基础资料与数据 ··· 12
　4.3 预测内容 ·· 13
5 行车组织与运营管理 ·· 15
　5.1 一般规定 ·· 15
　5.2 运输模式 ·· 15
　5.3 运输规模 ·· 16
　5.4 配　线 ··· 17
　5.5 运营管理 ·· 17
6 车　辆 ·· 19
　6.1 一般规定 ·· 19
　6.2 主要技术规格 ·· 19
　6.3 车体与设备 ··· 23
　6.4 转向架 ··· 23

— 1 —

6.5 电气系统	24
6.6 制动系统	25
6.7 安全与应急设施	26
7 限界	27
7.1 一般规定	27
7.2 建筑限界	27
7.3 轨旁设备和管线布置	29
7.4 限界检测	30
8 线路与站场	31
8.1 一般规定	31
8.2 线路平面	32
8.3 线路纵断面	37
8.4 站场	39
8.5 交叉、附属设施及其他	45
8.6 接口设计	45
9 轨道	47
9.1 一般规定	47
9.2 轨道静态铺设精度	48
9.3 轨道部件	51
9.4 正线无砟轨道	53
9.5 正线有砟道床	54
9.6 轨道结构过渡段	55
9.7 配线、车场线轨道	55
9.8 减振轨道	57
9.9 无缝线路	58
9.10 轨道附属设备及常备材料	59
9.11 接口设计	61
10 路基	63
10.1 一般规定	63

	10.2	路基面形状及宽度	67
	10.3	基 床	72
	10.4	路 堤	75
	10.5	路 堑	76
	10.6	过渡段	76
	10.7	地基处理	80
	10.8	路基排水	80
	10.9	边坡防护	82
	10.10	路基支挡	82
	10.11	接口设计	83
11	桥 涵		85
	11.1	一般规定	85
	11.2	设计荷载及工程材料	87
	11.3	结构变形和变位的限值	93
	11.4	结构设计	98
	11.5	桥面布置及附属设施	101
	11.6	桥梁景观	103
	11.7	高架车站桥梁结构	103
	11.8	接口设计	104
12	隧 道		105
	12.1	一般规定	105
	12.2	隧道衬砌内轮廓	106
	12.3	荷载及工程材料	106
	12.4	隧道结构设计	113
	12.5	隧道附属构筑物	119
	12.6	隧道内部结构	119
	12.7	结构防水	120
	12.8	监控与量测	123
	12.9	接口设计	126

13	车站建筑	127
	13.1 一般规定	127
	13.2 车站总体布置	128
	13.3 车站平面、剖面设计	129
	13.4 车站出入口	133
	13.5 风井与冷却塔	134
	13.6 楼梯、自动扶梯、电梯和站台门	135
	13.7 车站无障碍设施	137
	13.8 换乘车站	138
	13.9 车站环境设计	138
	13.10 车站导向标识设计	139
	13.11 建筑节能	140
14	地下车站结构	141
	14.1 一般规定	141
	14.2 设计荷载及工程材料	142
	14.3 施工方法及结构选型	146
	14.4 基坑工程设计	147
	14.5 结构设计	152
	14.6 抗震设计	154
	14.7 结构防水	156
	14.8 接口设计	159
15	高架及地面车站结构	160
	15.1 一般规定	160
	15.2 设计荷载及工程材料	161
	15.3 结构设计	164
	15.4 抗震设计	167
	15.5 车站结构防水	167
	15.6 接口设计	167

16	人防	169
	16.1 一般规定	169
	16.2 建筑	170
	16.3 结构	172
	16.4 设备	178
	16.5 平战功能转换	178
17	牵引供电	180
	17.1 一般规定	180
	17.2 牵引供电	180
	17.3 牵引变电	181
	17.4 供电调度系统	187
	17.5 接触网	191
	17.6 电磁干扰防护	202
	17.7 接口设计	203
18	电力	206
	18.1 一般规定	206
	18.2 供配电系统	206
	18.3 电力变配电所	209
	18.4 电力线路	210
	18.5 动力照明	212
	18.6 接口设计	214
19	通信	215
	19.1 一般规定	215
	19.2 传输系统	216
	19.3 电话交换系统	217
	19.4 有线调度通信系统	218
	19.5 专用移动通信系统	219
	19.6 综合视频监控系统	221
	19.7 应急通信系统	222

19.8	时钟同步及时间同步系统	223
19.9	电源及接地系统	224
19.10	综合网管系统	225
19.11	公安通信系统	225
19.12	民用通信引入系统	226
19.13	通信线路	226
19.14	通信设备运行环境	227
19.15	接口设计	227
20	信 号	229
20.1	一般规定	229
20.2	地面固定信号	229
20.3	列车运行调度指挥	230
20.4	列车运行控制	232
20.5	联 锁	234
20.6	信号集中监测	235
20.7	数据传输网络	236
20.8	信号电源	237
20.9	光(电)缆线路与防护	238
20.10	防雷及接地	239
20.11	接口设计	239
21	信 息	242
21.1	一般规定	242
21.2	运输调度管理系统	242
21.3	客票系统	243
21.4	乘客信息系统	245
21.5	广播系统	245
21.6	时钟系统	246
21.7	动车组管理信息系统	246
21.8	办公信息系统	247

21.9	运行环境	247
21.10	接口设计	248

22 综合监控与安全防护 ... 249
  22.1 综合监控系统 ... 249
  22.2 火灾自动报警系统 ... 251
  22.3 环境与设备监控系统 ... 253
  22.4 门禁系统 ... 254
  22.5 安全技术防范系统 ... 256

23 调度中心 ... 258
  23.1 一般规定 ... 258
  23.2 选址与规模 ... 258
  23.3 工艺设计 ... 259
  23.4 建筑与结构 ... 261
  23.5 调度台 ... 262
  23.6 网络安全 ... 264
  23.7 供电、防雷与接地 ... 265
  23.8 其他设施 ... 265
  23.9 接口设计 ... 266

24 车辆基地 ... 268
  24.1 一般规定 ... 268
  24.2 总平面布置 ... 269
  24.3 运用整备设施 ... 272
  24.4 检修设施 ... 275
  24.5 其他 ... 277

25 综合维修设施 ... 278
  25.1 一般规定 ... 278
  25.2 动态检测及大机维修中心 ... 279
  25.3 维修车间 ... 280
  25.4 维修工区 ... 281

	25.5 物资总库	282
26	给水排水	283
	26.1 一般规定	283
	26.2 给　水	285
	26.3 排　水	286
	26.4 接口设计	290
27	通风与空调	292
	27.1 一般规定	292
	27.2 设计标准	293
	27.3 高架及地面车站、车辆基地、调度中心及其他附属建筑	296
	27.4 地下车站和区间	298
	27.5 空调冷源及水系统	299
	27.6 通风与空调系统控制	300
	27.7 接口设计	301
28	综合接地	302
	28.1 一般规定	302
	28.2 贯通地线、接地线	302
	28.3 接地体(极)和接地端子	303
	28.4 接地及等电位连接	306
	28.5 接口设计	307
29	防　灾	308
	29.1 一般规定	308
	29.2 建筑防火	308
	29.3 消防给水与灭火设施	315
	29.4 防烟、排烟与事故通风	318
	29.5 火灾自动报警系统	322
	29.6 防灾通信	323
	29.7 消防配电与应急照明	324

29.8 其　他 ·· 325
30 环境保护 ·· 326
　　30.1 一般规定 ·· 326
　　30.2 噪声与振动污染防治 ···································· 326
　　30.3 污水与固体废物污染防治 ······························ 328
　　30.4 电磁污染防治 ·· 328
附录 A　直线地段建筑限界轮廓及基本尺寸 ················ 329
附录 B　曲线地段建筑限界的加宽计算 ······················ 330
本标准用词说明 ·· 332
引用标准名录 ··· 333
条文说明 ·· 339

Contents

1 General provisions ································· 1
2 Terms, acronyms and symbols ······················· 2
   2.1 Terms ··· 2
   2.2 Acronyms ······································ 3
   2.3 Symbols ······································· 4
3 General design ······································ 6
   3.1 General requirements ···························· 6
   3.2 Main technical standards ························· 7
   3.3 System design ·································· 8
4 Passenger flow prediction ···························· 12
   4.1 General requirements ···························· 12
   4.2 Basic information and data ······················· 12
   4.3 Concrete content ······························· 13
5 Transport organization and operating management ······ 15
   5.1 General requirements ···························· 15
   5.2 Transport mode ································ 15
   5.3 Transport scale ································ 16
   5.4 Sidings ······································· 17
   5.5 Operating management ·························· 17
6 Vehicle ·· 19
   6.1 General requirements ···························· 19
   6.2 Main technical requirements ······················ 19
   6.3 Vehicle body and equipment ······················ 23
   6.4 Bogie ··· 23

	6.5	Electrical system	24
	6.6	Brake system	25
	6.7	Safety facilities	26
7	Gauge		27
	7.1	General requirements	27
	7.2	Structure gauge	27
	7.3	Layout principles of facilities and pipelines in track area	29
	7.4	Gauge checking	30
8	Line and yards		31
	8.1	General requirements	31
	8.2	Plane of the line	32
	8.3	Profile of the line	37
	8.4	Station yard	39
	8.5	Intersections, ancillary facilities and others	45
	8.6	Interface design	45
9	Track		47
	9.1	General requirements	47
	9.2	Static laying accuracy of track	48
	9.3	Track parts	51
	9.4	Ballastless track of main line	53
	9.5	Ballasted track of main line	54
	9.6	Transition section of track structure	55
	9.7	Track of siding line	55
	9.8	Vibration damping track	57
	9.9	Seamless track	58
	9.10	Ancillary equipments and spare parts of track	59
	9.11	Interface design	61

10	Subgrade	63
	10.1 General requirements	63
	10.2 Shape and width of subgrade surface	67
	10.3 Subgrade bed	72
	10.4 Embankment	75
	10.5 Cutting	76
	10.6 Transition section	76
	10.7 Foundation treatment	80
	10.8 Subgrade drainage	80
	10.9 Slope protection	82
	10.10 Subgrade retaining	82
	10.11 Interface design	83
11	Bridge and culvert	85
	11.1 General requirements	85
	11.2 Design load and engineering materials	87
	11.3 Limits for structural deformation and displacement	93
	11.4 Structure design	98
	11.5 Deck arrangement and auxiliary facilities	101
	11.6 Bridge landscape	103
	11.7 Bridge structure of elevated station	103
	11.8 Interface design	104
12	Tunnel	105
	12.1 General requirements	105
	12.2 Inner profile of tunnel lining	106
	12.3 Loads and engineering materials	106
	12.4 Tunnel structural design	113
	12.5 Tunnel accessory structures	119
	12.6 Tunnel internal structures	119

12.7	Structural waterproofing	120
12.8	Monitoring and measurement	123
12.9	Interface design	126

13 Station building 127
    13.1 General requirements 127
    13.2 Overall layout of stations 128
    13.3 Station plane, profile design 129
    13.4 Station entrances and exits 133
    13.5 Air shaft and cooling tower 134
    13.6 Stairs, escalator, elevator and platform screen door 135
    13.7 Station barrier-free facilities 137
    13.8 Transfer station 138
    13.9 Station environmental design 138
    13.10 Station orientation label design 139
    13.11 Building energy efficiency 140

14 Underground station structure 141
    14.1 General requirements 141
    14.2 Design loads and engineering materials 142
    14.3 Construction methods and structural form selection 146
    14.4 Foundation engineering design 147
    14.5 Structural design 152
    14.6 Seismic design 154
    14.7 Structural waterproofing 156
    14.8 Interface design 159

15 Elevated and ground station structures 160
    15.1 General requirements 160
    15.2 Design load and engineering materials 161

15.3	Structural design	164
15.4	Seismic design	167
15.5	Waterproofing of station structure	167
15.6	Interface design	167

16 Civil air defence ································· 169

16.1	General requirements	169
16.2	Building	170
16.3	Structure	172
16.4	Equipment	178
16.5	Conversion of peacetime and wartime functions	178

17 Traction power supply ···························· 180

17.1	General requirements	180
17.2	Traction power supply	180
17.3	Traction substations	181
17.4	Power supply dispatching system	187
17.5	Overhead contact line system	191
17.6	Electromagnetic interference protection	202
17.7	Interface design	203

18 Electric power ···································· 206

18.1	General requirements	206
18.2	Power supply and distribution system	206
18.3	Power substations and distribution substations	209
18.4	Electric power lines	210
18.5	Power lighting	212
18.6	Interface design	214

19 Communication ···································· 215

19.1	General requirements	215

19.2 Transmission system 216
19.3 Telephone switching system 217
19.4 Wired dispatching communication system 218
19.5 Dedicated mobile communication system 219
19.6 Integrated video monitoring system 221
19.7 Emergency communication system 222
19.8 Clock synchronization and time synchronization system 223
19.9 Power and grounding system 224
19.10 Integrated network management system 225
19.11 Police communication system 225
19.12 Public mobile communication system 226
19.13 Communication line 226
19.14 Communication device operating environment 227
19.15 Interface design 227

20 Signal 229
20.1 General requirements 229
20.2 Ground fixed signal 229
20.3 Train operation dispatching command 230
20.4 Train operation control 232
20.5 Interlocking 234
20.6 Centralized signaling monitoring 235
20.7 Data transmission network 236
20.8 Signal power supply 237
20.9 Optical fiber cables wiring and protection 238
20.10 Lightning protection and grounding 239
20.11 Interface design 239

21	Information		242
	21.1	General requirements	242
	21.2	Transportation dispatching management system	242
	21.3	Automatic fare collection system	243
	21.4	Passenger information system	245
	21.5	Broadcasting system	245
	21.6	Clock system	246
	21.7	Multiple units management information system	246
	21.8	Office information system	247
	21.9	Operating environment	247
	21.10	Interface design	248
22	Integrated supervisory control and security & protection		249
	22.1	Integrated supervisory control system	249
	22.2	Fire alarm system	251
	22.3	Building automation system	253
	22.4	Access control system	254
	22.5	Security & protection system	256
23	Dispatching center		258
	23.1	General requirements	258
	23.2	Site selection and scale	258
	23.3	Process design	259
	23.4	Building and structure	261
	23.5	Dispatcher station	262
	23.6	Cybersecurity	264
	23.7	Power supply, lightning protection and grounding	265

	23.8	Other facilities	265
	23.9	Interface design	266
24	Vehicle base	268
	24.1	General requirements	268
	24.2	General layout	269
	24.3	Facilities for running and service	272
	24.4	Maintenance facilities	275
	24.5	Others	277
25	Comprehensive maintenance facilities	278
	25.1	General requirements	278
	25.2	Dynamic monitoring and large machinery maintenance center	279
	25.3	Comprehensive maintenance center	280
	25.4	Maintenance work section	281
	25.5	Material general warehouse	282
26	Water supply and drainage	283
	26.1	General requirements	283
	26.2	Water supply	285
	26.3	Drainage	286
	26.4	Interface design	290
27	Ventilation and air conditioning	292
	27.1	General requirements	292
	27.2	Design criteria	293
	27.3	Elevated and at-grade station, depot, dispatch center and other ancillary buildings	296
	27.4	Underground station and interval	298
	27.5	Air-conditioning cooling source and water system	299

	27.6	Control of ventilation and air conditioning system 300
	27.7	Interface design 301
28	Integrated earthing 302
	28.1	General requirements 302
	28.2	Through earthing wires and earthing wires 302
	28.3	Earthing bodies (electrodes) and earthing terminals 303
	28.4	Earthing and equipotential bonding 306
	28.5	Interface design 307
29	Disaster prevention 308
	29.1	General requirements 308
	29.2	Building fire protection 308
	29.3	Water supply and fire fighting facilities 315
	29.4	Smoke prevention, smoke extraction and accident ventilation 318
	29.5	Automatic fire alarm system 322
	29.6	Disaster prevention communication 323
	29.7	Fire distribution and emergency lighting 324
	29.8	Others 325
30	Environmental protection 326
	30.1	General requirements 326
	30.2	Noise and vibration pollution prevention and control 326
	30.3	Sewage and solid waste pollution prevention and control 328
	30.4	Electromagnetic pollution prevention and control 328

Appendix A   Vehicle profile and equipment gauge 329

Appendix B Calculation method of structure gauge for
           curve section ·· 330
Explanation of wording in this standard ····················· 332
List of quoted standards ·· 333
Explanation of provisions ··· 339

1 总 则

1.0.1 为统一市域铁路设计标准,使市域铁路设计符合安全可靠、技术先进、经济适用、节能环保等要求,制定本标准。

1.0.2 本标准适用于新建设计速度为 140 km/h~160 km/h,采用交流电力牵引市域铁路车辆的标准轨距市域铁路。

1.0.3 市域铁路设计除应符合本标准外,尚应符合国家、行业和本市现行有关标准的规定。

2 术语、缩略语和符号

2.1 术 语

2.1.1 市域铁路 suburban railway

是实现中心城与新城、新市镇组团之间的快速度、公交化、通勤化、大运量的轨道交通系统。

2.1.2 总体设计 general design

指完成工程建设项目的总体目标和实现目标的技术路径的设计过程,包含合理选定主要技术标准、线路选线和建设方案,明确系统构成并选定系统集成方案,明确工期、投资和其他控制目标以及系统可靠性与内部控制设计等工作内容。

2.1.3 车辆限界 kinematic gauge

计算车辆(不论是空车或重车)在平直的轨道上按规定速度运行,计及了规定的车辆和轨道的公差值、磨耗量、弹性变形量,以及车辆的振动等正常状态下运行的各种限定因素而产生的车辆各部位横向和竖向动态偏移后形成的动态包络线,并以标准坐标系表示的界线。

2.1.4 设备限界 equipment gauge

基准坐标系中在车辆限界外加未计及因素和安全距离(包括一系或二系悬挂故障状态)的界线。设备限界外安装的任何设备(有效站台长度内及接触网设备带电部分除外),包括安装误差值和柔性变形量在内,均不得向内侵入的界线。

2.1.5 建筑限界 structure gauge

位于设备限界外考虑了沿线设备安装后的最小有效界线。

2.1.6 动态试验线 MU running test track

供动车组检修后进行动态性能试验的专用线路。

2.1.7 工后沉降 settlement after civil work

铺轨工程完成以后，基础设施产生的沉降量。

2.1.8 铁路数字移动通信系统 GSM for railway (GSM-R)

基于GSM制式的承载铁路语音和数据等业务及机车数据传送业务的综合数字移动通信系统。

2.1.9 中国列车运行控制系统 Chinese train control system (CTCS)

保证列车安全运行，并以分级形式满足不同线路运输需求的列车控制系统的总称。

2.1.10 列车自动运行 automatic train operation (ATO)

自动实行列车加速、调速、停车和车门开闭、提示等控制技术的总称。

2.1.11 列车自动防护 automatic train protection (ATP)

自动实现列车运行间隔、超速防护、进路安全和车门等监控技术的总称。

2.1.12 站台门 platform edge door

安装在车站站台，将行车的轨道区与站台的候车区隔开，设有与列车门相对应、可多级控制开启与关闭滑动门的连续屏障。

2.1.13 防淹门 flood gate

防止洪水涌入地下车站与区间隧道的密闭设施。

2.1.14 调度中心 dispatching center

是信息的集散地和交换枢纽，对全线和全网列车运行、电力供应、车站设备、防灾报警和乘客票务等实行管理和调度指挥的中心。

2.2 缩略语

BAS　Building Automation System　机电设备监控系统

BITS　Building Integrated Timing Supply 大楼综合定时供给设备
BSC　Base Station Controller 基站控制器
CTC　Centralized Traffic Control 调度集中
CTCS　Chinese Train Control System 中国列车运行控制系统
FAS　Fire Alarm System 火灾自动报警系统
LEU　Line-side Electric Unit 地面电子单元
MCU　Multi-point Control Unit 多点控制设备
MSC　Mobile Switching Center 移动交换中心
MSTP　Multi-Service Transfer Platform 多业务传送平台
QoS　Quality of Service 服务质量
RAMS　Reliability，Availability，Maintainability，Safety 可靠性、可用性、可维护性、安全性
SCADA　Supervisory Control and Data Acquisition 数据采集与控制系统
SDH　Synchronous Digital Hierarchy 同步数字系列
TCC　Train Control Center 列控中心
TCP/IP　Transmission Control Protocol 传输控制协议
IP　Internet Protocol 互联网协议
TRAU　Transcoder/Rate Adapter Unit 编译码和速率适配器单元
TSR　Temporary Speed Restriction 临时限速
TSRS　Temporary Speed Restriction Server 临时限速服务器

2.3　符　号

V——设计速度(km/h)；
R——平面曲线半径(m)；

R_{sh}——竖曲线半径(m);

K——压实系数;

K_{30}——地基系数;

E_{vd}——动态变形模量;

γ_0——结构重要性系数。

3 总体设计

3.1 一般规定

3.1.1 市域铁路设计应符合国土空间规划、综合交通规划、网络规划及建设规划,以总体设计统筹专业设计,科学合理地实现规划意图。

3.1.2 市域铁路总体设计应准确把握项目功能定位,充分研究项目客流需求,合理选定主要技术标准、线路走向和建设方案,并明确建设工期、投资和其他控制目标。

3.1.3 市域铁路设计年度分为初、近、远三期。初期为建成通车后第三年,近期为建成通车后第十年,远期为建成通车后第二十五年。

    1 基础设施及不易改、扩建的建筑物和设备,应按远期或控制期客流量和运输性质设计。

    2 易改、扩建的建筑物和设备,宜按近期客流量和运输性质设计,并预留远期发展条件。

    3 随运输需求变化而增减的市域铁路车辆及其他运营设备数量可按初期客流量进行设计。

3.1.4 市域铁路站站停列车平均旅行速度不宜低于 60 km/h。

3.1.5 车站分布应根据城市总体规划、新城和城镇组团分布、客运量、运输组织、设计输送能力及养护维修、救援等技术作业要求,结合工程条件等因素综合研究确定,同时车站分布应考虑区间通过能力的均衡性。平均站间距不宜小于 3 km。

3.1.6 市域铁路应按全封闭设计。

3.1.7 市域铁路宜采用高架或地面敷设。受环境条件及建设条件限制时可采用地下敷设。

3.1.8 市域铁路与干线铁路、城际铁路宜有效衔接,有功能或客流需求、具备工程条件时宜互联互通。

3.1.9 市域铁路内部应根据功能定位或客流需求做到互联互通。

3.1.10 市域铁路与城市轨道交通等公共交通系统应衔接顺畅、换乘便捷。

3.1.11 市域铁路应将安全设计、风险防范贯穿于设计全过程。

3.1.12 市域铁路投资控制应按照科学合理、经济适用的原则,从技术标准、设计方案、工程措施和施工组织等多方面进行控制。

3.1.13 市域铁路设计应强化专业间技术接口,加强与规划、交通、建设等部门协调,以利线路功能实现。

3.2 主要技术标准

3.2.1 市域铁路主要技术标准应根据其在市域铁路线网中的作用、地质条件、输送能力、运输需求和互联互通要求等综合比选确定。主要技术标准应包含下列内容:
　　——设计速度;
　　——正线线间距;
　　——平面最小曲线半径;
　　——最大坡度;
　　——列车编组辆数;
　　——到发线有效长度;
　　——站台有效长度;
　　——列车运行控制方式;
　　——调度指挥方式;
　　——最小行车间隔。

3.2.2 市域铁路设计速度应根据运输需求特点、通道综合运输分工、线路功能定位、工程建设条件、互联互通要求等因素确定，并符合旅行时间目标值的要求。

3.2.3 市域铁路应按双线电气化、左侧行车设计，并具备反向行车条件。

3.2.4 市域铁路正线线间距、平面最小曲线半径、最大坡度应根据设计速度、运输组织模式、列车运行安全和旅客舒适度要求等因素确定。

3.2.5 市域铁路列车编组辆数应根据预测的客流量，结合车辆定员、运输组织方案，经技术经济比选后确定。列车编组辆数不宜大于8辆。

3.2.6 市域铁路到发线有效长度应按远期列车编组长度和列控系统要求计算确定。有干线铁路、城际铁路跨线停靠的线路，车站到发线有效长度应采用现行行业标准《城际铁路设计规范》TB 10623的规定值。

3.2.7 市域铁路应根据设计速度、行车间隔、自动化等级等要求，同时结合市域铁路线路内部以及与其他线网之间实现互联互通等要求，选用适配其互通性和公交化运营需求的列车运行控制系统，宜采用CTCS-2或兼容CTCS-2的列车运行控制系统，系统应具备ATO相关功能。

3.2.8 市域铁路调度指挥方式应采用调度集中。

3.2.9 市域铁路最小行车间隔应根据客流需求、列车编组及定员、服务水平等因素确定。

3.3 系统设计

3.3.1 市域铁路设计应以实现优化系统功能为目的，各专业系统的标准、接口设计、固定和移动设施应匹配协调。

3.3.2 市域铁路铺设无砟轨道地段应采用精密测量控制技术。

3.3.3 市域铁路车站与区间的通过能力应协调匹配。

3.3.4 市域铁路车站应采用站台候车模式。站台上宜设置站台门。

3.3.5 市域铁路车辆制动系统应按故障导向安全原则进行设计。

3.3.6 市域铁路列车设计竖向静荷载应采用 ZS 荷载。

3.3.7 市域铁路设计应考虑可预见的区域地面沉降以及邻近线路抽取地下水、地基开挖和堆载等因素对线路沉降的影响。

3.3.8 市域铁路有砟轨道与无砟轨道结构类型的选择应根据沉降控制、环境条件及养护维修等情况,经技术经济比选后确定。

3.3.9 市域铁路路基、桥梁、隧道和轨道等线下基础设施设计应采用与行车速度相匹配的技术标准。

3.3.10 市域铁路路基、桥梁及隧道等工程类型的选择应结合规划条件、环境因素、节约投资、方便施工、减少拆迁以及少占农田等因素,经技术经济比选后确定。

3.3.11 市域铁路路基地基处理措施应根据工后沉降控制标准、地质条件、建设工期、环境影响及工程投资等因素,经技术经济比选后确定。

3.3.12 市域铁路桥梁桥墩类型宜结合桥梁所处的地域、地形、水文、立交条件及景观要求等成段统一。

3.3.13 市域铁路隧道衬砌内轮廓应根据设计速度、正线数目、建筑限界、养护维修方式以及阻塞比要求,并结合车辆密封指数综合确定。

3.3.14 市域铁路下穿河流和湖泊等水域的隧道工程,当水体可能危及使用安全时,应在隧道下穿水域的两端设置防淹门或采取其他防水淹措施。

3.3.15 市域铁路隧道地段应设置疏散通道,路基、桥梁地段可利用两侧路肩和电缆槽盖板进行疏散。

3.3.16 市域铁路车站建筑规模应根据客流量预测、车站功能布局、交通设施衔接方式、建筑构成等因素综合分析确定。

3.3.17 市域铁路车站建筑的总体布局应与城市规划整体协调，注重与城市其他交通方式在功能布局、流线设置上的衔接，注重车站内部各子项的工程、管线、设备设施等的接口。

3.3.18 市域铁路人防及抗震设计应符合国家及上海市现行有关规范及标准的规定。

3.3.19 市域铁路与干线铁路、城际铁路、城市轨道交通、公(道)路并行或相交地段的间距应结合技术要求、安全防护和养护维修等因素综合分析确定。除符合现行上海市工程建设规范《市域铁路结构安全保护技术标准》DG/TJ 08—2397外，还应符合国家现行有关规范及标准的规定。

3.3.20 市域铁路牵引供电宜采用带回流线的直接供电方式，供电电源应采用110 kV及以上电压等级。

3.3.21 市域铁路接触网电分相的设置应根据牵引供电设施分布、电分相型式、线路坡度条件以及信号系统等，经列车过分相能力检算确定。电分相不宜设置在连续大坡度、变坡点、大电流及出站加速区段。

3.3.22 市域铁路移动通信系统制式应符合国家有关技术标准，宜采用LTE、GSM-R、5G等无线通信技术制式，应满足互通运营的需求。

3.3.23 客票系统应满足市域铁路网运输组织需求，支持与干线铁路、城际铁路间互通情况下的票务管理需要，支持与城市公共交通间一票换乘，支持与都市圈城际线路间一票通达。

3.3.24 市域铁路应设置清分系统，并具备支持与其他清分系统共同清分的技术条件。

3.3.25 市域铁路调度中心、车辆运用检修设施、固定设施维修设施、应急救援设施应根据线网规划和相关线路条件合理配置，满足资源共享要求。

3.3.26 市域铁路调度中心、车辆基地及综合维修设施、变电所、票务及清分中心等网络性、系统性设备设施应根据网络规划、建设时序等按一体化运营管理及资源共享等要求统筹设计。

3.3.27 市域铁路应设置路网应急指挥中心。

3.3.28 市域铁路区间、车站及车辆基地应设置综合接地系统。

3.3.29 市域铁路设计应注意与城市空间开发的衔接。市域铁路土地综合开发宜考虑场站上盖、地下及周边土地等空间的开发利用。

3.3.30 市域铁路工程临时用地宜与永久用地统筹考虑。

3.3.31 市域铁路施工组织设计应以工程质量和安全为前提，以建设工期和投资效益为目标，并考虑城市环境、临时用地、交通导改、管线迁改等因素的影响。

3.3.32 市域铁路项目相关专业之间以及项目与外部相关工程之间应协调接口设计。

3.3.33 在设计与设备选型中，在安全可靠的前提下，可采用新技术、新工艺、新材料、新设备。

4 客流预测

4.1 一般规定

4.1.1 市域铁路客流预测应按初期、近期、远期三个年度进行预测，与市域铁路设计年限保持一致。

4.1.2 市域铁路应以市域综合交通网为基础，并结合区域国土空间规划、沿线土地利用规划以及线路客流特点等分析，采用专题研究和具体预测相结合的方法进行客流预测。

4.1.3 市域铁路客流预测模型应符合下列规定：
1 模型范围应涵盖市域及线路服务范围。
2 模型参数应以近 5 年内的综合交通调查数据为基础。
3 模型应经标定和校核。

4.1.4 承担干线铁路、城际铁路跨线列车等新建市域铁路，应预测干线铁路、城际铁路列车跨线客流。

4.1.5 市域铁路客流预测应进行客流敏感性测试和客流特征分析。

4.2 基础资料与数据

4.2.1 市域铁路客流预测的基础资料与数据应包括基础年社会经济数据和交通数据。

4.2.2 基础年交通数据应使用涵盖模型范围的综合交通调查或专项调查数据；预测年交通数据应根据相关规划及预测确定。市域铁路客流预测的其他交通基础数据还应包括下列内容：
1 市域铁路所在交通走廊城市道路、公路、铁路、城市轨道交通等方式运行状况。

2 市域铁路所在交通走廊常规公共交通、长途客运巴士、铁路、城市轨道交通、水运等需求特征。

4.3 预测内容

4.3.1 市域铁路客流预测应包括模型范围交通需求、线网客流、强相关线路客流、线路客流、车站客流、站间客流 OD 预测以及客流敏感性分析等，并结合项目具体情况，必要时增加周末及节假日客流预测结果。

4.3.2 模型范围交通需求预测内容应包括市域铁路服务范围内组团间全方式交通量、出行时空分布、交通方式结构以及主要通道内各交通方式的客流分担率等。

4.3.3 强相关线路客流预测应包括初期、近期及远期的全日客流量、高峰小时单向最大断面客流量等，并结合项目具体情况，必要时增加有无本项目对强相关线路客流指标的影响。

4.3.4 线路客流预测结果应符合下列规定：

1 应包括初期、近期及远期的工作日全日及早、晚高峰小时的客流量、客流周转量、换乘客流量、平均运距及运距分布、单向最大断面客流量、负荷强度、客流时段分布曲线、客流密度等。

2 应包括线路不同位置的客流在高峰时段、服务群体、运距构成、客流方向、出行目的差异性分析，必要时增加工作日平峰期、周末及节假日期间客流特征差异性分析。

3 当线路存在与其他轨道交通线路跨线运营时，应包括跨线运营线路的客流构成分析。

4.3.5 车站客流预测结果应符合下列规定：

1 应包括初期、近期及远期的工作日全日及早、晚高峰小时各车站乘降客流、站间断面客流量、换乘站分方向换乘客流，针对重点车站或区域分析上、下车客流的时间分布。

2 当车站的客流高峰出现在非工作日早、晚高峰时，应包括车站高峰客流出现时段及乘降量规模的预测分析。

3 应预测车站超高峰系数，并根据客流的超高峰出行特征给出分象限的客流规模。

4 初步设计阶段，除以上内容外，还应对各出入口全日及高峰时段的上下行进出客流量、不同接驳交通方式进出客流量进行预测。

4.3.6 站间 OD 预测内容应包括初期、近期及远期各站点全日及高峰小时站间 OD 矩阵及分区域 OD。

4.3.7 客流敏感性分析，应针对初期、近期及远期分别选取不同敏感性因素对客流指标进行测试，给出全日客流量及高峰小时单向最大断面客流量的波动范围。

5 行车组织与运营管理

5.1 一般规定

5.1.1 市域铁路行车组织与运营管理设计应依据项目功能定位、客流需求，结合线网衔接关系，明确运输模式、运输规模、配线设置原则和运营管理模式。

5.1.2 运输模式应根据预测客流量和客流特征，结合工程条件综合确定。可分时段、分区段、分年度制定差异化运输模式。

5.1.3 运输规模应在提高运输效率和服务水平、降低建设成本和运营成本的原则下，根据预测客流数据和线路服务需求综合分析确定，包括设计输送能力、系统设计能力、最小列车开行对数、列车编组、乘客站立密度等内容。

5.1.4 配线设置应在满足运营需求和运营安全的前提下，结合资源共享、工程实施条件、工程投资等因素综合确定。

5.1.5 运营状态应包括正常运营状态、非正常运营状态和紧急运营状态。系统的运营应在保证所有使用该系统的人员和乘客，以及系统设施安全的情况下实施。

5.2 运输模式

5.2.1 运输模式应根据线路的功能定位、客流强度、网络化运营需求、技术标准、工程条件、工程投资等因素综合比选确定，可采取独立运行或跨线运行模式、快慢车越行或站站停模式、单一速度等级列车运行或不同速度等级列车共线运行的模式等。

5.2.2 列车运行应区分上、下行。为便于管理指挥，宜以减少上、下行列车车次转换次数为原则。当选择以枢纽为中心区分上、下行时,以开往枢纽方向为上行。

5.2.3 运输服务应采用站台候车、不对号入座的公交化模式,根据不同的客流需求特征,可采用等间隔服务模式或时刻表服务模式。

5.2.4 列车开行交路应根据客流分布规律、高峰小时断面流量、设置折返作业的工程条件确定,可根据客流特征、网络化运营需求等组织多交路运行。

5.2.5 可结合不同时段和不同区段的客流需求、运输能力等,组织大站停、站站停等多样化列车开行方案。

5.2.6 越站列车通过车站时,实际运行速度不宜低于最高设计速度的50%,且应满足安全运营要求。

5.3 运输规模

5.3.1 设计输送能力除应满足设计年度单向高峰小时最大断面客流量的需要外,还应结合城市空间发展、资源共享需求等预留运能裕量,且不宜小于10%。

5.3.2 系统设计能力应满足设计年度输送能力的需要,站站停运输模式下不应小于20对/h。结合运输模式,系统设计能力包括车站通过能力、折返能力、咽喉通过能力、区间通过能力、出入段能力等;土建和设备应满足最小行车间隔要求。

5.3.3 设计年度最小列车开行对数应符合下列规定:

  1 初期高峰时段不宜小于6对/h,平峰时段不宜小于4对/h。

  2 远期高峰时段不宜小于12对/h,平峰时段不宜小于6对/h。主城区宜适当加密。

5.3.4 采用快慢车越行模式时,应通过运行图铺画方式确定区间通过能力。

5.3.5 车厢有效空余地板面积站立乘客标准应充分考虑乘客舒适度,不宜超过 4 人/m^2。进入主城区的区段,可结合客流特征、功能定位、乘距等因素分段确定,不宜超过 5 人/m^2。

5.4 配 线

5.4.1 市域铁路运营可根据需要设置包括折返线、到发线、停车线、渡线、出入线、联络线、安全线等配线。

5.4.2 折返线应根据行车交路设计确定,起终点站和中间折返站应设置折返线。折返线形式应满足系统能力要求,并结合站台形式、工程实施条件、段外停车数量、运营故障救援等因素综合确定。

5.4.3 到发线应结合运输组织模式、运行图铺画、工程实施条件综合确定。

5.4.4 停车线应具备故障列车临时待避停放和组织临时交路折返的功能,可结合开行方案与工程条件考虑与到发线合设条件。停车线设置间距不宜大于 20 km,其间每 8 km～10 km 或每隔 2 座～3 座车站宜增设单渡线。

5.4.5 联络线应根据线网规划、资源共享、跨线运营等需求综合确定。

5.4.6 在靠近隧道洞口的地下车站及临近江河湖海岸边的车站,应根据非正常运营模式应急要求,研究和确定车站配线形式。

5.5 运营管理

5.5.1 市域铁路运营管理应贯彻以人为本、安全高效、可持续发展的建设和运营理念。

5.5.2 运营管理资源共享应根据市域铁路网络规划及各线条件合理配置,并应满足运营管理和维修保障的资源共享要求。

5.5.3 运营管理应具备正常运营状态、非正常运营状态和紧急运营状态下的运营管理模式，运营管理机构应对不同的运营状态制定相应的管理规程和规章制度。

5.5.4 应以提高管理效率、精简机构和人员的原则确定运营组织架构。市域铁路每条线路的系统定员宜控制在 40 人/km 以内，首条运营市域铁路可适当提高标准。

5.5.5 全日运营时间不宜小于 16 h，并应与中心城区轨道交通网在运营时间上合理衔接。综合维修"天窗"时间不宜小于 4 h。

5.5.6 市域铁路应在车站或车辆基地设置满足运营要求的维修、抢险救援、培训及仓储等用房，并应为工作人员配置必要的生产、生活用房和设施。

6 车 辆

6.1 一般规定

6.1.1 车辆选型应遵循标准化、统一化原则。

6.1.2 车辆应满足快速运行、频繁起停、大载客量及公交化运行等运营需求,应采用动力分散型编组形式。

6.1.3 车辆应确保在全寿命周期内正常运行时的行车安全和人身安全,并应具备故障、事故和灾难情况下对人员和车辆实施救援的条件。

6.1.4 车辆及其内部设施应采用不燃材料或无卤、低烟、无毒的阻燃材料。

6.1.5 车辆应采取减振和降噪措施,减小车辆振动和噪声对环境的影响。

6.1.6 车辆宜配置满足智能运维条件的技术及装备。

6.2 主要技术规格

6.2.1 车辆主要技术规格应符合表6.2.1的规定。

表6.2.1 车辆主要技术规格

项目	规格参数
供电制式	AC25 kV
车钩中心距(mm)	25 000
车体基本长度(mm)	24 500
车体基本宽度(mm)	3 300

续表6.2.1

项目	规格参数
车体高度(mm)	3 880
车辆落弓高度(mm)	≤4 640
立席处净高度(mm)	≥2 100
地板面高度(mm)	1 280
固定轴距(mm)	2 500
车辆定距(mm)	17 500
车轮直径(mm)	860
头车前端车钩中心线距轨面高度(mm)	1 000
车门对数(对)	头尾车2对,中间车3对
车门宽度(mm)	≥1 400
轴重(t)	≤17

注:每平方米有效空余地板面积站立的人数,定员按4人计,超员按6人计。

6.2.2 车辆使用条件应符合现行国家标准《轨道交通 设备环境条件 第1部分:机车车辆设备》GB/T 32347.1的规定。

6.2.3 车辆在AW0的载荷下,重量平衡应符合现行国家标准《城市轨道交通车辆组装后的检查与试验规则》GB/T 14894的规定。

1 任一侧车轮上测得的轮重与在两侧测得的轮重平均值之差不得超过±4%。

2 轮对的每个车轮测得的轮重与该轮对两车轮平均轮重之差不得超过±4%。

3 同一车辆的每根动轴的轴重与该车各动轴实际平均轴重之差不得超过该车实际平均轴重的2%。

6.2.4 车辆动力学性能应符合表6.2.4的规定。

表6.2.4 车辆动力学性能

技术参数	技术指标
脱轨系数 Q/P	$Q/P \leq 0.8$

续表6.2.4

技术参数	技术指标
轮重减载率 $\Delta P/P$	$\Delta P/P \leqslant 0.65$
客室平稳性指标 W	$W \leqslant 2.5$
司机室平稳性指标 W	$W \leqslant 2.75$

6.2.5 在 ISO 3381 标准规定环境条件下,客室纵向中心线距地板面高 1.6 m 处,列车内部噪声测量值应符合下列规定:

1 车辆静置所有辅助系统设备同时以额定功率运行时,客室座席区中部连续噪声值不应大于 69 dB(A),司机室内不应大于 68 dB(A)。

2 车辆以最高运行速度±5%速度运行时,客室座席区中部连续噪声值不应大于 75 dB(A),司机室噪声值不应大于 75 dB(A)。

6.2.6 在 ISO 3095 标准规定的环境条件下,距离轨道中心线 7.5 m 远、距轨面高 1.2 m 处,列车外部噪声测量值应符合下列规定:

1 车辆以最高运行速度通过空旷平直线路时,等效连续噪声不应大于表 6.2.6 的规定。

表 6.2.6 等效连续噪声限值

速度等级(km/h)	140	160
噪声限值[dB(A)]	87	89

2 车辆起动时,最大噪声不应超过 82 dB(A)。

3 车辆停止、空调工作、牵引及牵引冷却设备不工作时,连续噪声不应超过 68 dB(A)。

6.2.7 列车气密性指标应分为密封性、非密封性两个等级,密封性列车应符合下列规定:

1 动态密封指数 $\tau > 6$ s。

2 160 km/h 等级市域车辆在整备状态下,单节车辆关闭门窗及空调设备的对外开口时,车厢内空气压力由 2 600 Pa 降至

1 000 Pa 的时间不应小于 18 s；140 km/h 等级市域车辆在整备状态下，单节车辆关闭门窗及空调设备的对外开口时，车厢内空气压力由 2 100 Pa 降至 1 000 Pa 的时间不应小于 15 s。

6.2.8 列车动拖比应根据编组、加减速性能、旅行速度、故障运行能力、救援能力等因素，以及充分发挥再生制动作用、减少摩擦制动材料消耗、减少在隧道内的发热量、节约电能、减少环境污染等因素综合确定。

在定员载荷、额定供电电压和车轮半磨耗状态下，列车在平直干燥轨道上的加速度性能应不低于表 6.2.8-1 的规定；在任何载荷工况下，列车在平直干燥轨道上的制动减速性能应不低于表 6.2.8-2 的规定。

表 6.2.8-1 列车加速度性能（m/s²）

最高运行速度 (km/h)	动拖比 1:1		动拖比 3:1	
	起动平均加速度	平均加速度	起动平均加速度	平均加速度
140	≥0.8	≥0.4	≥1.0	≥0.45
160	≥0.8	≥0.38	≥1.0	≥0.45

注：1 起动平均加速度：列车从 0 km/h 加速到 40 km/h 的平均加速度。
  2 平均加速度：列车从 0 km/h 加速到最高运行速度的平均加速度。

表 6.2.8-2 列车制动减速度性能（m/s²）

最高运行速度 (km/h)	动拖比 1:1		动拖比 3:1	
	常用制动平均减速度	紧急制动平均减速度	常用制动平均减速度	紧急制动平均减速度
140	0.9～1.0	1.1～1.2	≥1.0	1.1～1.2
160	0.8～1.0	1.0～1.1	0.9～1.0	1.0～1.1

6.2.9 列车故障运行和救援能力应符合下列规定：

1 列车在超员载荷工况下，当损失 1/4(1/3) 动力时，应具有在正线最大坡道上起动并运行至线路终点站的能力。

2 列车在超员载荷工况下，当损失 1/2 动力时，应具有在正线最大坡道上起动并运行至最近车站的能力。

3 一列空载列车应具有在正线最大坡道上推送(拖拽)另一列相同编组、超员载荷的无动力列车运行至下一车站的能力。

6.3 车体与设备

6.3.1 车辆可采用铝合金或不锈钢车体材料的整体承载结构。在最大垂直载荷作用下车体静挠度不应超过车辆定距的 1‰。

6.3.2 车体结构应满足纵向压缩载荷不小于 1 200 kN、纵向拉伸载荷不小于 960 kN 的要求。

6.3.3 车辆结构设计寿命不应低于 30 年。

6.3.4 客室内有效空余地板面积站立人数宜按定员(AW2) 4 人/m^2、超员(AW3)6 人/m^2 计算,强度校核应用 8 人/m^2,有效空余地板面积应为除去座椅及前缘 100 mm 外的客室面积,人均体重宜按 61 kg 计算。

6.3.5 客室座席宜采用横纵向结合的布置形式。

6.3.6 车辆应设有架车支座、车体吊装点,并标识架车、起吊的位置。

6.3.7 车钩应符合下列规定:

1 列车中固定编组的各车辆间的车钩型式宜为半永久车钩,列车两端宜设全自动车钩。

2 车钩中应设置缓冲装置,其特性应能有效地吸收撞击能量。缓冲装置应能承受并可完全复原的冲击速度应不小于 5 km/h。

6.4 转向架

6.4.1 转向架的性能、主要尺寸应与车体、线路相互匹配,并在允许磨耗限度内,确保以最高运行速度安全平稳运行。转向架悬挂或减振系统损坏时,应能确保车辆在线路上安全运行到终点。

6.4.2 构架宜采用焊接结构,并应满足现行行业标准《机车车辆强度设计及试验鉴定规范 转向架 第1部分:转向架构架》TB/T 3549.1的规定。

6.4.3 车轮宜采用整体碾钢轮。

6.4.4 轴箱轴承、齿轮箱轴承宜设置温度报警装置。

6.4.5 转向架构架、车轴设计寿命不应低于30年。

6.5 电气系统

6.5.1 电气设备应符合现行国家标准《轨道交通 机车车辆电气设备》GB/T 21413.1和《铁路应用 机车车辆电气设备》GB/T 21413.2～GB/T 21413.5的有关规定。当牵引制式为25 kV、50 Hz时,最小电气间隙不应小于310 mm(极其恶劣环境下不应小于400 mm);车顶绝缘子应符合现行行业标准《机车车辆车顶绝缘子》TB/T 3077的规定。

6.5.2 电气设备电磁兼容性应符合现行国家标准《轨道交通 电磁兼容 第3-1部分:机车车辆 列车和整车》GB/T 24338.3和《轨道交通 电磁兼容 第3-2部分:机车车辆 设备》GB/T 24338.4的规定。

6.5.3 牵引系统应采用交-直-交的交流传动系统,具有牵引和电制动的基本功能;牵引系统控制单元应具有保护功能和自诊断功能。

6.5.4 牵引系统应能按照车辆载重量自动调整牵引力或电制动力的大小,并应具有防空转、防滑行保护和防冲动控制功能。

6.5.5 列车牵引计算黏着系数,起动和低速时不宜大于0.2,正常运行时应为0.16～0.18。

6.5.6 列车应设避雷装置。高压回路应具有过压、过流、短路等保护功能。

6.5.7 蓄电池组容量应能满足车辆在故障及紧急情况下车门控

制、应急通风、应急照明、外部照明、车载安全设备、广播、通信等系统工作,工作时长不宜小于 45 min。

6.5.8 列车受电弓的整体载流性能、碳滑板的数量与单一滑板载流性能应根据列车最大动态与静态、牵引供电与再生制动需求综合计算选定。

6.6 制动系统

6.6.1 制动系统应采用微机控制的直通式电空制动,具有常用、紧急、停放制动等功能。

6.6.2 制动系统应具有根据空重车自动调整制动力大小的功能。列车空气制动系统应包括风源系统、管路系统和制动控制装置等。

6.6.3 制动系统应按故障导向安全原则进行设计。

6.6.4 制动系统应具有防滑控制功能。

6.6.5 常用制动应优先使用电制动。电制动力不足时,空气制动应按总制动力的要求补充不足的制动力。

6.6.6 紧急制动应为纯空气制动。列车出现意外分离等严重故障影响列车安全时,应能立刻自动实施紧急制动。

6.6.7 停放制动系统应保证超员工况列车在线路最大坡道上不会发生溜车。

6.6.8 基础制动宜采用盘形制动装置。

6.6.9 列车应具有 2 套或以上独立的电动空气压缩机组。当一台机组失效时,其余空气压缩机组的供气量、供气质量和总风缸容积应能满足整列车的供风要求。

6.6.10 车辆应配备主风缸、制动风缸和辅助风缸,储存能力应满足车辆制动要求。

6.7 安全与应急设施

6.7.1 列车应采用侧门疏散并相应配置下车设施。车厢间贯通道的宽度不应小于1 300 mm,高度不应小于1 900 mm。

6.7.2 车体应具有被动安全保护性能。

6.7.3 列车应配置报警系统,客室内应设具有司乘人员与乘客间双向通信功能的乘客紧急报警装置。

6.7.4 司机台应配置紧急停车操纵装置和警惕装置。

6.7.5 司机室内应设置客室侧门开闭状态显示和车载信号显示装置。

6.7.6 司机室前端应装设可进行远近光变换的前照灯和标识灯。车辆两侧可根据需要设置显示车门开闭、制动缸缓解情况等的指示灯。

6.7.7 列车应设置鸣笛装置。

6.7.8 车辆内应有警告标识,包括司机室内的紧急制动装置、高压设备、消防设备及电器箱内的操作警示标识等。

6.7.9 车辆客室、司机室应设置适合于电气装置与油脂类的灭火器具,安放位置应有明显标识并便于取用。灭火材料在灭火时产生的气体不应对人体产生危害。

6.7.10 电气设备接地保护功能应符合现行行业标准《铁道车辆金属部件的接地保护》TB/T 2977的规定。

7 限 界

7.1 一般规定

7.1.1 建筑限界轮廓及基本尺寸应符合现行国家标准《标准轨距铁路限界》GB 146 的有关规定。

7.1.2 任何沿线永久性固定建筑物(含施工误差值、测量误差值及结构永久变形量)均不得侵入建筑限界。

7.1.3 疏散通道设计应符合下列规定：

1 应利用电缆沟盖板作为疏散通道，紧急情况下，乘客通过车辆下车设施下至沟盖板和道床面进行疏散。

2 隧道地段疏散通道宽度不宜小于 1.1 m，净空高度宜为 2.2 m，内侧至线路中线距离不应小于 1.8 m，平台高度距离轨面宜为 250 mm。

3 高架地段疏散通道，无接触网立柱处不宜小于 1.1 m，有接触网立柱处不宜小于 650 mm。轨旁防护墙宜按高于轨面 250 mm、宽 200 mm 设置，配合车辆下车设施将乘客疏散至沟盖板面上。

7.2 建筑限界

7.2.1 直线地段建筑限界应符合本标准附录 A 的要求。

7.2.2 曲线地段建筑限界应在直线地段建筑限界的基础上，考虑曲线内、外侧加宽，加宽计算应符合本标准附录 B 的要求。

7.2.3 单线圆形隧道在曲线超高地段，轨道超高造成的内外侧不均匀位移量宜采用隧道中心线向线路中心线内侧偏移方法确

定,位移量计算应符合下列规定:

1 当按半超高设置时,位移量应按下列公式计算:

$$x' = h_0(h_{ac}/S) \quad (7.2.3-1)$$

$$y' = -h_0(1-\cos\alpha) \quad (7.2.3-2)$$

式中:x'——按半超高设置的曲线地段圆形隧道建筑限界圆心的横向位移量;

y'——按半超高设置的曲线地段圆形隧道建筑限界圆心的竖向位移量;

h_0——直线地段圆形隧道建筑限界圆心距轨顶平面高度;

h_{ac}——轨道超高值;

S——滚动圆心距;

α——轨道超高角(°)。

2 当按全超高设置时,位移量应按下列公式计算:

$$x'' = h_0(h_{ac}/S) \quad (7.2.3-3)$$

$$y'' = h_{ac}/2 - h_0(1-\cos\alpha) \quad (7.2.3-4)$$

式中:x''——按全超高设置的曲线地段圆形隧道建筑限界圆心的横向位移量;

y''——按全超高设置的曲线地段圆形隧道建筑限界圆心的竖向位移量;

7.2.4 道岔区的建筑限界应在直线地段建筑限界的基础上,根据不同类型的道岔和车辆技术参数,综合考虑超高和曲线轨道参数计算确定,并应满足道岔及转辙机安装和检修空间要求。

7.2.5 车站有效站台建筑限界应符合下列规定:

1 直线车站站台面距轨顶面高度为(1 250±5) mm。

2 当列车最大过站速度不大于 80 km/h 时,站台边缘建筑限界应为 1 750 mm;当列车最大过站速度大于 80 km/h 时,站台边缘建筑限界应为 1 800 mm。

3 曲线站台边缘与车门之间的间隙,应根据线路曲线半径和轨道超高计算确定。曲线站台边缘及站台门至线路中心线的限界加宽,按本标准附录 B 计算确定。曲线站台边缘与车辆轮廓线之间的间隙不应大于 180 mm。

7.2.6 站台门建筑限界应符合下列规定:

1 无干线动车组跨线运营的车站,当列车最大过站速度不大于 80 km/h 时,直线地段站台门限界(不含施工误差及变形量)应按车辆轮廓线加 130 mm 确定;当列车最大过站速度大于 80 km/h 时,站台门限界应按最大过站速度条件下的车辆限界加 25 mm 确定。曲线地段站台门至线路中心线的限界加宽,按本标准附录 B 计算确定。

2 干线动车组跨线运营的车站,站台门建筑限界应符合现行行业标准《城际铁路设计规范》TB 10623 的有关规定。

7.2.7 人防隔断门和防淹门建筑直线地段最小限界宽度应为 4 500 mm,高度应为 6 750 mm。

7.2.8 车辆基地建筑限界应符合下列规定:

1 车辆基地库内高平台及安全栅栏与车辆轮廓线之间宜留有 80 mm 安全间隙,低平台边缘距线路中心应与车站有效站台相同。

2 车辆基地建筑限界应考虑受电弓电气安全间隙要求。

7.2.9 地下区间联络通道底板宜与疏散通道面齐平。

7.3 轨旁设备和管线布置

7.3.1 强弱电缆及设备宜分别布置于线路两侧,必须同侧布置时,其间距应符合强弱电干扰距离规定。

7.3.2 区间疏散通道、强电电缆及设备宜设置在行车方向右侧,通信、信号等弱电电缆及设备、消防水管和信号机宜设置在行车方向左侧。

7.3.3 射流风机宜设置在隧道侧墙上方。

7.3.4 岛式车站的广告灯箱、信号机和弱电电缆宜设置于站台对侧,强电电缆宜设置在站台板下;侧式车站的广告灯箱宜设置在两线之间,弱电电缆宜设置于站台内的电缆通道,强电电缆宜设置在站台板下。

7.3.5 敞开段、过渡段的供电电力电缆、通信信号电缆可布置在两线路外侧的管线支架或者电缆槽内。

7.3.6 高架及路基双线区间,强电及弱电管线宜布置在线路两侧的线槽内。

7.3.7 单洞双线盾构区间,强电管线宜布置在线路两侧的电缆槽内,弱电管线宜布置在隧道侧壁上。

7.4 限界检测

7.4.1 车辆在新造、高级修期间,车体与转向架组装成为整车的过程,应进行限界检测。

7.4.2 线路运营之前,应组织对线路的建筑限界进行检测,建筑限界检测应在轨旁设备安装之前进行。

8 线路与站场

8.1 一般规定

8.1.1 线路按其在运营中的作用,分为正线、配线及车场线。配线包括到发线、渡线、折返线、停车线、安全线、联络线、出入线等。

8.1.2 正线的平面、纵断面设计应重视线路的平顺性,并结合沿线条件合理选用技术标准。车站两端正线平面、纵断面设计标准可结合行车速度曲线确定。

8.1.3 联络线用于跨线运行时,其平、纵断面设计标准应根据设计速度,按照正线相应速度等级标准合理选用;用于资源共享时,其平、纵断面设计标准应根据工程条件及列车运行速度确定。

8.1.4 线路接轨及安全线的设置应符合下列规定:

1 联络线、出入线宜在站内接轨。与站内正线接轨时应在接车线末端设置安全线;与站内到发线接轨时可不设安全线。困难条件下在区间内与正线接轨时,应在接车线末端设置安全线。

2 停车线末端应设置安全线。

8.1.5 车站或线路所的命名:办理旅客乘降作业的命名为车站,仅有联络线或出入线接轨但不办理旅客乘降作业或其他行车作业的命名为线路所。

8.1.6 换乘站线路设计应符合下列规定:

1 换乘站引入的线路数量应根据枢纽的功能定位及客流特征综合确定。

2 两条线路采用同站台平行换乘方式时,应实现主要换乘客流方向同站台换乘。

8.1.7 线路敷设应符合下列规定:

1 线路敷设方式宜采用地面或高架方式。
2 地面线路应满足与其他设施设备安全距离的要求。
3 高架线路应满足结构造型、规模及景观性要求。
4 地下线路埋设深度应根据工程及水文地质条件、隧道形式及工法综合确定;隧道顶部覆土厚度应满足地面绿化、地下管线布设和综合利用地下空间资源等要求。

8.1.8 车站内线路直线地段主要建(构)筑物和设备至线路中心线的距离应根据限界计算确定。

8.1.9 车站内曲线地段各类建(构)筑物和设备至线路中心线的距离应按有关规定加宽。

8.2 线路平面

8.2.1 正线平面曲线半径应结合路段设计速度及工程条件等因素,因地制宜、由大到小合理选用,最大值不应大于 12 000 m。

8.2.2 平面最小曲线半径选用应符合下列规定:

1 与设计速度匹配的平面最小曲线半径应按表 8.2.2 选用。

表 8.2.2 平面最小曲线半径(m)

设计速度(km/h)	160	140
一般条件	1 400	1 100
困难条件	1 300	1 000

注:1 困难值应进行技术经济比选后采用。
  2 车站两端加减速,当高低速差较大时,最小曲线半径应根据公式计算确定。

2 限速地段平面最小曲线半径不宜小于 350 m,困难条件下不应小于 300 m。

8.2.3 正线不应设计复曲线。

8.2.4 区间并行地段左、右线曲线宜按同心圆设计。

8.2.5 区间正线线间距设计应符合下列规定：

1 直线地段线最小线间距不应小于4 m。

2 限速地段曲线线间距加宽值可按表8.2.5选用。

表8.2.5 曲线地段线间距加宽值

曲线半径(m)	800及以上	700	600	500	400	350	300
加宽值(mm)	0	10	25	55	95	125	160

注：1 当外侧线路曲线超高大于内侧线路曲线超高时，线间距加宽值应另行计算。
    2 当线间有其他建构(筑)物或其他技术要求时，加宽值应按照相关要求计算确定。

3 正线与联络线、出入线并行地段的线间距应根据相邻线路的行车速度、设计高程、线间各种建(构)筑物以及养护维修等条件确定，且不应小于5.0 m。

4 正线与既有铁路并行地段线间距不应小于5.3 m。当两线不等高或线间设置其他设备时，最小线间距应根据相关技术要求计算确定。

5 隧道双洞单线地段两线间距应根据地质条件、隧道结构、施工工法、周边环境及防灾与救援等要求确定。

8.2.6 车站内两相邻线路的线间距应符合下列规定：

1 正线间无渡线时，线间距应与区间正线相同；当正线设置反向出站信号机时，线间距应通过计算确定。

2 正线间设置单渡线或交叉渡线时，线间距应符合表8.2.6的规定。

表8.2.6 正线间设置单渡线或交叉渡线地段的线间距

线路类型	辙叉号数	导曲线半径(m)	直向限速(km/h)	侧向限速(km/h)	线间距(m) 单渡线	线间距(m) 交叉渡线
正线道岔	60 kg/m-1/9	200	120	35	≥4.2	4.6或5.0
	60 kg/m-1/12	350	160	50	≥4.5	5.0

3 正线与到发线间、到发线间、到发线与其他线间无建（构）筑物或设备时,线间距应结合线路敷设方式确定,曲线地段可不加宽。工程困难条件或采用地下线时,可根据限界要求计算确定。

4 相邻两线路间设有建（构）筑物或设备时,线间距应根据限界、建（构）筑物或设备时宽度计算确定,曲线地段应根据有关规定加宽。

8.2.7 区间直线与圆曲线间应采用三次抛物线型缓和曲线连接。缓和曲线长度可按表8.2.7选用。

表8.2.7 缓和曲线长度(m)

设计速度(km/h)	160		140		120		100		80		60	
曲线半径(m)	(1)	(2)	(1)	(2)	(1)	(2)	(1)	(2)	(1)	(2)	(1)	(2)
12 000	30	25	20	20	20	20	—	—	—	—	—	—
11 500	30	25	20	20	20	20	—	—	—	—	—	—
11 000	30	25	20	20	20	20	—	—	—	—	—	—
10 500	30	25	20	20	20	20	—	—	—	—	—	—
10 000	30	25	20	20	20	20	—	—	—	—	—	—
9 500	30	25	30	20	20	20	—	—	—	—	—	—
9 000	40	30	30	20	20	20	20	20	—	—	—	—
8 500	40	30	30	20	20	20	20	20	—	—	—	—
8 000	40	30	30	20	20	20	20	20	—	—	—	—
7 500	45	35	35	25	20	20	20	20	—	—	—	—
7 000	45	35	35	25	20	20	20	20	—	—	—	—
6 500	55	40	35	25	20	20	20	20	—	—	—	—
6 000	55	40	40	30	20	20	20	20	20	20	—	—
5 500	60	45	40	30	25	20	20	20	20	20	—	—

续表8.2.7

设计速度(km/h)	160		140		120		100		80		60	
曲线半径(m)	(1)	(2)	(1)	(2)	(1)	(2)	(1)	(2)	(1)	(2)	(1)	(2)
5 000	70	50	45	35	25	20	20	20	20	20	—	—
4 500	75	60	55	40	30	25	20	20	20	20	—	—
4 000	90	70	60	45	30	25	20	20	20	20	—	—
3 800	90	70	60	45	35	25	20	20	20	20	—	—
3 600	100	75	65	50	40	30	20	20	20	20	—	—
3 500	100	75	65	40	40	30	20	20	20	20	—	—
3 400	105	80	75	55	45	35	20	20	20	20	20	20
3 300	105	80	75	55	45	35	25	20	20	20	20	20
3 200	115	85	75	55	45	35	25	20	20	20	20	20
3 100	115	85	80	60	45	35	25	20	20	20	20	20
3 000	120	90	80	60	50	40	25	20	20	20	20	20
2 900	130	95	85	65	50	40	30	25	20	20	20	20
2 800	130	95	85	65	50	40	30	25	20	20	20	20
2 700	135	100	85	65	50	40	40	30	20	20	20	20
2 600	145	110	95	70	60	45	35	25	20	20	20	20
2 500	145	110	95	70	60	45	35	25	20	20	20	20
2 400	150	115	100	75	65	50	35	25	20	20	20	20
2 300	160	120	105	80	65	50	40	30	20	20	20	20
2 200	165	125	110	85	70	50	40	30	20	20	20	20
2 100	165	125	120	90	70	50	45	35	20	20	20	20
2 000	170	130	120	90	75	55	45	35	20	20	20	20
1 900	180	135	125	95	75	55	50	35	20	20	20	20
1 800	185	140	130	100	80	60	50	35	20	20	20	20

续表8.2.7

设计速度 （km/h）	160		140		120		100		80		60	
曲线半径 （m）	(1)	(2)	(1)	(2)	(1)	(2)	(1)	(2)	(1)	(2)	(1)	(2)
1 700	200	150	145	110	85	65	55	40	25	20	20	20
1 600	210	160	150	115	90	70	55	40	25	20	20	20
1 500	225	170	160	120	95	75	60	45	30	20	20	20
1 400	225	170	170	130	110	80	60	45	30	20	20	20
1 300	225	170	185	140	120	90	65	50	30	25	20	20
1 200	—	—	200	150	130	100	70	55	35	25	20	20
1 100	—	—	200	150	140	105	80	60	40	30	20	20
1 000	—	—	200	150	160	120	85	65	45	35	20	20
900	—	—	—	—	170	125	100	75	50	40	20	20
800	—	—	—	—	170	125	115	85	60	45	25	20
750	—	—	—	—	170	125	120	90	60	45	25	20
700	—	—	—	—	—	—	130	100	70	50	25	20
600	—	—	—	—	—	—	140	105	85	65	35	25
500	—	—	—	—	—	—	140	105	90	70	40	30
400	—	—	—	—	—	—	—	—	115	85	55	40
350	—	—	—	—	—	—	—	—	115	85	65	50
300	—	—	—	—	—	—	—	—	—	—	70	50

注：(1)、(2)分别对应超高时变率 $f=30$ mm/s、$f=40$ mm/s 情况。

8.2.8 区间正线圆曲线和夹直线最小长度应根据下列公式计算确定，并符合表8.2.8的规定。

一般条件下：

$$L \geqslant 0.6v \qquad (8.2.8\text{-}1)$$

困难条件下：

$$L \geqslant 0.4v \quad (8.2.8\text{-}2)$$

式中：L——圆曲线或夹直线长度(m)；
　　　v——设计速度(km/h)。

表8.2.8　圆曲线或夹直线最小长度(m)

设计速度(km/h)	160	140	120	100	80	60
一般条件	100	85	75	60	48	36
困难条件	65	60	50	40	32	25

8.2.9 正线上的道岔与缓和曲线间的直线段长度不宜小于$0.4v$（直线长度以m计；v为设计速度，以km/h计）；困难条件下不应小于25 m。

8.2.10 车站、车场长度应根据远期车站布置要求计算确定。

8.2.11 车站有效站台范围内正线宜设计为直线。困难条件下设计为曲线时，曲线宜采用较小的偏角，曲线半径不应小于相应路段设计速度的最小曲线半径，且不得小于1 000 m；设置站台门时，车站站台有效长度范围内的线路曲线半径不得小于2 000 m。

8.3　线路纵断面

8.3.1 线路纵断面设计应结合线路平面、行车速度、自然地形、水文和工程地质条件合理确定，满足防洪、通航、埋深、排水、管线、交叉跨越净空和施工方法等要求；地面线的纵坡宜与城市道路基本一致，高架线景观应与城市道路协调。

8.3.2 区间线路最大坡度应符合下列规定：

　　1 区间正线的最大坡度不宜大于25‰，困难条件下不应大于30‰。

　　2 用于跨线运行的联络线纵断面应按正线标准设计。

3 用于资源共享的联络线纵断面坡度不应大于35‰。

8.3.3 区间线路坡段长度应符合下列规定：

1 区间正线宜设计为较长的坡段，坡段长度宜取为50 m的整数倍。

2 区间正线最小坡段长度不宜小于250 m，困难条件下不应小于远期列车长度，且不应连续采用。

3 区间正线长大坡道的设置应进行行车检算，满足线路能力、行车间隔、行车速度、牵引能力、制动能力及运营救援等设计要求。

8.3.4 正线竖曲线设置应满足下列规定：

1 路段设计速度为160 km/h的区间正线，当相邻坡段的坡度差大于或等于1‰时，应采用圆曲线型竖曲线连接；路段设计速度160 km/h以下的区间正线，当相邻坡段的坡度差大于或等于3‰时，应采用圆曲线型竖曲线连接。

2 最小竖曲线半径应按表8.3.4选用，且最小竖曲线长度不应小于25 m。

表8.3.4 最小竖曲线半径(m)

设计速度(km/h)	160	140	120	100及以下
一般条件	10 000	8 000	6 000	5 000
困难条件	6 000	5 000	4 000	3 000

3 竖曲线起、终点或变坡点与平面曲线起、终点间的最小距离不宜小于20 m。无砟轨道地段困难条件下可与缓和曲线重叠设置，但竖曲线半径不应采用困难值。

4 道岔两端与竖曲线起、终点或变坡点的距离不宜小于20 m。

5 竖曲线不应重叠设置，相邻竖曲线起终点间距离宜大于50 m。

6 竖曲线不应进入有效站台范围。

7 最大竖曲线半径不应大于 30 000 m。

8.3.5 区间隧道内的线路坡度不宜小于 3‰，困难情况下不应小于 2‰；区间地面线和高架线，当具有有效排水措施时，可采用平坡。

8.3.6 区间正线道岔不宜设在大于 15‰ 的坡道上，困难条件下不应设在大于 20‰ 的坡道上。

8.3.7 区间正线两线并行时轨面高程宜按等高（曲线地段为内轨面等高）设计。正线与联络线、出入线、既有线并行时，其轨面设计高程应根据结构及设备要求确定。

8.3.8 车站站坪范围内的正线坡度设计应符合下列规定：

1 车站站台范围内的线路应采用一个坡段。

2 地面及高架站到发线有效长度范围宜设在平道上，当需设在坡道上时，坡度不宜大于 1‰；困难条件下不应大于 6‰；地下车站坡度宜采用 2‰，当有排水措施或与相邻建筑物合建时，可采用平坡。

3 车站咽喉区的正线坡度宜与到发线有效长度范围内坡度一致；困难条件下，起、终点车站坡度不宜大于 2.5‰，中间站坡度不应大于 6‰。

8.3.9 连续梁、钢梁及较大跨度梁范围的正线纵断面设计应满足桥梁及轨道设计技术要求。穿越河流、跨越河流、沿河地段的线路纵断面设计应结合结构设计，满足上海市水务、航道等部门要求。

8.4 站　场

8.4.1 车站平面布置应根据运输组织模式、运营管理方式、车站作业量及列车开行方案等因素确定。

8.4.2 到发线可按行车方向单进路设计，当有反向行车要求时，也可按双进路设计。

8.4.3 到发线数量应根据列车对数、开行方案、运输组织模式、引入线路数量等因素确定。

8.4.4 到发线的平面设计应符合下列规定：

1 市域铁路到发线有效长度应按远期列车编组长度和列控系统要求计算确定。有干线铁路、城际铁路跨线运营的线路，车站到发线有效长度应采用现行行业标准《城际铁路设计规范》TB 10623 的规定值。

2 到发线宜设在直线上，困难条件下设在曲线上时，宜与正线按同心圆设计。

3 列车到发进路上的曲线半径应与相邻道岔规定的侧向通过速度相匹配。

4 有效站台范围内的到发线平面最小曲线半径，有站台门时采用 1 000 m，无站台门时采用 700 m。

5 到发线及缩短渡线上的圆曲线和两曲线间夹直线长度均不应小于 20 m，困难条件下不应小于 10 m。

8.4.5 渡线应根据行车组织、车辆基地布置、运营灵活性、养护维修以及防灾安全等因素确定，并符合下列规定：

1 单渡线应设在车站端部，一般中间站的单渡线道岔宜按顺岔方向布置。

2 单渡线与其他配线的道岔组合布置时，应按功能需要，可按逆向布置。

3 在采用站后折返的尽端站，宜增设站前单渡线，并宜按逆向布置。

4 在跨越大江大河处，根据工程条件，在临江、河两端车站宜设置渡线。

5 停车线端部宜设置单渡线，并与正线贯通。

8.4.6 折返线与停车线设置应符合下列规定：

1 起、终点车站设置折返线宜采用站后折返线。

2 远离车辆基地的起、终点车站折返线与停车线应满足列车和工程维修车辆折返、故障车停车、夜间存车等要求。

3 折返线与停车线宜设在直线上,困难情况下应设在半径不小于 400 m 的曲线上,挡车器前直线段长度不宜小于 25 m。折返线与停车线有效长度应根据列车编组长度、行车组织方式、安全防护距离等因素确定。

8.4.7 安全线的设置应符合下列规定:

1 安全线有效长度不宜小于 50 m,困难情况下可根据救援作业需要确定有效长度。

2 安全线的纵坡应根据其应用场景确定。

3 安全线尾部应设置车挡和缓冲装置。

8.4.8 联络线设置应符合下列规定:

1 用于资源共享的联络线应根据线网规划、车辆基地的分布及承担任务范围设置。

2 用于车辆临时调度和大修车、架修车、工程维修车、磨轨车等作业车走行的联络线宜设置单线。

3 用于载客跨线运行的联络线应设置双线。

8.4.9 出入线平面设计应符合下列规定:

1 出入线宜按双进路设计,兼顾折返功能的出入线应满足折返线的功能要求。

2 平面最小曲线半径一般条件下不宜小于 300 m,困难条件下不应小于 200 m。

3 双线直线地段最小线间距及曲线地段加宽宜按正线标准选用。

4 最小缓和曲线长度宜按本标准表 8.2.8 合理选用,困难条件下可计算确定并满足超高顺坡率不大于 2‰ 的要求。

5 圆曲线和夹直线最小长度不宜小于 20 m。

8.4.10 车辆基地内线路设计应符合下列规定:

1 线路宜设在直线上,库内线路应设在直线上。

2 最小曲线半径不应小于 200 m。

3 动车组试验线上的曲线应设缓和曲线。缓和曲线长度应根据列车最高试验速度、曲线设计超高、超高或欠超高时变率、超高顺坡率计算确定，且不应小于 20 m；其他线路可不设缓和曲线。

4 动车组试验线上的圆曲线和两曲线间夹直线长度不宜小于 $0.4v$（夹直线段长度以 m 计；v 为试车速度，以 km/h 计），困难条件下不应小于 20 m；其余线路圆曲线及两曲线间夹直线长度不应小于 20 m，困难条件下不应小于 10 m。

5 动车组试验线曲线地段宜设曲线超高，曲线地段超高值应根据平面曲线半径以及列车最高试验速度计算确定；其余线路可不设曲线超高。

6 咽喉区线路的轨面有高差时，轨面高差的顺接应根据路基面横向坡度和道床厚度等因素设计。

8.4.11 道岔号数的选择应符合下列规定：

1 正线道岔的直向通过速度不应小于路段设计速度。

2 正线与跨线列车联络线连接的道岔号数应根据联络线的设计速度确定。

3 车站范围内配线道岔不应小于 9 号。

4 车辆基地内动车试验线上的道岔直向通过速度不应小于试验线设计速度，车辆基地内除动车组试验线外，道岔宜采用 9 号。

8.4.12 道岔始端（或道岔后警冲标）至有效站台端部的距离应考虑安全防护距离的要求。

8.4.13 道岔至曲线间的直线段长度应符合下列规定：

1 正线及联络线上的道岔与缓和曲线间的直线段长度不宜小于 $0.4v$（直线段长度以 m 计；v 为路段设计速度，以 km/h 计），困难条件下不应小于 25 m。

2 其他配线及车场线上道岔至圆曲线最小直线段长度应符合表 8.4.13 的规定。

表 8.4.13 配线及车场线上道岔至圆曲线最小直线段长度

序号	道岔前后圆曲线半径 R(m)	最小直线段长度(m)			
		一般		困难	
		轨距加宽递减率2‰		轨距加宽递减率3‰	
		岔前	岔后	岔前	岔后
1	$R \geqslant 300$	2	$0+L'$	0	$0+L'$
2	$300 > R \geqslant 250$	2.5	$2.5+L'$	2	$2+L'$
3	$250 > R \geqslant 200$	5	$5+L'$	5	$5+L'$
4	$R < 200$	7.5	$7.5+L'$	7.5	$7.5+L'$

注：1 L' 为道岔跟端至末根岔枕的距离。
  2 困难条件下，可采用道岔跟端至末根长岔枕的距离 L'_{k} 替代 L' 进行计算。
  3 道岔岔后连接曲线的曲线半径应与相邻道岔规定的侧向通过速度相匹配，并不小于道岔导曲线半径。

8.4.14 相邻道岔间插入短轨的最小长度应符合表 8.4.14-1 和表 8.4.14-2 的规定，同时应满足道岔结构的要求。

表 8.4.14-1 两对向单开道岔间插入钢轨的最小长度(m)

道岔布置	线别		有列车同时通过两侧线时		无列车同时通过两侧线时
			一般	困难	
	正线	直向通过速度 $140\ km/h < v \leqslant 160\ km/h$	25	12.5	12.5
		直向通过速度 $120\ km/h < v \leqslant 140\ km/h$	12.5	12.5	12.5
		直向通过速度 $v \leqslant 120\ km/h$	12.5	6.25	6.25
	到发线、动车组试验线		12.5	12.5	0
	其余配线和车场线		6.25	6.25	0

注：正线、到发线及动车组试验线采用无缝线路时，道岔间插入钢轨的最小长度不应小于 12.5 m。

表 8.4.14-2 两顺向单开道岔间插入钢轨的最小长度(m)

道岔布置	线别		一般		困难	
			有列车同时通过两侧线时(f)	无列车同时通过两侧线时(f)	有列车同时通过两侧线时(f)	无列车同时通过两侧线时(f)
	正线	直向通过速度 120 km/h<v≤160 km/h	12.5		12.5	
		直向通过速度 v≤120 km/h	12.5		8.0	
	到发线		12.5		8.0	
	其余配线和车场线		12.5		8.0	
	到发线、动车组试验线		12.5		8.0	
	其余配线和车场线		12.5		8.0	

注:1 配线采用无缝线路时,道岔间插入钢轨的最小长度不应小于12.5 m。
　　2 相邻两道岔轨型不同时,插入钢轨应采用异型轨。

8.4.15 正线与到发线、到发线与到发线的轨面宜按等高设计。

8.4.16 到发线站台范围外相邻坡段的坡度差大于4‰时,应采用竖曲线连接,竖曲线半径不宜小于5 000 m;困难条件下,竖曲线半径不应小于3 000 m。竖曲线长度不应小于20 m。

8.4.17 停车线应设置在面向车挡的平坡或下坡道上,隧道内坡度宜为2‰,地面和高架桥上坡度不应大于1‰。

8.4.18 出入线纵断面设计应符合下列规定:

1 最大坡度不宜大于30‰,困难条件下不应大于35‰。

2 最小坡段长度不应小于50 m,且竖曲线不应重叠。

3 出入线相邻坡段坡度差大于5‰时,应采用圆曲线型竖曲线连接。竖曲线半径不应小于2 000 m。竖曲线长度不应小于20 m。

8.4.19 车辆基地内的库(棚)线宜设在平坡道上。库外停车线坡度不应大于1‰;咽喉区道岔坡度不宜大于3‰,困难条件下不应大于6‰。

8.4.20 动车组试验线宜设在平道上,困难条件下可设在不大于6‰的坡道上;动车组试验线相邻两坡段坡度代数差大于4‰时,应设置圆曲线型竖曲线连接。竖曲线半径不宜小于5 000 m,困难条件下不应小于3 000 m;坡段长度不应小于50 m且相邻竖曲线不重叠。

8.5 交叉、附属设施及其他

8.5.1 市域铁路与其他铁路、城市轨道交通、公(道)路交叉时,应按全立交设计,立交处的净空应符合相关标准规定。上跨市域铁路的其他铁路、城市轨道交通、公(道)路应设置防抛网等安全防护设施。

8.5.2 市域铁路区间隧道敞开段、路基段、矮墩旱桥段及地面车站应设置贯通的防护栅栏等隔离设施。

8.5.3 市域铁路区间线路并行其他铁路时,在满足铁路建筑限界及运行安全要求的前提下,合理设置隔离栅栏。

8.5.4 市域铁路与公路并行间距较小且公路路面高程高于铁路路肩高程,或低于市域铁路路肩高程1.0 m以内时,应在靠近市域铁路的公路路侧设置护栏,其防撞等级应根据公路、城市道路等级、设计行车速度等确定。

8.5.5 市域铁路线路两侧应设立安全保护区,保护区的范围应符合上海市相关安全保护区的规定。安全保护区边界应设置安全保护区标志。

8.6 接口设计

8.6.1 车站范围内的柱、网及管线布局应根据车站站型及建筑方案进行系统设计。

8.6.2 正线道岔不应设置在路堤与桥台连接处,也不应跨越梁缝,不宜设在路桥(涵)、路隧、桥隧等过渡段上。

8.6.3 站内路基与区间路基接口处设计应相互衔接,车站与区间路基防护及绿化标准宜相互协调统一。

8.6.4 地面车站乘客进出站通道应与站内路基同步设计、同步施工,通道的位置及高程应符合站内排水设施、电缆槽等铺设要求。

8.6.5 地面车站与区间电缆槽衔接处应做好接口设计。

8.6.6 长大地下盾构区间纵断面设计应满足区间排水要求,"V"形坡底部应设置排水设施。地下线区间纵断面设计的最低点位置,宜与区间排水泵站和区间联络通道结合设计。地上线至地下线的过渡段宜采取防雨雪措施。

8.6.7 地面车站排水宜与区间排水设施互相衔接,排水系统应结合桥涵、铁路排水管网、城市排水系统综合设计。

8.6.8 电缆沟槽、管线过轨、检查井等站后设施应与车站路基同步设计、同步施工。

9 轨　道

9.1　一般规定

9.1.1　正线轨道宜按一次铺设跨区间无缝线路设计。

9.1.2　正线应根据线下工程类型、环境条件、运输组织方式及养护维修条件等因素,经技术经济比选后确定轨道结构形式。

9.1.3　正线轨道结构形式宜统一,并具有足够的强度、稳定性、耐久性、绝缘性和适量弹性。同种类型的轨道应集中成段铺设,有砟轨道和无砟轨道间应设置过渡段,不同无砟轨道结构间宜设置过渡段。

9.1.4　轨道部件选择在满足使用功能的前提下,应遵循匹配合理、标准化、通用化的原则,应考虑线网养护配件的资源共享和可互换,满足施工方便、维修工作量小的要求。

9.1.5　轨道结构设计应积极采用新技术、新工艺、新材料和新设备。

9.1.6　轨道设计应根据环境影响评价要求采取减振措施。

9.1.7　轨道设计应考虑相关工程的接口技术要求,统筹规划、系统设计。

9.1.8　轨道设计应充分考虑检测、养护维修的需要,配备检修设备和备品备件。

9.1.9　轨道应采用标准轨距1 435 mm。小半径曲线地段应根据车辆固定轴距和曲线半径值计算加宽值(表9.1.9)。轨距加宽值应在缓和曲线范围内递减;无缓和曲线时,应在直线地段递减,递减率不宜大于2‰。

表9.1.9 曲线地段轨距加宽值

曲线半径 R(m)	加宽值(mm)
245≤R<295	5
200≤R<245	10

9.1.10 轨底坡应为1:40。

9.1.11 曲线超高应符合下列规定:

1 曲线超高最大值应为150 mm,车站有效站台长度范围超高最大值应为15 mm。未被平衡欠、过超高允许值一般不大于60 mm,困难条件下不大于90 mm。

2 曲线超高值应在缓和曲线内递减。超高顺坡率一般不大于$1/10V_{max}$,困难条件下应不大于$1/8V_{max}$,且不应大于2‰。

注:V_{max}为列车最高运行速度(km/h)。

3 轨道曲线超高宜采用外轨抬高超高值的设置方式。

9.2 轨道静态铺设精度

9.2.1 正线轨道静态铺设精度标准应符合表9.2.1-1~表9.2.1-4的规定。

表9.2.1-1 正线有砟轨道静态平顺度

序号	项目		容许偏差
			V=160 km/h,140 km/h
1	轨距	相对于标准轨距	+4 mm −2 mm
		变化率	1/1 000
2	轨向	弦长 10 m	4 mm
3	高低	弦长 10 m	4 mm
4	水平		4 mm

续表 9.2.1-1

序号	项目	容许偏差
		$V=160$ km/h、140 km/h
5	扭曲(基长 3 m)	3 mm

注:1 轨向偏差不含曲线。
　2 水平偏差不含曲线、缓和曲线上的超高值。
　3 扭曲偏差不含缓和曲线上由于超高顺坡造成的扭曲量。

表 9.2.1-2　正线无砟轨道静态铺设平顺度

序号	项目		容许偏差
			$V=160$ km/h、140 km/h
1	轨距	相对于标准轨距	±2 mm
		变化率	1/1 000
2	轨向	弦长 10 m	2 mm
3	高低	弦长 10 m	2 mm
4	水平		2 mm
5	扭曲(基长 3 m)		2 mm

注:1 轨向偏差不含曲线。
　2 水平偏差不含曲线、缓和曲线上的超高值。
　3 扭曲偏差不含缓和曲线上由于超高顺坡造成的扭曲量。

表 9.2.1-3　正线有砟轨道道岔静态平顺度

序号	项目		容许偏差
			$V=160$ km/h、140 km/h
1	轨距	尖轨尖端	±1 mm
		其他	+3 mm −2 mm
2	轨向	直线(弦长 10 m)	4 mm
		支距	2 mm
3	高低	弦长 10 m	4 mm
4	水平		4 mm
5	扭曲(基长 3 m)		3 mm

表 9.2.1-4 正线无砟轨道道岔静态平顺度

序号	项目		容许偏差 $V=160$ km/h、140 km/h
1	轨距	尖轨尖端	±1 mm
		其他	±2 mm
2	轨向	直线(弦长 10 m)	2 mm
		支距	2 mm
3	高低	弦长 10 m	2 mm
4	水平		2 mm
5	扭曲(基长 3 m)		2 mm

9.2.2 配线及车场线轨道静态铺设精度标准应符合表 9.2.2-1、表 9.2.2-2 的规定。

表 9.2.2-1 配线及车场线轨道静态铺设精度标准(mm)

序号	项目		配线	车场线
1	轨距	有砟轨道	+6 −2	+6 −2
		无砟轨道	+3 −2	—
2	轨向	弦长 10 m	4	5
3	高低	弦长 10 m	4	5
4	水平		4	5
5	扭曲	基线长 6.25 m	4	5
		基线长 3 m	3	4

表 9.2.2-2 配线及车场线道岔静态铺设精度标准(mm)

序号	项目		配线	车场线
1	轨距	尖轨尖端	±1	±1
		其他	+3 −2	+3 −2

续表 9.2.2-2

序号	项目		配线	车场线
2	轨向	直线(弦长 10 m)	4	6
		支距	2	2
3	高低	弦长 10 m	4	6
4	水平		4	6

9.3 轨道部件

9.3.1 钢轨及配件应符合下列规定：

1 正线宜采用 60 kg/m 或 60 N、强度等级不小于 880 MPa 的钢轨，半径小于或等于 1 200 m 曲线地段采用同材质在线热处理钢轨。

2 配线宜采用 60 kg/m 钢轨或 60 N，车场线宜采用 50 kg/m 钢轨。

3 无缝线路可选用 100 m、25 m 定尺长钢轨，有缝线路可选用 25 m 的定尺长钢轨及相应的短尺轨。

4 60 kg/m 或 60 N 钢轨接头螺栓应采用 10.9 级高强度接头螺栓，螺母应采用 10 级高强度螺母，垫圈应采用高强度平垫圈；50 kg/m 钢轨接头螺栓应采用 8.8 级及以上高强度接头螺栓，螺母应采用 10 级高强度螺母，垫圈应采用单层弹簧垫圈。

5 不同类型的钢轨连接时，应采用异型钢轨连接。

9.3.2 扣件系统应符合下列规定：

1 扣件结构应力求简单，并应具有足够的强度和扣压力、适量的弹性和调整量，并应满足绝缘和防锈防腐要求。

2 无砟轨道应采用调整量较大的弹性扣件，扣件弹性垫层静刚度宜为 20 kN/mm～30 kN/mm

3 有砟轨道铺设 60 kg/m 钢轨时，宜采用弹条Ⅱ型扣件、弹条

Ⅲ型扣件。$R \geqslant 600$ m地段弹性垫层静刚度宜为55 kN/mm～80 kN/mm，295 m$\leqslant R <$600 m地段弹性垫层静刚宜为90 kN/mm～120 kN/mm，钢轨接头处弹性垫层静刚度宜为40 kN/mm～60 kN/mm。

4 有砟轨道铺设50 kg/m钢轨时，宜采用弹条Ⅰ型扣件，弹性垫层静刚度宜为90 kN/mm～120 kN/mm。

9.3.3 轨枕型式应符合下列规定：

1 有砟轨道地段：

120 km/h$<V\leqslant$160 km/h地段，宜采用Ⅲ型轨枕；

$V\leqslant$120 km/h地段，宜采用新Ⅱ型预应力混凝土轨枕。

2 正线无砟轨道地段可采用双块式轨枕或预应力钢筋混凝土长轨枕，混凝土强度等级不应低于C60。车场线无砟道床地段可采用钢筋混凝土短轨枕，混凝土强度等级不应低于C50。

3 每公里轨枕铺设数量应符合表9.3.3的规定。

表9.3.3 每公里轨枕铺设数量(根/km)

道床型式			正线、出入线、联络线、动态试验线		到发线、其他配线	车场线
			直线、$R>$400 m且坡度$i<$20‰	$R\leqslant$400 m或坡度$i\geqslant$20‰		
无砟道床			1 600～1 680	1 680	1 520～1 600	800～1 440
有砟道床	无缝线路	新Ⅱ型枕	1 760	1 840	1 760	—
		Ⅲ型枕	1 667		—	—
	有缝线路	新Ⅱ型枕	—		1 520	1 440
柱式检查坑			—			720,800

注：柱式检查坑地段轨枕配置根据工艺要求另行设计[可选用720根(对)/km、800根(对)/km]。

9.3.4 道岔应符合下列规定：

1 正线道岔钢轨类型应与相邻区间钢轨类型一致，并不应低于相邻区间钢轨强度等级及材质要求。

2 道岔区应采用弹性分开式扣件及混凝土岔枕。
3 道岔的道床型式宜与两端相邻线路一致。
4 道岔区轨下刚度应均匀化设置。

9.4 正线无砟轨道

9.4.1 无砟轨道的结构形式应根据线下工程类型、环境条件等因素,经技术经济比选后确定,可采用双块式、轨枕埋入式、板式结构等;道岔区无砟轨道宜采用轨枕埋入式结构。

9.4.2 无砟轨道主体结构的设计工作年限应为60年。

9.4.3 无砟轨道设计荷载应包括列车荷载、温度荷载、牵引力或制动力等,同时应考虑下部基础变形对轨道结构的影响。

9.4.4 列车荷载的计算应符合下列规定:

1 竖向设计荷载应按下式计算:

$$P_d = \alpha \cdot P_j \quad (9.4.4\text{-}1)$$

式中:P_d——竖向设计荷载(kN);

α——动载系数,设计速度160 km/h及以下线路取2.0;

P_j——静轮载(kN)。

2 横向设计荷载应按下式计算:

$$Q = 0.8 \cdot P_j \quad (9.4.4\text{-}2)$$

式中:Q——横向设计荷载(kN)。

9.4.5 结构疲劳检算荷载的计算应符合下列规定:

1 竖向疲劳检算荷载应按下式计算:

$$P_f = 1.5 \cdot P_j \quad (9.4.5\text{-}1)$$

式中:P_f——竖向疲劳检算荷载(kN)。

2 横向疲劳检算荷载应按下式计算:

$$Q_f = 0.4 \cdot P_j \quad (9.4.5\text{-}2)$$

式中：Q_f——横向疲劳检算荷载(kN)。

9.4.6 温度荷载及混凝土收缩影响应符合下列规定：

1 露天区间年温差按 50℃取值。

2 正温度梯度（上热下冷）宜取 90℃/m，负温度梯度（上冷下热）宜取 45℃/m。

3 混凝土收缩以等效降温 10℃取值。

9.5 正线有砟道床

9.5.1 正线有砟轨道道床结构设计应符合下列规定：

1 道床应采用一级或特级碎石道砟。

2 正线单线道床顶面宽度及道床厚度应符合表 9.5.1-1 的规定，道床边坡 1∶1.75，砟肩堆高 0.15 m。双线道床顶面宽度应分别按单线设计。无缝线路曲线半径小于 800 m、有缝线路曲线半径小于 600 m 的地段，曲线外侧道道床顶面应加宽 0.1 m。双线道床顶面宽度应分别按单线设计。

3 有砟道床状态参数指标应符合表 9.5.1-2 的规定。

表 9.5.1-1 单线道床顶面宽度和厚度

项 目			V＝160 km/h，140 km/h
单线道床顶面宽度(m)			3.4
道床厚度(cm)	土质路基双层	表层道砟	30
		底层道砟	20
	土质路基单层、桥梁地段、隧道地段		30

表 9.5.1-2 道床主要参数指标（平均值）

轨枕类型	道床横向阻力 （kN/枕）	道床纵向阻力 （kN/枕）	道床支承刚度 （kN/mm）	道床密实度 （g/cm³）
Ⅲ型混凝土枕	≥10	≥12	≥100	≥1.70

9.5.2 铺设Ⅲ型混凝土轨枕的道床顶面应与轨枕中部顶面平齐。

9.5.3 铺设岔枕、桥枕等地段的道床顶面应低于轨枕承轨面 3 cm。

9.5.4 桥梁地段砟肩至挡砟墙间应以道砟填平,隧道地段道床砟肩至边墙(或高侧水沟、电缆槽壁)间应以道砟填平。

9.6 轨道结构过渡段

9.6.1 轨道结构过渡段设计应符合下列规定:
1 不同轨道结构宜在相同下部基础上进行过渡。
2 不同轨道结构的过渡段区域不宜设置钢轨现场焊接接头及绝缘接头。

9.6.2 有砟轨道与无砟轨道结构间的过渡应符合下列规定:
1 邻近过渡点无砟轨道侧一定范围内,应采取措施保证轨道板或道床板与其下部基础的可靠连接。
2 路基地段无砟轨道的底座或支承层应从过渡点开始向有砟轨道延伸,同时应满足有砟轨道最小道床厚度的要求。
3 正线过渡段范围的轨道刚度应按分级过渡设计。

9.7 配线、车场线轨道

9.7.1 正线采用无砟轨道时,配线可采用无砟轨道;车场线库外线一般采用有砟轨道,车场线库内线、库外装卸线宜采用无砟轨道。

9.7.2 到发线、出入线、动态试验线宜按一次铺设无缝线路设计。车场线宜按铺设有缝线路设计。

9.7.3 到发线、出入线、动态试验线宜采用 60 kg/m 钢轨,其他配线、车场线宜采用 50 kg/m 钢轨。

9.7.4 配线、车场线有砟道床地段宜采用新Ⅱ型混凝土轨枕。

9.7.5 无砟轨道应采用较大调高量的弹性扣件。有砟轨道铺设60 kg/m钢轨时,宜采用弹条Ⅱ型扣件;铺设50 kg/m钢轨时,宜采用弹条Ⅰ型扣件。

9.7.6 配线及车场线有砟道床应符合下列规定:

1 有砟道床应采用一级碎石道砟,道砟应符合现行行业标准《铁路碎石道砟》TB/T 2140的规定。

2 无缝线路地段道砟肩宽应为0.4 m,曲线半径小于800 m的地段,曲线外侧道床顶面宽度应增加0.1 m;有缝线路地段道砟肩宽应为0.2 m,曲线半径小于600 m的地段,曲线外侧道床顶面宽度应增加0.1 m。

3 铺设新Ⅱ型混凝土轨枕的道床顶面应与轨枕中部顶面平齐。

4 有砟道床断面参数应符合表9.7.6-1的规定;有砟道床状态参数指标应符合表9.7.6-2的规定。

表9.7.6-1 有砟道床断面参数

项目	无缝线路		有缝线路	
			配线	车场线
道床顶面宽度(m)	3.3		2.9	
道床厚度(m)	土质路基双层		面砟 0.3	面砟 0.3	面砟 0.15
			底砟 0.2	底砟 0.2	底砟 0.15
	土质路基单层、桥梁地段、隧道地段	0.3	0.3	0.3
砟肩堆高(m)	0.15		—	
道床边坡	1∶1.75		1∶1.5	

注:轨枕采用新Ⅱ型混凝土枕。

表9.7.6-2　有砟道床状态参数指标(平均值)

轨枕类型	道床横向阻力 (kN/枕)	道床纵向阻力 (kN/枕)	道床支承刚度 (kN/mm)	道床密实度 (g/cm³)
新Ⅱ型混凝土枕	≥9	≥10	≥70	≥1.70

9.8　减振轨道

9.8.1 轨道结构应根据工程环境影响报告书的要求以及国家和上海市对环境保护的要求,结合规划实施、沿线开发、管线保护等因素进行减振设计;轨道应与车辆、桥梁等系统综合协调后,采取对应的分级减振措施;轨道采取减振措施时,不应削弱轨道结构的强度、稳定性及平顺性,应避免引起钢轨异常磨耗等轨道病害现象,确保运营安全。

9.8.2 轨道减振措施可采用扣件减振、轨枕减振和道床减振。

9.8.3 轨道减振方案应考虑适当的裕量。

9.8.4 针对有综合开发的车场线、受保护文物建筑、微电子、半导体及精密仪器等特殊敏感目标,应根据实际情况开展专项减振方案研究与设计。

9.8.5 减振轨道结构设计应符合下列规定:

1 轨道减振地段长度应在环境保护目标长度的基础上适当延长35 m～50 m,且不应小于远期最大列车编组长度。

2 减振轨道结构应尽量简单可靠、对施工控制的依赖性小、接口协调、方便检查维修与更换。

9.8.6 减振轨道过渡段技术应符合下列规定:

1 减振轨道与普通轨道之间应设置过渡段,不同类型减振轨道之间宜设置过渡段。

2 过渡段长度不应小于车辆定距(转向架中心距),位于曲线范围内的减振轨道过渡段长度宜根据线路条件适当延长。

3 过渡段范围两端5 m范围内不宜设置钢轨现场焊接接头及绝缘接头。

4 不同轨道结构高度之间应考虑轨道高差和排水顺接过渡。

9.9 无缝线路

9.9.1 无缝线路设计锁定轨温应符合下列规定：

1 无缝线路设计应根据线路条件、运营条件、气候条件及轨道类型等因素进行轨道强度、稳定性、断缝安全性等检算，并确定设计锁定轨温。

2 无缝线路应在设计锁定轨温内锁定，相邻单元轨节间的锁定轨温差不应大于5℃，同一区间内单元轨节的最高与最低锁定轨温差不应大于10℃，左右股钢轨锁定轨温之差不应大于5℃。

3 隧道内距离隧道洞口200 m范围内无缝线路的设计锁定轨温宜与洞外区间无缝线路设计锁定轨温一致，隧道内单元轨节的设计锁定轨温应逐渐过渡到洞内实际锁定轨温。

9.9.2 单元轨节布置应根据线路条件、工点情况、施工工艺及养护维修等因素综合确定。单元轨节长度宜为1 000 m～2 000 m，最短不应小于200 m。

9.9.3 桥上无缝线路应符合下列规定：

1 桥上铺设无缝线路时，轨道和桥梁设计应考虑无缝线路附加纵向力。

2 桥上无缝线路的设计锁定轨温宜与桥梁两端的无缝线路设计锁定轨温一致。

9.9.4 无缝道岔应符合下列规定：

1 无缝道岔设计应满足跨区间无缝线路的允许温升和允许温降要求，各联结件应牢固、耐久、可靠。

2 无缝道岔的设计锁定轨温与区间无缝线路的设计锁定轨温一致。

3 无缝道岔尖轨尖端与基本轨、可动心轨尖端与翼轨的相对位移等应满足道岔结构及转辙机械性能的要求。

9.9.5 道岔布置应符合下列规定：

1 单组无缝道岔、渡线无缝道岔不应设在隧道变形缝或过渡段上。

2 桥上道岔布置应符合下列规定：道岔梁宜采用连续梁结构，孔跨宜采用等跨布置，最大跨度不宜大于48 m，困难条件下跨度大于48 m时应进行车岔桥动力仿真分析；正线道岔不应跨越梁缝，道岔始端、终端至梁缝距离不应小于10 m；铺设无缝道岔的相邻两联连续梁之间宜设置一孔及以上简支梁。

9.9.6 钢轨伸缩调节器设置应符合下列规定：

1 钢轨伸缩调节器不应设置在平面曲线及竖曲线地段。

2 钢轨伸缩调节器不应设置在不同线下基础过渡段和轨道结构过渡段范围内。

3 钢轨伸缩调节器基本轨始端和尖轨跟端焊接接头距离梁缝、钢梁横梁、支座中心不应小于2 m。

9.9.7 线路区间、道岔和钢轨伸缩调节器均应按单元轨节设置位移观测桩。位移观测桩必须预先埋设牢固，在单元轨节两端锁定后立即进行标记，标记应明显、耐久、可靠。

9.9.8 无缝线路设计除应符合本标准外，还应符合现行行业标准《铁路无缝线路设计规范》TB 10015 的有关规定。

9.10 轨道附属设备及常备材料

9.10.1 当桥面不设防护墙时，桥梁应设置护轨，护轨设置应符合下列规定：

1 护轨设置应符合现行行业标准《铁路桥涵设计规范》

TB 10002 和《铁路路基设计规范》TB 10001 的规定。

2 护轨应采用与基本轨同类型或低一级的钢轨。

3 护轨顶面不得高于基本轨顶面 5 mm，也不得低于基本轨顶面 25 mm。

4 护轨应伸出桥台挡砟墙以外，直轨部分长度不宜小于 6 m。

9.10.2 当桥面设防护墙时，桥梁可不设护轨，但在下列地段应设置防脱护轨：

1 半径不小于 500 m 曲线地段的缓圆（圆缓）点两侧，其缓和曲线部分不小于缓和曲线长的一半且不小于 20 m、圆曲线部分 20 m 范围内，曲线下股钢轨旁。

2 跨越铁路、城市干道及通航航道等重要地段的高架桥梁，桥梁全长及其以外各 20 m 范围内，双线高架桥设于靠近中线钢轨的内侧，单线高架桥设于上述铺设范围两股钢轨的内侧。

3 竖曲线与缓和曲线重叠处，竖曲线范围内两股钢轨的内侧。

4 两反向曲线的夹直线小于 25 m，两股钢轨的内侧。

9.10.3 车挡的安装应符合下列规定：

1 正线、到发线及动态试验线的末端宜采用缓冲滑动式车挡，车场线末端宜采用固定式车挡。

2 设置于站前折返线路末端的车挡，应考虑列车重载行驶；其他工况无特殊要求时，皆按空载行驶考虑。

3 设置车挡的允许撞击速度，车场线（动态试验线、牵出线除外）为 5 km/h 外，其余线路均为 25 km/h。

4 滑移式车挡除设计滑行距离外，尚应预留安全距离，安全距离为滑行距离的 10%。

5 高架线路正线、配线和车场动态试验线上安装的车挡应设置防爬装置。

6 车挡滑行距离范围内不应设置钢轨接头。

9.10.4 曲线地段轨距杆或轨撑设置应符合下列规定：

1 正线曲线半径小于或等于 600 m 有砟轨道地段,应按表 9.10.4 的规定设置轨距杆或轨撑。

表 9.10.4　轨距杆或轨撑设置数量

曲线半径 (m)	轨距杆(根)		轨撑(对)	
	25 m 轨	12.5 m 轨	25 m 轨	12.5 m 轨
$R \leqslant 350$	10	5	14	7
$350 < R \leqslant 450$	10	5	10	5
$450 < R \leqslant 600$	6～10	3～5	6～10	3～5

2 轨道电路区段轨距杆应采用绝缘轨距杆。

9.10.5 轨道标志的设置应符合下列规定：

1 线路标志应设置百米标、坡度标、曲线要素标、曲线起讫点标、竖曲线起讫点标、道岔编号标、桥号标、水位标等。

2 信号标志应设置限速标、停车位置标、警冲标等。

3 各种标志应采用反光材料制作。线路标志的设置应符合相关标准的规定。

9.10.6 轨道常备材料配置应符合确保安全、抢修必备、资源共享的原则。

9.11　接口设计

9.11.1 轨道设计应考虑线路、线下基础、强电系统、弱电系统、排水系统等相关工程的接口技术要求,统筹规划,系统设计。

9.11.2 路基、桥梁、隧道、结构等设计应满足轨道设计要求,并符合下列规定：

1 线下基础工后沉降和变形应满足轨道铺设条件。无砟轨道工程施工前,应对线下基础的工后沉降和变形进行系统评估,确认工后沉降和变形满足无砟轨道铺设条件。

2 道口及两侧线路路基、库内检查坑或车库门等土工构筑物基础的基底应统筹处理,减少不均匀沉降。

3 路基、桥梁和隧道等土建工程在设计中应满足轨道结构预埋件、平整度及高程、轨道排水等相关要求。

4 桥梁、隧道等土建工程在设计中应满足道岔、钢轨伸缩调节器等轨道部件设置和无缝线路设计要求。

5 大跨桥梁铺设无砟轨道时,桥梁变形限值应满足轨道平顺性和舒适性要求。

6 为满足轨道铺轨施工工期、轨料吊装及运输需求,地下线宜预留轨排井下料口。

7 无砟轨道地段,无覆土的框架桥及涵洞宜与线路中线正交。

9.11.3 轨道结构与信号、供电系统的接口设计应符合下列规定:

1 轨道结构设计应考虑信号设备及综合接地系统的安装要求。

2 信号设备的安装应满足轨道结构承载力、耐久性和正常使用的要求。

3 信号系统采用轨道电路时,轨道结构设计应满足轨道电路相关技术要求。

4 信号、供电等相关专业应明确上钢轨钻孔位置及数量,钻孔的直径、间距等应满足轨道要求,钻孔应按规定进行倒棱处理。

10 路 基

10.1 一般规定

10.1.1 路基工程应按土工结构物进行设计,确保其满足强度、稳定性和耐久性的要求,并符合技术可靠、经济合理、环境保护、水土保持、景观协调等相关规定。

10.1.2 路基受洪水位、潮水位控制或受地下水位、地面积水影响时,路肩高程应符合现行行业标准《铁路路基设计规范》TB 10001 的规定。沿海或特殊地段路肩高程可结合区域规划和防洪措施确定。

10.1.3 路基支挡及承载结构的设计工作年限应为 100 年,路基防护结构及排水结构设计工作年限应为 60 年,电缆槽、砌块、防护栅栏、栏杆等可更换小型构件设计工作年限应为 30 年。

10.1.4 路基最小稳定安全系数应符合下列规定:

1 永久边坡的最小稳定安全系数一般工况不应小于 1.15,地震工况不应小于 1.10;临时边坡的最小稳定安全系数一般工况不应小于 1.05。

2 软土、松软土地段路堤与地基整体滑动稳定性采用瑞典条分法分析时,稳定安全系数应符合表 10.1.4 的要求。

3 软土、松软土地段路基沿斜坡基底、软弱夹层带或复式滑面滑动稳定性采用不平衡推力传递系数法分析时,施工期、铺架期稳定安全系数不应小于 1.10,运营期稳定安全系数不应小于 1.15。

表10.1.4 路堤与地基的整体滑动稳定安全系数

设计行车速度(km/h)	排水固结法			复合地基或桩基础	
	施工期		运营期	填筑期、预压期、铺架期	运营期
	填筑、预压期	铺架期			
160,140	≥1.05	≥1.10	≥1.15	≥1.10	≥1.15

注:地形、地质条件或环境复杂时,稳定安全系数应适当提高。

10.1.5 路基工后沉降应符合下列规定:

1 有砟轨道路基工后沉降应符合表10.1.5的规定。

表10.1.5 有砟轨道路基工后沉降控制标准

设计速度(km/h)	路基分类	一般地段工后沉降(mm)	桥台台尾过渡段工后沉降(mm)	沉降速率(mm/年)
160,140	正线、与正线处于同一路基的配线、出入线、试车线	≤200	≤100	≤50
	与正线路基分开设置的配线及车场线	≤300	≤150	≤60

2 无砟轨道路基工后沉降应符合扣件调整能力和线路竖曲线圆顺的要求,工后沉降不宜超过15 mm。沉降比较均匀并且调整轨面高程后的竖曲线半径符合式(10.1.5)的要求时,允许工后沉降为30 mm。路基与桥梁、隧道或横向结构物交界处的工后沉降差不应大于5 mm,不均匀沉降形成的折角不应大于1/1 000。

$$R_{sh} \geq 0.4v^2 \qquad (10.1.5)$$

式中:R_{sh}——竖曲线半径(m);

v——设计速度(km/h)。

10.1.6 路基面竖向荷载应根据采用的轨道结构及列车轴重、轴距等参数计算确定,设计速度140 km/h、160 km/h时应采用如

图 10.1.6 所示的均布荷载,荷载取值可按表 10.1.6 选用。

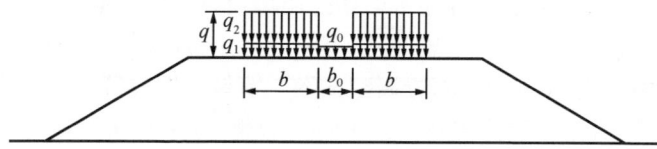

图 10.1.6 路基面上的轨道及列车荷载分布示意图

图中:q_1——轨道结构自重均布荷载强度(kN/m^2);

q_2——列车荷载均布荷载强度(kN/m^2);

q——轨道结构自重与列车荷载均布荷载强度之和(kN/m^2);

b——每股道均布荷载分布宽度(m);

q_0——线间回填均布荷载强度(kN/m^2)(按实际设计考虑);

b_0——线间回填均布荷载分布宽度(m)。

表 10.1.6 路基面上的轨道和列车荷载

轨道类型	设计速度(km/h)	道砟厚度(m)	分布宽度b(m)	轨道结构荷载强度q_1(kN/m^2)	列车荷载强度q_2(kN/m^2)	荷载强度合计q(kN/m^2)	线间荷载强度q_0(kN/m^2)
有砟轨道	160,140	0.30	3.3	19.3	23.0	42.3	11.4
		0.45	3.6	22.4	21.1	43.5	14.4
		0.50	3.7	23.4	20.5	43.9	15.4
无砟轨道CRTS双块式	160,140	—	3.4	15.5	22.4	37.9	—

注:1 表中轨道型式按Ⅲ型预应力混凝土轨枕、钢轨重量 0.6 kN/m 考虑,其他轨道型式应另行计算确定。

2 表中 q_0 值为两线间道砟填平时的荷载值。

10.1.7 地基处理措施应根据工后沉降控制标准、地质条件、建设工期、环境影响、地区经验及工程投资等因素,经技术经济比选后确定。

10.1.8 路基排水工程应系统规划,设施完整、通畅,满足路基防排水要求,并与铁路桥涵、隧道、站场或市政排水设施等合理衔接。

10.1.9 路基填料设计应考虑移挖作填,利用隧道(地下结构)弃渣、桥涵弃土等,结合土质改良、集中取弃土、外购等,合理确定路基结构形式、填料及土石方调配方案。填料分类应符合现行行业标准《铁路路基设计规范》TB 10001 的规定,填料选用应符合下列规定:

1 路基填料应通过地质勘探和试验确定其物理力学性能,有机质含量大于5％的土严禁使用,膨胀土、盐渍土使用应符合现行行业标准《铁路特殊路基设计规范》TB 10035 的规定。

2 级配碎石填料应符合现行国家标准《建设用卵石、碎石》GB/T 14685 的规定,应严格控制硫化物及硫酸盐含量,并采取适宜的措施减少后期上拱。

3 填料改良应通过试验确定适宜的掺合料、最佳配合比及改良后的强度等指标。

4 基床表层填料与道床碎石、路基各层填料的颗粒粒径应满足式(10.1.9)的要求。不满足时,可采取过渡措施,或铺设反滤和隔离土工材料。

$$D_{15} < 4d_{85} \quad (10.1.9)$$

式中:D_{15}——较粗一层土的颗粒粒径,小于该粒径的土重占总土重的 15％;

d_{85}——较细一层土的颗粒粒径,小于该粒径的土重占总土重的 85％。

10.1.10 无砟轨道路基和有砟轨道软弱土地段路基应进行沉降变形观测,并根据观测资料进行分析评估,预测工后沉降满足要求后方可进行轨道铺设。变形观测与评估可参照现行中国铁路总公司企业标准《铁路工程沉降变形观测与评估技术规程》Q/CR 9230 的规定执行。

10.1.11 合格填料缺乏、场地受限、桥隧过渡、地表水位高或地下水发育地段,考虑地基处理措施合理经济性及环境协调等因素,可采用槽式、箱式、桩板等刚性结构路基形式。

10.1.12 不同等级线路处于同一路基时,应采用级别较高的线路路基标准设计;不同等级线路间设有纵向排水槽、站台等设施时,路基可分开设置,采用各自的路基标准设计。

10.1.13 路基混凝土结构耐久性设计应符合现行行业标准《铁路混凝土结构耐久性设计规范》TB 10005 的规定。

10.1.14 路基抗震设计应符合现行国家标准《铁路工程抗震设计规范》GB 50111 的规定。

10.1.15 特殊路基设计应符合现行行业标准《铁路特殊路基设计规范》TB 10035 的规定。

10.2 路基面形状及宽度

10.2.1 有砟轨道正线及到发线路基面应采用三角形路拱,自线路中心向两侧设 4% 的横向排水坡,曲线地段的路基加宽时,路基面仍应保持三角形;配线和车场线路路基面排水横坡应结合各地区年平均降雨量具体确定,且不宜小于 2%。

10.2.2 无砟轨道支承层(或底座)底部范围内路基面可水平设置,支承层(或底座)以外两侧路基面应设置向外横向排水坡,横向排水坡坡率不宜小于 4%。

10.2.3 区间正线路肩宽度不宜小于 0.8 m,站场路基路肩宽度不应小于 0.6 m。

10.2.4 区间正线直线地段路基面宽度可根据路肩上接触网支柱基础、电缆槽及声屏障基础等附属工程设置情况,按表 10.2.4-1、表 10.2.4-2 采用。条件不符时,应另行计算确定。

表 10.2.4-1 区间有砟轨道直线地段路基面宽度

设计速度 (km/h)	轨枕类型	道床厚度 (m)	单线 a (m)	单线 b (m)	单线 c (m)	单线 路基面宽度(m) 路肩上不设电缆槽	单线 路基面宽度(m) 路肩上设电缆槽	双线 a (m)	双线 b (m)	双线 c (m)	双线 路基面宽度(m) 路肩上不设电缆槽	双线 路基面宽度(m) 路肩上设电缆槽
160,140	Ⅲ	0.30	0.4	1.0	0.95	7.3	7.3	0.4	1.1	0.85 (1.6)	11.3	12.8
160,140	Ⅲ	0.45	0.4	1.3	0.8	7.6	7.6	0.4	1.4	0.8 (1.3)	11.8	12.8
160,140	Ⅲ	0.5	0.4	1.4	0.8	7.8	7.8	0.4	1.5	0.8 (1.2)	12.0	12.8

注：1 a 为砟肩宽度；b 为砟肩至砟脚水平距离；c 为路肩宽度（不含护肩宽度），双线时括号外为路肩上不设电缆槽的路肩宽度，括号内为路肩上设电缆槽的路肩宽度。

2 接触网支柱内侧至线路中心距按如下标准考虑：有砟轨道按大型机械养护时为 3.1 m；无砟轨道为 2.5 m。表 10.2.4-1 为按大型机械养护有砟轨道路基面宽度。有砟轨道按非大型机械养护时为 2.5 m，路基面宽度应相应调整。

3 双线路基面宽度按设计速度 160 km/h 及 140 km/h 时线间距为 4.0 m 确定。线间距变化时，路基面宽度应相应调整。

4 单线路基按电缆槽与接触网支柱对侧布置考虑。

5 表中接触网立柱按 0.4 m 宽，接触网立柱基础按 0.7 m 宽，电缆槽宽度按 0.72 m 考虑。

6 表中轨道型式按Ⅲ型预应力混凝土轨枕、60 kg/m 钢轨考虑。

7 双线无砟轨道电缆槽设置于接触网支柱内侧时，路基面宽度可按表中路肩上不设电缆槽取值。

表 10.2.4-2 区间无砟轨道路基面宽度

设计速度 (km/h)	路基面宽度(m) 单线 路肩上不设电缆槽	路基面宽度(m) 单线 路肩上设电缆槽	路基面宽度(m) 双线 路肩上不设电缆槽	路基面宽度(m) 双线 路肩上设电缆槽
160,140	6.1	6.1	10.1	11.6

注：双线路基面宽度按设计速度 160 km/h 及 140 km/h 时线间距为 4.0 m 确定。线间距变化时，路基面宽度应相应调整。

10.2.5 曲线地段路基面加宽应符合下列规定：

1 有砟轨道路基的路基面应在曲线外侧按表10.2.5的规定加宽，加宽值应在缓和曲线内渐变。

2 无砟轨道内侧路基面宽度应满足接触网立柱侧面限界及其他设备建筑限界要求。

表10.2.5 有砟轨道曲线地段路基面加宽值

设计速度(km/h)	曲线半径 R(m)	路基外侧加宽值(m)
160,140	$R \geqslant 7\,500$	0.1
	$3\,800 \leqslant R < 7\,500$	0.2
	$2\,700 \leqslant R < 3\,800$	0.3
	$1\,900 \leqslant R < 2\,700$	0.4
	$R < 1\,900$	0.5

10.2.6 区间正线路基横断面可按图10.2.6-1～图10.2.6-6等代表性图式确定。市区内用地控制严格段落宜采用槽式路基结构形式。

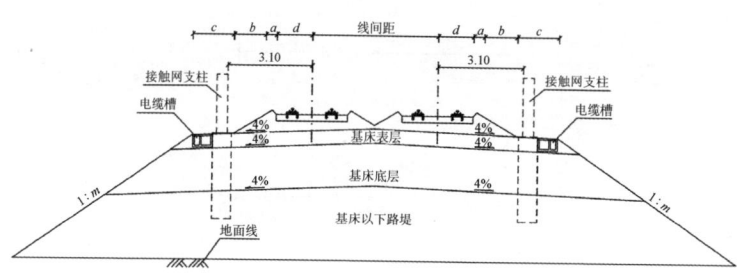

图10.2.6-1 有砟轨道双线路堤横断面示意图(m)

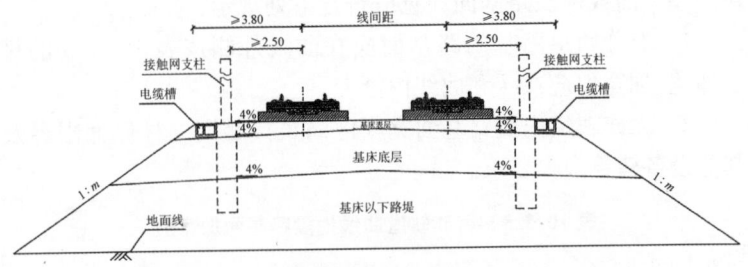

图 10.2.6-2 无砟轨道双线路堤横断面示意图(m)

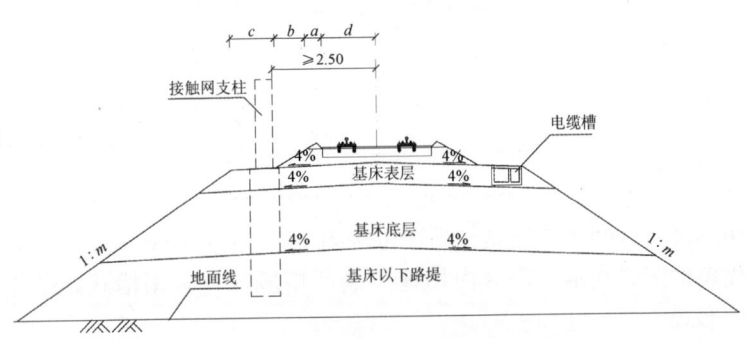

图 10.2.6-3 有砟轨道单线路堤横断面示意图(m)

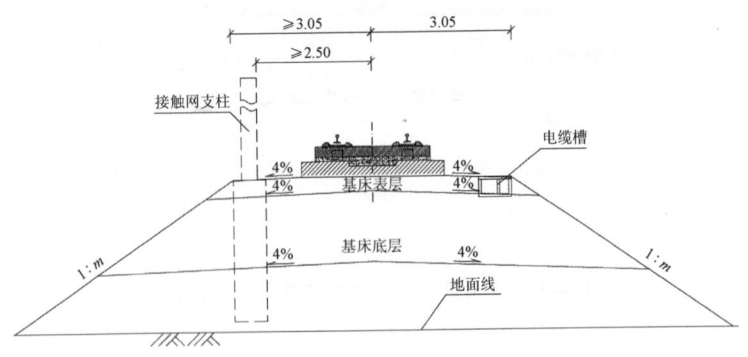

图 10.2.6-4 无砟轨道单线路堤横断面示意图(m)

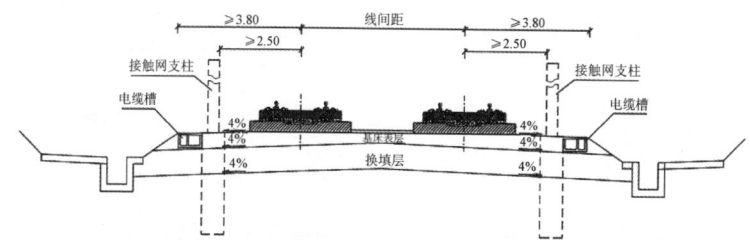

图 10.2.6-5 无砟轨道双线低路堤横断面示意图(m)

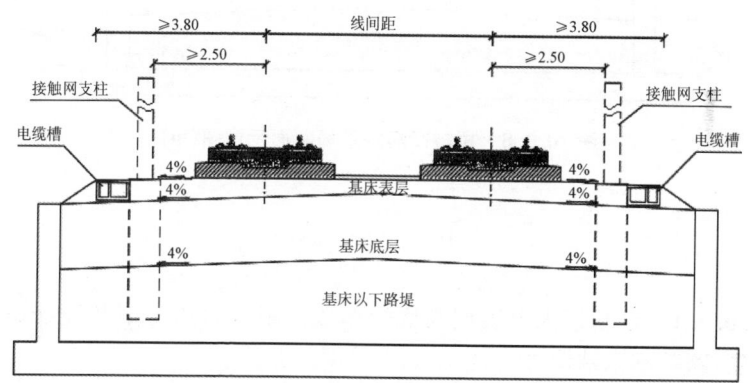

图 10.2.6-6 无砟轨道双线槽式路基横断面示意图(m)

10.2.7 站场路基面宽度应符合下列规定：

1 进站信号机以内线路中心线至路基面边缘的距离，应根据接触网支柱的位置及基础宽度、电缆槽位置及宽度等因素计算确定。正线及到发线外侧线路中心线至路基面边缘的距离不应小于 4.6 m，其他线路不应小于 3.0 m。

2 与站内正线并行的安全线中心线至路基面边缘的距离应与站内正线路基半宽相同，且不应小于 3.5 m。

10.2.8 桥隧间短路基采用槽式、桩板结构时，路基面宽度及路基结构形式宜与隧道敞开段 U 型槽一致，并与桥台平顺过渡(图 10.2.8)。

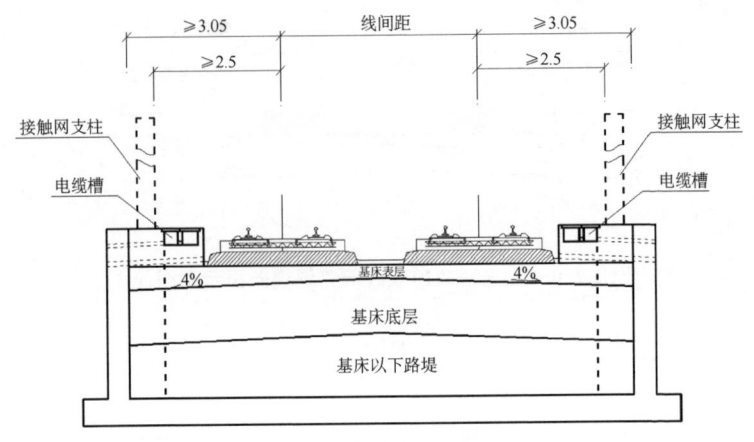

图 10.2.8 桥隧间短路基横断面示意图(m)

10.3 基 床

10.3.1 路基基床由表层与底层组成。根据轨道类型及设计速度,路基基床结构可按表 10.3.1 采用。

表 10.3.1 基床结构

轨道类型		基床厚度(m)	基床表层厚度(m)	基床底层厚度(m)
有砟轨道	正线	2.0	0.5	1.5
	与正线处于同一路基的配线、出入线、试车线	2.0	0.5	1.5
	与正线路基分开设置的配线、动车组试验线	1.5	0.5	1.0
	车场线	1.2	0.3	0.9
无砟轨道		1.8	0.3	1.5

10.3.2 基床表层的填料应符合表 10.3.2-1 的要求,压实标准

应符合表 10.3.2-2 的要求。

表 10.3.2-1 基床表层的填料要求

轨道类型	设计速度（km/h）	填料要求 最大粒径	填料要求 组别要求
有砟轨道	160,140	≤100 mm	宜选用砾石类、碎石类中的 A1、A2 组填料；当缺乏 A1、A2 组填料时，经经济比选后可采用级配碎石
无砟轨道	—	≤60 mm	级配碎石

注：无砟轨道基床表层宜采用Ⅱ型级配碎石。

表 10.3.2-2 基床表层的压实标准

轨道类型	设计速度（km/h）	填料	压实标准 压实系数 K	压实标准 地基系数 K_{30} (MPa/m)	压实标准 7 d 饱和无侧限抗压强度 (kPa)	压实标准 动态变形模量 E_{vd} (MPa)
有砟轨道	160,140	级配碎石	≥0.95	≥150	—	—
有砟轨道	160,140	A1、A2 组 砾石类、碎石类	≥0.95	≥150	—	—
无砟轨道	—	级配碎石	≥0.97	≥190	—	≥55

10.3.3 基床底层的填料应满足表 10.3.3-1 的要求，压实标准应满足表 10.3.3-2 的要求。

表 10.3.3-1 基床底层的填料要求

轨道类型	设计速度（km/h）	填料要求 最大粒径	填料要求 组别要求
有砟轨道	160,140	≤200 mm	砾石类、碎石类及砂类土中的 A、B 组填料或化学改良土
无砟轨道	—	≤60 mm	砾石类、碎石类及砂类土中的 A、B 组填料或化学改良土

表10.3.3-2 基床底层的压实标准

轨道类型	设计速度(km/h)	填料		压实标准			
				压实系数 K	地基系数 K_{30} (MPa/m)	7 d饱和无侧限抗压强度 (kPa)	动态变形模量 E_{vd}(MPa)
有砟轨道	160,140	A、B组	砾石类、碎石类	≥0.93	≥130	—	—
			砂类土(粉细砂除外)	≥0.93	≥100	—	—
		化学改良土		≥0.93	—	≥350	—
无砟轨道	—	A、B组	粗砾土、碎石类	≥0.95	≥150	—	≥40
			砂类土(粉砂除外)细砾土	≥0.95	≥130	—	≥40
		化学改良土		≥0.95	—	≥350	—

10.3.4 基床底层范围内的天然地基基本承载力 σ_0,无砟轨道线路不应小于 180 kPa;设计速度 160 km/h、140 km/h 的有砟轨道线路不应小于 150 kPa。

10.3.5 路堤高度小于基床厚度时,基床底层范围内的天然地基的土质、天然密实度和承载力应符合本标准第 10.3.3 条、10.3.4 条的规定。

10.3.6 土质、易风化软质岩、强风化硬质岩路堑基床表层填料应符合本标准第 10.3.2 条的要求,基床底层范围内的天然地基的土质、天然密实度和承载力应符合本标准第 10.3.3 条、10.3.4 条的规定,不满足时应进行换填或加固处理。

10.3.7 路基基床受地下水影响时宜采用封闭止水结构形式,或采用盲沟、路堤式路堑等措施降低地下水位或疏干基床范围内的地下水。

10.4 路 堤

10.4.1 路堤基床以下部位填料及压实标准应符合表10.4.1-1、表10.4.1-2的规定。

表10.4.1-1 基床以下路堤的填料要求

轨道类型	设计速度 (km/h)	填料要求	
		最大粒径	组别要求
有砟轨道	160,140	≤300 mm 或摊铺厚度的2/3	宜选用 A、B、C 组填料或化学改良土
无砟轨道	—	≤75 mm	宜选用 A、B、C1、C2 组填料或化学改良土

表10.4.1-2 基床以下路堤的压实标准

轨道类型	设计速度 (km/h)	填料	压实标准		
			压实系数 K	地基系数 K_{30} (MPa/m)	7 d饱和无侧限抗压强度 (kPa)
有砟轨道	160,140	细粒土、砂类土	≥0.90	≥80	—
		砾石类、碎石土	≥0.90	≥110	—
		块石类	≥0.90	≥130	—
		化学改良土	≥0.90	—	≥200
无砟轨道	—	砂类土及细砾土	≥0.92	≥110	—
	—	碎石类及粗砾类	≥0.92	≥130	—
	—	化学改良土	≥0.92	—	≥250

10.4.2 路堤边坡形式和坡率应根据填料的物理力学性质、边坡高度和基底地质条件、水文气候条件、抗震设防烈度等因素综合分析,并符合现行行业标准《铁路路基设计规范》TB 10001 的

规定。

10.4.3 浸水路堤防护高程以下宜采用渗水土、水稳性好的 A、B 组填料,或采取封闭隔水措施。

10.5 路 堑

10.5.1 路堑边坡形式和坡率应根据水文条件、地质条件、气象条件、边坡高度及周边环境等因素,通过计算分析确定。

10.5.2 路堑地段应于侧沟外侧设置平台,宽度不宜小于 1.0 m。

10.6 过渡段

10.6.1 正线路基及与正线路基不能分开的到发线路基或无缝线路到发线路基,与桥隧等其他线下结构物、不同路基结构连接处可能导致轨道基础沉降变形及刚度差异时,应设置过渡段。

10.6.2 路基与桥台过渡段宜采用沿线路纵向倒梯形过渡形式(图 10.6.2-1);过渡段施工先于邻近路基时,可采用沿线路纵向正梯形过渡形式(图 10.6.2-2),并应符合下列规定。

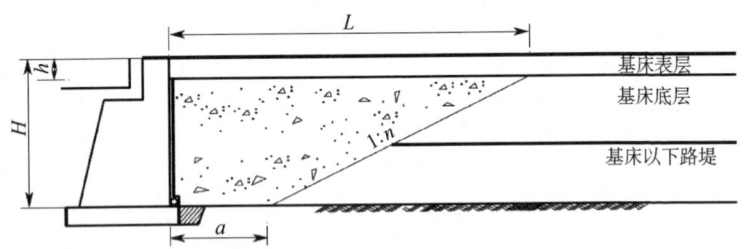

图 10.6.2-1 台尾倒梯形过渡段设置示意图

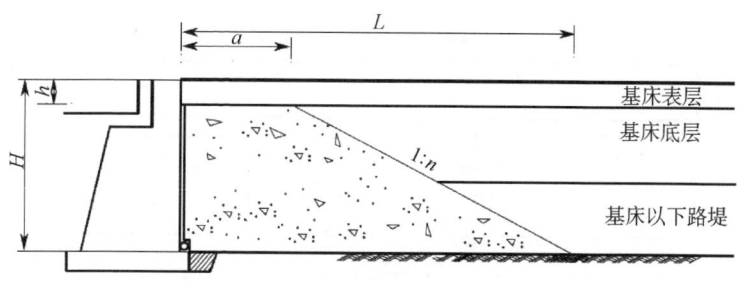

图 10.6.2-2 台尾正梯形过渡段设置示意图

过渡段长度按式(10.6.2)确定,无砟轨道线路过渡段长度不应小于 20 m。

$$L = a + (H - h) \times n \qquad (10.6.2)$$

式中：L——过渡段长度(m)；

H——台后路堤高度(m)；

h——基床表层厚度(m)；

a——过渡段梯形底部(或顶部)沿线路方向长度,无砟轨道线路取 3 m～5 m,设计时速 140 km/h、160 km/h 有砟轨道线路取 3 m；

n——常数,无砟轨道线路取 2～5,设计时速 140 km/h、160 km/h 有砟轨道线路取 2。

10.6.3 路基与横向结构物(立交框构、箱涵等)连接处,根据地形、地质条件设置过渡段,宜采用沿线路纵向倒梯形过渡形式(图 10.6.3-1)；过渡段施工先于邻近路基时,可采用沿线路纵向正梯形过渡形式(图 10.6.3-2),并应符合下列规定：

有砟轨道线路横向结构物顶面填土高度大于 3 m 且大于路堤高度的 2/3 时可不设过渡段。

10.6.4 路基与隧道、敞口段 U 型槽连接处应设置倒梯形过渡段,宜采用沿线路纵向倒梯形过渡形式(图 10.6.4)。

10.6.5 过渡段基床表层填料及压实标准应符合本标准

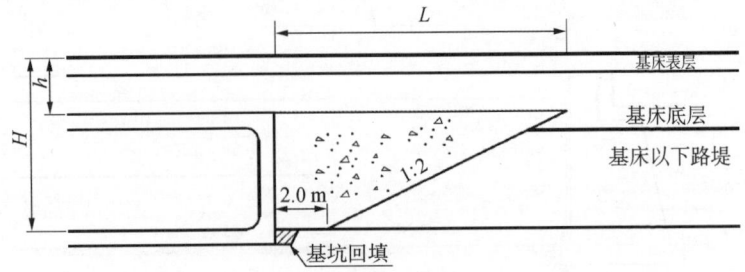

图 10.6.3-1　路基与横向结构物倒梯形过渡段示意图

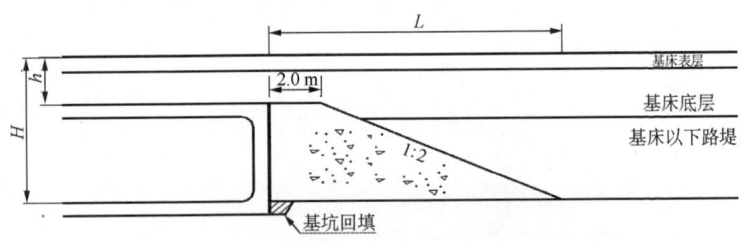

图 10.6.3-2　路基与横向结构物正梯形过渡段示意图

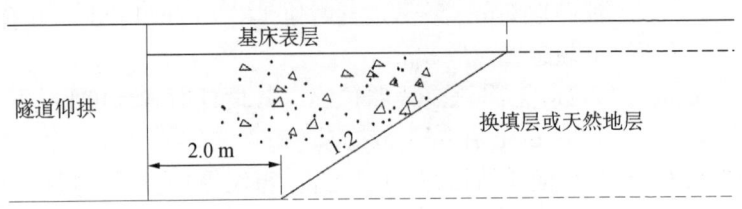

图 10.6.4　路堑与隧道过渡段示意图

第 10.3.2 条的规定。

10.6.6　过渡段基床表层以下梯形过渡段填料应满足表 10.6.6-1 的要求,压实标准应满足表 10.6.6-2 的要求。

表 10.6.6-1 梯形过渡段的填料要求

轨道类型	设计速度(km/h)	填料要求
有砟轨道	160,140	应选用 A 组填料
无砟轨道	—	应选用掺加 3%水泥的级配碎石。级配碎石应符合现行行业标准《铁路路基设计规范》TB 10001 的规定

表 10.6.6-2 梯形过渡段的压实标准

轨道类型	设计速度(km/h)	填料	压实标准		
			压实系数 K	地基系数 K_{30} (MPa/m)	动态变形模量 E_{vd} (MPa)
有砟轨道	160,140	A 组填料	≥0.93	≥130	
无砟轨道	—	掺 3%水泥级配碎石	≥0.95	≥150	≥50

10.6.7 过渡段桥台基坑应以碎石或改良土分层填筑,应满足地基系数 K_{30}≥120 MPa/m 或动态变形模量 E_{vd}≥30 MPa 要求。

10.6.8 路堤与土质路堑连接处应设置过渡段,沿原地面纵向开挖台阶,台阶宽度不应小于 1.0 m(图 10.6.8),其开挖部分填筑应满足相邻路堤的技术要求。

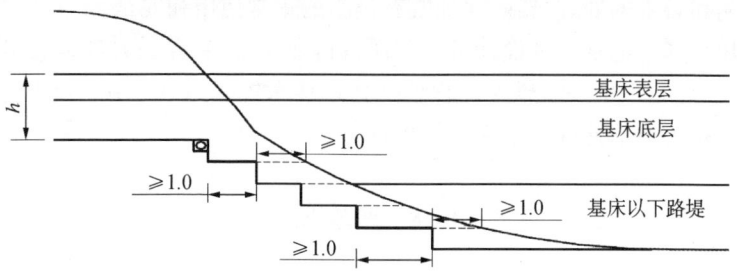

图 10.6.8 堤堑过渡段示意图(m)

10.6.9 桥梁、涵洞及隧道等结构物之间的路基,当有砟轨道路基长度小于20 m、无砟轨道路基长度小于40 m时,应按过渡段进行特殊设计。

10.6.10 无砟轨道与有砟轨道连接处路基应在有砟轨道范围内设置过渡段,并满足轨道形式过渡要求。

10.7 地基处理

10.7.1 地基处理措施应根据线路种类、轨道类型、荷载大小、场地地质和环境条件、处理目的、工期要求等因素,结合施工工艺和地区经验等合理确定。

10.7.2 地基处理设计应满足路基稳定和沉降变形控制要求,基床、支挡结构的地基尚应满足其承载力要求。

10.7.3 地基处理设计与施工有关参数,宜通过现场试验施工验证。

10.7.4 路基与其他构筑物分界处、地层变化较大地段及不同地基处理措施连接处,应进行差异沉降检算,采用渐变过渡的地基处理措施减少不均匀沉降。

10.7.5 地基处理邻近既有铁路、公路、地下管线或其他建筑物地段,应对既有设施的影响进行必要的检算和评估,采取加强监测和必要的处理措施,保证既有设施的正常使用和安全。

10.7.6 地基处理设计可参照现行行业标准《铁路特殊路基设计规范》TB 10035、《铁路工程地基处理技术规程》TB 10106及上海市相关地基处理技术规范等执行。

10.8 路基排水

10.8.1 路基排水设施设计降雨的重现期应为50年。

10.8.2 路基面应结合轨道结构、电缆槽、接触网支柱、声屏障等工程做好防水和纵横向排水设计;无砟轨道路基面宜设置防水层,线间不得积水。

10.8.3 排水设施结构尺寸应根据水文计算、排水条件并结合地区工程经验确定。路基排水水文计算应根据各段落的汇水面积、表面形状、周边地形、地质条件、气候特点,结合当地的地区经验选取合理的参数和方法。

10.8.4 地面排水设施的设计应符合下列规定:

1 地质或土质条件差、有可能产生渗漏或变形时,应采取适宜的加固防护措施。

2 沟底纵坡不宜小于2‰。

3 沟槽的线形应平顺。

4 沟槽的顶面标高应高出设计水位至少0.2 m。

10.8.5 低矮路堤或路堑地段,地下水位较高或无固定含水层时,可采用明沟、排水槽、渗水暗沟等设施排除地下水。当采用渗水暗沟时,其纵坡不宜小于5‰,困难条件下不应小于2‰。检查井设置位置应符合下列规定:

1 渗水暗沟每隔约30 m。

2 平面转折点、断面或纵坡变化点。

10.8.6 站场排水设计应符合下列规定:

1 站场排水设计应整体规划、系统设计,并与地方排水系统有效衔接。纵向、横向排水设施应紧密结合,水流径路应短直,改建车站宜利用既有的排水设施。

2 纵向排水设施的坡度不应小于2‰,困难条件下不应小于1‰,穿越线路的横向排水设施的坡度不宜小于5‰。

3 站场排水设施应与接触网支柱、雨棚柱基础、各种管线系统设计,避免相互干扰。

4 排水槽底部宽度不应小于0.4 m,深度不宜大于1.2 m;当深度大于1.2 m时,其底部应加宽。纵横向排水槽(管)的交汇点、排水管的转弯处和高程变化处宜设置检查井或集水井。

5 无砟道岔岔区应采取措施避免积水。

10.9 边坡防护

10.9.1 路基边坡应根据周围环境、填料性质、气候条件、边坡高度、浸水及冲刷等具体情况因地制宜设置坡面防护工程。坡面防护应满足稳定、环境安全及景观协调等要求,并尽量减少对自然植被和地形的破坏。

10.9.2 路基边坡应视工程地质、水文地质、气象条件、边坡高度等采取植物防护或植物防护与空心砖护坡、骨架护坡、土工合成材料等工程防护相结合的措施。

10.9.3 受洪水或河流冲刷及水浸泡地段,路堤边坡应根据流速、流向及冲刷深度,采取放缓边坡坡率、设置边坡平台及抗冲刷能力强的防护措施。

10.10 路基支挡

10.10.1 路基支挡结构的形式及设置应结合地形地质条件、周围环境、征地、拆迁及工程投资等综合分析确定。宜选用悬臂式、扶壁式、桩板式及加筋土挡土墙等结构减少拆迁占地,并与环境景观协调。

10.10.2 路基支挡结构设计应满足强度、耐久性、稳定性和地基承载力要求。

10.10.3 路基支挡结构设计应考虑列车及轨道荷载,对不同工况的荷载组合检算;运架梁车通过时,应考虑其特殊荷载;与接触网支柱、声屏障雨棚及挡风结构等合建时,应考虑相应结构的自重及风、雪等荷载。

10.10.4 路肩挡土墙应在下列地段设置防护栏杆:

　　1 墙顶高出地面 2 m 且连续长度大于 10 m 时。

　　2 墙趾下为陡坎或地面横坡陡于 1∶1、连续长度大于

20 m 时。

10.10.5 有砟轨道路肩挡土墙符合本标准第10.10.4条的规定时,宜在相对稳定一侧铺设单侧护轮轨,铺设范围为两端各延长5 m。

10.10.6 槽式路基结构设计应符合下列规定:

1 槽顶高程应依据防洪频率、流速、降雨重现期、地形地貌、地势位置、地面积水、内涝及城市规划等确定,附加安全高度不应小于0.5 m,应做好封闭防淹设计。

2 抗浮安全系数施工期不应小于1.05,运营期不应小于1.10。

3 应与声屏障、雨棚、接触网支柱基础一体设计,并采取防撞击、防掉落措施。

4 位于地下隧道进出口段时,应协调隧道、排水泵站做好防排水设计。

10.10.7 支挡结构设计应符合现行国家标准《混凝土结构设计规范》GB 50010、现行行业标准《铁路路基支挡结构设计规范》TB 10025的要求。

10.11 接口设计

10.11.1 路基工程应按照相关要求预留电缆槽、电缆井、过轨管线、接触网支柱基础、声屏障基础及综合接地等工程措施的条件,并满足限界要求。

10.11.2 路基上的各种预埋设备及基础应与路基填筑统筹规划、系统设计,避免二次开挖破坏路基防排水系统,影响路基的强度及稳定。

10.11.3 电缆槽设置于路肩时,应采取防排水措施,并与电缆井及桥梁、隧道地段电缆槽平顺连接。

10.11.4 电缆槽及电缆井应按通信、信号、电力及牵引供电等专业要求设置强弱电隔离措施。

10.11.5 槽式路基位于地下隧道进出口端时,应做好与隧道排水槽、集水井、排水泵站接口设计,避免地面水倒灌。

10.11.6 路基声屏障基础应设置于路肩外侧,并与路基面排水系统协调。

11 桥 涵

11.1 一般规定

11.1.1 桥涵结构应满足安全、适用、经济、环保和耐久性要求。

11.1.2 桥涵主体结构的设计工作年限应为 100 年。

11.1.3 桥涵结构在制造、运输、安装和运营过程中,应具有规定的强度、刚度和稳定性,并应满足轨道平顺性、列车运行安全性和乘客乘坐舒适性的要求。

11.1.4 桥涵的孔径与式样应力求标准化。除通航、立交等特殊需要外,同一座桥宜采用等跨及相同类型的桥跨结构,并宜采用预制架设、预制拼装等施工工艺和结构形式。

11.1.5 桥梁结构形式选择应综合考虑使用功能、地质情况、环境条件、轨道类型以及施工方法等因素,同时考虑城市景观及减振降噪的要求。

11.1.6 桥梁应符合城乡规划的要求,宜进行景观设计,景观设计应根据规划要求、地域环境、历史文化传统和工程建设条件等因素综合确定。景观设计重点应放在总体布置和主体结构上,做到总体布置舒展、造型美观,与周围环境和景观协调。

11.1.7 桥梁上部结构及基础布置应充分考虑规划及现有地上、地下管线。桥梁墩台的布置应考虑桥下空间的净空利用,以及转向交通视距等要求。跨越下方道路时,应满足桥下道路线形、车辆流线、视距及交通信息识别的要求。

11.1.8 桥墩类型宜结合桥梁所处的地形、立交条件、规划及景观要求等成段统一。

11.1.9 涵洞可采用框架涵、圆涵或其他适宜的结构形式。

11.1.10 桥涵应满足排洪、灌溉和铁路系统排水要求,不宜改变天然排洪系统。

11.1.11 桥梁上跨铁路、公路、城市道路时,桥下净高应满足相应规范和有关部门的要求,并宜预留不小于 200 mm 的余量。跨越道路的桥下净高小于 5.0 m 时,应在道路来车方向前方设置刚性限高防护架。

11.1.12 路侧墩台应满足表 11.1.12 规定的最小安全距离要求。桥墩可能受到汽车或船舶撞击时,宜设置防护设施。

表 11.1.12 桥墩与道路路侧的最小安全距离

分类		中间带		两侧带	
	设计速度(km/h)	≥60	<60	≥60	<60
城市道路	机动车道的最小安全距离(m)	0.5	0.25	0.5	0.25
	非机动车道的最小安全距离(m)	—	—	0.25	0.25
公路	设计速度(km/h)	≥100	<100	—	—
	机动车道的最小安全距离(m)	0.75	0.5	—	—

11.1.13 桥梁跨越排洪河流时,应按 1/100 洪水频率标准进行设计。技术复杂、修复困难的大桥、特大桥应按 1/300 洪水频率标准进行检算。跨越通航河流时,桥下净高应根据通航等级要求确定,并满足现行国家标准《内河通航标准》GB 50139 的要求。跨河桥梁的孔跨和桥墩布置应满足上海市跨河构筑物相关技术要求。

11.1.14 混凝土结构耐久性应符合现行行业标准《铁路混凝土结构耐久性设计规范》TB 10005 的有关规定。

11.1.15 抗震设计应按现行国家标准《铁路工程抗震设计规范》GB 50111 的规定执行,抗震设防烈度为 7 度。

11.2 设计荷载及工程材料

11.2.1 桥涵结构设计应根据结构的特性,按表 11.2.1 所列荷载中可能的最不利组合进行计算。

表 11.2.1 荷载分类及组合

荷载分类		荷载名称
主力	恒载	结构构件及附属设备自重
		预加力
		混凝土收缩和徐变的影响
		土压力
		静水压力及水浮力
		基础变位的影响
	活载	列车竖向静荷载及动力作用
		公路(城市道路)活载及动力作用
		离心力
		横向摇摆力
		活载土压力
		人行道人行荷载
		气动力
附加力		制动力或牵引力
		支座摩擦阻力
		风力
		流水压力
		温度变化的作用
		冻胀力
		波浪力
特殊荷载		列车脱轨荷载
		船只或排筏的撞击力

续表11.2.1

荷载分类	荷载名称
特殊荷载	汽车撞击力
	施工临时荷载
	地震作用
	长钢轨纵向作用力(伸缩力、挠曲力和断轨力)

注:1 如杆件的主要用途为承受某种附加力,则在计算此杆件时,该附加力应按主力考虑。
2 流水压力不与制动力或牵引力组合。
3 船只或排筏的撞击力、汽车撞击力,只计算其中的一种荷载与主力相组合,不与其他附加力组合。
4 列车脱轨荷载只与主力中的恒载组合,不与主力中的活载和其他附加力组合。
5 地震作用与其他荷载的组合应符合现行国家标准《铁路工程抗震设计规范》GB 50111 的有关规定。
6 无缝线路纵向作用力不参与常规组合,其与其他荷载的组合应符合现行行业标准《铁路桥涵设计规范》TB 10002 的有关规定。

11.2.2 桥梁设计时,应仅考虑主力与一个方向(顺桥或横桥方向)的附加力相组合。

11.2.3 桥梁设计应根据各种结构的不同荷载组合,将材料基本容许应力和地基容许承载力乘以不同的提高系数。

11.2.4 结构构件及附属设备自重的计算应符合现行行业标准《铁路桥涵设计规范》TB 10002 的规定。

11.2.5 土压力的计算应符合现行行业标准《铁路桥涵设计规范》TB 10002 的规定。台后填土的内摩擦角应根据台后过渡段设计情况确定。

11.2.6 市域铁路列车设计竖向静荷载应采用 ZS 荷载,如图 11.2.6 所示。

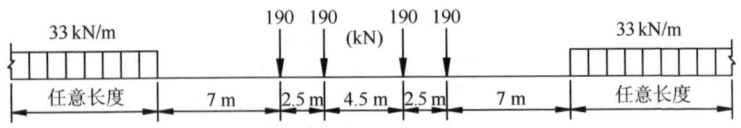

图 11.2.6 ZS 荷载图式

11.2.7 同时承受多线列车荷载的桥梁，其列车竖向静荷载计算应符合下列规定：

1 单线或双线的桥梁结构，各线均应计入 100% ZS 荷载作用。

2 多于两线的桥梁结构应按下列最不利情况考虑：

　　1）按两条线路在最不利位置承受 ZS 荷载，其余线路不承受列车荷载。

　　2）所有线路在最不利位置承受 75% 的 ZS 荷载。

3 桥上所有线路不能同时运转时，应按可能同时运转的线路计算列车竖向力、离心力。

4 设计加载时，ZS 荷载图式可任意截取，需要加载的结构（影响线）长度超过运营列车最大编组长度时，可采用列车最大编组长度。对多符号影响线，可在同符号影响线各区段进行加载，异符号影响线区段长度不大于 15 m 时可不加载 ZS 荷载；异符号影响线区段长度大于 15 m 时，可按空车静荷载 10 kN/m 加载。

5 承受局部活载的杆件应按列车竖向荷载的 100% 计算。用空车检算桥涵各部分构件时，列车竖向荷载应按 10 kN/m 计算。

6 疲劳验算时异符号影响线区段长度内应按 ZS 荷载图式中的均布荷载加载。

11.2.8 列车荷载竖向动力作用应按列车竖向静荷载乘以动力系数 $(1+\mu)$ 确定，动力系数应按下列公式计算，且不应小于 1.0。

1 简支或连续的钢桥跨结构和钢墩台：

$$1+\mu = 1+\frac{28}{40+L} \tag{11.2.8-1}$$

2 钢与钢筋混凝土板的结合梁：

$$1+\mu = 1+\frac{22}{40+L} \tag{11.2.8-2}$$

3 钢筋混凝土、混凝土、石砌的桥跨结构及涵洞、刚架桥,其顶上填土厚度 $h \geqslant 3$ m(从轨底算起)时不计列车竖向动力作用。当 $h < 3$ m 时,动力系数应按下式计算:

$$1 + \mu = 1 + \alpha \left(\frac{6}{30 + L} \right) \quad (11.2.8\text{-}3)$$

式中,$\alpha = 0.32 \times (1-h)^2$,$h < 0.5$ m 时取 0.5 m。式(11.2.8-1)~式(11.2.8-3)中的 L 以 m 计,除承受局部荷载杆件为影响线加载长度外,其余均为桥梁跨度。

4 支座的动力系数计算公式与相应的桥跨结构计算公式相同。

11.2.9 列车在曲线上产生的离心力计算应符合下列规定:

1 离心力应按下列公式计算:

集中活载:

$$F_N = \frac{v^2}{127R} \cdot N \quad (11.2.9\text{-}1)$$

分布活载:

$$F_q = \frac{v^2}{127R} \cdot q \quad (11.2.9\text{-}2)$$

式中:N ——ZS 荷载图式中的集中荷载(kN)
   q ——ZS 荷载图式中的分布荷载(kN/m);
   V ——设计速度(km/h);
   R ——曲线半径(m)。

2 离心力作用位置可按水平向外作用于轨顶以上 1.8 m 处考虑。

11.2.10 横向摇摆力应按 60 kN 水平作用于桥跨结构最不利位置处的钢轨顶面。多线桥梁只计算任一线上的横向摇摆力。

11.2.11 列车制动力或牵引力的计算应符合下列规定:

1 列车制动力或牵引力应按计算长度内列车竖向静荷载的

10%计算;当与离心力或列车竖向动力作用同时计算时,可按计算长度内列车竖向静荷载的7%计算。

2 区间双线桥应按一线的制动力或牵引力计算;三线或三线以上的桥梁应按双线的制动力或牵引力计算。

3 车站内的桥梁应根据其结构形式考虑制动和启动同时发生的可能性进行设计。

4 桥头填方破坏棱体范围内的列车竖向荷载所产生的制动力或牵引力可不计算。

5 制动力或牵引力应作用于车辆重心处,但计算桥梁墩台时应移至支座中心处,计算台顶以及刚架桥、拱桥制动力或牵引力时应移至轨底,且均不应考虑移动作用点所产生的竖向力或力矩。

11.2.12 列车活载在桥台后破坏棱体上引起的侧向土压力可按活载换算为当量均布土层厚度计算。活载换算当量均布土层厚度 h_0 可按下式计算:

$$h_0 = \frac{q}{\gamma} \qquad (11.2.12)$$

式中:q ——轨底平面上列车竖向静活载压力强度(kPa),荷载横向分布宽度按 3.0 m 计;

γ ——土的重度(kN/m³)。

11.2.13 长度大于 15 m 的桥梁应考虑列车脱轨荷载。列车脱轨荷载不计动力系数。多线桥上,只考虑单线脱轨荷载,且其他线路上无列车活载。列车脱轨荷载计算应符合现行行业标准《铁路桥涵设计规范》TB 10002 的规定。

11.2.14 桥涵结构检算应考虑施工和养护维修荷载。

11.2.15 当桥面上布置有作业通道时,作业通道设计应符合下列规定:

1 竖向静活载应采用 4 kN/m²。主梁设计时,作业通道的竖向静活载不应与列车荷载同时计算。

2 桥上走行检查小车时应考虑检查小车的竖向活载,主梁设计时应与列车荷载同时计算。

3 检算栏杆立柱及扶手时,水平推力应按0.75 kN/m考虑。水平推力作用于立柱顶面处。立柱和扶手还应按1.0 kN的集中荷载检算。

11.2.16 铺设无缝线路的桥梁应考虑长钢轨纵向力(伸缩力、挠曲力、断轨力)作用。无缝线路纵向力的计算应符合现行行业标准《铁路无缝线路设计规范》TB 10015的规定。

11.2.17 风力、流水压力、静水压力及水浮力、船只或排筏的撞击力、汽车撞击力、施工荷载、气动力等荷载应按现行行业标准《铁路桥涵设计规范》TB 10002的规定计算。

11.2.18 温度作用应按现行行业标准《铁路桥涵设计规范》TB 10002、《铁路桥涵混凝土结构设计规范》TB 10092的规定计算。结构构件应考虑截面的上下、侧面、内外温差产生的应力和位移。

11.2.19 地震作用应按现行国家标准《铁路工程抗震设计规范》GB 50111的规定计算。

11.2.20 市域铁路与公路、城市道路两用桥梁承受的荷载及荷载组合应按现行行业标准《公路与铁路两用桥梁通用技术要求》JT/T 1246执行。

11.2.21 桥涵结构的工程材料应综合考虑结构类型、受力状态、使用要求和所处环境等因素选用。桥梁上部结构宜采用预应力混凝土结构,下部结构宜采用钢筋混凝土结构。

11.2.22 混凝土材料强度等级除满足耐久性要求外,还应符合下列规定:

1 预应力混凝土梁混凝土强度等级不应小于C50。

2 钢筋混凝土梁混凝土强度等级不应小于C35。

3 灌注桩混凝土强度等级不应小于C35。

4 素混凝土垫层强度等级不应小于C20。

11.2.23 预应力材料应符合下列规定：

1 预应力钢绞线应采用高强度低松弛钢绞线,应符合现行国家标准《预应力混凝土用钢绞线》GB/T 5224 的规定。

2 锚具应符合现行行业标准《铁路工程预应力筋用夹片式锚具、夹具和连接器》TB/T 3193 的规定。

11.3 结构变形和变位的限值

11.3.1 本节的结构变形和变位限值适用于跨度不大于128 m的混凝土梁和跨度不大于168 m的钢梁以及墩高不大于50 m的桥梁。

11.3.2 梁体竖向变形、变位限值应符合下列规定：

1 在列车竖向静荷载作用下,梁体的竖向挠度不应大于表11.3.2规定的限值。

表11.3.2 梁体的竖向挠度限值

跨度范围	$L \leqslant 40$ m	40 m$< L \leqslant$80 m	$L >$80 m
竖向挠度限值	$L/1\,600$	$L/1\,350$	$L/1\,100$

注：1 表中限值适用于三跨及以上的双线简支梁；对于三跨及以上一联的连续梁,梁体竖向挠度限值应按表中数值的1.1倍取用；对于两跨一联的连续梁、两跨及以下的双线简支梁,梁体竖向挠度限值应按表中数值的1.4倍取用。
  2 单线简支或连续梁,梁体竖向挠度限值按相应双线桥限值的0.6倍取用。
  3 表中的L为简支梁或连续梁检算跨的跨度。

2 拱桥、刚架及连续梁桥等超静定结构的竖向挠度应考虑温度的影响。竖向挠度按下列最不利情况取值,并应满足表11.3.2所列限值要求。

  1）列车竖向静荷载作用下产生的挠度值与0.5倍温度引起的挠度值之和；

  2）0.63倍列车竖向静活载作用下产生的挠度值与全部温度引起的挠度值之和。

3 无砟轨道桥面预应力混凝土梁,轨道铺设完成后竖向残余徐变变形应符合下列规定：

  1) 当跨度小于等于 50 m 时，竖向变形不应大于 10 mm；

  2) 当跨度大于 50 m 时，竖向变形不应大于 $L/5000$ 且不应大于 20 mm。

 4 有砟轨道桥面预应力混凝土梁，轨道铺设完成后，竖向残余徐变变形不应大于 20 mm。

11.3.3 梁体横向变形的限值应符合下列规定：

 1 在列车横向摇摆力、离心力、风力和温度的作用下，梁体的水平挠度不应大于梁体计算跨度的 1/4 000。

 2 在列车横向摇摆力、离心力、风力和温度的作用下，无砟轨道桥梁相邻梁端两侧的钢轨支点处横向相对位移不应大于 1 mm。

11.3.4 列车竖向静荷载作用下梁体扭转引起的轨面不平顺限值，在 3 m 长的线路范围内一线两根钢轨的竖向相对变形量不应大于 3.7 mm。

11.3.5 跨度大于 128 m 的混凝土梁和跨度大于 168 m 的钢梁以及墩高大于 50 m 的桥梁，其设计刚度和动力参数的要求应结合车桥耦合振动分析的结果确定。车桥耦合动力响应指标应符合下列规定：

 1 脱轨系数 Q/P 不应大于 0.8。

 2 轮重减载率 $\Delta P/P$ 不应大于 0.6。

 3 轮对横向水平力 Q 不应大于 $(10+P_0/3)$ kN，P_0 为静轴重。

 4 车体竖向振动加速度 a_z 不应大于 1.3 m/s²（半峰值）。

 5 车体横向振动加速度 a_y 不应大于 1.0 m/s²（半峰值）。

 6 斯佩林舒适度指标可按表 11.3.5 选用。

表 11.3.5 斯佩林舒适度指标

序号	斯佩林舒适度指标	评价等级
1	$W \leqslant 2.50$	优

续表11.3.5

序号	斯佩林舒适度指标	评价等级
2	2.50＜W≤2.75	良
3	2.75＜W≤3.00	合格

11.3.6 在列车竖向静荷载作用下,桥梁梁端竖向转角限值应符合表11.3.6的规定。梁端竖向转角如图11.3.6所示。当梁端转角限值不满足表中限值要求时,应对梁端轨道结构和扣件的扣压力进行强度检算。

表11.3.6 梁端转角限值

桥上轨道类型	位置	限值(rad)	适用条件
有砟轨道	桥台与桥梁之间	$\theta \leqslant 3.0‰$	—
	相邻两孔梁之间	$\theta_1 + \theta_2 \leqslant 6.0‰$	—
无砟轨道	桥台与桥梁之间	$\theta \leqslant 2.1‰$	梁端悬出长度≤0.30 m
		$\theta \leqslant 1.5‰$	0.3 m＜梁端悬出长度≤0.55 m
		$\theta \leqslant 1.0‰$	0.55 m＜梁端悬出长度≤0.75 m
	相邻两孔梁之间	$\theta_1 + \theta_2 \leqslant 4.2‰$	梁端悬出长度≤0.30 m
		$\theta_1 + \theta_2 \leqslant 3.0‰$	0.3 m＜梁端悬出长度≤0.55 m
		$\theta_1 + \theta_2 \leqslant 2.0‰$	0.55 m＜梁端悬出长度≤0.75 m

注:相邻两孔梁的转角之和($\theta_1 + \theta_2$)除应满足本条规定的限值外,每孔梁的转角尚应满足本条中"桥台与桥梁间转角限值"的规定。

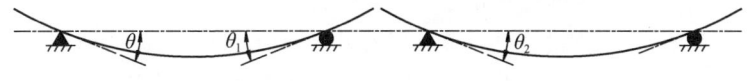

图11.3.6 梁端转角示意图

11.3.7 位于无缝线路固定区的常见跨度简支梁桥,其墩台顶纵向水平线刚度不应小于表11.3.7的规定。对于混凝土大跨度桥梁,其墩台顶纵向水平线刚度应由梁-轨共同作用分析确定。

表 11.3.7 简支梁墩台顶纵向水平线刚度限值

桥墩/桥台	跨度(m)	最小水平线刚度(kN/cm)	
		双线	单线
桥墩	≤12	60	40
	16	85	55
	20	100	60
	24	180	110
	32	190	120
	40	240	150
	48	320	200
桥台		3 000	1 500

注:1 高架车站到发线有效长度范围内双线桥梁墩台的最小水平线刚度的限值按表中单线桥梁墩台的最小水平线刚度的限值的2.0倍取值。
2 当墩台顶纵向水平线刚度不满足表中规定时,应进行无缝线路检算。

11.3.8 简支梁桥墩台顶面顺桥向的弹性水平位移应满足下式要求:

$$\Delta \leqslant 5\sqrt{L} \tag{11.3.8}$$

式中:Δ——墩台顶面处的水平位移(mm),包括由于墩台身和基础的弹性变形,以及基底土弹性变形的影响。计算钢筋混凝土墩台水平位移时,截面惯性矩 I 应按全截面考虑,抗弯刚度应取 $0.8E_0 I$,E_0 为墩台身的受压弹性模量。

L——桥梁跨度(m)。当 L 小于24 m 时,L 按24 m 计算;当为不等跨时,L 采用相邻桥跨较小跨的跨度。

11.3.9 墩台横向水平线刚度应满足列车运行安全性和旅客乘车舒适度要求,并对最不利荷载作用下墩台顶横向弹性水平位移进行计算。在列车竖向静荷载、横向摇摆力、离心力、风力和温度的作用下,墩顶横向水平位移引起的桥面处梁端水平折角

(图 11.3.9)应符合下列规定：

1 跨度小于 40 m 的梁端水平折角不应大于 1.5‰ rad，跨度大于等于 40 m 的梁端水平折角不应大于 1.0‰ rad。

2 梁端水平折角计算应考虑以下荷载作用：竖向静荷载；曲线上列车的离心力；列车的横向摇摆力；列车、梁及墩身风荷载或 0.4 倍的风荷载与 0.5 倍的桥墩温差组合作用，取较大者；水中墩的水流压力作用；地基基础弹性变形引起的墩顶水平位移。

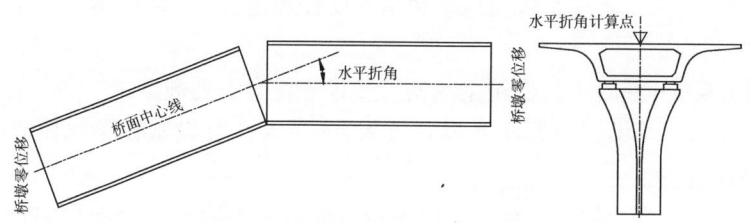

图 11.3.9 梁端水平折角示意图

11.3.10 墩台基础的沉降只考虑恒载的作用，静定结构墩台基础工后沉降量不应大于表 11.3.10 规定的限值。超静定结构相邻墩台沉降量之差除应满足表 11.3.10 的规定外，尚应根据沉降差对结构产生的附加应力的影响确定。墩台基础沉降计算值不应含区域沉降。

表 11.3.10 静定结构墩台基础工后沉降限值

桥上轨道类型	沉降类型	限值(mm)
有砟轨道	墩台均匀沉降	80
	相邻墩台沉降差	40
无砟轨道	墩台均匀沉降	20
	相邻墩台沉降差	10

11.3.11 涵洞工后沉降限值应与相邻路基工后沉降限值一致。

11.4 结构设计

11.4.1 新建市域铁路常用跨度简支梁可选用箱梁、结合梁等结构形式。桥涵结构设计及构造要求除满足本标准的规定外,尚应符合现行行业标准《铁路桥涵设计规范》TB 10002、《铁路桥梁钢结构设计规范》TB 10091、《铁路桥涵混凝土结构设计规范》TB 10092 和《铁路桥涵地基和基础设计规范》TB 10093 等有关标准的规定。

11.4.2 混凝土简支箱梁的构造要求应符合下列规定:

1 箱梁应根据需要设置进人孔,进人孔宜设置在梁端附近的底板上。

2 梁端伸过支点的纵向预应力筋数量不应小于全部纵向预应力筋数量的 1/2。

3 对箱梁梁端倒角部位、吊点部位、顶板与梗肋交界部位、梁端底板、进人孔等部位应进行预加应力、存梁、运架梁等施工阶段的局部应力分析,并应在构造上予以加强。

4 箱梁设计应考虑有砟轨道铺砟或无砟轨道铺设前等阶段及成桥后温度梯度的影响。

5 箱梁设计应考虑施工荷载的影响。

11.4.3 钢-混凝土简支结合梁的构造要求应符合下列规定:

1 钢梁:

    1) 钢梁结构应具有足够的横向刚度,跨长不宜大于主梁中距的 15 倍,主梁横向宽度不应小于 2.2 m,并满足梁体横向刚度的要求。

    2) 传剪器可采用柔性构件,并具有足够的强度和耐久性。

2 混凝土板:

    1) 结合梁的混凝土板厚度不宜小于 200 mm。

    2) 混凝土梗肋高度不应超过混凝土梁翼板厚度的 1.5 倍。

3）连续结合梁在中间支座负弯矩区的上部纵向钢筋应伸入弯矩反弯点，并应满足锚固长度的要求，下部钢筋在支座处连续配置，不得中断。

　　4）为了减少混凝土板收缩影响，施工时宜在桥跨中线两侧设封闭缝各1道，封闭混凝土应采用无收缩混凝土，标号不应低于混凝土板的标号，宜在10 d后灌注。

　3　混凝土桥面板可现场浇筑或预制，并铺设防水层和保护层。

11.4.4　节段预制拼装桥梁的设计应符合现行行业标准《城市轨道交通预应力混凝土节段预制桥梁技术标准》CJJ/T 293和现行上海市工程建设规范《节段预制拼装预应力混凝土桥梁设计标准》DG/TJ 08—2255的规定。

11.4.5　节段预制拼装桥梁的构造要求应符合下列规定：

　1　预制节段宜按标准节段、过渡节段、墩顶节段分类。

　2　预制节段剪力键应采用多键系统，且应均匀布置。采用混凝土湿接缝的预制节段端面可不设剪力键。

　3　当采用胶接缝时，接缝应密闭。

　4　预制节段端部体内预应力孔道口应设置密封构造。

　5　布置体外预应力的结构应预留换索施工的空间。

11.4.6　预应力筋或管道间的净距及保护层厚度应符合下列规定：

　1　在后张法结构中，当管道直径小于或等于55 mm时，预应力筋管道间的净距不应小于40 mm；当管道直径大于55 mm时，预应力筋管道间的净距不应小于管道外径的0.8倍。

　2　在先张法结构中，钢丝束、钢绞线、螺纹钢筋之间的净距不应小于1.5倍直径，且不应小于30 mm。

　3　预应力筋或管道与结构表面之间的保护层厚度，在结构的顶面和侧面不应小于1倍管道外径，且不应小于50 mm，在结构底面不应小于60 mm。

11.4.7 封锚混凝土宜采用补偿收缩混凝土,其强度宜与梁部相同。在封端及封锚范围内应采用防水涂料进行防水处理。

11.4.8 支座及墩台顶帽设计应符合下列规定:

1 桥梁支座应采用钢支座或盆式橡胶支座,支座底面应水平设置。

2 斜交梁支座的纵向位移方向应与梁轴线一致。

3 同一座桥梁中线路一侧的支座横向位移约束条件宜相同。

4 支承垫石边缘距顶帽边缘距离、墩台顶帽尺寸应满足架设、检查、养护、维修和支座更换及顶梁的要求,并应设不小于3‰的排水坡。

11.4.9 桥墩承台在平面布置时应尽可能控制在地面道路分隔带或分割岛范围内,避免伸入地面道路的机动车范围;如受条件限制无法避免时,应保证承台顶面至路面的埋深不小于1.5 m,同时承台边缘设倒角。

11.4.10 采用钻孔灌注桩基础时,可结合地质条件采用桩端后压浆等措施减小工后沉降、提高单桩承载力。可参照现行行业标准《公路桥涵地基与基础设计规范》JTG 3363中相关条文进行桩端后压浆灌注桩的单桩轴向受压承载力特征值计算,但应确保后压浆的技术指标满足行业标准《公路桥涵地基与基础设计规范》JTG 3363—2019附录K要求。

11.4.11 对具有下列情况的大桥、特大桥,应通过静载试验确定单桩承载力:

1 桩的入土深度远超过常用桩。

2 地质情况复杂,难以确定桩的承载力。

3 新型桩基础或采用新工艺施工的桩基础。

4 有其他特殊要求的桥梁桩基础。

11.4.12 涵洞设计应符合下列规定:

1 涵洞控制路肩高程时,涵洞顶可与路肩平,但不应高于路肩。

2 斜交涵洞的斜交角度不宜大于45°。

3 涵洞的沉降缝应做到密不透水,且不应设在无砟轨道板下方。

4 涵洞地基的处理方式应与两侧路基地基处理方式相协调。

11.5 桥面布置及附属设施

11.5.1 桥面的布置应符合下列规定:

1 桥面宽度应综合考虑建筑限界、应急疏散、电缆槽、接触网立柱、声屏障结构及养护维修方式等要求确定。

2 桥上设置防护墙时,防护墙顶面不应低于相邻钢轨顶面。线路中心线至防护墙内侧净距应满足养护维修要求。

3 桥上栏杆在踏面以上的高度不应小于1.1m,栏杆宜采用钢栏杆。

11.5.2 桥涵结构的检查设备应符合下列规定:

1 墩台顶至地面高度大于20m,或经常有水的桥梁,当不具备其他检修条件时,墩台顶应设置围栏、吊篮;当没有其他方式到达墩台顶时,应设置桥面至墩台顶的检查梯。

2 特殊桥梁应根据构造特点和需要,必要时设置专门的移动检查设备和固定检查通道。

3 桥涵处路堤高度超过3.0m时,应在路堤边坡上设置简易台阶。

11.5.3 桥梁应设置性能良好的防排水设施,并应符合下列规定:

1 桥梁顶面宜设置不小于2‰的横向排水坡;桥梁集中排水管宜接入市政排水系统,当不具备接入条件时,应设置散水等构造。

2 桥面应设置连续、整体密封、耐久的防水层。

3 桥梁端部应设伸缩缝,伸缩缝除保证梁部能自由伸缩外,还应能有效防止桥面水渗漏、污染梁体和支座,且应便于更换。

11.5.4 市域铁路桥梁救援疏散通道应根据工程需要并结合地面道路条件设置,救援疏散通道设计应符合下列规定:

1 桥梁救援疏散通道应满足抗震设防的要求。

2 桥上应设置疏散导向标志,救援疏散通道侧对应的桥上栏杆或声屏障位置应预留出口。

11.5.5 上跨市域铁路的公路或城市道路桥,其跨线及相邻桥跨结构设计除应符合公路或城市道路相关设计标准的规定外,尚应符合下列规定:

1 安全等级采用一级,结构重要性系数取 1.1。

2 汽车设计荷载应采用相应标准设计荷载的 1.3 倍。

3 抗震设防类别应按不低于现行行业标准《公路桥梁抗震设计规范》JTG/T 2231—01 中规定的 B 类或《城市桥梁抗震设计规范》CJJ 166 中规定的乙类采用。

4 梁部宜采用整体结构,采用其他结构形式时,应采取措施加强结构的整体性。

11.5.6 上跨市域铁路立交桥的新建公路、城市道路桥梁,其安全防护应符合下列规定:

1 市域铁路安全防护范围内的桥面护栏防护采用一道护栏,等级采用 HA 级。

2 桥上应设置安全警示标志和接地系统。

3 桥上应设置防抛网等防护措施。

4 桥面宜采用集中排水方式,将水引出市域铁路范围以外。

5 跨线范围内桥面灯杆和交通监控设施不宜设置在桥面外侧,并应采取防止其倾覆坠落桥下的措施。

11.6 桥梁景观

11.6.1 桥梁景观设计宜充分考虑所处自然与人文环境,做到与自然环境融合、与人文环境呼应,以获得整体空间美为设计目标。

11.6.2 桥梁不宜设置非功能性装饰。

11.6.3 高架桥梁宜系列化考虑桥型特征,通过选择合适的造型元素、造型单元、构件形态等达到总体景观的协调。桥梁造型设计宜选取协调的构件及构件间的尺度、比例及其空间位置,达到视觉上的均衡、连续与稳定。同时,构件造型应考虑其实施的技术难易程度,宜采用简洁的形式。

11.6.4 梁桥上部结构的形态宜保持视觉上的连续性,当梁高发生变化时,其外轮廓应在分联处对齐或顺势过渡。桥墩宜排列整齐,一般路段宜保持相同或相近的跨径。桥梁上、下部结构之间宜保持视觉体量的均衡。

11.6.5 当需要减小梁体视觉高度时,可在梁体外侧面与底面间采用切角或弧形过渡。桥墩较粗或较宽时,在考虑与梁体形态协调的基础上,可采用倒角或刻槽等方式进行视觉上的体量削减。

11.6.6 桥梁两侧的栏杆、栏板的形态选择应综合考虑梁体视觉高度及视觉体量需求。

11.6.7 桥梁排水管宜设置于相对隐蔽的位置。对必须外露的设施,应注重细节设计,做到整齐、不突兀。

11.7 高架车站桥梁结构

11.7.1 高架车站桥梁结构除满足使用功能要求外,应与高架车站设计相协调。

11.7.2 道岔区桥梁结构应满足道岔对结构的相对变形、变位的要求。

11.7.3 高架车站结构与桥梁结构合建时,应统筹考虑桥站结构受力时的共同作用和变形协调。

11.8 接口设计

11.8.1 桥梁结构设计时应考虑轨道结构技术要求和梁轨相互作用。

11.8.2 桥梁设计应根据需要设置电缆槽、电缆上下桥设备、接触网支柱等设施的条件。

11.8.3 桥梁设计应考虑设置接地装置的条件。

11.8.4 救援疏散通道的设置应统筹考虑桥下维修通道及地面道路等因素。

11.8.5 桥上应根据环评要求设置声屏障。全线宜根据远期环境要求,预留设置声屏障的条件。

11.8.6 技术复杂的大型桥梁,宜根据运营、检查、维护等需要,建立桥梁健康监测系统,并做好接口设计。

11.8.7 通航河道桥梁应设置必要的航标等设施。位于航空走廊附近的桥梁结构,应按相关规定在结构顶设置航空障碍灯。

11.8.8 桥涵应按照相关标准的规定设置结构变形及基础沉降观测装置。

12 隧 道

12.1 一般规定

12.1.1 本章适用于下列隧道的结构设计：
   1 盾构法施工的隧道。
   2 顶管法施工的隧道。
   3 明挖法施工的隧道(结构设计、计算构造规定及耐久性要求参照本标准第 14 章)。

12.1.2 隧道设计应以"结构为功能服务"为原则,满足国土空间规划、行车运营、空气动力学效应、环境保护、抗震、防水、防火、防护、防洪、防内涝、防腐蚀及施工等要求,并应做到结构安全耐久、技术先进、经济合理。

12.1.3 隧道主体结构的设计使用年限应为 100 年。

12.1.4 隧道结构抗震设防烈度为 7 度,设防分类为重点设防类(简称乙类),抗震等级为二级。

12.1.5 隧道结构耐火等级为一级。

12.1.6 隧道结构防水等级应达到现行国家标准《地下工程防水技术规范》GB 50108 规定的二级标准,有防潮要求的机电设备集中段应达到一级标准。

12.1.7 隧道结构宜在荷载、结构、地层条件发生变化的部位或根据抗震要求设置变形缝。

12.1.8 盾构法施工的区间隧道覆土厚度不宜小于隧道外轮廓直径。

12.1.9 盾构法隧道施工的平行或立体交叉隧道间的净距,应根据工程地质条件、埋置深度、盾构类型等因素确定,平行隧道净距不宜小于1.0D;交叉隧道最小垂直净距不宜小于隧道直径的0.4D(D为后施工隧道外径)。

12.1.10 矩形顶管法施工的隧道结构,顶管上方的覆土厚度不宜小于1.0H(H为顶管管节外包高度)。

12.1.11 隧道结构应满足抗浮要求;盾构法隧道穿越江、河时,尚应考虑江(河)水冲刷影响,并应满足规划航道要求和船舶锚击深度要求。

12.2 隧道衬砌内轮廓

12.2.1 隧道衬砌内轮廓的确定应考虑建筑限界、线间距、救援疏散、空气动力学效应、接触网悬挂方式、隧道内设备、维修养护方式、动车组密封性能、后期维修补强空间、综合施工误差、后期变形富裕空间等因素。

12.2.2 直线地段隧道轨面以上净空横断面面积不应小于表12.2.2的规定,曲线地段加宽应符合现行行业标准《铁路隧道设计规范》TB 10003的规定。

表12.2.2 直线地段隧道轨面以上有效净空面积

隧道类型	设计速度(km/h)	面积(m²)
单线	140	35
单线	160	35
双线	140	64
双线	160	64

注:列车动态密封指数不应小于6 s。

12.3 荷载及工程材料

12.3.1 设计荷载及组合应符合下列规定:

1 作用在地下区间结构上的荷载可按表12.3.1进行分类。在决定荷载的数值时,应根据现行国家标准《建筑结构荷载规范》GB 50009、《建筑抗震设计规范》GB 50011、《铁路工程抗震设计规范》GB 50111和现行行业标准《铁路隧道设计规范》TB 10003等有关标准取用,并应根据施工和使用阶段可能发生的变化,按可能出现的最不利情况,确定不同荷载组合时的组合系数。

2 荷载组合:隧道结构设计应根据使用过程中在结构上可能同时出现的荷载,按承载能力极限状态和正常使用极限状态分别进行荷载组合,并应取各自的最不利组合进行设计。

表 12.3.1　设计荷载

荷载分类		荷载名称
永久荷载		结构自重
		地层压力
		结构上部和破坏棱体范围内的设施及建(构)筑物作用力
		水压力及浮力
		混凝土收缩及徐变影响
		预加应力
		设备荷载
		基础变位产生的作用
可变荷载	基本可变荷载	地面车辆荷载及其动力作用
		地面车辆荷载引起的侧向土压力
		列车活载及其动力作用
		空气动力荷载
		人群荷载
	其他可变荷载	温度变化影响
		施工荷载
		灌浆压力

续表12.3.1

荷载分类	荷载名称
偶然荷载	地震作用
	人防荷载
	沉船、锚击等灾害性荷载

注:1 设计中要求考虑的其他荷载,可根据其性质分别列入上述三类荷载中。
   2 本表中所列荷载本节未加说明者,应根据国家现行有关标准或实际情况确定。

12.3.2 地层竖向压力:根据结构所处工程地质和水文地质条件,一般按计算截面以上全部土柱重量考虑。

12.3.3 地层水平压力:根据结构在施工和使用阶段受力过程中结构位移与地层间的相互关系,可分别按主动土压力、静止土压力或被动土压力理论计算,计算中还应计入地面超载和邻近建(构)筑物,以及施工过程可能产生的附加水平侧压力。

12.3.4 侧向地层抗力和地基反力的大小与分布规律应根据结构形式及其荷载作用下的变形、结构刚度、施工方法及加固措施合理确定。

12.3.5 水压力及浮力:水压力可按静水压力计算,并应根据设防水位以及施工阶段和使用阶段的地下水最高水位和最低水位两种情况,计算水压力和浮力对结构的作用。

12.3.6 对于设计需要考虑列车荷载的结构构件,应按列车的实际轴重和排列计算其产生的竖向荷载作用,并应计入列车的动力作用,按现行行业标准《铁路桥涵设计规范》TB 10002 的规定计算,同时尚应按线路通过的重型设备运输车辆的荷载进行验算。

12.3.7 在道路下方的浅埋隧道,应按现行行业标准《公路桥涵设计通用规范》JTG D 60 的有关规定确定地面车辆荷载及排列。

12.3.8 地面建筑物荷载:在计算隧道上部和破坏棱体范围内的设施和建筑物时,在结构设计中均应考虑已有或已经批准待建的建筑物作用力。

12.3.9 施工荷载主要包含下列荷载：
   1 设备运输及吊装荷载。
   2 施工机具荷载。
   3 地面堆载及卸载。
   4 相邻隧道施工的影响荷载。
   5 施工时千斤顶的推力或顶力。
   6 注浆所引起的附加荷载。
   7 设备及其配套设备的重量。

12.3.10 工程材料应根据结构类型、受力条件、施工方法、使用要求和所处环境，结合其可靠性、耐久性和经济性选用。主要受力结构宜采用钢筋混凝土结构，必要时也可采用金属或金属与混凝土复合结构。

12.3.11 隧道结构一般环境条件下混凝土的设计强度等级不得低于表 12.3.11 的规定。

表 12.3.11 一般环境条件下混凝土的最低设计强度等级

盾构法	预制钢筋混凝土管片	C50
	联络通道	C35
顶管法	预制钢筋混凝土管节	C50
	现浇钢筋混凝土管节	C35

12.3.12 普通钢筋混凝土结构的钢筋应符合现行国家标准《钢筋混凝土用钢》GB 1499 的规定，宜采用 HPB300、HRB400、HRB500 级钢筋。预应力混凝土结构中的预应力钢筋，宜采用预应力钢绞线、钢丝、预应力螺纹钢筋。

12.3.13 隧道衬砌中钢管片宜选用 Q235B 钢，球墨铸铁管片宜选用 QT400、QT500。

12.3.14 管片环纵向连接可采用螺栓连接件或预埋承插式连接件形式。

   1 螺栓连接件的机械性能等级宜采用 5.8 级、6.8 级和

8.8级,表面应进行防腐蚀处理。

2 预埋承插式环向连接件宜选用球墨铸铁件,构件表面宜作防腐处理,锚固钢筋采用直螺纹机械连接;预埋承插式纵向连接件宜由预埋套筒、衬圈、连接螺杆等组成。

12.3.15 钢筋的混凝土保护层厚度应根据结构类型、环境条件和耐久性要求等确定。一般环境条件下,混凝土结构构件钢筋混凝土保护层最小厚度应符合表12.3.15的规定。

表12.3.15 一般环境条件下混凝土结构构件钢筋混凝土保护层最小厚度(mm)

结构名称	盾构管片		顶管管节		内部结构	
结构部位	外弧面	内弧面	外侧	内侧	板、墙、壳	梁、柱
保护层厚度	35	25	35	25	25	30

12.3.16 当隧道周边有中等或中等以上腐蚀性介质时,应选用耐腐蚀混凝土或采取防腐蚀措施。

12.3.17 结构构件的混凝土材料耐久性要求应符合下列规定:

1 混凝土及其配合比应符合下列要求:
 1) 混凝土胶凝材料应掺用粉煤灰和粒化高炉矿渣微粉等矿物掺和料或矿物复合掺和料,掺量一般控制在30%~50%。
 2) 管片混凝土宜采用聚羧酸类减水剂。
 3) 混凝土原材料(水泥、矿物掺合料、集料、外加剂、拌和水等)中的氯离子总量,应不超过胶凝材料重的0.06%。

2 混凝土胶凝材料应符合下列要求:
 1) 水泥宜选用硅酸盐水泥或普通硅酸盐水泥(其中管片宜用硅酸盐水泥),其质量应符合现行国家标准《通用硅酸盐水泥》GB 175的要求。
 2) 水泥碱含量不宜大于0.60%,C3A含量不宜大于8%,游离氧化钙含量不宜大于1%。

3) 硅酸盐水泥和普通硅酸盐水泥比表面积不宜小于 $300\ m^2/kg$,不宜大于 $350\ m^2/kg$。

4) 粉煤灰原材料应符合现行行业标准《铁路混凝土》TB/T 3275 的Ⅱ级灰以上要求。

5) 矿粉原材料应符合现行行业标准《铁路混凝土》TB/T 3275 的 S95 级以上要求。

3 混凝土中的其他材料应符合下列要求：

1) 不得使用碱活性细骨料,应使用中砂,其品质应符合现行行业标准《铁路混凝土》TB/T 3275 的要求,氯离子含量不大于 0.01%,不得使用海砂、山砂及风化严重的多孔砂。

2) 不得使用碱活性粗骨料,应使用碎石,其品质应符合现行行业标准《铁路混凝土》TB/T 3275 的要求。

3) 混凝土拌和用水应使用不含有影响水泥正常凝结、硬化或促使钢筋锈蚀（Cl^- 含量小于 250 mg/L）的自来水,其品质应符合现行行业标准《铁路混凝土》TB/T 3275 的要求。

4) 外加剂的质量应符合现行国家标准《混凝土外加剂》GB 8076 及相关规范规定。外加剂使用时,应符合现行国家标准《混凝土外加剂应用技术规范》GB 50119 的要求。混凝土采用的化学外加剂的氯离子含量应不大于 0.2%。

5) 可根据混凝土性能要求,合理选择高效减水剂,高效减水剂应与水泥、掺合料等胶凝材料的匹配性能良好。现浇混凝土减水率应不小于 15%,管片用混凝土减水率应不小于 20%。

4 混凝土主要的耐久性参数宜按照表 12.3.17-1 的规定执行。

表 12.3.17-1 混凝土耐久性主要技术指标

结构部位		最小强度等级	最大水胶比	最小胶凝材料用量(kg/m³)	最大胶凝材料用量(kg/m³)
盾构隧道	管片	C50	0.35	380	450
盾构隧道	联络通道	C35	0.45	350	420
顶管隧道	预制管节	C50	0.35	380	450
顶管隧道	现浇管节	C35	0.45	350	420

注:1 水胶比和胶凝材料用量应以满足结构设计对混凝土的各项指标为前提。
  2 最小和最大胶凝材料用量以强度等级42.5普通硅酸盐水泥为基准,若使用更高标号的水泥可根据实际情况调整。
  3 混凝土中掺和材料最大用量需要根据工程使用要求和条件来决定,水胶比和胶凝材料用量应以满足结构设计对混凝土的各项指标为前提。

5 混凝土耐久性检测指标应按表 12.3.17-2 的规定执行。

表 12.3.17-2 混凝土耐久性检测指标

结构部位		混凝土密实度			抗碳化性能	抗裂性能
		电通量 C(库仑)	氯离子扩散系数 (10^{-12} m²/s)		快速碳化深度(cm)	抗裂等级
		指标值	自然扩散法指标值	RCM法指标值	指标值	指标值
盾构隧道	管片	≤1 000	≤1.2	≤3	≤1.0	L-Ⅴ
盾构隧道	联络通道	≤2 000	—	—	—	L-Ⅳ
顶管隧道	预制管节	≤1 000	≤1.2	≤3	≤1.0	L-Ⅴ
顶管隧道	现浇管节	≤2 000	≤1.8	≤4	≤2.0	L-Ⅳ

注:混凝土耐久性能指标应按照以下标准和龄期进行测试:
  1 混凝土电通量试验方法应按现行国家标准《普通混凝土长期性能和耐久性能试验方法标准》GB/T 50082执行,为混凝土56 d龄期的测试值。
  2 混凝土氯离子扩散系数(自然扩散法)指混凝土标准养护56 d后,放入标准溶液中浸泡 90 d 时的表观氯离子扩散系数,试验方法参照 NT BUILD443方法;混凝土氯离子扩散系数(RCM方法)试验方法应按现行国家标准《普通混凝土长期性能和耐久性能试验方法标准》GB/T 50082执行,为混凝土56 d龄期的测试值。

3 混凝土抗碳化性能指混凝土标准养护28 d后,按标准条件快速碳化至56 d的碳化深度,试验方法应按现行国家标准《普通混凝土长期性能和耐久性能试验方法标准》GB/T 50082执行。

4 混凝土抗裂性能试验方法应按现行国家标准《普通混凝土长期性能和耐久性能试验方法标准》GB/T 50082执行,抗裂等级评定依据应按现行行业标准《混凝土耐久性检验评定标准》JGJ/T 193执行。

5 若管片、预制管节的混凝土达不到氯离子扩散系数指标,则应在管片外弧面、预制管节外表面涂覆外防水涂层。

12.4 隧道结构设计

12.4.1 隧道结构设计应符合下列规定:

1 隧道结构应按施工阶段和正常使用阶段分别进行结构强度、刚度和稳定性计算。对于钢筋混凝土结构,尚应对使用阶段进行裂缝宽度验算;偶然荷载参与组合时,不验算结构的裂缝宽度。

2 处于一般环境中的结构,按荷载准永久组合并计入长期作用影响计算时,构件的最大计算裂缝宽度允许值可按表12.4.1中的数值进行控制;处于其他环境类别下的结构构件,其裂缝控制要求应符合相关标准的规定。

表12.4.1 一般环境条件下钢筋混凝土构件的最大计算裂缝宽度允许值

结构类型		允许值(mm)
盾构隧道管片、顶管预制管节		0.2
其他结构	水中环境、土中缺氧环境	0.3
	洞内干燥环境或洞内潮湿环境	0.3
	干湿交替环境	0.2

注:1 当设计采用的最大裂缝宽度的计算式中保护层的实际厚度超过30 mm时,可将保护层厚度的计算取为30 mm。
  2 洞内潮湿环境指环境相对湿度为45%～80%。
  3 隧道结构应按施工阶段和正常使用阶段最不利情况分别进行抗浮验算。

12.4.2 盾构法隧道结构应符合下列规定:

1 盾构法隧道结构在满足工程使用、结构受力和防水要求的前提下,宜采用单层装配式钢筋混凝土管片衬砌。在联络通道或废水泵房等特殊地段,宜采用钢管片、铸铁管片或钢与钢筋混凝土组合的复合管片衬砌结构形式。

2 隧道结构计算应符合下列规定：

1）结构计算包括施工阶段和使用阶段两部分。

2）隧道结构的计算简图应根据地层情况、衬砌构造特点及施工工艺等确定,计算中应考虑衬砌与地层共同作用及接头的影响。装配式衬砌环采用具有一定接头刚度的柔性结构模型时,应限制荷载作用下的变形和接头张开量并符合表 12.4.2-1 的规定,满足其结构受力和防水要求。

表 12.4.2-1　衬砌环直径变形、接缝变形限值

类别	限　值
直径允许变形	≤2‰D（错缝拼装）或 3‰D（通缝拼装）
纵缝张开量	≤2 mm[周边存在重要建(构)筑物]或≤4 mm(大断面盾构隧道或位于软土地层),且小于弹性密封垫的允许张开量

注：1　D 为隧道外径(mm)。
　　2　其直径和接缝变形限值不含管片拼装造成的变形量。
　　3　本表适合螺栓连接管片,如采用接头刚度较大的预埋承插式连接件管片,应提高表中限值标准。

3）错缝拼装螺栓连接的衬砌结构宜按考虑环间剪力纵向传递的修正惯用法计算,也可采用梁-弹簧模型计算;采用预埋承插式连接件的衬砌结构,宜采用梁-弹簧模型计算。

4）隧道结构在施工阶段和使用阶段应进行抗浮验算,确保浮力设计值不大于隧道结构自重与隧道上覆土层有效压重的设计值,计算中浮力作用分项系数取 1.0,自重抗浮和上覆土层有效压重抗浮分项系数施工阶段取

1.1,使用阶段取 1.2。

5) 隧道结构抗震设计应根据设防要求、场地条件、结构类型和埋深等因素进行隧道横向地震反应计算,必要时应进行纵向地震反应计算:

① 覆土荷载或地层沿隧道纵向有较大变化时;

② 结构上方有地面建(构)筑物等较大局部荷载时;

③ 地基或基础有显著差异,沿纵向产生不均匀沉降时。

6) 空间受力作用明显的区段,宜进行空间结构分析。

3 装配式衬砌的构造应符合下列规定:

1) 管片宜采用错缝拼装方式,管片环组合方式可采用通用衬砌环、直线与楔形衬砌环组合、楔形衬砌环组合等。

2) 衬砌块与块、环与环间应采用螺栓或预埋承插式接头形式连接。

3) 单洞单线衬砌环宽度不宜小于 1.2 m,单洞双线衬砌环宽度不宜小于 1.5 m。

4) 衬砌厚度应根据隧道直径、埋深、工程地质和水文地质条件、使用阶段及施工阶段的荷载情况等确定。衬砌厚度宜为隧道外轮廓直径的 0.04 倍~0.06 倍。

5) 衬砌环应根据管片制作、运输、盾构设备、施工方法和受力要求等因素进行分块。外径为 7 m~11 m 的单圆隧道衬砌环一般分为 7 块~8 块;外径为 11 m~15 m 的单圆隧道衬砌环一般分为 8 块~10 块。

6) 楔形环环面楔形量由隧道直径、衬砌环宽度和隧道曲线半径确定,并留有满足线路拟合和施工纠偏等要求的余量,可选用双面楔或单面楔。

7) 管片在手孔周围和管片角部应设置加强构造筋。

8) 管片应根据盾构机设备配置、施工工艺、设备安装及周边环境的要求,设置预埋件和预留孔洞。

9) 错缝拼装的装配式衬砌制作、拼装应满足下列精度要求：
① 单块管片制作的允许偏差：宽度为±0.3 mm；厚度为－1 mm～＋3 mm；弧、弦长为±1.0 mm；环、纵向螺栓孔孔径及孔位为±1 mm；混凝土接触面的平整度为±0.5 mm。
② 整环拼装检验的允许偏差：相邻环的环面间隙不大于0.6 mm～0.8 mm，纵缝相邻块间隙不大于1.0 mm，对应的环向螺栓孔不同轴度不大于1.0 mm，衬砌环外半径为0 mm～＋2 mm、内半径为±1.0 mm。
③ 采用预埋承插式接头连接的管片，应根据连接件和管片制作、拼装工艺需求提高制作精度要求。

4 盾构工作井的结构形式和规模应根据周边场地条件、盾构组装和拆卸及施工出碴进料等施工工艺需求确定。

5 盾构始发、接收前应对车站端头外侧地层进行加固，加固工法可选用水泥系加固或冻结法加固等。地层加固范围及施工工艺应根据盾构设备规格、工程地质和水文地质条件、周边环境要求等综合确定。加固后地层 28 d 无侧限抗压强度 $q_u \geqslant 0.8$ MPa，地层渗透系数 $K \leqslant 1 \times 10^{-7}$ cm/s。

6 盾构施工设计应符合下列规定：
1) 盾构机宜具备轴线自动测量系统，并根据轴线拟合结果自动选择封顶块拼装点位，不宜拼装在拱底 90°范围内。
2) 盾构机宜配备真圆保持装置或其他施工措施，整圆度满足设计要求。
3) 盾构施工前，应详细排摸沿线地下管线、建（构）筑物基础类型、埋深，明确其与隧道的相对关系。
4) 盾构施工前，应建立完整的测量和监控量测系统，控制隧道轴线偏差，对地层、结构、盾构机姿态进行监测，并实行信息化施工;隧道施工轴线与设计轴线允许偏差小于 50 mm,其中包括施工误差、测量误差、结构变形及线路轴线拟合误差等。

5) 盾构施工拼装要求需按盾构机内管片脱出盾尾前、后及隧道贯通三阶段动态控制。
6) 管片拼装成环、脱出盾尾前后均应测量,以确保拼装质量,控制标准见表 12.4.2-2 和表 12.4.2-3。

表 12.4.2-2 管片脱出盾尾前拼装质量控制标准

项目	单位	控制标准
衬砌环中心与盾构中心偏差	mm	15
隧道直径变形偏差	mm	1‰D
相邻衬砌环间高差	mm	2
环、纵缝张开量	mm	1

表 12.4.2-3 管片脱出盾尾后隧道施工质量控制标准

项目	单位	控制标准
轴线偏差	mm	±50
隧道直径变形偏差	mm	2‰D
相邻衬砌环间高差	mm	≤4
环、纵缝张开量	mm	≤2
环、纵向接头穿过率	—	100%

注:D 为隧道外径(mm)。

7) 单洞双线隧道在盾构进出洞、上部荷载变化、地层突变等位置应设置防止施工期间盾构上浮的衬砌环间抗剪切措施。

12.4.3 顶管法隧道结构应符合下列规定:

1 结构形式:

1) 顶管法施工的换乘通道、区间联络通道等的衬砌结构形式应符合下列规定：
① 在满足工程使用、结构承载力和防水要求的前提下，宜采用整体预制钢筋混凝土单层衬砌结构；
② 换乘通道宜采用矩形结构断面型式。
2）管节间采用柔性接头，并应考虑接缝防水和端面纵向力的有效传递。
3）管节长度应根据使用条件和设备起吊能力确定，宜控制在 1 000 mm～2 000 mm。

2 设计计算：
1）顶管覆土宜大于 1 倍管节外轮廓高度尺寸，并满足结构受力和抗浮要求。
2）顶管法施工的结构计算应符合下列规定：
① 根据管节所处环境、水文地质、埋深等条件，对管节横截面进行强度计算和裂缝宽度验算；
② 根据水文地质、埋深、顶进长度等条件，计算顶力，并对顶管传力面最大允许顶力进行验算，满足结构纵向承载力和稳定性要求；
③ 根据顶管施工阶段最大顶力要求，对顶管工作井后靠结构承载力和土体稳定性进行分析。

3 构造要求：
1）互相平行的顶管水平净距应根据土层性质、管节尺寸和管节埋置深度等因素确定，一般不宜小于 1 倍管节外轮廓宽度，困难条件下不宜小于 2 m。
2）根据施工工艺和沉降控制要求，管节上应预留注浆孔和吊装孔。
3）顶管顶进宜采用减阻泥浆，顶进结束后应置换减阻泥浆，置换材料可选用水泥单液浆或双液浆。

4 顶管始发、接收前应对工作井外侧地层进行加固。地层加固范围及施工工艺应根据顶管设备规格、工程地质和水文地质条件、周边环境要求等综合确定。加固后地层 28 d 无侧限抗压强度 q_u≥0.8 MPa,地层渗透系数 K≤$1×10^{-7}$ cm/s。

12.4.4 抗震设计应符合行业标准《市域(郊)铁路设计规范》TB 10624—2020 第 12.5 节的规定。

12.5 隧道附属构筑物

12.5.1 隧道内设备洞室应根据相关专业要求和运营维修需要,结合隧道施工工法和联络通道统筹合并设置。

12.5.2 隧道在近车站、联络通道的位置宜设置变形缝;联络通道与主隧道连接节点宜采用刚性连接;当两条隧道线间距大于 $2D$ 时(D 为隧道外径),宜在联络通道两端设置变形缝。

12.5.3 区间隧道宜在线路实际坡度最低点结合联络通道或中间风井设置废水泵房。

12.5.4 隧道间联络通道、废水泵房可采用冻结法等方法加固,矿山法施工;也可采用盾构、顶管等方法施工。联络通道内应设置一道并列二樘且反向开启的甲级防火门。

12.5.5 隧道内附属构筑物及安装设计应考虑列车通过时所产生的压力变化和防灾通风的影响,并应按照最不利情况组合考虑。

12.6 隧道内部结构

12.6.1 盾构隧道内部结构的主要构件宜采用预制拼装形式,也可采用现浇或现浇与预制拼装相结合的形式。

12.6.2 内部结构与管片衬砌的连接设计应进行节点部位的计算分析,节点部位的附加应力及变形应满足圆隧道整体结构安全要求。

12.6.3 中隔墙结构与圆隧道结构构造节点应考虑衬砌环从盾构内拼装至运营期全过程的变形裕量并留有余地。中隔墙结构计算应考虑隧道内活塞风引起的双向水平风荷载。

12.6.4 预制构件间连接应可靠,列车上方的结构在采用机械连接方式时,应有防松动措施,并作疲劳试验验证。

12.6.5 当车道板预制构件与衬砌结构同步施工时,预制构件沿隧道纵向幅宽宜与衬砌环同宽;相邻预制构件之间应采用现浇接头或机械连接方式;预制构件底部与衬砌管片之间应采用混凝土或砂浆填充平整密实。

12.7 结构防水

12.7.1 盾构区间隧道的混凝土结构自防水设计应符合下列规定:

1 管片应采用以耐久性为特点的高性能自防水混凝土,应通过外掺剂提高混凝土的抗渗性、耐久性,混凝土管片强度等级应不小于C50、抗渗等级应不小于P10。

2 钢筋混凝土管片应进行单块检漏试验,即管片外弧面在0.8 MPa水压作用下,恒压3 h,管片渗水高度不得超过主筋保护层厚度。

12.7.2 管片应至少设置1道密封垫,密封垫宜选择弹性橡胶密封垫或遇水膨胀橡胶密封垫。密封垫设计应符合下列要求:

1 密封垫及其沟槽的断面尺寸,应符合下式的规定:

$$A = 1.00A_0 \sim 1.15A_0 \qquad (12.7.2)$$

式中:A——密封垫沟槽截面积;

A_0——密封垫截面积。

2 弹性橡胶密封垫应采用三元乙丙(EPDM)橡胶为主要材质,断面宜采用中间开孔、下部开槽的构造形式,并应预制成框;遇水膨胀橡胶密封垫应采用遇水膨胀橡胶为主要材质,断面宜采用梯形或矩形构造形式,并应预制成框。

3 弹性橡胶密封垫材料、遇水膨胀橡胶密封垫胶料物理性能指标应符合现行国家标准《高分子防水材料 第 4 部分:盾构法隧道管片用橡胶密封垫》GB/T 18173.4 的规定。

4 管片接缝密封垫应满足在计算的接缝最大张开量和估算的错台量情况下,承受埋深水头的 2 倍～3 倍水压不渗漏的技术要求,选用的接缝密封垫应进行 T 字缝或十字缝水密性试验检测。

12.7.3 螺孔密封圈应符合下列规定:

1 螺孔密封圈应设置在手孔内的螺栓孔口,且与螺栓孔密封圈沟槽相匹配。

2 螺孔密封圈宜采用膨胀橡胶或合成橡胶制品。

12.7.4 嵌缝防水设计应符合下列规定:

1 管片接缝内侧应设嵌缝预留槽,嵌缝预留槽的深宽比不应小于 2.5,槽深宜为 25 mm～55 mm,单面槽宽宜为 3 mm～8 mm。

2 嵌缝作业宜采用未定形类嵌缝材料,嵌缝材料应有良好的不透水性、粘结性,其材质宜选用聚氨酯密封胶、遇水膨胀止水胶、聚合物水泥防水砂浆等材料。

3 在道床范围内应进行嵌缝施工。

4 嵌缝作业宜在隧道贯通后开始施工,嵌缝作业的质量应不受下道工序的实施而受损。同时,应在不妨碍后道工序施工的前提下进行。

5 嵌缝作业应在接缝堵漏和无明显渗水后进行,嵌缝预留槽表面混凝土如有缺损,应采用聚合物水泥防水砂浆修补,强度应达到或超过混凝土本体的强度。嵌缝材料施工前,应先刷涂基层处理剂。嵌缝材料施工后,应确保密实、平整。

12.7.5 所有手孔均宜采用聚合物防腐蚀砂浆做封闭处理。

12.7.6 区间隧道与端头井接头应采取临时与永久的密封防水措施,临时防水措施为设置帘布橡胶圈及其压件装置,永久防水措施为井圈混凝土与衬砌接头处、井圈混凝土与车站内衬接头处设置成环的预埋式注浆管和遇水膨胀止水胶。

12.7.7 联络通道及泵站防水设计应符合下列规定：

　　1 复合衬砌宜采用塑料防水板或预铺防水卷材和土工膜缓冲层组成夹层防水层，底板处塑料防水板应设置保护层，底板处预铺防水卷材不应设置保护层。塑料防水板的材质宜为PVC、ECB等材料；保护层的材质宜为无纺布或细石混凝土层。

　　2 联络通道或泵站与衬砌接头处应设置成环的预埋式注浆管和遇水膨胀橡胶条。

12.7.8 钢筋混凝土顶管应采用防水混凝土，预制顶管管节混凝土强度等级不宜低于C50，抗渗等级不应低于P10；现浇顶管管节混凝土强度等级不宜低于C35，抗渗等级不应低于P8。

12.7.9 混凝土顶管接头宜采用钢承口接头，钢承口接头等钢构件的防腐要求应符合现行国家标准《工业建筑防腐蚀设计规范》GB 50046的规定。

12.7.10 钢承口接头的钢套环一端与混凝土管节的结合面应设置遇水膨胀止水条（胶），钢套环的另一端与后续管节外弧面的槽口内应设置密封圈。

12.7.11 顶管接头设置的密封圈在施工和运营中，应保持在设计水压作用下不渗漏。

12.7.12 密封圈材料应符合现行国家标准《橡胶密封件　给、排水管及污水管道用接口密封圈　材料规范》GB/T 21873的规定，密封圈品种的选择应符合下列规定：

　　1 当施工温度低于5℃时，宜选用三元乙丙橡胶。

　　2 当地下水含油时，宜选用丁腈橡胶。

　　3 当地下水为弱酸性或弱碱性时，宜选用氯丁橡胶。

12.7.13 密封圈的展开长度应为槽口实际展开长度的80%～90%。

12.7.14 密封圈插入前，表面宜涂润滑油脂或止水润滑剂。不得采用使密封圈产生变形、腐蚀的润滑材料。

12.7.15 顶管接头内弧面槽口宜采用弹性密封胶密封;当管节内弧面接头处设置预埋钢环,槽口覆盖水密焊接的钢板时,内弧面槽口嵌缝材料宜采用聚合物水泥防水砂浆。

12.7.16 管节间的衬垫材料宜采用软木橡胶板。

12.7.17 区间隧道的内部结构应采用防水混凝土,混凝土强度等级不宜低于 C40,抗渗等级不应低于 P8。明挖区间隧道的防水设计可参照本标准第 14.7 节的规定执行。

12.8 监控与量测

12.8.1 隧道的结构设计,应根据施工方法、结构类型、使用条件和荷载特性等,按隧道保护要求和标准,采用监控和量测,掌握隧道、临近建(构)筑物、管线和周边土体的沉降及变形等数据,优化设计和施工方案,实现信息化设计、施工与保护。

12.8.2 盾构隧道工程的监测范围不应小于隧道轴线两侧地表沉降曲线边缘 $2.5i$ 处之间的距离(i 为地表沉降曲线 Peck 计算公式中的沉降槽宽度系数)。

12.8.3 盾构隧道施工中应根据工程环境保护要求、工程地质条件及变化、施工工艺及进度,按表 12.8.3 选择合适的监测项目进行即时监测、反馈,以对设计、施工参数作合理调整,并采取针对性的技术措施。

表 12.8.3 盾构隧道施工监测项目

类别	监测项目
必测项目	沿线地表和相邻保护建(构)筑物、地下管线变形
	隧道结构纵向变形
	隧道衬砌结构横向变形(垂直、水平直径变化、接缝张开量)
选测项目	土体位移(垂直、水平)
	衬砌结构、接头螺栓内力

续表12.8.3

类别	监测项目
选测项目	地层压力
	孔隙水压力
	结构内渗漏水

12.8.4 盾构隧道监测频率可按表12.8.4执行。

表12.8.4 盾构隧道工程监测频率表

监测部位	监测对象	开挖面距监测断面的距离	监测频率	
开挖面前方	周边围岩土体和周边环境	$5D < L \leqslant 8D$	1次/2 d	
		$3D < L \leqslant 5D$	1次/d	
		$L \leqslant 3D$	2次/d	
开挖面后方	衬砌结构、周边围岩土体和周边环境	$L \leqslant 3D$	2次/d	
		$3D < L \leqslant 8D$	变形速率大于5 mm/d	2次/d
			变形速率为1 mm/d～5 mm/d	1次/d
			变形速率小于0.5 mm/d～1 mm/d	1次/2 d
		$L > 8D$	1次/(3 d～7 d)	

注：1 D 为盾构隧道开挖直径(m)，L 为开挖面距监测断面的水平距离(m)。
  2 衬砌结构位移、净空收敛宜在衬砌环脱出盾尾且能通视时开始监测。
  3 监测数据稳定后，监测频率宜为1次/15 d～1次/30 d。

12.8.5 盾构隧道的监测控制值可按表12.8.5执行。

表12.8.5 盾构隧道监测控制值

监测项目	累计值(mm)	变化速率(mm/d)
隧道竖向位移	10～20	2～3

续表12.8.5

监测项目	累计值(mm)	变化速率(mm/d)
隧道水平位移	5～10	1～2
隧道差异沉降	$0.04\%L_s$	—
隧道净空收敛	$0.2\%D_o$～$0.3\%D_o$	3

注：D_o 为盾构隧道外径(m)，L_s 为沿隧道轴向两监测点间距(m)。

12.8.6 盾构隧道施工的保护等级和标准见表12.8.6。

表12.8.6 盾构隧道施工的保护等级和标准

等级\条件	保护对象允许变形(mm)	保护对象描述	调查内容
一级保护	5～10	城市轨道交通(含市域铁路)	位置、走向、埋深、建筑物基础形式、结构特征、管道类型、管径、管材、管节长度、接头形式等
	—	高速铁路	
	10～20	上水、原水、燃气等压力干管，市政排水总管，高压电缆等极重要管线，密集居民建筑，保护建筑及沉降极敏感建筑等	
二级保护	30	城市主干道，重要建(构)筑物及管道等	

注：1 铁路的容许变形值应符合现行行业标准《铁路轨道工程施工质量验收标准》TB 10413、《邻近铁路营业线施工安全监测技术规程》TB 10314 和铁路管理部门的有关规定。
   2 建筑物地基容许变形值应按国家标准《建筑地基基础设计规范》GB 50007—2011 表 5.3.4 的规定采用。
   3 对重要、特殊的建(构)物应进行安全状态评估，在评估基础上提出保护对象容许变形值。

12.8.7 盾构穿越地面建筑物、地铁隧道、铁路、桥梁、防汛墙、地下管线等重要建(构)筑物时，除应对穿越建(构)筑物进行监测外，还应增加对其周围土体的变形监测。

12.9 接口设计

12.9.1 隧道内各类设施的布置应结合相关专业要求,按照统筹布置综合利用的原则开展接口设计,确保相关工程间接口有良好的过渡和衔接。

12.9.2 隧道与路基、桥梁和地下车站接口设计应符合下列规定:

1 隧道与路基、桥梁相接时,隧道洞口应与周边规划、道路、交通和排水等工程一体化设计,满足功能需求,兼顾景观协调,合理设置防洪、排水措施,确保运营安全。

2 隧道与地下车站相连应一体化设计区间隧道及相邻地下车站,做好过渡段衔接。

3 隧道与桥梁、地下车站相连时,隧道内的疏散通道与桥梁、地下车站人行道应平顺连接。

12.9.3 隧道与接触网、电力、通信、信号等工程的接口设计应符合下列规定:

1 隧道结构应满足接触网系统、防雷和综合接地等设备安装需求,确保设备安装不应对隧道结构安全和防水效果产生不良影响。

2 隧道内过轨管线应采取有效防护措施,避免变形或损坏影响使用。

3 隧道附属构筑物中的预留孔洞应满足接触网、电力、通信、信号等专业需求统筹开展一体化设计。

12.9.4 隧道与轨道开展工程一体化设计,无砟轨道段隧道结构应与轨道底座结合设置。

12.9.5 隧道中间风井及隧道洞口应与通风、防灾救援工程协调设计,满足设备安装及隧道功能的要求。

12.9.6 隧道泵房结构和排水管路布置应与排水系统一体化设计,满足设备安装及隧道功能的要求。

13 车站建筑

13.1 一般规定

13.1.1 本章适用于新建的采用站台候车模式的地下、地上车站，对采用站厅候车模式或与干线铁路、城际铁路合建的枢纽车站及其他生产房屋、生产附属房屋应按现行国家标准《铁路旅客车站建筑设计规范》GB 50226 及现行行业标准《城际铁路设计规范》TB 10623、《铁路旅客车站设计规范》TB 10100 等有关规定执行。

13.1.2 车站的总体布局应符合上海国土空间规划、城市综合交通规划、环境保护和城市景观的要求，并应处理好与地面建筑、城市道路、地下管线、地下构筑物及施工时交通组织之间的关系。

13.1.3 与干线铁路、城际铁路、民航、公路等重要对外交通枢纽相衔接的市域铁路车站，应与枢纽统一规划、一体化设计，宜同步建设或预留工程条件。同时，应考虑空间的综合利用，以构建高效集约的交通枢纽。

13.1.4 车站设计应满足客流需求，合理组织客流，并应保证乘降安全、疏导迅速、布置紧凑、便于管理，同时应设置良好的通风、照明、卫生和防灾等设施。

13.1.5 车站设计应满足系统功能要求，功能分区清晰，合理布置设备与管理用房，并宜采用标准化、模块化、集约化设计，方便运营管理与维护。

13.1.6 车站的站厅公共区、站台公共区、出入口通道、楼扶梯以及售、检票口（机）等部位的通过能力，应满足该站预测远期或客流控制期高峰小时客流量乘以超高峰系数的计算客流，并对事故工况下不同部位疏散的通过能力进行复核。

13.1.7 地下车站的土建工程不宜分期建设,地上车站及相关地面建筑可分期建设。

13.1.8 车站内应设公共卫生间及第三卫生间,宜设于付费区内。管理人员卫生间不应与公共卫生间合用。

13.1.9 根据网络需求及线路功能,车站布置及相应设施设备预留相关功能需求。

13.1.10 兼顾人民防空设计的地下车站、区间应满足人防要求。

13.1.11 对于有干线铁路、城际铁路下线运营的车站,应满足不同车型对站台长度及土建限界的要求。

13.2 车站总体布置

13.2.1 车站总体布置应根据线路特征、运营要求、地上和地下周边环境及车站与区间采用的施工方法等条件确定。站台可选用岛式、侧式或岛侧混合式等形式。

13.2.2 车站竖向布置应根据线路敷设方式、周边环境及城市景观等因素,可选取地下、地面、高架等形式。地下车站埋设宜浅,高架车站层数宜少,有条件的地上车站宜将站厅及设备、管理用房设于地面。

13.2.3 换乘车站应根据线网规划、线路敷设方式、地上及地下周边环境、换乘量的大小等因素,合理选取换乘形式。可选取同车站平行换乘、同站台平面换乘、站台上下平行换乘以及站台间的"十"形、"T"形、"L"形、"H"形、通道等换乘形式。

13.2.4 车站应做好站外集散广场设计,同时出入口通道宜兼顾市政过街功能。

13.2.5 车站出入口与风亭的位置,应根据周边环境及城市规划要求确定。出入口位置应有利于吸引和疏散客流;风亭位置应满足功能要求,并应满足规划、环保、消防和城市景观的要求。出入口、风亭宜与周边建筑结合设置。

13.2.6 车站的交通衔接应符合下列规定：

1 市域铁路车站应与城市轨道交通车站、公共汽(电)车站等城市其他公共交通便捷换乘，并宜紧密结合形成枢纽交通模式。

2 市域铁路车站出入口附近应考虑非机动车停放、出租汽车候车等相关交通衔接设施，视条件设置机动车停放设施，根据规划设置公共汽(电)车换乘设施。

13.3 车站平面、剖面设计

13.3.1 车站站厅公共区应根据客流流线及管理需要，划分为付费区及非付费区。应合理布置安检、售检票机、楼扶梯等设施，尽量减少客流流线互相交叉。

13.3.2 自动售、检票机应结合乘客进出站流线合理设置；当分期实施时，应预留设置条件。

13.3.3 自动售、检票机前应留有购票乘客的聚集空间，便于乘客疏导，但聚集空间不应侵入人流通行区。出站检票口与出入口通道边缘的距离不宜小于5m，与楼梯的距离不宜小于5m，与自动扶梯基点的距离不宜小于8m，进站检票口与楼梯口的距离不宜小于4m，与自动扶梯基点的距离不宜小于7m。

13.3.4 客服中心的设置应满足问讯、补票、监票等功能，并宜设有轮椅人员窗口。交通枢纽站的客服中心应适当增大规模并兼顾人工售票功能。

13.3.5 付费区与非付费区的分隔宜采用不低于1.1m的可透视栏栅，并应设置向疏散方向开启的平开栏栅门，平开栏栅门净宽不应小于1.1m。

13.3.6 站台长度和宽度设计应符合下列规定：

1 站台计算长度由最大列车编组数的有效使用长度加停车

误差确定。

  1) 有效使用长度：当无站台门时，应为首末两节车厢司机门外侧之间的长度；当有站台门时，应为首末两节车厢尽端客室门外侧之间的长度。

  2) 停车误差：当无站台门时，应取 1 m～2 m；当有站台门时，应取±0.3 m。

 2 站台宽度应按下列公式计算，并不得小于本标准表 13.3.19 所规定的数值。

岛式站台宽度：

$$B_d = 2b + n \cdot z + t \quad (13.3.6-1)$$

侧式站台宽度：

$$B_c = b + z + t \quad (13.3.6-2)$$

$$b = \frac{Q_上 \cdot \rho}{L} + b_a \quad (13.3.6-3)$$

$$b = \frac{Q_{上,下} \cdot \rho}{L} + M \quad (13.3.6-4)$$

式中：b——侧站台宽度(m)，应取公式(13.3.6-3)和公式(13.3.6-4)计算结果的较大值；

   n——横向柱数；

   z——纵梁宽度(含装饰层厚度)(m)；

   t——每组楼梯与自动扶梯宽度之和(含与纵梁间所留空隙)(m)；

   $Q_上$——远期或客流控制期每列车超高峰小时单侧上车设计客流量(较大一侧)(人)；

   $Q_{上,下}$——远期或客流控制期每列车超高峰小时单侧上、下车设计客流量(较大一侧)(人)；

   ρ——站台上人流密度，取 0.5 m²/人～0.75 m²/人；

L——站台计算长度(m),是指列车最大编组数的有效长度与停车误差之和;

M——站台边缘至站台门立柱内侧距离(m),有站台门时按实际取值且不小于0.3 m,无站台门时取0;

b_a——站台安全防护带宽度(m),取0.4,采用站台门时用 M 替代 b_a 值。

13.3.7 在不影响乘客疏散、通行的前提下,车站站台公共区内应多设置满足乘客需求的休息座椅。

13.3.8 车站的设备、管理用房布置应紧凑合理,有人值守的主要设备、管理用房应集中在一端布置。

13.3.9 设置在站台层两端的设备与管理用房,可伸入站台计算长度内,但伸入长度不应超过半节车辆的长度,且与梯口或通道口的距离不应小于8 m,且不得侵占侧站台的计算宽度。

13.3.10 对于有越行或大站快车通过的地下车站,其站台临轨行区墙体及上方洞口周边墙体、门及相关设备设施,应满足抗风压要求。

13.3.11 站台上的楼梯和自动扶梯宜纵向均匀设置。

13.3.12 自动扶梯的设置位置应避开结构诱导缝和变形缝。

13.3.13 当不设站台门时,距站台边缘400 mm 应设安全防护带,并应于安全带内侧设不小于80 mm 宽的纵向醒目的安全线。安全防护带范围内应设防滑地面。

13.3.14 车站的站台边缘、车站结构立柱、墙等与线路中心线的距离,必须满足限界要求。

13.3.15 换乘站、交通枢纽站及周边有医院、大型商场、公园、托幼机构及儿童娱乐场所等的车站,宜设置母婴室,其设置标准应符合国家和地方现行有关标准的规定。

13.3.16 在条件允许的情况下,地下车站站厅、站台公共区地坪装修面至吊顶净高不宜小于3 500 mm。当地下管线或河道埋深较深、跨越地下车站时,局部范围内可考虑降低车站顶板,但该区域吊顶下净高不应小于3 000 mm。

13.3.17 站厅公共区地坪装修层厚度宜控制在120 mm～150 mm,站台公共区地坪装修层厚度宜控制在80 mm～100 mm。

13.3.18 车站各部位的最大通过及服务能力应符合表13.3.18的规定。

表13.3.18 车站各部位的最大通过及服务能力

部位名称			最大通过及服务能力(人次/h)
1 m宽楼梯		下行	4 200
		上行	3 700
		双向混行	3 200
1 m宽通道		单向	5 000
		双向混行	4 000
1 m宽自动扶梯		输送速度0.5 m/s	6 000
		输送速度0.65 m/s	7 300
人工售票口			240
自动售票机			120
人工检票口			2 600
自动检票机	三杆式	非接触IC卡	1 200
	门扉式	非接触IC卡	进站1 300,出站900
	双向门扉式	非接触IC卡	进站1 300,出站900

注:自动售票机最大通过能力根据采用设备实测确定。

13.3.19 车站各部位的最小宽度应符合表13.3.19的规定。

表13.3.19 车站各部位的最小宽度(m)

名称	最小宽度
岛式站台	8.0
岛式站台的侧站台	2.5
侧式站台(长向范围内设梯)的侧站台	2.5

续表13.3.19

名称	最小宽度
侧式站台(垂直于侧站台开通道口设梯)的侧站台	3.5
通道或天桥	2.4
公共区单向楼梯	1.8
公共区双向楼梯	2.4
与上、下均设自动扶梯并列楼梯(困难情况下)	1.2
消防专用楼梯	1.2
站台至轨道区的工作梯(兼疏散梯)	1.1

13.3.20 车站各部位的最小高度应符合表13.3.20的规定。

表13.3.20 车站各部位的最小高度(m)

名称	最小高度
地下站厅公共区(地面装饰层面至吊顶面)	3.0
地上车站站厅公共区(地面装饰层面至梁底面)	2.6
地下车站站台公共区(地面装饰层面至吊顶面)	3.0
地上车站站台公共区(地面装饰层面至风雨棚底面)	2.6
站厅、站台管理用房(地面装饰层面至吊顶面)	2.4
通道或天桥(地面装饰层面至吊顶面)	2.5
公共区楼梯和自动扶梯(踏步面沿口至吊顶面)	2.4

13.4 车站出入口

13.4.1 车站出入口的数量应根据吸引与疏散客流的要求设置；每个公共区直通地面的出入口数量不得少于2个。换乘车站共用一个站厅公共区的出入口数量应按每条线不少于2个设置。每个出入口宽度应按远期或客流控制期分向设计客流量乘以不均匀系数计算确定。

13.4.2 车站出入口布置应与主客流的方向相一致,且宜与过街天桥、过街地道、地下街、邻近公共建筑物相结合或连通,宜统一规划,可同步或分期实施,并应采取夜间停运时的隔断措施。当出入口兼有过街功能时,其通道宽度及其站厅相应部位设计应计入过街客流量。

13.4.3 设于道路两侧的出入口,宜平行或垂直道路红线,并应满足规划等相关部门的要求。当出入口朝向城市主干道时,应设集散广场,且进深不宜小于出入口宽度。

13.4.4 地下车站出入口、消防专用出入口和无障碍电梯的地面标高应高出室外地面 300 mm~450 mm,在门洞处设高度不小于 0.8 m 的防淹闸槽,出入口周边的围栏实体高度不应低于出入口防淹闸槽高度。同时应满足防洪、防涝要求。

13.4.5 车站地面出入口的建筑形式应根据所处的具体位置和周边规划要求确定。地面出入口可为合建式或独立式,并宜采用与地面建筑合建式。

13.4.6 地下出入口通道应力求短、直,通道的弯折不宜超过 3 处,弯折角度不宜小于 90°。地下出入口通道长度不宜超过 100 m。当超过 100 m 时,应采取满足消防疏散要求的措施。

13.5 风井与冷却塔

13.5.1 地下车站应按通风、空调工艺要求设置进风亭、排风亭和活塞风亭。在满足功能的前提下,根据地面建筑的现状或规划要求,风亭可集中或分散布置,风亭宜与地面建筑结合设置,但被结合建筑应满足风亭的技术要求。

13.5.2 当采用侧出高风亭时,风口的位置应符合下列规定:

1 风亭口部 5 m 范围内不应有阻挡通风气流的障碍物。

2 风亭口部底边缘距地面的高度应满足防洪、防涝要求。当风亭设于路边时,其高度不应小于 2 m;当风亭设于绿地内时,其高度不应小于1.2 m。

13.5.3 当采用敞口低风井时,风井之间应符合下列规定:

1 低风亭四周应有宽度不小于3 m的绿篱,风口最低高度应满足防洪、防涝要求,且不应小于1.2 m。

2 风亭开口处应有安全防护装置,风井底部应有排水设施。

13.5.4 风亭口部与其他建筑物口部之间的距离应满足防火及环保要求。

13.5.5 地下车站设在地上的冷却塔,其造型、色彩、位置应符合城市规划、景观及环保要求。

13.5.6 对于有特殊要求的地段,冷却塔可采用下沉式或全地下式,但应满足工艺要求。

13.6 楼梯、自动扶梯、电梯和站台门

13.6.1 车站公共区内的楼梯应符合下列规定:

1 乘客使用的楼梯宜采用26°34′倾角,与上下行自动扶梯并列设置的人行楼梯,可采用30°倾角。

2 踏步宽度不应小于280 mm,踏步高度不应大于160 mm。

3 当梯段宽度大于3.6 m时,应设置中间扶手。楼梯宽度应符合人流股数和建筑模数。

4 每个梯段不应超过18级,且不应少于3级。休息平台长度应为1.2 m~1.8 m。

13.6.2 车站主要管理区内的站厅与站台层间应设置内部楼梯。踏步宽度不应小于250 mm,踏步高度不应大于175 mm。梯段宽度不应小于1.2 m。

13.6.3 车站出入口、站台至站厅应设上、下行自动扶梯,在设置双向自动扶梯困难且提升高度不大于10 m时,可仅设上行自动扶梯。每座车站应至少有1个出入口设上、下行自动扶梯;站台至站厅应至少设1处上、下行自动扶梯。

13.6.4 车站出入口及站台至站厅自动扶梯的倾斜角度宜为30°。

13.6.5 当站台至站厅及站厅至地面上、下行均采用自动扶梯时,应加设人行楼梯或备用自动扶梯。

13.6.6 车站中作为事故疏散用的自动扶梯,应采用一级负荷供电。

13.6.7 自动扶梯扶手带外缘与平行墙装饰面或楼板开口边缘装饰面的水平距离,不得小于80 mm,相邻交叉或平行设置的两梯(道)之间扶手带的外缘水平距离,不应小于160 mm。当扶手带外缘与任何障碍物的距离小于400 mm时,则应设置防碰撞安全装置。

13.6.8 两台相对布置的自动扶梯工作点间距不得小于16 m;自动扶梯工作点与前面影响通行的障碍物间距不得小于8 m;自动扶梯与楼梯相对布置时,自动扶梯工作点与楼梯第一级踏步的间距不得小于12 m;自动扶梯与无障碍垂梯相对布置时,自动扶梯工作点距无障碍垂梯的距离不应小于10 m;楼梯与无障碍垂梯相对布置时,楼梯第一级踏步距无障碍垂梯的距离不应小于6 m。

13.6.9 供乘客使用的电梯额定载重不宜小于1 350 kg,困难条件下不应小于1 000 kg。

13.6.10 车站公共区内至少应设1台垂直电梯,对于与高铁、机场等枢纽接驳功能线路的车站,公共区内垂直电梯数量不应少于2台。车站应至少有1个出入口设置垂直电梯,条件允许的情况下,跨道路两侧的出入口宜各设1台。

13.6.11 电梯井内不应穿越与电梯无关的管线和孔洞。

13.6.12 站台门设置应考虑初期、近期、远期列车运营编组的兼容性,滑动门设置的位置、数量均应与列车门对应。滑动门的开启净宽度不应小于车辆门宽度加停车误差。高站台门高度不应低于2 m,低站台门高度不应低于1.5 m。

13.6.13 对于呈坡度的站台,站台门应同坡度垂直于站台面设置。安装站台门的地面在站台全长上的平整度误差不应大于15 mm。

13.6.14 设置站台门的车站,站台端部应设向站台侧开启宽度为不小于1.10 m的端门。沿站台长度方向设置的向站台侧开启的应急门,每一侧数量宜采用远期列车编组数,应急门开启时应能满足人员疏散通行要求。

13.6.15 站台门不应作为防火隔离装置,与列车之间的间隙应设置相应的安全防护装置。

13.6.16 站台门应设置安全标志和使用标志。

13.7 车站无障碍设施

13.7.1 车站为乘客服务的各类设施,均应满足无障碍通行要求,并应符合现行国家标准《无障碍设计规范》GB 50763的有关规定。

13.7.2 车站应设置无障碍电梯及无障碍厕所。

13.7.3 站厅至站台无障碍电梯宜设于付费区内,检票口应满足无障碍通行需要。

13.7.4 无障碍电梯门前等候区深度不宜小于1.8 m且不应小于轿厢深度;当条件困难时,等候区梯门可正对轨道区,但门前等候区不得侵占站台计算长度内的侧站台宽度。

13.7.5 无障碍电梯井出地面部分应采取防淹措施,防淹要求同车站出入口标准。无障碍电梯宜靠近车站客流较大处出入口附近设置,电梯平台与室外地面高差处应设置坡道,并应符合现行国家标准《无障碍设计规范》GB 50763、《建筑与市政工程无障碍通用规范》GB 55019的有关规定。

13.7.6 车站范围内所有盲人涉足之地均应设置盲道,并与站前广场、周边市政道路的盲道连通。

13.8 换乘车站

13.8.1 车站换乘形式应综合考虑规划线网的走向、线路敷设方式、换乘便捷性等因素。

13.8.2 换乘设施的通过能力应满足预测的远期或客流控制期中超高峰小时最大换乘客流量的需要。

13.8.3 市域铁路换乘车站间应采用付费区内换乘的形式。市域铁路与城市轨道交通换乘车站宜采用付费区换乘形式。

13.8.4 对地下车站预留的换乘节点，其宽度每侧应留出不小于 500 mm 的放大量和排除积水的措施。

13.8.5 换乘车站应考虑车站内用房、设备和设施等的资源共享。

13.9 车站环境设计

13.9.1 车站建筑设计应简洁明快、易于识别、装修适度、充分体现结构美，并宜体现现代交通建筑的特点。地上车站设计应因地制宜，并宜减小体量和使其具有良好的空透性。

13.9.2 装修应采用防火、防潮、防腐、耐久、易清洁的环保材料，同时应便于施工与维修，并宜兼顾吸声要求。地面材料应防滑、耐磨。室内装修材料不得采用石棉、玻璃纤维、塑料类制品。

13.9.3 照明应采用节能、耐久的灯具，并应便于更换、清洁和保养。半敞开式风雨棚的地上车站应选用防尘、防水、抗风的灯具，照度标准应符合本标准第 18 章的有关规定。

13.9.4 车站公共区内可适度设置广告，其位置、色彩、照度不得干扰导向、事故疏散、服务乘客的标志。

13.9.5 地上车站应采取噪声、振动的综合防治措施。当采用声屏障时，宜同时满足功能和城市景观的要求。有噪声源的房间，应采取隔声、吸声措施。

13.10 车站导向标识设计

13.10.1 车站内应设置服务乘客的导向标识,所显示的信息应简洁明了、易辨识,避免与车站内其他设施相互干扰及人群聚集造成视线干扰。

13.10.2 车站站厅、站台、出入口、换乘通道以及与车站相连通的商业、市政通道等公共区域,应设置清晰的导向标识,引导乘客便捷通行。

13.10.3 市域铁路导向标识系统应采用动静结合的方式,并更注重动态导向标识的应用,以适应网络化运营需求。在站厅、站台、换乘通道以及车厢内等关键位置应设置动态屏,为乘客提供列车运行动态信息。

13.10.4 与市域铁路、城市轨道交通、干线铁路、城际铁路换乘的车站,应符合下列规定:

　　1 与城市轨道交通换乘的车站,换乘导向标识应设置在换乘区域的相应位置。当通行区域行程大于 20 m 时,宜重复设置。

　　2 与市域铁路或干线铁路、城际铁路同站台换乘时,换乘导向标识应在站台垂直轨道方向醒目位置设置动态屏。

　　3 与市域铁路或干线铁路、城际铁路非同站台或站厅换乘时,换乘导向标识应在站台或站厅醒目位置设置动态屏。

13.10.5 车站站厅、站台等适当位置应设置网络示意图。网络图应包含市域铁路与城市轨道交通线路信息。

13.10.6 站外导向杆应采用与城市轨道交通合杆不合牌的形式。

13.10.7 标识标牌材质、形式、规格、色彩应与建筑空间效果相协调。

13.10.8 事故疏散导向系统应按照相关专业标准执行。

13.11 建筑节能

13.11.1 地上车站宜采用自然通风和天然采光。

13.11.2 地上车站不宜采用中央空调，站台层宜设置空调候车室。

13.11.3 地上车站的设备与管理用房及设置空调的区域，其建筑围护结构热工设计应符合现行国家标准《公共建筑节能设计标准》GB 50189、《建筑节能与可再生能源利用通用规范》GB 55015 及现行上海市工程建设规范《公共建筑节能设计标准》DGJ 08—107 的有关规定。

13.11.4 地上车站的屋面，以及站台、出入口的顶篷应采取隔热措施。

13.11.5 地下车站在满足功能前提下应控制其规模和层数。

13.11.6 地下车站降压变电所位置应接近车站负荷中心设置。

14 地下车站结构

14.1 一般规定

14.1.1 地下车站结构的净空尺寸应满足建筑限界、施工工艺要求,并应考虑施工误差、结构变形及后期沉降的影响,轨行区范围内尚应考虑空气动力效应的影响。

14.1.2 地下车站结构设计应考虑城市规划引起的周边环境改变对结构的影响,并预留城市规划建设项目的实施条件。

14.1.3 地下车站结构设计应根据车站特点及其所在场地的具体情况,通过技术、经济、工期、环境影响及使用功能等多方面综合评价,采用技术可靠、安全适用、经济合理的结构形式和施工方法。

14.1.4 地下车站结构应按下列规定对其施工阶段和使用阶段中的承载能力极限状态及正常使用极限状态进行验算:

  1 施工阶段和使用阶段均应按承载能力极限状态进行基坑支护、车站结构的构件承载能力及车站抗浮稳定性的验算。

  2 使用阶段应按正常使用极限状态进行构件裂缝宽度、结构纵向差异沉降的验算。

14.1.5 地下车站的结构重要性系数 γ_0 取值不应小于表 14.1.5 的规定。

表 14.1.5 结构重要性系数 γ_0

结构重要性系数	对持久设计状况和短暂设计状况 安全等级			对偶然设计状况和地震设计状况
	一级	二级	三级	
γ_0	1.1	1.0	0.9	1.0

14.1.6 地下车站结构抗震设防烈度为7度,设防类别为重点设防类,抗震等级为二级,按8度抗震设防要求采取抗震构造措施。当地下车站与地面建构筑物合建时,其抗震等级不宜低于上部建筑的抗震等级。

14.1.7 地下车站结构应以混凝土结构自防水为主,以混凝土结构接缝防水为重点,辅以防水层加强防水,并应满足结构使用要求。

14.1.8 地下车站主体结构和使用期间不可更换的结构构件,按设计工作年限为100年的要求进行耐久性设计,并应符合现行上海市工程建设规范《轨道交通及隧道工程混凝土结构耐久性设计施工技术标准》DG/TJ 08—2128的有关规定。

14.1.9 地下车站应具有战时防护功能并做好平战转换预留工作,结构设计应按批准的人防抗力标准进行验算,并在规定的设防部位设置相应防护措施。

14.2 设计荷载及工程材料

14.2.1 作用在地下车站结构上的荷载分类应符合表14.2.1的规定。荷载代表值、分项系数、荷载最不利组合以及荷载效应的极限状态表达式应符合现行国家标准《工程结构通用规范》GB 55001的有关规定。

表14.2.1 荷载分类

荷载分类	荷载名称
永久荷载	结构自重
	地层压力
	上部结构和破坏棱体范围的设施及建筑物压力
	水压力和浮力
	混凝土收缩及徐变影响

续表14.2.1

荷载分类		荷载名称
永久荷载		预加应力
		设备重量
		地基下沉影响
可变荷载	基本可变荷载	地面车辆荷载及其动力作用
		地面车辆荷载引起的侧向土压力
		列车荷载及其动力作用
		人群荷载
	其他可变荷载	温度作用
		施工荷载
偶然荷载		地震作用
		人防荷载
		沉船、抛锚或河道疏浚产生的撞击力等灾害性荷载

注：1 设计中要求考虑的其他荷载，可根据其性质分别列入上述三类荷载中。
2 表中所列本节未加说明者，可根据国家有关规定或实际情况确定。

14.2.2 地层压力应根据结构所处工程地质和水文地质条件、埋置深度、结构形式、施工方法等因素，结合已有试验、测试和研究资料确定，计算方法应符合下列规定：

1 竖向压力
   1）明挖顺作法、盖挖法、逆作法施工的结构宜按计算截面以上全部土柱重量计算。
   2）暗挖法施工的结构宜根据所处工程地质、水文地质条件，并结合覆土厚度的影响进行计算。

2 水平压力
   1）侧向水、土压力宜采用水土分算。
   2）施工期间作用在支护结构上的土压力宜按主动土压力计算。
   3）明挖顺作法结构使用阶段或逆作法结构承受的土压力

宜按静止土压力计算。

  4）应计入地面荷载和破坏棱体范围的建筑物，以及施工机械等引起的附加水平侧压力。

14.2.3 作用在地下结构上的水压力，应根据施工阶段和使用阶段地下水位的变化按静水压力计算。可根据设防水位、可能发生的地下水最高和最低水位，分别计算水压力和浮力对结构的作用。

14.2.4 混凝土的收缩影响可按降低温度的方法进行计算。下列情况应考虑混凝土收缩的影响：

  1 外露的超静定结构。

  2 覆土厚度小于1 m。

  3 截面厚度大于0.8 m。

14.2.5 设备区的计算荷载应根据设备安装、检修和正常使用的实际情况（包括动力效应）确定。重型设备尚应依据设备的实际重量、动力影响、安装运输途径等确定其荷载大小与范围。

14.2.6 直接承受列车ZS荷载的楼板等构件，应按列车实际轴重和排列计算其产生的竖向荷载作用，并应计入列车的动力作用，同时尚应按线路通过的重型设备运输车辆的荷载进行验算。

14.2.7 地下车站站台、楼板和楼梯等部位的人群荷载标准值应采用4.0 kPa；当管理用房有集中荷载时，按实际情况确定。

14.2.8 施工荷载应考虑下列荷载及其组合：

  1 施工机具荷载。

  2 设备运输及吊装荷载。

  3 地面堆载（应结合实际情况确定，并不宜小于20 kPa；盾构井附近应根据盾构隧道施工要求考虑）。

  4 邻近基坑开挖所引起的附加荷载。

  5 注浆等邻近工程施工行为所引起的附加荷载。

14.2.9 地面车辆荷载宜采用20 kPa。在道路下方且覆土厚度小于1 m的地下车站，地面车辆荷载的数值及排列应符合现行行业标准《公路桥涵设计通用规范》JTG D60、《城市桥梁设计规范》CJJ 11 的有关规定。

14.2.10 地下车站结构的工程材料应根据结构类型、受力条件、使用要求、施工工艺和所处环境,结合其可靠性、耐久性和经济性进行选用。主要受力结构可采用钢筋混凝土结构,必要时也可采用钢管混凝土结构、型钢混凝土组合结构。

14.2.11 地下车站混凝土的原材料和配比、最低强度等级、最大水胶比和单方混凝土的胶凝材料最小用量等应符合耐久性要求,满足抗裂、抗渗和抗侵蚀的需要。一般环境条件下的混凝土最低强度等级应符合表 14.2.11 的规定。

表 14.2.11 地下车站一般环境条件下混凝土最低强度等级

部位	强度等级
现浇钢筋混凝土结构	C35
地下连续墙	C35
作为永久结构的灌注桩	C35
不作为永久结构的灌注桩	C30
素混凝土垫层	C20

注:当采用水下或者泥浆中灌注混凝土时,施工配合比及试块检测强度应按相关标准要求提高混凝土强度等级。

14.2.12 大体积浇筑的混凝土应避免采用高水化热水泥,并宜掺入高效减水剂、优质粉煤灰或磨细矿渣等,同时应严格控制水泥用量,限制水胶比和控制混凝土入模温度。

14.2.13 地下车站结构的钢筋应符合下列规定:

1 普通钢筋混凝土结构的钢筋应采用 HPB300、HRB400、HRB500 级钢筋。

2 有抗震设防要求的框架结构,受力钢筋应采用 HRB400E、HRB500E 级钢筋,即应符合下列规定:

1)钢筋的抗拉强度实测值与屈服强度实测值的比值不应小于 1.25。

2）钢筋的屈服强度实测值与屈服强度标准值的比值不应大于1.3。

3）钢筋最大拉力下的总伸长率实测值不应小于9%。

14.3 施工方法及结构选型

14.3.1 地下车站的结构形式应与所采用的施工方法相适应。

14.3.2 地下车站的施工方法选择宜符合下列要求：

 1 优先选择明挖顺作法。

 2 当需要减少施工对地面交通的影响时，宜采用盖挖法。

 3 当环境保护要求较高时，宜采用逆作法。

 4 当不具备明挖条件时，可采用顶管、管幕等暗挖法。

14.3.3 采用明挖顺作法、盖挖法、逆作法施工的地下车站结构形式应符合下列要求：

 1 优先采用整体现浇的狭长形多层多跨钢筋混凝土框架结构。

 2 "两墙合一"地下连续墙宜采用叠合墙。

14.3.4 采用暗挖法施工的地下车站的结构形式，应从水文地质条件、使用功能、周边环境、施工工艺、变形控制等方面分析确定。

14.3.5 地下车站与周边建（构）筑物相结合时，应符合下列要求：

 1 地下车站位于地下空间内且同步建设时，宜按整体空间结构进行设计。

 2 地下车站与地下空间相对独立或分期建设时，宜通过设置结构缝进行分割，并预留相应的连通措施。

 3 地下车站与上盖开发结合时，车站结构的布置、构件尺寸、荷载传递等宜考虑上部结构相关要求。

14.4 基坑工程设计

14.4.1 基坑工程安全等级应按现行上海市工程建设规范《基坑工程技术标准》DG/TJ 08—61 的有关规定确定。基坑工程的环境保护等级应根据基坑周边环境的重要性程度及受保护对象与基坑的距离进行确定，相应变形设计控制指标按表 14.4.1 选用。

表 14.4.1 基坑工程的环境保护等级及变形设计控制指标

环境保护等级	变形设计控制指标	基坑周边环境
一级	1. 地面最大沉降量≤0.1%H； 2. 围护结构最大水平位移≤0.14%H	基坑周边 $1H$ 范围内有轨道交通设施、防汛墙、共同沟、原水管、燃气管、输油管、市政给水干管及重要建(构)筑或设施等
二级	1. 地面最大沉降量≤0.2%H； 2. 围护结构最大水平位移≤0.3%H	基坑周边 $1H$ 范围内无重要管线和建(构)筑物；而离基坑周边 $1H$～$2H$ 范围内有重要管线或大型的在使用的管线、建(构)筑物
三级	1. 地面最大沉降量≤0.5%H； 2. 围护结构最大水平位移≤0.7%H	离基坑周边 $2H$ 范围内没有重要或较重要的管线、建(构)筑物

注：1 H 为基坑开挖深度。
    2 基坑工程的环境保护等级可依据基坑各边的不同环境情况分别确定，且相邻段的保护等级差不得大于一级。
    3 表中控制要求是基坑施工按《上海地铁基坑工程施工规程》SZ-08-2000 施工参数要求进行开挖施工条件下的标准。
    4 受保护对象的变形控制指标，尚应符合相关政府主管部门或产权部门的文件和规定。

14.4.2 基坑工程设计应包括下列内容：

1 方案比较和选型。

2 基坑的稳定性验算。

3 支护结构的承载力和变形计算。

4 环境影响分析与保护技术要求。

5 降水技术要求。

6 土方开挖技术要求。

7 基坑监测要求。

14.4.3 板式支护基坑的稳定性验算内容应包括抗倾覆稳定性、按墙底地基承载力模式验算坑底抗隆起稳定性、按圆弧滑动模式验算绕最下道内支撑点的抗隆起稳定、抗渗流稳定性、抗承压水稳定性。

14.4.4 板式支护结构的设计应根据开挖工况和施工顺序，按竖向弹性地基梁模型逐阶段计算内力及变形，并应符合下列要求：

1 应计入墙体先期位移与支撑变形；当采用明挖顺作法或盖挖法时，可采用全量法计算；当采用逆作法时，应采用增量法计算。

2 应根据基坑开挖过程中的土方开挖方式、加（拆）撑及施加预压力、各工序的时限等时空效应因素，合理确定计算参数。地层抗力可根据结构形式、地层特性及加固方法、施工参数和地层在各施工工况、荷载作用下的变形等因素确定。

14.4.5 支护结构的设计应为后期规划实施的盾构、顶管施工预留穿越条件，并符合下列要求：

1 支护结构的平面布置应满足盾构、顶管施工的要求。

2 围护墙优先选择型钢水泥土墙且后期型钢拔除；当采用地下连续墙、钻孔灌注排桩、钻孔咬合桩时，在后期盾构拟穿越范围内围护墙的钢筋应采用纤维筋。

14.4.6 地下连续墙槽段施工接头可分为柔性接头和刚性接头，当根据结构受力特性需形成整体时，槽段间宜采用刚性接头，并应根据实际受力状态验算槽段接头的承载力。

14.4.7 地下连续墙墙体和槽段施工接头应满足防渗设计要求，混凝土抗渗等级不宜小于P8。环境保护等级为一级的基坑工程，深度范围内分布有粉土、砂土层或坑底距下伏承压含水层层顶小于3m时，基坑的地下连续墙接缝宜采用接缝止水措施。

14.4.8 当基坑工程的环境保护等级为一级且基坑开挖深度范围的土层中粉性土或砂土较厚时,地下连续墙宜采用三轴搅拌桩等槽壁预加固措施。

14.4.9 支撑体系设计应符合下列要求:

1 支撑结构可采用钢支撑、混凝土支撑或钢支撑与混凝土支撑的组合。在车站狭长形基坑中,支撑宜采用钢(混凝土)支撑对撑形式,在盾构井处可采用斜撑形式;当形状复杂且基坑工程的环境保护等级为一级时,可采用混凝土支撑形式。

2 车站基坑采用多道支撑体系时,第一道应采用混凝土支撑。

3 对于敏感环境条件下变形控制要求严格的基坑,可采用轴力自动补偿支撑作为内支撑。

4 钢支撑两端与围护墙间宜采用可靠连接构造措施,并应采用防脱落措施。

5 最下道支撑距坑底净距不宜大于 3.5 m。

6 当采用叠合墙时,随着内部结构的回筑,可按设计要求逐层拆除支撑,在满足结构受力和墙、楼板立模支承条件下,宜先拆支撑后浇内衬墙。

7 钢围檩在集中力作用处和转角处应焊接腹板加劲肋,钢围檩与围护墙间的空隙应采用细石混凝土充填密实。

14.4.10 轴力自动补偿钢支撑的设计应符合下列要求:

1 宜采用有利于轴力自动补偿的支撑布置形式。

2 应配备钢支撑轴力的自动监测和施加系统。

3 钢支撑轴力施加值应根据变形控制确定。

4 应明确各工况下轴力自动补偿钢支撑的轴力设计值、报警值。

14.4.11 支撑立柱及立柱桩设计应符合下列要求:

1 支撑立柱的形式、间距应根据支撑体系的布置及竖向荷载确定,相邻立柱间距不宜超过 15 m。

2 支撑立柱应按双向偏心受压构件进行承载力计算和稳定性验算,偏心距应根据立柱垂直度确定。立柱桩应进行单桩竖向承载力计算,竖向荷载应按最不利工况取值。

3 当采用盖挖法或逆作法时,在车站底板施工之前,相邻立柱桩间以及立柱桩与邻近基坑围护墙之间的差异沉降不宜大于1/400柱距,且不宜大于20 mm。逆作法中的临时支撑立柱宜与永久柱合一。立柱桩应采用桩端后注浆措施,当兼作抗拔桩时可采用扩底桩。

14.4.12 当穿越基坑的重要管线需要原位保留且支护结构平面无法封闭时,管线应采用专项保护措施,支护结构应采用局部补强措施。

14.4.13 环境保护等级为一级或地质条件较差的基坑工程,宜采用高压喷射注浆、全方位高压喷射注浆(MJS)、超高压喷射注浆(RJP或N-Jet)、水泥土搅拌桩、数字化微扰动搅拌桩(DMP)等方法进行土体加固。

14.4.14 基坑坑内疏干降水应符合下列要求:

1 采用真空疏干降水管井疏干土体。

2 疏干井宜布置于坑内,井的数量及布置应根据工程地质与水文地质条件、疏干预降水时间等确定。

3 疏干井深度宜大于基坑开挖深度5.0 m,当坑底面至下伏承压含水层层顶距离小于3.0 m且该承压含水层未隔断时,疏干井深度不宜超过基坑开挖深度。

4 降水加固土体时,开挖前预降水时间以15 d~30 d为宜,降水深度应达到设计要求,且不宜小于坑底面以下1 m。

5 坑内应布置潜水水位观测井,数量宜为疏干井的10%且不少于1口。

14.4.15 基坑减压降水应符合下列要求:

1 承压水降水应根据现场抽水试验及渗流场计算分析结果确定具体降水方案。

2 当采用垂直隔断方式隔断承压水层时,隔水帷幕插入隔水层深度不宜小于 2.0 m。

3 当采用悬挂式止水帷幕时,应根据抽水试验和降水环境影响分析确定止水帷幕深度。

4 当采用水平封底时,隔水帷幕应设置于承压水层内,厚度不宜小于 4 m,帷幕底距地下墙底距离不宜小于 1 m。

4 减压降水场区内应布设备用井和观测井,备用井的数量应为减压井的 20%,且不少于 1 口;当观测井结构与备用井一致时,二者可共用,但应至少设置 1 口独立的观测井。

5 坑外承压水位降幅大于控制值或环境允许值时宜在坑外布设回灌管井,并在施工期间开展回灌措施。回灌水源应优先采用经处理后的同源地下水或自来水。回灌井的间距、数量应根据基坑工程水文地质勘察及渗流场计算分析结果确定。在回灌影响范围内,应设置水位观测井,并根据水位动态变化调节回灌水量。

14.4.16 降水工程结束后应将基坑内外的降水井全部封闭。降水井封井宜在同类型降水井全部运行终止后实施。封井具体技术措施应符合现行上海市工程建设规范《基坑工程技术标准》DG/TJ 08—61 的要求。

14.4.17 地下车站基坑可采用纵向斜面分层分段开挖,斜面应设置多级放坡。纵向斜面边坡、每层每段开挖和支撑形成时间应符合现行上海市工程建设规范《基坑工程技术标准》DG/TJ 08—61 的要求。

14.4.18 在基坑工程施工的全过程中,应对基坑支护体系及周边环境安全进行有效的监测,并为信息化施工提供参数。施工监测技术要求应符合现行上海市工程建设规范《城市轨道交通工程施工监测技术规范》DG/TJ 08—2224 的有关规定。

14.5 结构设计

14.5.1 地下车站结构的计算应符合下列要求：

1 车站结构应按施工阶段和正常使用阶段分别进行结构强度、刚度和稳定性计算。对于钢筋混凝土结构，尚应对使用阶段进行裂缝宽度验算；偶然荷载参与组合时，不验算结构裂缝宽度。

2 处于一般环境中的车站结构，按荷载准永久组合并计及长期作用影响时，构件最大计算裂缝宽度允许值可按表14.5.1中的数值进行控制。处于侵蚀环境等不利条件下的结构，最大计算裂缝宽度允许值应根据具体情况另行确定。

表14.5.1 一般环境作用下钢筋混凝土构件的最大计算裂缝宽度允许值

环境等级	环境作用等级	最大计算裂缝宽度允许值(mm)
Ⅰ（一般环境）	A	0.3
	B	0.3
	C	0.2

注：1 当设计采用的最大裂缝宽度计算式中保护层的实际厚度超过30 mm时，可将保护层厚度的计算值取为30 mm。
2 厚度不小于300 mm的钢筋混凝土结构可不计干湿交替作用。

3 车站结构应按最不利情况进行抗浮稳定性验算。当不计地层侧摩阻力时，抗浮安全系数不应小于1.05；当计及地层侧摩阻力时，抗浮安全系数不应小于1.10。

4 直接承受列车荷载的楼板等构件，计算及构造应符合现行行业标准《铁路桥涵混凝土结构设计规范》TB 10092的有关规定。

5 车站可沿纵向取单位长度进行平面框架分析，计算时宜计入柱与楼板结构的压缩。当符合下列情况时，宜按空间结构进行计算分析：

1) 车站上部局部建有建筑物或构筑物时。

2) 沿车站纵向土层有显著差异时。

3）沿车站纵向覆土厚度有较大变化时。

4）结构形式有较大变化时。

5）空间受力作用明显时。

6 当采用叠合墙时,车站平面框架应分别计算回筑和使用阶段的内力,并按最不利组合进行包络设计。

7 当围护墙兼作上部建筑物的基础时,尚应进行垂直承载能力、地基变形和稳定性计算。

8 车站纵向多层框架均布荷载,可取平面框架分析得到的柱子每延米最大轴力。

9 纵梁截面配筋时,支座处内力可取柱边负弯矩与剪力。

10 反梁斜截面受剪承载能力计算和箍筋配置可按现行国家标准《人民防空地下室设计规范》GB 50038 的有关规定执行。

11 车站纵向相邻柱间差异沉降不应大于 $0.05\%L$ (L 为柱距)。

14.5.2 地下车站结构的构造应符合下列要求:

1 车站主体结构宜设置诱导缝,纵向间距不宜大于 24 m;当遇到楼板开大孔、侧墙上有出入口通道和风道等情况时,间距可适当放大。

2 在车站主体与出入口通道、风道等附属的结合部宜设置变形缝。当结合部长度大于 10 m 时,可采用刚性连接的措施。

3 车站结构的施工缝位置及间距应结合结构形式、受力要求、施工方法、气象条件及诱导缝间距等因素确定。

4 钢筋的混凝土保护层厚度应根据结构类别、环境条件和耐久性要求等确定。一般环境作用下混凝土保护层的最小厚度应符合表 14.5.2 的规定。

表14.5.2 一般环境作用下混凝土保护层最小厚度

结构类别	地下连续墙		钻孔灌注桩		顶板(梁)		中板(梁)	柱	底板(梁)		内衬墙	
	外侧	内侧	永久结构	临时结构	迎土面	背土面			迎土面	背土面	迎土面	背土面
保护层厚度(mm)	70	70	70	50	45	35	30	35	45	35	30	35

5 当采用叠合墙时,车站楼板与侧墙的分布筋布置应符合下列要求:

    1) 顶板:配筋率不宜低于0.25%,间距不大于150 mm;顶板与侧墙连接节点两侧各3 m范围内的配筋率不宜低于0.3%。

    2) 中板、底板、侧墙(内侧):配筋率不宜低于0.20%,间距不大于150 mm。

6 后砌的内部承重墙和隔墙等应与内部结构可靠拉结。

14.6 抗震设计

14.6.1 地下车站结构的抗震设计应包括下列内容:

  1 抗震等级和设防目标。
  2 抗震体系。
  3 地震反应计算及抗震能力验算。
  4 抗震措施。

14.6.2 地下车站结构设计应达到下列抗震设防目标:

  1 当遭受相当于本地区设防烈度的地震影响时,结构不受损坏或不需进行修理可继续使用。

  2 当遭受高于本地区抗震设防烈度预估的罕遇地震影响时,结构损坏经一般性修理仍可继续使用。

14.6.3 地下车站结构的抗震体系设计应符合下列要求:

  1 平面和竖向不规则性,宜根据现行国家标准《建筑抗震设计规范》GB 50011的有关规定进行判别。

  2 构件节点的破坏,不应先于其连接的构件;预埋件的锚固破坏,不应先于连接件。

14.6.4 地下车站结构的地震反应计算及抗震能力验算应符合下列要求:

  1 车站结构应进行设防烈度作用下的内力和弹性变形计

算,形状不规则且具有明显薄弱部位可能导致地震时严重破坏的车站,应进行罕遇地震作用下弹塑性变形计算。

　　2　车站可按平面应变模型进行横向水平地震作用的计算,当结构形式复杂或工程地质条件变化较大时,应按空间结构计算。

　　3　设防烈度作用下的车站内力和弹性变形计算可采用时程分析法或反应位移法;罕遇地震作用下的弹塑性变形计算可采用时程分析法。

　　4　当车站底板位于或穿过可液化地层时,宜在结构抗浮稳定性和构件截面抗震验算中,计入土层中孔隙水压力上升的不利影响。

　　1) 抗浮稳定性验算中的浮力项,除常规地下水浮力外,尚应按下式计入浮力增加值:

$$\Delta F = A \sum \gamma_i d_i \quad (14.6.4\text{-}1)$$

式中:ΔF——浮力的增加值(kN)。

　　A——基础底面积(m^2)。

　　d_i——土层厚度(m)。当基础底面位于可液化土层时,为基础底面以上各土层厚度;当基础穿过可液化土层且基底为透水层时,为可液化土层及以上各土层的厚度。

　　γ_i——各土层的重度(kN/m^3),地下水位以下取浮重度。

　　2) 地下车站底板截面强度抗震验算中,底板浮托压力除常规静水压力外,尚应计入浮托压力的增加值:

$$\Delta p_f = \sum \gamma_i d_i \quad (14.6.4\text{-}2)$$

式中:Δp_f——浮托压力的增加值(kN)。

　　5　地下车站结构的弹性层间位移角限值,单层或双层结构取1/550,三层及三层以上结构取1/1 000;弹塑性层间位移角限值取 1/250。

14.6.5 地下车站结构的抗震措施应符合下列要求：

1 框架柱的轴压比不应超过 0.75，单柱车站不宜超过 0.7。当采取特殊措施后的框架柱轴压比限值应符合现行国家标准《混凝土结构设计规范》GB 50010 的有关规定。

2 框架柱剪跨比不宜小于 2，边长比不宜大于 3，截面尺寸不宜小于 600 mm×600 mm。

3 单柱车站框架柱宜采用劲性钢筋混凝土柱或钢管混凝土柱。

4 梁的截面宽度不应小于 200 mm，截面高宽比不宜大于 4。梁中线宜与柱中线重合。

5 地下车站结构的抗震构造可按现行国家标准《建筑抗震设计规范》GB 50011 的有关规定执行。

14.7 结构防水

14.7.1 地下车站防水设计应遵循因地制宜、以防为主、防排结合、综合治理的原则，采用与结构形式、施工方法相适应的防水措施。

14.7.2 地下车站防水设计应包括下列内容：

1 防水等级和设防要求。

2 防水混凝土的抗渗等级和其他技术指标、质量保证措施。

3 防水层选用的材料及其技术指标、质量保证措施。

4 诱导缝、施工缝、变形缝、桩头等细部构造的防水措施，选用的材料及其技术指标、质量保证措施。

14.7.3 地下车站（包括出入口通道、风道等附属）的防水等级应为一级，不允许渗水，结构表面无湿渍。

14.7.4 地下车站防水措施应按表 14.7.4 选用。

表 14.7.4 明挖法地下车站防水措施

主体			施工缝					后浇带				变形缝(诱导缝)					
防水混凝土	防水卷材	防水涂料	水泥基防水材料	遇水膨胀止水胶(条)	中埋式止水带	预埋式注浆管	钢板止水带	防水层加强层	补偿收缩混凝土	遇水膨胀止水胶(条)	中埋式止水带	预埋式注浆管	中埋式止水带	外贴式止水带	内装可拆卸式止水带	防水嵌缝材料	防水层加强层	遇水膨胀止水胶(条)
应选	应选2种防水卷材或防水涂料不应少于1种			应选2种					应选	应选2种			应选	应选2种				

注：1 本表仅适用于叠合墙结构，其他结构形式应采取相应的防水措施。
2 水泥基防水材料指防水砂浆、外涂型水泥基渗透结晶防水材料。

14.7.5 混凝土结构自防水应符合下列要求：

1 防水混凝土应满足抗渗等级要求，并应根据地下工程所处的环境条件和工作条件，满足抗压、抗裂和抗侵蚀等耐久性要求。

2 结构厚度不应小于 250 mm。

3 防水混凝土设计抗渗等级应符合表 14.7.5 的规定。

表 14.7.5 防水混凝土设计抗渗等级

结构埋置深度 H(m)	设计抗渗等级
$H < 20$	P8
$20 \leqslant H < 30$	P10
$H \geqslant 30$	P12

4 防水混凝土结构底板的混凝土垫层，强度等级不应小于 C20，厚度不应小于 200 mm。

5 处于侵蚀性介质的地下车站防水混凝土应有耐侵蚀措施，并应检测防水混凝土的氯离子扩散系数，氯离子扩散系数不宜大于 4×10^{-12} m²/s。

6 混凝土外加剂应符合现行国家标准《混凝土外加剂》GB 8076 等相关标准的规定。

14.7.6 地下车站结构应在顶板设置防水层,并可根据防水需要在结构的其他部位或全部增设防水层,防水层的选用应符合下列要求:

1 防水层宜采用聚氨酯防水涂料、聚合物水泥防水涂料、喷涂型聚脲防水涂料、预铺高分子防水卷材、自粘聚合物改性沥青防水卷材等,防水层应设在迎水面。

2 根据结构特点、施工方法及环境条件等选择防水层的品种及设置方式。

3 防水层材料的技术性能指标与设置厚度应符合现行国家标准《地下工程防水技术规范》GB 50108 的规定。

4 顶板设置防水层时,不应施作找平层。顶板平面防水层与保护层之间设置隔离层。顶板立面防水层应采用水泥砂浆或泡沫塑料板作为保护层。

5 底板处于承压水层或微承压水层时,底板防水层宜采用预铺高分子防水卷材。

14.7.7 叠合墙结构防水应符合下列要求:

1 地下连续墙的支撑部位及墙体的裂缝、空洞等缺陷应采用防水砂浆或细石混凝土进行修补。墙体幅间接缝的渗漏,应采用注浆、嵌缝聚合物防水砂浆等进行防水处理。

2 地下连续墙墙面、墙缝应进行堵漏、凿毛、清洗并进行防水处理后,再浇筑内衬混凝土。

14.7.8 诱导缝防水应符合下列要求:

1 诱导缝与地下连续墙墙缝宜对齐,诱导缝内设置的防水材料应满足接缝张开 15 mm 的防水抗渗要求。

2 顶板诱导缝背水面应设排水槽,并延伸至离壁式隔墙内。

14.7.9 施工缝防水应符合下列要求:

1 墙体水平施工缝应留在高出板面不小于 300 mm 的墙体上。施工缝距孔洞边缘不应小于 300 mm。

2 施工缝浇筑混凝土前,应将其表面凿毛并清理干净,并应涂刷混凝土界面处理剂或水泥基渗透结晶型防水涂料,同时应及时浇筑混凝土。

3 顶板施工缝背水面应设排水槽,并延伸至离壁式隔墙内。楼板施工缝宜设置中埋式止水带或在接缝下表面设置排水槽。

4 逆作法施工的结构板下墙体水平施工缝,应设置遇水膨胀止水条(胶)和预埋注浆管。

14.7.10 变形缝防水应符合下列要求:

1 变形缝处的混凝土厚度不应小于 300 mm;当遇有变截面时,接缝两侧各 500 mm 范围内的结构应进行等厚等强处理。

2 变形缝内设置的防水材料应满足差异沉降的密封防水要求。

3 顶板与侧墙的预留排水凹槽应贯通。

14.7.11 桩头设置的防水材料应具有良好的粘结性、湿固化性。

14.8 接口设计

14.8.1 地下车站宜与市政配套、城市轨道交通等工程协调设计,预留接口条件。

14.8.2 地下车站结构形式应与两端的区间结构施工方法相协调。车站及盾构井的梁柱布置以及净空尺寸应满足始发、接收、调头或过站等不同盾构施工工艺的要求。

14.8.3 地下车站结构应与轨道、各类设施设备等协调设计,并符合运营要求。

15 高架及地面车站结构

15.1 一般规定

15.1.1 车站结构形式应满足车站的功能和使用要求,以及列车安全运行与乘客舒适度的要求,结合站位所处的周边环境、城市规划、工程地质和水文地质条件进行综合比选,确保结构安全可靠、技术先进、经济合理、受力明确且具有良好的抗震能力,同时便于施工和维护。

15.1.2 车站结构设计应减少施工中和建成后对环境造成的不利影响,并应综合考虑国土空间规划和周边环境变化对车站的影响。

15.1.3 车站根据结构形式可分为"建桥分离""建桥组合"和"建桥合一"三种类型。

15.1.4 车站结构设计应根据结构或构件类型、使用条件及荷载特性、施工方法等,选用与其实际工况条件相符的设计方法,满足强度、刚度、稳定性和耐久性等要求。

15.1.5 车站结构安全等级和抗震设防类别应符合下列规定:

1 车站中直接承受列车荷载的结构安全等级应为一级,抗震设防类别应为重点设防类。

2 车站中的供电、通信、信号、通风等重要用房的结构安全等级宜为一级,抗震设防类别应为重点设防类。

3 线间立柱的雨棚和天桥等跨线设施、站台立柱的雨棚、金属屋面等结构的安全等级应为一级;线间立柱的雨棚、天桥等跨线设施抗震设防类别应为重点设防类,站台立柱的雨棚抗震设防类别不宜低于标准设防类。

4 车站中不直接承受列车荷载的独立结构、不影响运营的可更换次要构件的安全等级宜为二级，抗震设防类别宜为标准设防类。

15.1.6 高架车站及地面车站结构的设计工作年限应符合下列规定：

1 车站中直接承受列车荷载的结构、因结构损坏或大修对运营安全有严重影响的结构，设计工作年限应为 100 年。

2 车站使用期间可以更换且不影响运营的次要结构，设计工作年限宜为 50 年。

3 线间立柱的雨棚和天桥等跨线设施、站台立柱的雨棚等结构设计工作年限不应低于 50 年。

4 临时结构应根据其使用性质和结构特点确定其设计工作年限。

15.1.7 车站结构的耐久性应根据结构的设计工作年限、所处的环境类别和环境作用等级进行设计，并应满足现行上海市的有关标准要求。

15.1.8 车站结构的净空尺寸应满足建筑限界、施工工艺及使用功能要求，并应考虑施工误差、结构变形及后期沉降的影响。车站上跨公路、城市道路时，结构下净空应满足公路、城市道路通行要求，并宜预留不小于 200 mm 的余量。

15.2 设计荷载及工程材料

15.2.1 当采用极限状态法设计时，作用在结构上的荷载按表 15.2.1 进行分类。荷载值应符合现行国家、行业等标准的有关规定，荷载代表值应根据施工阶段和使用阶段荷载值可能发生的变化，按不同荷载组合时的最不利情况确定。

表 15.2.1 荷载分类

荷载类型		荷载名称
永久荷载		结构自重
		围护结构、面层及装饰、固定隔墙等自重
		预加应力
		混凝土收缩及徐变影响
		土压力、结构上部和破坏棱体范围的设施及建筑物压力
		水压力和浮力
		设备重量
		基础变位、地基下沉影响
可变荷载	基本可变荷载	地面车辆荷载、动力作用及引起的侧向土压力
		列车荷载及其动力作用
		人群荷载
		风荷载
		雪荷载
		楼面、屋面活载
	其他可变荷载	温度作用
		冻胀力
		施工荷载
偶然荷载		地震作用
		断轨力、脱轨荷载
		撞击力等灾害性荷载

注：1 设计中要求考虑的其他荷载，可根据其性质分别列入上述三类荷载中。
 2 表格所列荷载本节未加说明的，可按国家有关规范或根据实际情况确定。
 3 施工荷载包括：设备运输及吊装荷载、施工机具及人群荷载、施工堆载、相邻结构施工的影响等。
 4 偶然荷载种类可根据车站型式或使用条件取用。

15.2.2 车站结构应按永久荷载、可变荷载和偶然荷载对结构整体或局部作用可能出现的最不利组合进行设计，直接承受列车荷载的结构应按本标准桥涵的规定进行设计。

15.2.3 体型复杂的车站宜通过风洞试验确定设计风荷载,轻型金属屋面结构宜进行抗风揭试验。

15.2.4 站台、站厅、楼梯、车站管理人员用房等部位的人群荷载按 4 kPa 计。

15.2.5 列车荷载应按其实际轴重和排列计算,采用 ZS 荷载。直接承受列车荷载的结构构件,应考虑列车竖向活载的动力作用,按竖向静活载乘以动力系数$(1+\mu)$确定,动力系数应按本标准桥涵的有关规定执行。

15.2.6 车站主体结构、线间立柱的雨棚和天桥、站台立柱的雨棚、金属屋面的基本风压和基本雪压重现期应为 100 年,其他宜为 50 年。

15.2.7 抗震设防采用的地震动参数应符合现行国家标准《中国地震动参数区划图》GB 18306 的规定,已进行工程场地地震安全性评价的,应按审批结果取值,但不应低于现行国家标准《中国地震动参数区划图》GB 18306 规定的设计地震动参数。

15.2.8 车站结构墩柱可能遭受汽车撞击时,宜设置防撞保护设施。无法设置保护设施时,应计入汽车对结构柱的撞击力。

15.2.9 车站结构的工程材料应根据结构类型、受力条件、使用要求和所处环境,以及结合其可靠性、耐久性和经济性选用。

15.2.10 混凝土的原材料和配比、最低强度等级、最大水胶比和单方混凝土的胶凝材料最小用量等,应符合耐久性要求,满足抗裂、抗渗、抗冻和抗侵蚀的需要。

15.2.11 车站一般环境或较低氯离子浓度环境条件下的混凝土最低强度等级和抗渗等级应符合下列规定:

1 非承受列车荷载的结构:钢筋混凝土的板、梁、柱混凝土强度等级不应低于 C30。

2 承受列车荷载的结构:钢筋混凝土梁、盖梁、立柱、桥台混凝土强度等级不应低于 C40。

3 预应力钢筋混凝土梁强度等级不应低于 C40。

4 地下室钢筋混凝土板、梁、柱混凝土强度等级不应低于C35;墙体混凝土强度等级宜采用C35。地下室结构混凝土抗渗等级不应低于P8。

5 灌注桩混凝土强度等级不应低于C35。

15.2.12 车站钢筋及钢材应符合下列规定:

1 钢筋可采用HPB300、HRB400、HRB500,直接承受列车荷载构件的纵向受力钢筋性能尚应符合现行行业标准《铁路桥涵混凝土结构设计规范》TB 10092的规定。

2 框架和斜撑构件(含梯段),其纵向受力钢筋的抗拉强度实测值与屈服强度实测值的比值不应小于1.25;钢筋的屈服强度实测值与屈服强度标准值的比值不应大于1.3;钢筋最大拉力下的总伸长率实测值不应小于9%。

3 预应力钢绞线应符合现行国家标准《预应力混凝土用钢绞线》GB/T 5224的规定。

4 钢结构宜采用Q235B和Q355B级钢。

5 钢材的屈服强度实测值与抗拉强度实测值的比值不应大于0.85;钢材应有明显的屈服台阶,且伸长率不应小于20%;钢材应有良好的焊接性和合格的冲击韧性。

15.3 结构设计

15.3.1 车站结构宜采用钢筋混凝土和预应力混凝土结构,必要时也可采用钢-混凝土组合结构和钢结构。

15.3.2 当采用"建桥分离"车站结构设计时,轨道梁和支承轨道梁的下部结构设计应符合本标准桥涵的有关规定。若采用地面路基,则应符合本标准路基的有关规定,车站其余部分结构设计应采用现行的建筑结构设计规范。

15.3.3 当采用"建桥组合"车站结构设计时,直接承受列车荷载的轨道梁设计应符合本标准桥涵的有关规定,支承轨道梁的结构设计应符合桥涵和建筑结构规范的有关规定,车站其余部分结构设计应采用现行的建筑结构设计规范。

15.3.4 当采用"建桥合一"车站结构设计时,直接承受列车荷载的轨道梁及其支承结构设计应符合本标准桥涵和建筑结构规范的有关规定,车站其余部分结构设计应采用现行的建筑结构设计规范。

15.3.5 车站结构应根据抗震概念设计的要求选择合理、规则的结构体系;对于不规则的结构体系,应采用抗震性能化设计方法,并根据结果采取有效的加强措施。

15.3.6 车站不宜采用单柱带长悬臂的结构方案;高度超过24 m的车站不宜采用单跨框架结构。

15.3.7 带长悬臂的高架车站,在恒载、列车荷载、人群荷载、风荷载及预应力效应等最不利组合作用下,悬臂端计算挠度的限值应为$L_0/600$,L_0为悬臂构件的计算跨度。

15.3.8 带长悬臂的高架车站,结构整体振动竖向质量参与系数最大的自振频率不宜小于5 Hz。不能满足时,应减小墩柱纵向间距。

15.3.9 车站轨道梁及其支承结构不宜采用钢结构。

15.3.10 车站结构混凝土最大裂缝宽度限值$\omega_{\lim}$应符合下列规定:

1 承受列车荷载的构件应满足本标准桥涵的有关规定。

2 预应力混凝土(B类)构件为0.1 mm。

3 其余钢筋混凝土构件应满足现行国家及地方标准的要求。

15.3.11 "建桥组合"和"建桥合一"车站的基础设计等级应为甲级;"建桥分离"车站中直接承受列车荷载结构的基础设计等级应为甲级,车站其余部分结构基础设计等级不应低于乙级。

15.3.12 车站基础设计应综合考虑上部结构类型、工程地质、水文地质、环境要求,选择合理的桩基和持力层。在桩基与相邻建筑物、构筑物及重要地下管线距离较远或施工时能采取有效隔振措施的条件下,可选用预制桩或灌注桩;若周围有保护对象(包括噪声控制较严地段)或桩基持力层较深,宜选用钻孔灌注桩。

15.3.13 车站承台之间的连接应符合下列要求:

 1 单桩桩基的承台应在两个相互垂直的方向上设置联系梁。

 2 两桩桩基的承台,应在其短向设置联系梁。

 3 多桩桩基的承台,宜沿两个主轴方向设置联系梁。

15.3.14 "建桥分离"车站的框架结构部分总沉降量不应大于50 mm,相邻框架柱之间的沉降差不应大于$0.002L$(L为相邻柱基的中心距离)。其余型式的车站,其基础沉降控制值应符合本标准桥涵和现行建筑结构标准的有关规定。

15.3.15 车站应充分考虑其与两端区间的变形协调。

15.3.16 车站屋面宜选择方便检修维护的结构形式。

15.3.17 车站结构应进行沉降观测,应沿车站角点、中点及沿周边每隔6 m～12 m设置沉降观测点,宜按纵横轴线对称布点;沉降观测严格按现行行业标准《建筑变形测量规程》JGJ 8中二等水准测量的规定进行;沉降观测必须在浇筑基础时开始,施工期观测至少每施工完一层观测两次,当连续两次测得半年沉降量不超过2 mm时,可停测。

15.3.18 当车站设置地下室时,应按最不利情况进行抗浮验算。抗浮安全系数当不考虑侧墙与土体摩阻力时不应小于1.05,考虑侧墙与土体摩阻力或抗拔桩时不应小于1.10。

15.3.19 车站结构设计应考虑施工阶段运梁车、架桥机等设备通行的影响。

15.3.20 车站结构设计应考虑温度作用、混凝土收缩及徐变等影响,超长混凝土结构应采取防止混凝土开裂和变形等措施。

15.3.21 车站结构构件在保证节点连接构造安全可靠的前提

下,可采用预制装配建造。

15.4 抗震设计

15.4.1 横向三柱及以上的车站结构,应按现行国家标准《建筑抗震设计规范》GB 50011 进行抗震设计及设防,抗震设防类别应为重点设防类。计算时应计入一条线 100% 竖向静活载和 50% 站台人群荷载。

15.4.2 横向双柱的"建桥组合"和"建桥合一"车站墩柱结构,应按现行国家标准《铁路工程抗震设计规范》GB 50111 和《城市轨道交通结构抗震设计规范》GB 50909 进行抗震设计,其他结构构件应按现行国家标准《建筑抗震设计规范》GB 50011 进行抗震设计。

15.4.3 "建桥分离"车站,轨道梁桥应按本标准桥涵的有关规定进行抗震设计,车站结构应按现行国家标准《建筑抗震设计规范》GB 50011 的规定进行抗震设计。

15.4.4 "建桥组合"和"建桥合一"车站中直接承受列车荷载的结构宜设定抗震性能目标,进行抗震性能化设计。

15.5 车站结构防水

15.5.1 车站地下室混凝土结构防水要求按本标准地下车站结构的有关规定执行。

15.5.2 "建桥分离"和"建桥组合"车站的桥梁结构防水要求按本标准桥涵的有关规定执行。

15.6 接口设计

15.6.1 站房、雨棚、天桥与接触网共用结构体系时,其布置、荷载、构造等方面应协调设计。

15.6.2 车站结构应与区间协调设计。

15.6.3 车站结构应与轨道、幕墙、各类设施设备等协调设计。

16 人　防

16.1　一般规定

16.1.1　市域铁路地下工程兼顾人防的防护类别应为甲类工程。本标准制定的防护标准适用于防护抗力等级为核 5 级、核 6 级、常 5 级、常 6 级的工程。

16.1.2　市域铁路地下工程战时在拟定的核武器、生化武器、常规武器袭击和袭击后的城市次生灾害作用下应具有保障人员安全交通、转移和物资运输的功能，市域铁路的战时功能宜为人员和物资运输。

16.1.3　市域铁路地下工程兼顾人防设计的范围应包括地下车站、地下区间，以及附属于市域铁路地下车站主体及区间隧道以外，独立设置的安装重要设备的地下工程。

16.1.4　市域铁路兼顾人防设计应在保障平时使用的前提下，充分利用平时已有的结构、设施、设备，对出入口、通风口等关键部位，按照现行的人防防空工程有关设计规范和标准，增加和完善战时人防防护功能，包括采用防护功能平战转换、战平转换的技术措施。

16.1.5　市域铁路防护设计应符合下列要求：

　　1　与其他工程连通且无法分隔的车站，可合并为一个单独的防护单元，设防抗力等级和防化等级应取高者。

　　2　与其他工程不连通的车站，宜按照无防化等级设置。

16.1.6　按无防化等级设置的连续多个车站宜合并为一个防护单元。

16.1.7　所有人防防护设备，应选用经国家人民防空办公室鉴定通过的产品。

16.1.8 市域铁路地下工程兼顾人防设计,除应符合本标准外,尚应符合国家现行有关标准的规定。

16.2 建 筑

16.2.1 一条线路所有地下车站及相连的地下区间抗力等级宜相同。

16.2.2 战时人员出入口的设计应符合下列要求:

1 车站的所有出入口都应按平战结合原则设计,每个车站战时人员出入口不应少于2个(不含连通口和垂直式出入口),且位于车站两侧,并应有不少于1个直通室外地面的战时人员主要出入口;各战时人员出入口之间的距离不宜小于15 m,并宜设置成不同朝向。

2 换乘车站战时人员出入口应按各线车站单独设置,每个车站不应少于2个。

3 直通室外地面的战时主要人员出入口宜设置在地面建筑倒塌范围之外,当不能设置在倒塌范围之外时,口部应设防倒塌棚架。

4 战时人员出入口应设置1道防护密闭门,防护密闭门应向外开启,且应满足平时的使用需求。

5 战时人员出入口通道净宽度应不小于2.00 m,净高度应不小于2.20 m。

16.2.3 专供平时使用的出入口宜设置1道防护密闭门。当采用垂直或水平封堵构件进行封堵时,洞口周边应预埋封堵转换所需的预埋件,与工程同步施工到位。临战采用预制构件进行封堵的平时出入口在一个车站中不宜超过2个。

16.2.4 通风口防护段宜设置1道防护密闭门。当采用垂直或水平封堵防护设备进行封堵时,洞口周边应预埋封堵转换所需的预埋件,与工程同步施工到位。战时采用预制构件进行封堵的平时通风口在一个车站中不宜超过2个。临战时采用预制构件垂直封堵的平时通风口,应设置安装人员实施封堵后的撤退路径。

16.2.5 地下车站与相邻地下人防工程或非人防工程有连通规划,有开发需求并实施的工程,连通道和连通口等设施应一次设计、施工到位。

16.2.6 区间防护密闭隔断门设置应符合下列要求:

1 相邻防护单元之间宜在车站一端线路直线段(尽量避免在曲线段)与区间隧道交界处设一道具有双向受力的防护密闭隔断门,隔断门宜向下坡方向开启。

2 区间防护密闭隔断门的门孔尺寸应满足车辆、轨道、触网、限界的要求。

3 区间防护密闭隔断门的门框墙应与端头井内衬墙之间留有1 300 mm~1 500 mm的预埋管线空间,并应与活塞风孔间留有不小于600 mm的预埋隔断门吊钩的位置。

4 区间防护密闭隔断门应有安全可靠的锁定装置。

5 穿越轨道的排水沟战时应有防护密闭措施。

16.2.7 内部装修应符合防震抗震要求。工程顶部的风机设备、电气、消防和设备管道应固定牢固可靠。

16.2.8 车站出地面的电梯宜设在防护密闭门以外;当必须设置在防护区以内时,应设置1道防护密闭门临战封堵。

16.2.9 由地下线引出地面的区间出入段隧道洞口,应设置1道出入段线防护密闭门,出入段线防护密闭门应向外开启,门扇的位置应避免设置于坡道的上坡段,门孔尺寸应满足设备限界的要求,门扇应有安全可靠的锁定装置。

16.2.10 在人员出入口、换乘通道、消防专用楼梯内宜设置无门槛或活门槛的防护密闭门;建筑设置应满足门扇启闭要求。

16.2.11 车站人员出入口和换乘通道防护段处的装修应符合下列要求:

1 防护段处的装修应按照平时检修和平战转换及战平转换快捷、操作简便、重复使用的原则进行设计,其装修风格应与出入口通道相协调。

2 防护段地面装修时,不应有坡度;其盲道铺设时,突出地面层的高度不得大于5 mm。

3 防护段的装修应一次到位,防护段两侧平时应用伪装门进行伪装。藏门空间的门后维修通道净宽宜为 0.8 m～1.0 m。

4 独立设置的地下主变电所自成防护单元,无防化等级要求。防护单元人员出入口不得少于1个,口部应设置1道防护密闭门。战时主要出入口宜设置在地面建筑倒塌范围之外。如设置在倒塌范围以内,应采用可靠的防堵塞措施。

5 设于区间隧道内的中间风井,应划入该区间所属防护单元。直通地面的出入口应按战时人员出入口要求设防,设置1道防护密闭门。直通地面的活塞风道,进、排风井宜采用防护密闭门临战封堵。

16.3 结　构

16.3.1 结构设计应符合下列规定:

1 结构应按核5级、核6级、常5级、常6级进行结构强度计算,并做到结构各个部位抗力相协调,在人防荷载作用下,保证结构各部位(如出入口、主体结构)均能正常工作。

2 结构计算在战时工况下按核武器一次作用和常规武器非直接命中进行设计,考虑可能出现的最不利情况组合。战时工况下,应进行结构承载力的计算,不验算结构变形、裂缝宽度、地基承载力与地基变形。

3 战时荷载组合作用下,可不进行地基承载力及地基变形验算。

4 基础应进行战时荷载作用下的承载力验算及平时使用条件下的基础计算(包括承载力验算及结构变形验算),按不利工况进行设计。

5 战时出入口防护密闭门门扇开启范围内不应设置沉降缝、伸缩缝,且应尽量避免设置环向施工缝。

6 防护设备门框应做等电位连接。正线上的隔断门门框墙钢筋应保证与整体道床中设置的钢筋网非电气连接。

7 与门框墙连接的通道墙等结构,应能承受由牛腿或悬臂梁根部传来的弯矩、剪力和轴力。门框墙门前门扇(板)启闭操作范围至密闭门段通道,通道的顶板、侧墙和底板厚度不应小于300 mm。

8 考虑战时物资运输堆载需求,中板人防工况下的计算荷载应按标准值 5.0 kN/m^2 进行设计。

16.3.2 荷载计算应符合下列要求:

1 在战时荷载作用下,材料的动力强度设计值应按平时荷载作用下的材料强度设计值乘以综合调整系数计算确定。在动荷载和静荷载同时作用下,材料的强度设计值按下式计算确定:

$$f_d = \gamma_d f \qquad (16.3.2)$$

式中:f_d——动荷载作用下材料强度设计值(N/mm^2);

f——静荷载作用下材料强度设计值(N/mm^2);

γ_d——动荷载作用下材料强度综合调整系数,见表 16.3.2-1。

表 16.3.2-1 材料强度综合调整系数

材料种类		综合调整系数
热轧钢筋	HPB300	1.40
	HRB400 RRB400	1.20
	HRB500、HRBF500	1.10

续表 16.3.2-1

材料种类		综合调整系数
钢材	Q235	1.5
	Q355	1.30
	Q390	1.25
	Q420	1.2
混凝土	C55 及以下	1.50
	C60~C80	1.40

2 选用的材料除满足国家现行标准的要求外,还应满足下列要求:

1) 不得采用硅酸盐砌体。
2) 防水混凝土基础底板的混凝土垫层,其强度等级不应低于 C20。
3) 当结构在饱和土中时,与土(岩)接触的混凝土或钢筋混凝土构件的混凝土强度等级不应低于 C35。

3 常规武器爆炸空气冲击波作用在结构受爆面上的超压波形,可按等冲量简化为无升压时间的三角形。常规武器爆炸地冲击作用在土中结构上的动荷载波形,可按等冲量简化为有升压时间的三角形。

4 明挖法工程等效静荷载可按表 16.3.2-2~表 16.3.2-4 确定。

表 16.3.2-2 直接作用在顶板上的等效静荷载标准值 $q_{e1}(kN/m^2)$

顶板覆土厚度 $h(m)$	顶板区格最大短边净跨 $l_0(m)$	防核武器抗力等级	
		6	5
$h \leqslant 0.5$	$3.0 \leqslant l_0 \leqslant 9.0$	60	120
$0.5 < h \leqslant 1.0$	$3.0 \leqslant l_0 \leqslant 4.5$	70	140
	$4.5 < l_0 \leqslant 6.0$	70	135
	$6.0 < l_0 \leqslant 7.5$	65	130
	$7.5 < l_0 \leqslant 9$	65	130

续表 16.3.2-2

顶板覆土厚度 h(m)	顶板区格最大短边净跨 l_0(m)	防核武器抗力等级 6	防核武器抗力等级 5
1.0 < h ≤ 1.5	3.0 ≤ l_0 ≤ 4.5	75	145
	4.5 < l_0 ≤ 6.0	70	135
	6.0 < l_0 ≤ 7.5	70	135
	7.5 < l_0 ≤ 9	70	130
1.5 < h ≤ 2.0	3.0 ≤ l_0 ≤ 4.5	77	152
	4.5 < l_0 ≤ 6.0	76	152
	6.0 < l_0 ≤ 7.5	71	141
	7.5 < l_0 ≤ 9	71	141
2.0 < h ≤ 2.5	3.0 ≤ l_0 ≤ 4.5	75	144
	4.5 < l_0 ≤ 6.0	75	144
	6.0 < l_0 ≤ 7.5	70	135
	7.5 < l_0 ≤ 9	70	135
2.5 < h ≤ 3.0	3.0 ≤ l_0 ≤ 4.5	73	140
	4.5 < l_0 ≤ 6.0	73	140
	6.0 < l_0 ≤ 7.5	68	135
	7.5 < l_0 ≤ 9	68	135

注：表中数值系按允许延性比 β 取 3.0、板厚不大于 900 mm 确定。

表 16.3.2-3 直接作用在底板上的等效静荷载标准值 q_{e2}(kN/m²)

顶板覆土厚度 h(m)	顶板区格最大短边净跨 l_0(m)	防核武器抗力等级 6	防核武器抗力等级 5
h ≤ 0.5	3.0 ≤ l_0 ≤ 9.0	50	95
0.5 < h ≤ 1.0	3.0 ≤ l_0 ≤ 4.5	60	115
	4.5 < l_0 ≤ 6.0	55	110
	6.0 < l_0 ≤ 7.5	55	105
	7.5 < l_0 ≤ 9	55	100

续表 16.3.2-3

顶板覆土厚度 h(m)	顶板区格最大短边净跨 l_0(m)	防核武器抗力等级 6	防核武器抗力等级 5
$1.0 < h \leqslant 1.5$	$3.0 \leqslant l_0 \leqslant 4.5$	70	130
	$4.5 < l_0 \leqslant 6.0$	60	115
	$6.0 < l_0 \leqslant 7.5$	60	110
	$7.5 < l_0 \leqslant 9$	55	105
$1.5 < h \leqslant 2.0$	$3.0 \leqslant l_0 \leqslant 4.5$	62	122
	$4.5 < l_0 \leqslant 6.0$	61	122
	$6.0 < l_0 \leqslant 7.5$	57	113
	$7.5 < l_0 \leqslant 9$	57	113
$2.0 < h \leqslant 2.5$	$3.0 \leqslant l_0 \leqslant 4.5$	60	116
	$4.5 < l_0 \leqslant 6.0$	60	116
	$6.0 < l_0 \leqslant 7.5$	56	108
	$7.5 < l_0 \leqslant 9$	56	108
$2.5 < h \leqslant 3.0$	$3.0 \leqslant l_0 \leqslant 4.5$	59	112
	$4.5 < l_0 \leqslant 6.0$	59	112
	$6.0 < l_0 \leqslant 7.5$	55	108
	$7.5 < l_0 \leqslant 9$	55	108

注：表中数值系按允许延性比 β 取 3.0、板厚不大于 900 mm 确定。

表 16.3.2-4 直接作用在外墙上的等效静荷载标准值 q_{e3}(kN/m²)

防核武器抗力等级	6级	5级
等效静荷载	60	115

注：1 表中数值系按外墙构件计算高度≤5.0 m，允许延性比 β 取 2.0 确定。
  2 明挖法工程主体等效静荷载计算，当采用等效静荷载设计结构时，其周边等效静荷载宜按同时作用设计，其标准值可按行业标准《轨道交通工程人民防空设计规范》RFJ 02—2009 计算。

5 位于防护密闭范围以外的有顶盖段通道结构，应按承受土体中压缩波动荷载与静荷载同时作用计算，不考虑由空气冲击波产生的内压作用;无顶盖的敞开段通道部分应按挡土墙进行设计。战时用的竖井,不考虑空气冲击波内压作用,只考虑土体中压缩波的水平等效静荷载及土压力、水压力作用。战时人员出入口人防段以外的架空楼梯板应考虑正向 60 kN/m², 反向 30 kN/m² 的等效静荷载。

6 防护密闭门门框墙上的等效静荷载可按表 16.3.2-5 确定。

表 16.3.2-5 直接作用在门框墙上的等效静荷载标准值 q_e(kN/m²)

出入口部位及形式		防核武器抗力等级	
		6	5
顶板荷载考虑上部建筑影响的室内出入口		200	380
顶板荷载不考虑上部建筑影响的室内出入口 室外竖井、楼梯、穿廊出入口		200	400
室外直通、单向出入口	$\zeta < 30°$	240	550
	$\zeta \geq 30°$	200	480

注:ζ 为直通、单向出入口坡道的坡度角。

7 临空墙的等效静荷载可按表 16.3.2-6 确定。

表 16.3.2-6 直接作用在临空墙上的等效静荷载标准值(kN/m²)

出入口部位及形式		防核武器抗力等级	
		6	5
顶板荷载考虑上部建筑影响的室内出入口		110	210
顶板荷载不考虑上部建筑影响的室内出入口 室外竖井、楼梯、穿廊出入口		130	270
室外直通、单向出入口	$\zeta < 30°$	160	370
	$\zeta \geq 30°$	130	320

注:ζ 为直通、单向出入口坡道的坡度角。

16.4 设 备

16.4.1 通风设计(按无防化等级设计时)应符合下列要求：

1 战时通风应按隔绝式防护设计。

2 战时隔绝式防护通风时，应关闭所有战时出入口以及风道内的防护密闭门、各类管道阀门和通风设备，进行隔绝防护。

16.4.2 给排水设计应符合下列要求：

1 所有穿越人防围护结构墙、临空墙、防护密闭墙处的给水管、消防水管、压力排水管等均应在人防结构的内侧设置防护阀门，防护阀门的工作压力不小于 $1.0\ MN/m^2$，阀芯应为不锈钢或铜质的闸阀，闸阀距墙应小于或等于 200 mm。

2 所有穿越人防围护结构墙、临空墙、防护密闭墙处的管线应采用金属管道，并设人防密闭套管。

16.4.3 电气设计应符合下列要求：

1 工程内的战时照明及战时动力的供电均应利用平时市政电网电源系统。

2 从防护区内引到非防护区的照明回路，当灯具共用一个电源回路时，应在防护区内侧设置短路保护措施，或对非防护区的照明回路单独设置电源回路。

3 工程各出入口的人防门门框墙上均应预埋 4 根～8 根壁厚不小于 2.5 mm、直径为 100 mm 的备用热镀锌钢管。

4 所有穿过人防墙体的电气管线均应预埋防护密闭穿墙保护管，并应有防护密闭措施。预埋穿墙保护管应选用热镀锌钢管，管壁厚度应不小于 2.5 mm。

16.5 平战功能转换

16.5.1 车站各战时出入口、设备系统转换为战时功能服务。

16.5.2 所有人员出入口、风井及正线区间的人防门框墙均应在工程施工时同步实施,相应的防护设备应安装到位。临战时上述防护设备均应调试至启闭自如、密闭到位。区间防护设备应完成接触网、车行轨道的防护密闭处理。

16.5.3 防护密闭封堵板的预制构件等应在工程施工时实施到位,方便战平和平战转换直接启闭。构件应在口部就近处设置专用存放区域或房间。

16.5.4 电线、电缆、水管穿过临空墙、防护密闭隔墙时,穿墙管应作密闭处理。

16.5.5 人员出入口、通风口和连通口中设置的防护密闭门、临空墙防护密闭封堵板等不同类型的防护设备应在 3 d 转换时限内关闭或完成封堵。

16.5.6 对临战时采用预制构件垂直封堵的平时通风口,应设置安装人员实施封堵后的撤退路径,竖井内宜设钢爬梯。

16.5.7 临战转换期间应方便打开出入口通道中防护门扇的伪装装修设施。

16.5.8 装饰面层不应影响门扇关闭。

16.5.9 所有临战时采用的垂直封堵措施,应满足战时的抗力、密闭、防早期核辐射等防护要求,且应在 3 d 转换时限内完成平战转换和战平转换。

16.5.10 在顶板上或在防护密闭楼板上采用的封堵措施应满足战时的抗力、密闭等防护要求。在顶板上采用的封堵措施,应在 3 d 转换时限内完成平战转换和战平转换;在防护密闭楼板上采用的封堵措施,应在 15 d 转换时限内完成平战转换和战平转换。

16.5.11 防护功能转换设计宜优先采用标准化、通用化、定型化的防护设备和构件。

17 牵引供电

17.1 一般规定

17.1.1 市域铁路牵引供电系统能力应与本线及相关市域铁路的能力相匹配。

17.1.2 市域铁路牵引供电系统应考虑电力资源共享,结合市域铁路线网建设情况,宜按照"资源共享、分期实施"的原则进行设计。

17.1.3 牵引供电系统正常运行或故障时,应保证人员及设备安全。

17.1.4 牵引供电系统应具备一定的抗风、雨、雪、冰、雷等自然灾害的能力。

17.1.5 牵引供电制式应采用单相工频交流制。

17.1.6 电力牵引供电设计应符合现行行业标准《铁路电力牵引供电设计规范》TB 10009 及《市域(郊)铁路设计规范》TB 10624 的规定。

17.2 牵引供电

17.2.1 牵引负荷应为一级负荷;牵引变电所应采用两回独立进线,并互为热备用。供电电源应采用 110 kV 及以上电压等级,电力系统供电质量应符合国家相关规定。

17.2.2 接触网的标称电压应为 25 kV,长期最高电压应为 27.5 kV,短时(5 min)最高电压应为 29 kV,最低电压应为 20 kV。

17.2.3 正线牵引网供电方式宜采用带回流线的直接供电方式。

17.2.4 牵引变电所分布应按本线最高设计速度的动车组车型、行车组织确定的列车编组对数以及最小行车间隔进行设计。

17.2.5 车辆基地应采用两回电源供电,其中至少应有一回为独立电源。

17.2.6 牵引变压器结线型式可采用单相结线及三相V,v结线或三相-二相平衡结线等能满足牵引供电要求的结线。

17.2.7 牵引变压器应采用固定备用方式。正常运行时,牵引变压器一台运行,另一台备用。

17.2.8 牵引变压器安装容量应按近期运量确定,按远期运量预留条件;牵引变压器过负荷能力应符合牵引变压器安装容量对应年度高峰小时过负荷能力需要。

17.2.9 接触网应采用同相单边供电,双线区段供电臂末端应设分区所实现上、下行接触网并联供电,并可实现相邻牵引变电所间越区供电。

17.2.10 在正常供电布局的前提下,应校核牵引供电系统的越区供电能力。越区供电能力应至少保证该区间有一对列车按设计速度运行。

17.2.11 接触电压长期持续值不应高于60 V,瞬时(0.1 s)值不应高于785 V。

17.2.12 牵引变电所一次侧平均功率因数应按不低于0.9设计。

17.2.13 当牵引供电系统需要采用再生制动能量利用技术时,应通过经济技术比选后确定。

17.3 牵引变电

17.3.1 牵引变电所宜与电力变电所合建为主变电所。分区所、开闭所宜与车站等建筑物合建。牵引变电所、分区所、开闭所所址选择应符合现行行业标准《铁路电力牵引供电设计规范》TB 10009的规定。

17.3.2 牵引变电所、分区所和开闭所宜采用全户内布置方式，独立建设的所亭所址高程应在100年一遇的高水位或最高内涝水位之上，所内场坪应高于所外自然场地高程0.5 m，所址不应被积水淹没。

17.3.3 牵引变电所电源侧主接线应结合外部电源条件确定，宜采用线路变压器组接线；牵引变电所宜采用高压侧计费方式，与电力变电所合建时，牵引变压器回路应具备独立计费功能。馈线侧应结合线路运营管理模式、断路器类型、检修周期等因素确定断路器的备用方式。

17.3.4 分区所主接线同一供电臂的上、下行应按符合上、下行分别供电、并联供电及越区供电的运行方式设计。

17.3.5 牵引变压器应采用无载调压方式，无载调压开关应纳入远程监视。

17.3.6 牵引变电所的进所道路路面宽度和净空高度均不应小于4 m；牵引变电所所内主干道最小宽度不应小于4 m，宜设置回车道；所内、外道路宜采用次高级及以上路面。

17.3.7 牵引变电所、分区所、开闭所屋内外配电装置应符合下列规定：

  1 应符合现行行业标准《铁路电力牵引供电设计规范》TB 10009的规定。

  2 110 kV及以上电压等级配电装置宜采用户内布置方式。

  3 27.5 kV配电装置应采用气体绝缘开关柜(GIS)配电装置。

  4 牵引变电所、分区所、开闭所屋内外配电装置宜配置数字化设备、在线监测设备。

17.3.8 27.5 kV GIS开关柜布置应符合下列规定：

  1 采用单排布置时，操作通道宽度不应小于1.5 m，维护通道宽度不应小于0.8 m；采用双排布置时，操作通道宽度不应小于

2 m,维护通道宽度不应小于 1 m。

　　2 柜后通道宽度不宜小于 1 m。

　　3 27.5 kV GIS 开关柜室应设电缆夹层,净高不应小于 2 m,夹层宜设固定式楼梯及检修维护通道。

17.3.9 110 kV 及以上 GIS 配电装置布置应符合下列规定：

　　1 应符合现行国家标准《3～110 kV 高压配电装置设计规范》GB 50060 及现行行业标准《高压配电装置设计规范》DL/T 5352 的规定。

　　2 GIS 配电装置间隔宽度、高度,应根据 GIS 型式、牵引变压器布置、进出线方式、安装、检修所需空间等因素确定。

　　3 GIS 配电装置两侧应设置安装、检修和巡视的通道,主通道宜靠近断路器侧,宽度不宜小于 2 m;巡视通道宽度不应小于 1 m。

　　4 GIS 配电装置应划分成若干隔室,断路器应设置单独隔室,与 GIS 配电装置外连的设备宜进行分隔,且间隔元件设备检修时不影响未检修设备的正常运行。

　　5 屋内 GIS 配电装置应设置起吊设备,其容量应能满足起吊最大检修单元要求,并满足设备检修要求。

　　6 GIS 配电装置宜采用多点接地方式。在 GIS 配电装置间隔内应设置一条贯穿所有 GIS 间隔的接地母线或环形接地母线。

17.3.10 GIS 配电装置室及下方电缆夹层低位区应配有 SF_6 泄露报警仪及事故排风装置。

17.3.11 牵引变电所、分区所、开闭所应采用具有远动终端功能的综合自动化系统。综合自动化系统应由当地监控及通信处理单元、保护测控单元组成,并应有与交直流系统监控等其他智能设备接口功能,通过远动通道实现远程监控。

17.3.12 牵引变电所、分区所、开闭所应按无人值班、无人值守设计,牵引变电所应考虑有人值守条件。牵引变电所、分区所、开闭所应设置辅助监控系统。

17.3.13 继电保护的配置应符合下列规定：

1 应符合现行国家标准《继电保护和安全自动装置技术规程》GB/T 14285、《牵引站供电线路的继电保护配置及整定计算原则》GB/T 38435 及现行行业标准《铁路电力牵引供电设计规范》TB 10009 的规定。

2 牵引变电所的电源进线设失压保护；牵引变压器设差动、过负荷、高低压侧分别带低电压闭锁的过电流、瓦斯、油温等保护；馈线设距离、低压起动过电流、电流速断、电流增量等保护。

3 分区所馈线设距离、过电流、电流增量等保护。

4 开闭所进线设失压、电流增量、过电流等保护，馈线设距离、低压起动过电流、电流速断、电流增量等保护。

5 对配置一套数字式保护装置主保护的设备，应采用主保护和后备保护相互独立的装置。

6 牵引变电所应依据电力系统需求，配置信息采集系统及外部电源线路保护系统。

7 牵引变电所、分区所、开闭所可配置广域保护测控系统。

8 继电保护装置应满足可靠性、选择性、灵敏性和速动性的要求。

17.3.14 安全自动装置设置应符合下列规定：

1 应符合现行行业标准《铁路电力牵引供电设计规范》TB 10009 的规定。

2 牵引变电所、开闭所的进线电源应设备用电源自动投入装置。

3 互为备用的牵引变压器应设自动投入装置。

4 牵引变电所馈线设一次自动重合闸装置。

5 分区所馈线设检压合闸装置。

6 开闭所的两路进线宜设备用电源自动投入装置。

17.3.15 交直流系统所有回路应具有远程操作功能。

17.3.16 过电压保护设计应符合现行国家标准《交流电气装置

的过电压保护和绝缘配合设计规范》GB/T 50064 的规定。

17.3.17 下列回路应设置电涌保护器（SPD）：

1 交流自用电系统进线、直流自用电系统进线和母线。

2 屋外照明回路。

3 由牵引变电所、分区所、开闭所供电的接触网隔离（负荷）开关的电动操作机构电源回路。

4 通信回路、对时系统天线等弱电回路。

5 保护测控屏、监控屏、辅助监控屏、接触网开关控制屏、直流屏视频监控直流供电出口。

6 其他室外用电设备馈电回路出口。

17.3.18 接地装置应符合现行国家标准《交流电气装置的接地设计规范》GB/T 50065 的规定，并应符合下列规定：

1 牵引变电所、分区所、开闭所应设置以水平接地体为主的人工接地装置，其接地装置与综合接地的连接应符合本标准第 28 章的有关规定。

2 屋外接地装置的主接地体应采用铜材质。

3 牵引变电所、分区所、开闭所宜设置二次系统等电位接地。

17.3.19 牵引回流设置应符合下列规定：

1 牵引变电所应设回流导体和集中接地回流箱，回流导体应分别与接触网架空回流线或信号扼流变压器中性点相连接。

2 牵引变电所回流导体宜采用电缆。

17.3.20 27.5 kV 专用电缆选择应符合下列规定：

1 采用交流、单芯、铜导体交联聚乙烯绝缘电缆。

2 外护层应选用非磁性金属铠装层。

3 牵引变电所每回 27.5 kV 馈线电缆载流量应满足上、下行并联供电要求。

17.3.21 电缆敷设方式应符合下列规定：

1 所内 27.5 kV 电缆宜采用电缆沟敷设或桥架敷设方式；

所内至铁路路基或桥梁区段27.5kV电缆可采用电缆沟敷设方式或穿管敷设等方式。27.5kV电缆不同回路应分设在不同层电缆支架上。

2 所内27.5kV电缆与控制电缆宜分沟敷设,同沟时应分层敷设。牵引变电所至路基或桥梁区段27.5kV电缆宜按上、下行分沟敷设,分区所至路基或桥梁区段上、下行可同沟敷设。

3 27.5kV电缆、接触网开关控制站控制电缆在桥上或路基上局部水平敷设时,可与电力电缆沟同槽敷设,但应采取隔离措施。

4 27.5kV电缆在隧道内敷设时,宜沿隧道壁设置电缆爬架或穿管敷设,电缆爬架应满足防火、防潮、防腐要求。

5 接触网开关控制站控制电缆在隧道内敷设时,宜沿隧道壁设置电缆爬架或穿管敷设,电缆爬架应满足防火、防潮、防腐要求,也可利用动力照明等低压电缆支架敷设。

6 沿桥墩上、下桥的27.5kV电缆应采用非磁性电缆槽敷设。

17.3.22 27.5kV电缆金属屏蔽层与金属保护层应分开接地,接地方式应符合下列规定:

1 当线路不长时,宜采用单点直接接地方式;线路较长时,宜划分适当的区段,且在每个区段应实施电缆金属护层的绝缘分隔,实现线路采用单点直接接地方式。

2 采用单点直接接地方式时,另一端宜设置护层电压限制器。

17.3.23 27.5kV电缆终端头选择与配置应符合下列规定:

1 电缆与导体相连时,电缆终端头宜选用预制式电缆终端头,机械强度应符合安装处引线拉力、风力和地震作用力要求。

2 电缆与电器相连且具有整体式插接功能时,电缆终端头应选用可分离式(插接式)电缆终端头。

17.3.24 牵引变电所、开闭所27.5 kV电缆宜设置电缆温度在线监测系统,并能实现远程监视。

17.3.25 防火设计应符合现行国家标准《火力发电厂与变电站设计防火标准》GB 50229及现行行业标准《铁路工程设计防火规范》TB 10063的规定,所内外及所内房屋间的电缆孔洞应采取防火封堵措施。当开闭所、分区所设置在车站等大型建筑物内时,其防火要求还应符合本标准第22章和第29章的有关要求。

17.4 供电调度系统

17.4.1 供电调度系统应由供电远动系统、供电辅助监控系统、供电调度运行管理系统、供电生产信息管理系统等应用分区组成。供电调度系统通信承载平台宜采用数据通信网。供电调度系统应满足网络安全相关标准、规范要求。

17.4.2 远动监控系统应采用牵引供电、电力供电调度合一的方式,应由控制站、被控站、传输通道及复示终端等构成。远动监控功能应由遥控、遥信、遥测和遥调等功能组成,具体监控对象应符合运营的需要。

17.4.3 辅助监控系统应由控制站、被控站、传输通道及终端设备等构成,包含视频巡检、安全防范、环境监测、火灾报警、动力照明控制等子系统。辅助监控系统控制站应设置在调度中心,并在供电维修车间/工区设终端设备。牵引变电所视频监控应纳入综合视频监控系统。

17.4.4 供电调度运行管理系统应由控制站、被控站、传输通道等构成。供电调度运行管理系统控制站应设置于调度中心,在被控站及车间/工区设置管理终端。

17.4.5 供电生产信息管理系统应由控制站、被控站、传输通道等构成。供电生产信息管理系统控制站应设置于调度中心,在被控站及车间/工区设置管理终端。

17.4.6 供电调度台宜按线路划分情况、调度业务工作量、接触网停送电条件、事故抢修等因素进行设置。

17.4.7 市域铁路供电调度控制系统的广域网类别包括远动监控类和辅助监控类,各类广域网应采用工作可靠、结构简单、易于维护的架构,满足实时性和可靠性的需求。

17.4.8 各类广域网采用数据网承载,并根据业务和安全需要采用"SCADA、6C"VPN 承载,车站、车间/工区以下的区间业务接入点可采用传输网、光缆线路延伸。

17.4.9 市域铁路供电调度控制系统的广域网(通道)接口应支持以太网光口和电口。

17.4.10 远动通道、广域保护通道及辅助监控通道应具备冗余接入数据网条件或设置 2 条互为备用的通信通道,其余的通道类型可设置 1 条通信通道。

17.4.11 远动监控类广域网配置应符合下列规定:

1 远动监控类网络通道的技术指标及接口应满足下列要求:

1) 丢包率:系统内节点间通信通道的端到端丢包率应小于 10^{-3}。

2) 时延要求:系统内节点间通信通道的端到端平均时延应小于 500 ms。

3) 时延抖动要求:系统内节点间通信通道的端到端时延抖动应小于 500 ms。

4) 供电专业与通信专业在市域铁路调度中心、综合维修车间/工区、被控站处的接口方案应满足市域铁路供电调度系统通信组网的相关技术要求。

2 市域铁路调度中心远动监控区至各被控站点间的远动通道应采用冗余配置,通道带宽不应低于 2 Mbps。当采用传输专线延伸时,该专线挂接被控站的数量不宜大于 10 个。

3 市域铁路调度中心远动监控区至各被控站点间的远动通道包括牵引远动通道和电力远动通道,其组网方式应满足下列要求:

1) 牵引远动通道:被控站至车站(或通信站)的主备远动通道均利用传输系统接入层以太网通道,分别经不同车站(或通信站)传输设备与数据网设备互连。车站(或通信站)至市域铁路调度中心间的主备远动通道接入数据网并利用 SCADA VPN 承载。区间至车站(或通信站)的远动通道宜采用星型汇聚方式组网。在通道资源较少的条件下,可采用以太网总线方式组网。

其中:

——设置在牵引所亭内的网开关控制装置,主备用通道应采用独立的以太网口直接接入牵引所亭的传输设备后传输至车站(或通信站)传输设备。

——设置在"V停"站和车站的网开关控制装置,主用通道通过本车站传输设备接入,备用通道通过本车站传输设备提供的备用远动通道传输至相邻车站(或通信站)传输设备。

——设置在隧道口、隧道内的网开关控制装置的远动数据通过邻近通信区间接入点传输设备传输至车站传输设备。

2) 电力远动通道:被控站至车站(或通信站)的主备远动通道均利用传输系统接入层以太网通道,分别经不同车站(或通信站)传输设备与数据网设备互连。车站(或通信站)至上海市域铁路调度中心间的主、备远动通道接入数据网并利用 SCADA VPN 承载。区间至车站(或通信站)的远动通道宜采用星型汇聚方式组网。在通道资源较少的条件下,可采用以太网总线方式组网。

其中:

——电力(变)配电所的远动数据,通过所内传输设备传输至车站传输设备。

——区间箱式变电站的远动数据通过邻近通信区间接入点传输设备传输至车站传输设备。

——设置在车站的10/0.4低压变电所的主用通道通过本车站传输设备接入,备用通道通过本车站传输设备提供的备用远动通道传输至相邻车站(或通信站)传输设备。

4 故障测距通道承载牵引故标数据或电力故障区段数据,通道带宽不应低于2 Mbps,其组网方式应满足下列要求:

1) 牵引故障测距通道:按照越区供电运行方式下最大牵引供电区间内的全部牵引所亭通过传输专线,采用以太共享环网方式接入临近的车站(或通信站)。

2) 电力故障测距通道:两个相邻(变)配电所间的(变)配电所及箱变通过传输专线,采用以太共享环网方式接入临近的车站(或通信站)。

5 在设置广域保护测控系统时,应设置广域保护通道。广域保护通道应采用冗余配置,按照正常供电、越区供电等各种运行方式下最大供电区间内的全部所亭构成以太共享环网通道,通过传输专线或所亭间光纤直联,通道带宽不应低于2 Mbps。按照继电保护动作特性要求,在任何组网方式下,各所亭间传输的保护通信报文时延不应大于10 ms。

6 故障测距通道和广域保护通道宜合并设置,也可分别独立设置。

7 远动监控复示通道:市域铁路调度中心至车间/工区段应设置远动监控复示通道。远动监控复示通道承载远动监控复示信息,利用数据网的 SCADA VPN 承载,接入带宽不应低于10 Mbps。

8 数据网的 SCADA VPN 名称为 SCADA,路由目标(RT)值为 AS:109(市域铁路分界车站的 PE 设备允许接收相应自治域数据),QoS 设置为4级。

17.4.12 辅助监控类广域网配置应符合下列规定:

1 市域铁路调度中心辅助监控区至各被控站点间应设置辅助监控通道，采用冗余配置，通过数据网承载并利用传输专线向区间被控站点延伸。其中，各被控站点接入传输专线的带宽不应低于 20 Mbps，且该专线挂接被控站的数量不宜大于 10 个。

2 市域铁路调度中心辅助监控区至各被控站点间的辅助监控通道包括牵引辅助监控通道和电力辅助监控通道。其组网方式应满足下列要求：

1) 牵引辅助监控通道：被控站至车站（或通信站）的主备辅助监控通道均利用传输系统接入层以太网通道，分别经不同车站（或通信站）传输设备与数据网设备互连。车站（或通信站）至段间的主备辅助监控通道接入数据网并利用 6C VPN 承载。区间至车站（或通信站）的辅助监控通道宜采用以太网总线方式组网。在通道资源充裕的条件下，可采用星型汇聚方式组网。

2) 电力辅助监控通道：被控站至车站（或通信站）的主备辅助监控通道均利用传输系统接入层以太网通道，分别经不同车站（或通信站）传输设备与数据网设备互连。车站（或通信站）至段间的主备辅助监控通道接入数据网并利用 6C VPN 承载。区间至车站（或通信站）的辅助监控通道宜采用以太网总线方式组网示。在通道资源充裕的条件下，可采用星型汇聚方式组网。

17.5 接触网

17.5.1 接触网系统设计应符合下列规定：

1 接触网应能可靠地向列车馈电并应满足列车最高行驶速度的要求。接触网悬挂类型应符合本线最高设计速度下的弓网匹配要求。接触网-受电弓相互作用的动态性能指标应符合表 17.5.1-1 的规定。

表17.5.1-1 接触网-受电弓间相互作用的动态性能指标

设计速度(km/h)	$V \leqslant 160$
平均接触力 F_m(N)	$0.00047 \times V^2 + 60 < F_m < 0.00047 \times V^2 + 90$
最大接触力 F_{max}(N)	$\leqslant 300$
最小接触力 F_{min}(N)	> 0
接触力最大标准偏差(N)	$0.3F_m$

注：刚性悬挂接触网电分段、非绝缘关节、电分相及刚柔过渡段等处最大接触力可增加至350 N。

2 离线率不应大于1%。

3 柔性悬挂最高设计速度与接触线波动传播速度之比不应大于0.7。波动传播速度 C_p 按下式确定：

$$C_p = \sqrt{T/m} \qquad (17.5.1)$$

式中：T——接触线的张力(N)；

m——接触线单位长度的质量(kg/m)。

4 简单链形悬挂的弹性不均匀度不宜大于40%。

5 接触网设计应满足车辆限界和受电弓动态包络线的要求，受电弓动态包络线的横向摆动量及最大抬升量宜根据弓网仿真数据或不少于10年的运营检测数据分析确定。设计中可按表17.5.1-2选用。

表17.5.1-2 柔性悬挂受电弓动态包络线摆动量及抬升量

受电弓动态包络线	120 km/h $\leqslant V \leqslant$ 160 km/h	$V <$ 120 km/h
上下抬升量(mm)	120	100
水平摆动量(mm)	250	200

6 接触网系统设计工作年限应根据用户要求确定。接触线寿命应根据磨耗确定，柔性悬挂不应少于200万弓架次。

7 接触网设计的强度安全系数应符合下列规定：

1） 接触线的允许工作应力不应超过其最小拉应力的

65%,并应考虑接触线允许工作温度、允许磨耗、冰风荷载、补偿效率、终锚零件、接触线焊接情况等不利因素引起的折减系数。

2) 铜合金绞线承力索的强度安全系数不应小于2.0。

3) 软横跨横承力索的强度安全系数不应小于4.0,定位索的强度安全系数不应小于3.0。

4) 回流线、加强线等接触网附加导线的强度安全系数不应小于2.5。

5) 绝缘子的强度安全系数不应小于:
① 瓷及钢化玻璃悬式绝缘子(受机电联合荷载时抗拉)2.0;
② 瓷棒式绝缘子(抗弯)2.5;
③ 针式绝缘子(抗弯)2.5;
④ 合成材料悬式绝缘子及绝缘元件(抗拉)3.0;
⑤ 合成材料棒式绝缘子(抗弯)2.5。

6) 耐张零件强度安全系数不应小于3.0。

8 接触网可设置视频监视、传感器检测等系统设备,对接触网电分相、线岔区、电缆上网点等位置的关键设备状态进行安全监测和故障预判。

17.5.2 接触悬挂应符合下列规定:

1 架空接触网悬挂类型可采用柔性悬挂接触网和刚性悬挂接触网。接触网悬挂类型应根据线路条件、行车速度、牵引负荷、隧道断面等条件确定。隧道外正线区段宜采用全补偿简单直链形悬挂;车辆基地、停车场内可根据需要采用简单悬挂;地下段应结合隧道断面,经技术经济比较后可采用刚性悬挂。

2 承力索、接触线应采用铜合金材质,同一交路的接触线材质宜统一。刚性接触网应采用铝合金汇流排夹持接触线。

3 柔性悬挂接触线的额定工作张力应满足波动传播速度的要求,并经系统仿真评估后确定。

4 接触线工作支悬挂点距离轨面的高度应根据车辆限界、受电弓工作范围、空气绝缘距离、冰雪附加荷载、线路养护维修、施工误差等因素综合确定。柔性悬挂接触线悬挂点的高度发生变化时,最大坡度以及坡度变化量应符合现行国家标准《轨道交通 地面装置 电力牵引架空接触网》GB/T 32578 及现行行业标准《铁路电力牵引供电设计规范》TB 10009 的有关规定。正线刚性悬挂接触线最大坡度不应大于 1‰,坡度变化量不应大于 0.5‰;当线路运行速度超过 120 km/h 时,刚性悬挂接触线最大坡度不宜大于 0.5‰,坡度变化量不宜大于 0.25‰。

5 隧道外简单链形悬挂结构高度宜为 0.95 m～1.40 m,隧道内结构高度可适当减小,但最短吊弦长度应符合表 17.5.2 的规定。

表 17.5.2 柔性悬挂受电弓动态包络线摆动量及抬升量

设计速度(km/h)	最短吊弦长度(mm)
120	300
160	400

6 链型悬挂的接触线弛度不宜大于 150 mm;简单悬挂的接触线弛度不宜大于 250 mm;设计速度不大于 45 km/h 的低速区段,可为 350 mm。

17.5.3 接触网设计的气象条件应符合下列规定:

1 接触网设计的气象条件应根据最近记录年限不少于 25 年的沿线气象资料计算,并结合市域铁路或高压架空送电线路的运行经验确定。

2 接触网的风偏设计风速应采用空旷地区、离地面 10 m 高处的 10 min 自动记录 30 年发生一次的平均最大值,且不宜大于列车运行最大环境风速;接触网的结构设计风速应采用空旷地区、离地面 10 m 高处的 10 min 自动记录 50 年发生一次的平均最大值。气象台(站)的记录值不符合上述条件时,应按规定进行换算。

3 隧道外接触网设计最高气温应按 15 年发生一次的平均最高值计算确定;最高计算温度一般取最高气温的 1.5 倍;对于牵引负荷大、行车密度高的线路,最高计算温度可结合最高气温及最高导线工作温度提高,但不宜大于 80℃;接触网设计最低气温应按 15 年发生一次的平均最低值计算确定。

4 隧道内接触网设计气温应依据隧道长度及该锚段在隧道内的长度确定。当 2/3 锚段长度及以上位于长度大于 2 000 m 的隧道内时,设计气温可按比隧道外设计气温最低值高 5℃,最高值低 10℃ 取值,其余情况可与隧道外接触网设计气温一致。

5 污秽等级划分应考虑地理环境和具体工作条件,参照现行国家标准《污秽条件下使用的高压绝缘子的选择和尺寸确定》GB/T 26218 确定。

6 覆冰厚度应根据沿线气象条件记录和运营经验确定,且取整数为 0 mm、5 mm、10 mm、15 mm,接触线的覆冰厚度应为上述相应值的 50%。

17.5.4 接触网防雷、绝缘设计应符合下列规定:

1 下列重点位置应设避雷器:

1) 电分相和站场端部绝缘锚段关节;

2) 长度 2 000 m 及以上隧道的两端;

3) 供电线上网点;

4) 架空供电线转电缆安装处;

5) 需要重点防护的设备。

2 接触网宜设避雷线。

3 空气绝缘间隙应按表 17.5.4 选用。

表 17.5.4 空气绝缘间隙值

项目	正常工况下最小值(mm)	困难值(mm)
25 kV 带电体距固定接地体间隙	300	240

续表17.5.4

项目	正常工况下最小值(mm)	困难值(mm)
25 kV 带电体距车辆的间隙	350	—
受电弓振动至极限位置和导线被抬起的最高位置距接地体的瞬间间隙	200	160
25 kV 带电体距跨线建筑物底部的静态间隙	500	300
绝缘锚段关节两接触悬挂间的间隙(同相位,适用于任何高程)	450	—
分相锚段关节两接触悬挂间的间隙(120°相位,相间电压 43.3 kV)	400	—
分相锚段关节两接触悬挂间的间隙(180°相位,相间电压 50 kV)	540	—
25 kV 带电绝缘子接地侧裙边距接地体间隙(瓷及钢化玻璃绝缘子)	100	75
25 kV 带电绝缘子接地侧裙边距接地体间隙(合成材料绝缘元件)	50	—

注:1 在低净空隧道、跨线桥等建筑物范围内,采用正常间隙确有困难,并相应采取防雷措施后,方可采用表中的困难值;海岸线 10 km 以内区段的空气绝缘间隙,不得采用困难值。
    2 在高程大于 1 000 m 的地区,表中 1 至 4 项所列空气绝缘间隙值应按国家标准《高压交流开关设备和控制设备标准的共用技术要求》GB/T 11022—2020 进行修正。

17.5.5 接触网平面布置应符合下列规定:

1 柔性悬挂

  1)柔性接触网的拉出值应在最大风速和受电弓晃动作用下保证接触线不超过受电弓有效工作范围,在直线区段应按照"之"字形布置,悬挂点处的拉出值宜采用 200 mm~300 mm;小曲线半径区段,接触线一般由受电弓中心向外侧拉出,并宜使接触线与受电弓中心点的轨迹相割。

  2)跨距应根据其悬挂类型、导线工作张力、线路曲线半径、受电弓工作宽度、导线最大受风偏值、运营条件等因素确定。相邻跨距之比不宜大于 1.5∶1，桥梁、隧道口、站场咽喉区等困难地段不宜大于 2.0∶1。

3) 接触网锚段长度应根据所补偿的接触线和承力索的张力差、补偿器形式以及补偿导线的高度等综合确定，接触线、承力索的张力差均不得大于其额定工作张力的 10%。

4) 锚段关节跨数不宜少于 3 跨。

5) 正线线岔宜采用交叉形式。

6) 受电弓始触区范围应为距受电弓中心 600 mm～1 050 mm 及抬升 120 mm 构成的空间区域。

7) 接触网支柱的侧面限界应根据设备限界、线路养护条件、施工误差、结构变形以及接触网支柱结构的安装条件等因素综合确定。

2 刚性悬挂

1) 平面布置应综合考虑受电弓均匀磨耗原则，汇流排布置宜结合线路条件采用等斜率布置方式，同一锚段内拉出值变化范围应结合锚段长度、受电弓有效工作范围通过拉出值分布模拟计算确定。

2) 刚性接触网悬挂点的跨距，应根据行车速度、汇流排刚度与弹性、受电弓参数和运营经验综合确定。跨距及汇流排弛度应满足行车速度下的受流要求，宜为 6 m～10 m，相邻跨距之比不宜大于 1∶1.25。

3) 刚性接触网的锚段长度应根据环境温度范围、汇流排的允许温升、拉出值最大允许变化量、汇流排终端结构形式或膨胀接头补偿量和悬挂安装方式等因素综合确定。

4) 中心锚结线夹安装在汇流排本体时，中心锚结锚固底座中心偏离汇流排中心线不宜大于 6°。

5) 设计速度在 120 km/h 及以下的锚段、道岔衔接处宜采用锚段关节形式；设计速度在 120 km/h 以上的，锚段衔接处可采用锚段关节或膨胀接头形式。膨胀接头的补偿量应与相应的锚段温度补偿范围相适应。

6) 柔性接触网和刚性接触网的衔接处应设置刚柔过渡段，刚柔过渡段不宜设置在曲线区段和变坡点。刚柔过渡段宜采用切槽式刚柔过渡元件。

7) 人防门、防淹门处刚性接触网的布置方式应综合考虑人防密闭性要求、运营调试和检修的便利性、防灾防淹要求等因素确定。

17.5.6 接触网结构设计应符合下列规定：

1 接触网结构设计应按照现行国家标准《建筑结构荷载规范》GB 50009 进行荷载分析，并应符合系统设计寿命需求。

2 接触网结构设计应考虑永久荷载、可变荷载和偶然荷载效应，并应符合荷载效应组合的正常使用极限状态和承载能力极限状态要求。

3 基础设计应考虑土壤承载力、地下水浮力的作用。基础及支柱限界的设计应考虑支持结构挠度和斜率的影响。仅在风荷载标准值作用下，接触线悬挂点高度处的支柱挠度不应大于 50 mm。

4 接触网结构设计的荷载分项系数宜按以下参数选取：永久荷载分项系数（γ_G）为 1.35，当荷载对结构有利时可取 1.0；可变荷载分项系数（γ_Q）为 1.4。

5 对车站和临近自然景区及城市的线路，接触网设计应结合人文、地域等特点，综合考虑与环境协调的景观需求。

1) 正线接触网支柱宜采用单腕臂柱形式，站台区宜选用线间立柱、与雨棚柱合柱、高架站房吊柱形式，无站台雨棚柱的车站在具备线间立柱条件时应避免在站台立柱，咽喉区可采用硬横跨。

2) 腕臂柱宜采用圆钢管柱、H 型钢柱等支柱。

3）刚性悬挂宜采用水平旋转腕臂结构形式。

　　6 接触网设计应符合可靠性、可用性、可维修性和安全性（RAMS）的要求，确定各部分合理的、可控的、可量化的可靠性指标。

17.5.7 接触网安装设计应符合下列规定：

　　1 除与车辆有相互作用及相关的设备外，接触网任何设备安装均不得侵入建筑限界，除与受电弓直接接触的部件外均不得侵入受电弓动态包络线范围。

　　2 柔性悬挂采用限位定位器时，悬挂点处安装设计应按不小于 1.5 倍的受电弓动态最大抬升量进行安全校验；采用非限位定位器时，应按不小于 2 倍的受电弓动态最大抬升量进行安全校验。

　　3 在始触区范围内不得设计除吊弦线夹外的其他线夹或设备零件。

　　4 接触网的安装设计应根据沿线自然环境中鸟类活动情况，采用相应的趋避鸟结构和设施。

　　5 在易受异物侵入的场所，应对接触网采取有效的防护措施。对易受其他机动车辆损伤的支柱及拉线，应采取可靠的防撞措施。

　　6 地面线路平过道的通道两侧应设限界门，限高 4 500 mm。

17.5.8 接触网电分段设计应符合下列规定：

　　1 接触网电分段应满足维修天窗的检修条件，同时应符合双向行车及事故抢修的要求。

　　2 接触网电分相的设置位置应综合考虑牵引供电能力、车辆编组、受电弓分布、线路条件、行车要求以及信号布点等因素确定，并经行车组织检算列车过分相能力，电分相不宜设置在连续大坡道、变坡点、大电流及出站加速区段。

　　3 电分相宜采用带中性段的绝缘锚段关节形式，设计速度为 120 km/h 及以下区段，可采用绝缘器件式电分相。

4 供电线应根据地形条件或景观需求采用电缆或架空线。

5 车辆基地内应根据检修作业要求设置电分段,并应根据安全作业要求设置带接地刀闸的隔离开关;不同供电单元之间应根据供电灵活性要求设置电分段和联络隔离开关,并纳入远动。

17.5.9 主要设备零部件的选型应符合下列规定:

1 接触网关键受力件及其构架的连接应满足弓网接触振动特性要求,宜采用螺栓、销钉等连接方式。紧固件应有可靠的防松措施。接触网零部件应具有防积水、防锈蚀、防金属过渡腐蚀、防应力腐蚀、耐疲劳、强度高等性能。

2 腕臂用绝缘子可采用瓷绝缘子或复合绝缘子,其抗弯强度应根据线路条件、导线张力、冰风荷载等因素综合确定。下锚绝缘子、分段绝缘子等耐受张力较大的场所宜采用复合棒形绝缘子。

3 吊弦宜采用整体吊弦。

4 腕臂应采用耐腐蚀能力强的材料,正线定位器宜采用铝合金定位器。

5 分段绝缘器应具有消弧功能,且应适应所在线路双向行车的最高设计速度要求。

6 柔性接触网正线宜采用具有断线制动功能的补偿装置,下锚补偿装置传动效率不应小于97%。受条件限制时可采用其他补偿方式下锚。正线中心锚结应采用防断式结构。

7 支柱、下锚及拉线等基础应采用土建预留。隧道内接触网安装基础应采用安全、环保、可靠、耐受动荷载、防火、经济、便于调整和接地的结构。

8 跨线桥下、隧道进出口、地面车站雨棚进出口、高架站房进出口处的承力索、加强线等牵引网高压线路应采用防护措施。

9 绝缘子泄漏距离不宜小于1 400 mm;上下行正线间、用于供电分束、供电分区的绝缘器件的泄漏距离不宜小于1 600 mm。对于局部工业污染地区或临海地区,绝缘子泄漏距离适当加大。

10 刚性接触网宜采用π型铝合金汇流排。

17.5.10 牵引网的回流与接地设计应符合下列规定：

1 接触网接地应纳入综合接地系统,回流线宜采用非绝缘悬挂安装形式;对沿线未设综合接地系统的线路段,应在混凝土结构中或线路附近合理设置接地预埋钢筋,用于接触网闪络保护接地及等电位连接。

2 牵引网应设置独立的回流线作为钢轨工作回流的并联通道。回流线可兼作闪络保护接地。

3 上、下行回流线应根据牵引供电计算确定的距离设过轨并联,并与综合接地系统相连,同时与钢轨平衡连接;回流线应通过信号扼流圈中点与钢轨连接,间隔不大于1 500 m。

17.5.11 附加导线应符合下列规定：

1 供电线、加强线、回流线等接触网附加导线宜采用铝包钢芯铝绞线,避雷线宜采用钢绞线。

2 附加导线锚段长度不宜大于2 000 m,在曲线区段、高度或跨距相差悬殊的地区可适当缩小。

3 附加导线对地面及相互间的最小距离应符合表17.5.11-1的规定。

表17.5.11-1 附加导线对地面及相互间的最小距离(mm)

序号	有关情况		供电线、加强线	回流线、架空地线、避雷线
1	导线在最大弛度时距地面高度	居民区及车站站台处	7 000	6000
		非居民区	6 000	5 000
2	导线距离建筑外墙、U型槽、桥墩	无风时	1 000	500
		计算最大风偏时	300	75
3	导线跨越铁路时	跨非电气化股道(对轨面)	7 500	7 500
		跨不同回路电气化股道(对承力索或无承力索时对接触线)	3 000	2 000

续表 17.5.11-1

序号	有关情况		供电线、加强线	回流线、架空地线、避雷线
4	不同相或不同分段两导线悬挂点间距离	水平排列	2 400	—
		垂直排列	2 000	—
5	与建筑物间的最小距离	导线与建筑物间最小垂直距离(计算最大弛度时)	4 000	3 000
		边导线对建筑物最小水平距离(计算最大风偏时)	3 000	1 000
6	与信号机的最小距离	导线与信号机的净空距离(不设防护时)	2 000	2 000
		导线与信号机的净空距离(设防护时)	1 000	1 000

4 附加导线与铁路沿线树木之间的最小水平距离,在最大计算风偏情况下,应符合表 17.5.11-2 的规定。

表 17.5.11-2 附加导线与铁路沿线树木之间的最小水平距离(mm)

附加导线类型	供电线、加强线	回流线、架空地线、避雷线
与铁路沿线树木之间的最小水平距离	3 500	3 000

17.6 电磁干扰防护

17.6.1 牵引供电系统对有线通信设施的危险影响、杂音干扰影响的计算方法及容许值,应符合现行国家标准《电信线路遭受强电线路危险影响的容许值》GB 6830 等的有关规定。杂音干扰影响的计算还应考虑动车组产生的谐波特性。

17.6.2 市域铁路与机场导航台、对空情报雷达站及地震台等无线电台站之间的净空、距离、信噪比或干扰电压等应符合现行国家标准《对空情报雷达站电磁环境防护要求》GB 13618、《地震台站观测环境技术要求》GB/T 19531.1～4 及《轨道交通 电磁兼容 第2部分:整个轨道系统对外界的发射》GB/T 24338.2 等的有关规定。在计算分析时,还应综合考虑列车不同运行速度时的电磁辐射强度。

17.6.3 牵引供电系统对油气管道的电磁影响、交叉要求,与油库、液化气库等易燃易爆品库之间的安全距离,应符合现行国家标准《油气输送管道穿越工程设计规范》GB 50423、《石油库设计规范》GB 50074、《汽车加油加气加氢站技术标准》GB 50156、《城镇燃气设计规范》GB 50028 及现行行业标准《交流电气化铁路对油(气)管道干扰的防护》TB/T 2832 等的有关规定。

17.6.4 在分析、计算电磁感应影响时,应考虑高架桥梁、城市环境、隧道等屏蔽效果。

17.6.5 设置电磁干扰防护措施时,不得影响行车安全,不得改变、降低系统或设施的原功能及性能。

17.6.6 工程设计中,对于无法绕避被干扰的设施,应采取相应技术措施进行电磁干扰防护。经技术经济比选后,也可对其进行整体或部分搬迁。

17.7 接口设计

17.7.1 牵引供电应提供电力部门所需的牵引负荷、牵引变压器安装容量、年用电量等资料。电力部门应提供外部电源线路参数、系统短路容量等资料。

17.7.2 牵引变电应与电力、线路、站场、隧道、桥梁、路基、建筑、结构、通信、暖通、给排水等设计进行协调,接口设计应符合下列规定:

　　1 牵引变电所、开闭所、分区所等设备房屋、场坪、通所道路、设备基础支架、电缆夹层、沟槽管洞等应满足设备运输、安装、运行要求。

2 牵引变电所、开闭所、分区所等通信设备房屋应满足通信设备运行要求。

3 牵引变电所、开闭所、分区所等场所的综合视频监控系统设计应满足牵引供电远程监控要求。

4 牵引变电所所内道路路面应采用水泥混凝土或沥青路面。

5 牵引变电所应根据所区地形、降雨量等合理设计场地排水。

6 牵引变电所与电力变电所合建时，电力变压器选型、容量等应满足电力变电所的运行需求。

17.7.3 接触网应与线路、站场、隧道、桥梁、路基、建筑、结构、通信、信号、环保、行车等设计进行协调，完成相关接口设计。接口设计主要包括下列内容：

1 路基地段接触网支柱基础及下锚拉线基础的预留。

2 桥梁区段梁上、桥墩上支柱基础及下锚拉线基础的预留。

3 隧道内锚段关节及下锚洞、设备安装洞、悬挂及下锚底座等的预留。

4 路基、桥墩、隧道内的接地极及接地端子的预留。

5 车站合架接触网的雨棚柱、高架站房底部等悬挂及下锚底座等的预留。

6 各类跨线建筑物底部悬挂及下锚底座的预留。

7 接触网各类沟槽管洞、过轨管线的预留。

8 与环保、桥梁及路基确定声屏障绕避接触网支柱及附属装配的结构方式及安装空间。

9 与行车、信号、供电协调确定电分相的设置位置以及电分相处的通过方式。

10 配合信号专业确定横向电连接、钢轨回流连接、吸上线等的设置。

11　配合完成综合接地的相关设置。
12　与车辆专业配合确认车辆受电弓型号规格及间距。
13　配合灾害监测完成防灾监控设施与接触网的合架。
14　配合通信等完成漏缆与接触网并行架设的设计。
15　与限界专业配合确认接触网侧面限界。

18 电 力

18.1 一般规定

18.1.1 市域铁路电力工程设计应保证供电安全、可靠、技术先进、节能、环保和经济合理。

18.1.2 市域铁路电力工程设计应能满足不同负荷的供电要求，并应具备一定的抵抗地震、风、雨、雪、冰等自然灾害的能力。

18.1.3 市域铁路电力工程设计应遵循国家和行业标准，采用符合国家有关标准的高效节能、环保、安全、性能先进的电气产品。

18.1.4 市域铁路电力工程设计应满足工程建设和运营管理需求，尽可能利用既有供电资源。供配电系统的供电能力应适度超前，供电主干线路和关键配电设施宜按近期规划一次建成，并为远期规划做适当预留，适当考虑沿线商业配套的用电需求。

18.2 供配电系统

18.2.1 市域铁路用电负荷应根据供电可靠性要求及中断供电所造成影响或损失的程度进行分级，负荷分级原则及各负荷等级的供电要求应满足现行国家标准《供配电系统设计规范》GB 50052、《地铁设计规范》GB 50157 及现行行业标准《市域(郊)铁路设计规范》TB 10624、《铁路电力设计规范》TB 10008 的要求。

18.2.2 根据市域铁路的特性，相关用电负荷的分级还应符合下列规定：

  1 一级负荷应包括：与行车相关的通信、信号系统；火灾自动报警系统、机电设备监控系统、供电调度系统、牵引变电所及电力变配电所操作电源、接触网远动开关操作电源;客票系统、客运广播系统、综合监控系统、门禁系统;人防门、防淹门、站台门、防火(卷帘)门;地下站公共区照明、地下区间照明、消防应急照明;消防水泵、地下车站或区间主要排水泵、消防电梯、事故疏散用自动扶梯及其他灾害时仍需使用的用电设备等。

其中,火灾自动报警系统、环境与设备监控系统、与行车相关的通信、信号系统、牵引变电所及电力变配电所操作电源、地下车站及区间的应急照明应为一级负荷中特别重要的负荷。

2 二级负荷应包括:高架及地面站公共区照明;普通风机及相关阀门、污水泵、普通电梯、非消防疏散用自动扶梯;为通信、信号主要设备配置的专用空调;车辆基地车辆检修设备、综合检测与维修、工务机械、视频监控设备、给排水设施等。

3 三级负荷应包括:车站广告照明、空调制冷及水系统、区间维修电源、清洁设备、电热设备及附属房间的电源插座,区间检修设备等不属于一级和二级的负荷。

4 调度中心大楼、车辆基地等各建筑物内其他建筑电气设备的负荷分级,应符合现行国家标准《民用建筑电气设计标准》GB 51348 的规定。

5 立交桥(涵)雨水泵站的用电负荷应根据工程规模、重要性因素合理确定负荷等级。

6 消防用电设备负荷等级应按现行国家标准《建筑设计防火规范》GB 50016 及其他相关标准确定。

18.2.3 电力供电方案应根据负荷等级、用电容量、既有电力供电条件及地区供电条件等确定,并应符合下列规定:

1 电力供电系统宜与牵引供电系统共用外部电源。

2 电力变配电所应由双重电源供电,其中至少一路电源应为专盘专线。

3 新建电力供电系统宜采用集中式供电,中压网络宜采用双环网或电力贯通线供电方式,相邻变配电所宜具备重要负荷的越区供电能力。

4 电力独立供电的中压配电网络宜采用双环网或双回电力贯通线路供电方式,电压等级可分为10 kV、20 kV、35 kV,应根据技术经济比较后确定。

5 市域铁路的调度中心、车辆基地等宜由变配电所或中压配电网络集中供电;当其用电负荷较大或较远时,可另外接引地方电源供电。

6 区间通信、信号设备机房用电,电力牵引各所(亭)的所用电等一级负荷宜由双回电力贯通线路或双环网线路接引两路相互独立的电源;区间其他二、三级负荷宜由电力贯通线路或环网线路接引一路电源,区间负荷较大时可由外部接引电源。

18.2.4 中压配电网络应按满足市域铁路远期用电负荷要求设计。对互为备用的线路,当一路退出运行时,另一路应承担其一、二级负荷的供电,并应符合下列规定:

1 正常运行时,35 kV线路供电电压正负偏差绝对值之和不超过额定值的10%;20 kV、10 kV线路供电电压偏差不超过额定值的±7%。

2 非正常情况下,电压偏差允许值可为±10%。

18.2.5 无功补偿应符合下列规定:

1 变配电所无功补偿应以末端降压变压器低压侧集中补偿为主、高压补偿为辅的方式,补偿后变压器高压侧平均功率因数不宜低于0.90。

2 长距离电缆线路无功补偿应根据电缆截面、线路长度、负荷情况等因素计算确定补偿方式。

18.2.6 中压配电网络中性点接地方式应符合下列规定:

1 单相接地故障电容电流不大于10 A时,应采用不接地方式。

2 单相接地故障电容电流不大于150 A时,可采用低电阻接地方式或经消弧线圈接地方式;当单相接地故障电容电流大于

150 A 或为全电缆时,宜采用低电阻接地方式。

3 低电阻接地方式的接地电阻宜按接地故障瞬时跳闸方式选择。

18.3 电力变配电所

18.3.1 电力变配电所与牵引变电所共用电源时,电力变压器应独立设置。

18.3.2 具有双重电源供电的电力变配电所宜采用分段单母线接线。

18.3.3 车站、调度中心、车辆基地等宜设置室内变电所供电。采用箱式变电站供电应符合下列规定:

1 出线回路较少、受场地限制,建设室内变电所困难的场所宜采用箱式变电站。

2 区间负荷可采用箱式变电站供电。

3 当一座箱式变电站设有两台变压器时,若一台变压器供电单元发生故障,不得影响另一台变压器供电。

4 地面箱式变电站、分支箱、箱式电抗器等箱式设备不应设在地势低洼和可能积水的场所。存在内涝可能的场所,应采取可靠的防内涝排水措施。箱式变电站基础通风口标高应高于室外场坪标高。

5 隧道内箱式变电站设备应有适应隧道环境特点的防护措施。

18.3.4 当中压配电网络采用双环网供电方式时,各环网分段开关宜采用断路器保护;当中压配电网络采用电力贯通线路供电方式时,两端配电所出线开关应采用断路器保护。

18.3.5 新建市域铁路电力变配电所的高压电气设备、交直流操作电源,低压变电所的高、低压电气设备及中压配电环网分段开关等重要电力设备应纳入供电调度系统管理,供电调度系统相关设计要求详见本标准第17.4节。

18.4 电力线路

18.4.1 新建的中压配电网络电力线路宜采用电缆线路。

18.4.2 交流系统单芯电缆应采用非磁性金属铠装层。交流单芯电缆以单根穿管时,不应采用未分隔磁路的钢管。

18.4.3 交流单芯电力电缆宜采用"品"字形敷设或三相全换位敷设方式。

18.4.4 一级负荷供电的双电源电缆不宜敷设在同一径路或沟、槽内。当受条件限制设于同一沟、槽内时,应采取防止火灾蔓延的阻燃或分隔措施,并应根据其供电可靠性要求选取下列措施:

1 采用不燃性隔板、墙、保护管等分隔措施。

2 一级负荷供电的双回低压电缆中的一回电缆采用耐火电缆。

3 分别设置在电缆沟的两侧支架上。

18.4.5 市域铁路电力电缆、控制电缆的选择及敷设应符合下列规定:

1 在车站、调度中心、地下区间敷设时,应采用低烟、无卤、阻燃铜芯电线电缆。火灾时需要保证供电的消防设备供电干线及分支干线,应采用矿物绝缘类不燃性电缆,支线应采用低烟、无卤、阻燃、耐火铜芯电线电缆。

2 在地上区间敷设时,宜采用低烟、无卤、阻燃铜芯电线电缆;沿地上区间明敷时,宜采用防辐照电缆或采取防辐照措施。火灾时需要保证供电的消防设备供电干线及分支干线,宜采用矿物绝缘类不燃性电缆,支线宜采用低烟、无卤、阻燃、耐火铜芯电线电缆。

3 在车辆基地等各建筑物内敷设时,通信、信息、信号设备用房及电力变配电所等用房内线路应采用阻燃铜芯电线电缆,由户外进出户内的线路非阻燃电线电缆应采取阻燃措施;火灾时需要保证供电的配电线路选择应符合现行国家标准《民用建筑电气设计标准》GB 51348 的有关规定。

   4 电缆的燃烧性能应符合现行国家标准《民用建筑电气设计标准》GB 51348 的有关规定。

18.4.6 电力电缆与信号电缆长距离并行敷设最小间距应根据电力系统接地短路电流和平行长度计算确定。满足下列条件时,最小间距可为 100 mm:

   1 单芯电力电缆采用"品"字形敷设。

   2 电力供电系统中性点采用小电阻接地。

   3 贯通地线与电力电缆间距大于 300 mm。

   4 电力电缆单相接地故障电流不大于 400 A。

   5 电力电缆与信号电缆间设实体防火分隔。

18.4.7 临近交流牵引供电线路的电力电缆、单芯电力电缆的金属层宜采用在线路一端或中央部位单点直接接地,另一端采用经护层保护器接地方式,且电缆线路的金属层上任一点的正常感应电压最大值应符合下列规定:

   1 未采取能有效防止人员任意接触金属护层的安全措施时,不应大于 60 V。

   2 除上述情况外,不应大于 300 V。

   3 其他电缆线路金属层的接地方式还应符合现行国家标准《电力工程电缆设计标准》GB 50217 的有关规定。

18.4.8 电力电缆金属屏蔽层的有效截面,应满足在可能的短路电流作用下,温升值不超过绝缘与外护层允许的最高温度平均值。

18.4.9 地面路基段的电力电缆与控制电缆宜敷设在预制的电缆沟槽内。高架桥上或隧道内的电力电缆与控制电缆应敷设在电缆支架上或电缆沟槽内。电力电缆在地面线路或高架桥上采用支架明敷时,宜有罩、盖等遮阳措施。沿桥墩上、下桥的电力电缆应采用钢槽(管)敷设,钢槽(管)在地面以下埋深不得小于0.7 m,在距离地面以上2 m范围内钢槽(管)应采取砖砌围桩防护;当单芯电缆采用穿钢管敷设时,应满足本标准第18.4.2条的有关要求。

18.5 动力照明

18.5.1 市域铁路的动力照明配电系统应满足安全、可靠、节能、环保和经济适用的要求。

18.5.2 动力照明配电应符合下列规定:

1 负荷性质重要或用电负荷容量较大的设备宜采用放射式配电。

2 中小容量动力设备宜采用树干式配电;用电点集中且总容量不超过10 kW的次要用电设备可采用链式配电,链接的设备不宜超过5台。

3 配电变压器的二次侧至用电设备之间的低压配电级数不宜超过3级。

18.5.3 市域铁路室内场所照明应分为正常照明和应急照明,各场所的照明照度值应符合现行国家标准《城市轨道交通照明》GB/T 16275和《建筑照明设计标准》GB 50034的规定,并参考现行行业标准《铁路照明设计规范》TB 10089的规定。

18.5.4 应急照明包括疏散照明和备用照明,应符合下列规定:

1 车站站厅、站台、避难走道、疏散走道、楼梯间及前室等场所应设置疏散照明。

2 车站、调度中心、车辆基地重要的设备及管理用房应设置备用照明。其中,发生火灾时仍需正常工作的应急指挥及应急设备场所的备用照明照度值不应低于该场所正常照明的照度值;其他市域铁路场所的备用照明照度值除另有规定外,不应低于该场所一般照明照度标准值的10%。

3 市域铁路车站站厅、站台、出入口通道、楼梯间等公共场所应设置夜间值班照明,其照度值不应低于正常照明照度标准值的 10%。

4 备用照明持续供电时间及疏散照明照度值应满足现行国家标准《建筑设计防火规范》GB 50016、《消防应急照明和疏散指示系统技术标准》GB 51309 的规定,并参考现行国家标准《城市轨道交通照明》GB/T 16275 等的要求。

18.5.5 室内各场所及地下区间应急照明持续供电时间应满足现行国家标准《建筑设计防火规范》GB 50016 及《城市轨道交通照明》GB/T 16275 等的要求。

18.5.6 隧道动力照明设计应符合下列规定:

1 隧道内应设置一般照明、应急照明及检修电源。

2 隧道风机、水泵等动力用电负荷及照明负荷宜以区间中心为界,分别由两端相邻车站变电所供电,或经技术经济比较后设置降压变电所供电。

3 隧道内消防应急照明灯具宜采用标称电压为 AC 220/380 V 电源供电。疏散照明和疏散指示灯安装高度在 2.5 m 及以下时,应采用安全特低压供电。

4 隧道内安装的灯具及配电设施应具有防潮、防腐蚀、防振动、抗风压等功能,外壳防护等级不应低于 IP65。

18.5.7 高架及地面区间范围内无特殊要求时,可不设置检修电源。高架及地面区间无城市景观要求时,可不设置照明。

18.5.8 道岔区、车辆基地主干道路等场所应设置电气照明,照明灯具光源宜采用 LED。

18.5.9 市域铁路建筑物及电力设施防雷及接地设计应符合现行标准《建筑物防雷设计规范》GB 50057 和本标准第 28 章的有关规定。

18.6 接口设计

18.6.1 电力供电系统考虑外部电源引接时应与电力部门协调用电需求及外部电源方案等内容，并明确接口界面。

18.6.2 市域铁路电力工程应充分考虑与土建工程、外部设施和相关系统之间的接口关系，总体设计应经济合理，利于施工、调试、管理、运行及维护。

18.6.3 市域铁路电力工程应考虑技术对接与兼容、产权划分、管理界面、施工工序和工艺等方面的需求，合理确定接口形式和界面。

18.6.4 电力变、配电所等电力房屋的选址，应在用地、场坪布置、通所道路、排水等方面实现总体性最优。

18.6.5 设置在房屋内、隧道内、桥梁上、路肩上的电力设备及电力电缆线路，应在主体工程设计中统筹考虑设备布置、安装基础以及沟、槽、管、洞、井等需求。

18.6.6 区间及站场范围内电力电缆敷设应与路基、隧道、桥梁、站场等进行协同设计。

19 通 信

19.1 一般规定

19.1.1 通信系统应满足提高运输效率、保证行车安全、提高现代化管理水平的要求,提供语音、数据、图像等通信业务。

19.1.2 通信系统应做到系统可靠、功能合理、设备成熟、技术先进、经济适用,系统中心设备应充分考虑在全线网内资源共享,系统方案及容量应考虑远期发展规划需求,同时应考虑与既有线路、规划线路和有跨线运行需求的干线铁路、城际铁路线路通信系统实现必要的互联互通。

19.1.3 通信系统各子系统均应具备网络管理功能,网管终端的设置应满足设备维护管理的需要。

19.1.4 通信系统宜由专用通信系统、公安通信系统及民用通信引入系统组成。新建线路时应统一设计,并宜考虑三部分通信业务在传输及通信线路、电源、设备用房等方面的资源共享。通信系统应满足下列要求:

1 专用通信系统宜由传输系统、电话交换系统、有线调度通信系统、移动通信系统、综合视频监控系统、时钟同步及时间同步系统、电源及接地系统和通信线路等组成。专用通信系统在正常情况下,应为运营管理提供信息;在非正常或紧急情况下,应能作为抢险救灾的通信手段。

2 公安通信系统应满足公安部门在市域铁路范围内的通信需求,并应在突发事件发生时为公安、消防部门在市域铁路内的应急调度指挥提供保证。

3 民用通信引入系统应满足市域铁路公众通信服务,宜将地面信号引入市域铁路地下空间。

19.1.5 通信系统设备应易于扩展和平滑升级，系统设计应符合可靠性、可用性、可维护性及安全性的要求。

19.1.6 市域铁路开行跨线列车时，通信系统设计应兼容跨线运行线路的有关标准规定。

19.1.7 通信设备、设施设置位置及方式应符合市域铁路设备限界的要求。

19.1.8 通信系统的无线通信频率使用应符合国家和地方无线电管理的有关规定。

19.1.9 通信系统设备的电磁兼容性应符合国家现行标准的有关规定。

19.1.10 通信系统的网络安全设计应符合国家及行业有关信息系统安全等级划分标准，并满足市域铁路网络安全的整体要求。

19.2 传输系统

19.2.1 传输系统应独立设置，综合承载市域铁路运营、管理及维护的各类信息，包括语音、数据、视频图像等，为专用通信及公安通信各子系统以及信号、信息、综合监控、电力监控等其他专业系统的信息交互提供统一的传输通道和服务。

19.2.2 传输系统应采用光纤数字传输技术，应综合考虑所承载各业务系统的需求，采用合适的技术制式。

19.2.3 传输系统宜采用线网、线路两层架构设置，线网层传输系统宜实现市域铁路多中心之间的互联以及与其他线网层传输系统之间的互联。

19.2.4 传输系统网络结构设计宜符合下列规定：

  1 应利用线路两侧的光缆组网。

  2 系统容量宜根据承载业务的需求确定，并宜留有余量。

  3 径路条件具备时宜优先采用环型结构。

19.2.5 传输系统的保护应符合下列规定：

1 网络保护方式应根据传输系统技术体制、网络结构进行选择和配置。

2 传输设备应根据网络和业务的安全需要设置冗余措施。

19.2.6 传输系统宜利用时钟同步设备作为外同步时钟源，采用主从同步方式实现系统同步。

19.2.7 传输系统设备的主要配置应符合下列规定：

1 主控板（单元）、交叉板、时钟板、电源板等关键板卡应冗余保护。

2 每个传输系统的不同方向干线光线路接口宜分布在不同板卡上。

3 业务接口板件应根据接口类型及用途配置，并预留不少于30%的接口数量。

19.3 电话交换系统

19.3.1 电话交换系统应为市域铁路运营、管理、维修等工作人员提供日常工作联系的固定电话业务。

19.3.2 电话交换系统宜采用软交换技术，系统宜由软交换中心设备、站段级接入网关等组成，软交换中心设备宜集中共享设置。

19.3.3 电话交换系统应由公务电话交换设备、自动电话及其附属设备组成。系统交换设备宜设置在负荷集中、便于管理的地点。

19.3.4 市域铁路电话交换网络应统一规划、分期实施。

19.3.5 电话交换网与公用网本地电话局的连接方式宜采用全自动呼出、呼入中继方式，并应纳入本地公用网的统一编号。中继线的数量应根据话务量大小和国家的有关规定确定。

19.3.6 电话交换系统应具备综合业务数字网络功能，并宜预留数据信息业务功能等。

19.3.7 电话交换系统宜设置计费管理系统。

19.3.8 电话交换系统交换设备的容量应根据机构设置、新增定员、通信业务等因素确定,并应为发展预留余量。

19.3.9 电话交换系统交换机至所管辖范围内的地区用户线传输衰耗不应大于 7 dB。

19.4 有线调度通信系统

19.4.1 有线调度通信系统应为中心调度员、车站、车辆基地的值班员组织指挥行车、运营管理及确保行车安全而设置。应提供各类调度电话、车站、车辆基地电话、站间行车电话以及其他专用电话业务。

19.4.2 有线调度通信系统应包括调度电话、站间行车电话、车站和车辆段/停车场专用直通电话等。

19.4.3 有线调度通信系统应包括中心调度交换机,车站(场)调度交换机,调度台、值班台、电话分机等固定终端,录音设备及网络管理等设备。

19.4.4 调度中心至站段间网络宜采用环型或星型结构,设置迂回保护中继链路,并按调度管界组网。

19.4.5 调度中心调度交换机应冗余配置,在条件具备时,宜按同城异地容灾备份设计。

19.4.6 车站专用电话应提供行车值班员或站长与本站内以及站区管辖内运营业务有关人员进行通话联系。车场专用电话可根据作业需要设置行车指挥电话、乘务运转电话、段内调度指挥电话、车辆检修电话等。

19.4.7 站间行车电话应提供相邻车站值班员间办理有关行车业务联系。站间行车电话终端应设在车站值班员所在的处所。

19.4.8 有线调度通信系统的设置及设备配置应符合下列规定:

    1 调度中心应设置调度中心调度交换机。

2 车站、车辆基地等处应设置车站(场)调度交换机。

3 调度中心应设置调度台,站段应设置值班台,可根据需要设置调度电话分机。

4 调度交换机可通过数字接口外置集中式录音设备。

5 调度中心交换机的容量配置应考虑多条市域铁路线路的接入需求,在条件具备时,宜具有主、备用系统自动切换的功能。

6 调度中心调度交换机和车站调度交换机的重要电路盘(板)宜冗余保护。业务接口板件应根据接口类型及用途配置,并应留有余量。

19.4.9 有线调度通信系统有干线铁路、城际铁路下线或跨干线铁路、城际铁路线路运营的需求时,宜与干线铁路、城际铁路有线调度通信系统互联互通。

19.5 专用移动通信系统

19.5.1 专用移动通信系统应提供市域铁路调度中心调度员、车辆基地调度员、车站值班员等固定用户与列车司机、防灾及维修等移动用户之间的通信手段。同时应根据运输管理和列控系统的需求,提供相应的车地信息传送业务。

19.5.2 市域铁路线网专用移动通信系统应统一规划、分期实施,宜实现网络互联互通及网络资源共享。与干线铁路、城际铁路跨线运行时,应符合跨线业务互联互通的需求。

19.5.3 工作频率应符合国家无线电管理部门的政策管理和频率规划,采用的工作频段及频点应由无线电管理部门批准。

19.5.4 专用移动通信系统应包括核心网、无线网和终端设备等,其设计应符合相关标准的规定;GSM-R系统设计应符合现行行业标准《铁路数字移动通信系统(GSM-R)总体技术要求》TB/T 3324的规定,LTE系统设计应根据频段和制式的选取,遵循3GPP相关规范;5G系统设计应遵循3GPP相关协议和规范。

19.5.5 核心网宜统一规划无线交换子系统,并满足下列要求:

1 系统宜统一各线路组网原则,并共享无线交换资源。

2 宜具有主备冗余、主要功能自动切换功能。

3 系统宜统一频率配置原则及编号原则等,并根据网络规划对各线的基站布置、频率配置等进行统一规划。

19.5.6 当跨线运行线路采用不同的无线交换网络时,专用移动通信系统应实现核心网交换的互通运营,且终端应支持至少2种无线制式的切换。

19.5.7 无线网可采用基站、光纤直放站/RRU等设备加天线或漏泄同轴电缆的方式实现无线覆盖。

19.5.8 无线场强覆盖应符合下列规定:

1 无线覆盖范围、场强、干扰保护比等应符合系统业务需求和相关标准的规定,综合考虑电波传播特性和服务质量要求,合理布设基站,避免频繁的小区切换。

2 相邻无线小区覆盖重叠区应满足车载无线通信设备能够完成2次越区切换的需要;在满足设计要求的前提下,无线系统网络设计应采取措施尽量避免频繁越区切换从而对数据传输造成影响。

3 专用移动通信系统在列车运行许可或站台门与列车车门联动等涉及行车及乘客安全的信息时,应采取冗余无线覆盖等可靠性措施。

4 枢纽地区、相邻线路无线覆盖和频率配置应统筹考虑,优先考虑列控业务需求。

19.5.9 系统话音质量应大于3.0,辐射电波覆盖的时间地点概率不宜小于95%,覆盖范围内场强不宜小于-95 dBm。

19.5.10 移动通信系统应具有选呼、组呼、全呼、紧急呼叫、呼叫优先级等调度通信功能,并应具有语音录音功能。

19.5.11 移动通信系统主要设备配置应符合下列规定:

1 核心网设备容量应符合近期各相关线路的接入需求。无线网的设备容量需符合其覆盖区域内各类移动用户通信的话务量需求。

2 移动通信系统设备的主控、时钟、电源、载频等关键板件或模块应按热备用工作模式冗余配置。

19.6 综合视频监控系统

19.6.1 综合视频监控系统应根据运输调度、旅客服务、维护管理等业务部门视频监控需求,为中心调度员、各车站(场)值班员、列车司机等提供有关列车运行、防灾、救灾及乘客疏导视觉信息。

19.6.2 综合视频监控系统宜由中心节点、站段节点、视频采集点、视频网络和监控终端等部分组成。

19.6.3 中心节点宜设置视频分发/转发服务器、存储设备及网管系统设备;车站节点宜设置视频分发/转发服务器、存储设备。

19.6.4 中心节点宜采用云平台部署,站段级节点可采用云节点部署。

19.6.5 综合视频监控系统应采用数字高清网络视频监控技术,图像分辨率不低于1 080 p,采用标准通用的数字编码格式和控制协议等,应符合现行国家标准《公共安全视频监控联网系统信息传输、交换、控制技术要求》GB/T 28181的有关规定。

19.6.6 综合视频监控系统宜采用高清网络摄像机,重点监视目标处,宜具有图像内容分析和报警功能。

19.6.7 综合视频监控系统应根据运输调度、旅客服务、维护管理等业务部门视频监控需求,具有视频图像的实时监视、存储、回放、云镜控制、视频分发/转发、系统间的互联和联动、多级管理等功能。

19.6.8 视频采集的数量、位置及设备功能应根据工程的实际情况统筹考虑、合理确定。

19.6.9 视频采集点宜设置在下列处所:

1 车站站厅、进出站通道、上/下行站台、自动扶梯、换乘通道、垂直电梯、安检等公共区域,票务室及售票区域。

2 通信、信号、信息、牵引供电、电力等设备用房。

3 设备机房、车站咽喉区、公跨铁地点、隧道洞口、路基段、道岔、车辆基地等需要监控的区域。

4 其他需要监控的重点区域。

19.6.10 综合视频监控系统宜结合人脸识别和智能视频分析技术,相关要求应符合现行国家标准《城市轨道交通公共安全防范系统工程技术规范》GB 51151 的规定。

19.6.11 监控终端可根据需要为调度、车站值班、旅客服务、设备维管等岗位设置。

19.6.12 综合视频监控系统宜设置与公共安全视频监控系统的接口,可预留与干线铁路、城际铁路、城市轨道交通相关系统的接口。

19.6.13 各类视频信息的存储时间和质量应符合国家及上海市现行有关标准规定。

19.7 应急通信系统

19.7.1 应急通信系统应能够实现救援指挥人员与事故现场人员、抢险人员之间的话音、图像以及数据通信。

19.7.2 应急通信系统设计应采用有线、无线相结合的方式,并充分利用市域铁路移动通信、公众移动通信以及互联网等通信手段。

19.7.3 应急通信系统设计包括应急通信中心设备、应急通信现场设备。长度 5 km 及以上隧道应设置隧道应急电话系统,包括隧道应急电话中心设备、隧道应急电话接入设备和隧道应急电话。

19.7.4 应急通信中心设备设置应符合下列规定:

1 应急通信中心设备包括应急通信中心主设备、语音终端、数据终端、视频终端、网管终端和语音记录设备等。
　　2 语音终端、数据终端和视频终端应设在应急救援指挥中心。
　　3 语音终端、视频终端宜合设，也可单独设置。
　　4 语音记录设备与应急通信中心主设备应同址设置。

19.7.5 应急通信系统应提供下列话音通信业务：
　　1 应急中心之间的话音通信。
　　2 应急中心与事故现场之间的话音通信。
　　3 应急现场内部的话音通信。
　　4 应急中心与有线调度通信系统、电话交换系统用户的话音通信。

19.7.6 应急通信系统应具备文件发送、接收及传真等数据通信功能，支持数据信息共享、调用。

19.7.7 应急通信系统应具备图像的采集、传送、存储、转发、查询和回放等功能。

19.7.8 应急中心通信设备应能同时接入 3 个现场设备，每个现场与中心主设备同时通话的固定用户数不少于 4 个，移动用户不少于 4 个。

19.7.9 应急通信现场设备应支持与外部同时通话的用户数不少于 4 个，内部通信用户数不少于 4 对。

19.8　时钟同步及时间同步系统

19.8.1 时钟同步系统应为传输、电话、移动通信等系统提供频率同步信号。

19.8.2 时钟同步系统应包括基准时钟、大楼综合定时供给设备（BITS）及时钟同步信息传输链路。系统采用主从同步的方式，采用传输系统链路逐级传送。

19.8.3 时钟同步系统的功能、性能应符合现行行业标准《数字同步网工程设计规范》YD/T 5089、《数字同步网节点时钟系列及其定时特性》YD/T 1012等的规定。

19.8.4 时间同步系统应为市域铁路通信系统、信息系统以及其他相关专业的业务系统提供统一的标准时间信号。

19.8.5 时间同步系统应按二级组网,由中心母钟(一级母钟)、车站(场)母钟(二级母钟)、时间显示单元(子钟)组成,采用主从同步方式。

19.8.6 调度中心时间同步设备包括GNSS信号接收设备、母钟设备、时间显示设备和网管设备等。车站时间同步设备应由旅客服务系统设置。

19.9 电源及接地系统

19.9.1 通信电源系统包含交流供电系统及直流供电系统。

19.9.2 通信电源交流供电系统可按独立的电源设备设置,也可纳入综合电源系统,应具有集中监控管理功能,应保证对通信设备不间断、无瞬变地供电。通信电源交流供电系统采用综合电源系统方案时,可与信息、综合监控、客票等系统合设。

19.9.3 通信设备应按一级负荷供电。

19.9.4 对要求直流供电的通信设备,宜采用高频开关电源集中方式供电。

19.9.5 高频开关电源设备整流模块宜采用$N+1$备份。

19.9.6 高频开关电源蓄电池容量宜按近期负荷配置,蓄电池总备用时间应不小于2 h。

19.9.7 对要求交流供电的通信设备,应采用交流不间断电源(UPS)方式集中供电,并符合下列规定:

 1 交流不间断电源应采用在线式。

 2 交流不间断电源蓄电池按1组设置,交流电源蓄电池容量应按近期负荷配置,蓄电池总备用时间应不小于2 h。

19.9.8 牵引变电所、配电所等处所的通信设备可利用其供电条件。

19.9.9 通信设备房屋内的通信设备宜采用综合接地,接地电阻不应大于 1 Ω。通信设备独立设置接地装置时,接地电阻不应大于 4 Ω,困难时不应大于 10 Ω。

19.9.10 通信机房、通信电源机房、弱电综合机房、弱电综合电源机房等通信设备房屋宜设置电源及环境监控,电源监控宜由通信系统设置,环境监控可与其他相关系统合并设置。

19.10 综合网管系统

19.10.1 专用通信宜设置综合网管系统,以保证维护人员能及时、准确地了解通信各子系统设备运行状况和故障信息,提高维护和管理效率。

19.10.2 专用通信各子系统宜采用以太网接口接入综合网管系统,应采用标准、通用的硬件接口和通信协议。

19.10.3 综合网管系统应利用通信各子系统具有的自诊断功能,采集通信各子系统的设备故障信息,进行记录和告警。

19.11 公安通信系统

19.11.1 公安通信系统宜由公安视频监视系统、公安/消防无线通信引入系统、公安数据网络、公安电源系统等组成。

19.11.2 公安视频监视系统宜与综合视频监控系统合设。公安视频监视系统应满足公安部门对车站和列车范围监视的需要,系统应在警务室、派出所值班室、市域铁路公安分局设控制、监视装置。

19.11.3 公安/消防无线通信引入系统应覆盖市域铁路范围内地下车站及隧道空间。

19.11.4 公安/消防无线通信引入系统应实现与既有城市公安/消防无线通信系统的兼容及互连互通。

19.11.5 公安数据网络应能满足相关公安分局、派出所及车站警务室间的数据传输需求,并可接入城市公安计算机网络。

19.11.6 公安电源系统应满足公安视频监视系统、公安无线通信引入系统、公安数据网络等设备的供电需求,宜与专用通信电源系统综合设置。

19.11.7 公安通信系统可利用专用通信传输系统提供数据传输通道。

19.12 民用通信引入系统

19.12.1 民用通信引入系统宜由民用传输系统、移动通信引入系统、民用电源系统等组成。

19.12.2 市域铁路应为民用通信系统预留站外光(电)缆引入到站内机房的条件,并应预留区间和站内线缆以及设备的布设条件。

19.13 通信线路

19.13.1 市域铁路应为专用通信、公安通信、民用通信引入设置通信线路。

19.13.2 干线通信光缆纤芯数应符合通信业务及信号等相关系统的需要,并宜预留50%的余量。

19.13.3 通信线路的防火性能应符合现行行业标准《铁路工程设计防火规范》TB 10063等的有关规定。

19.13.4 干线通信光缆应不少于2条,并采用不同的物理径路引入通信机房。

19.13.5 综合视频监控和光纤直放站等设备所需区间光缆应与干线通信光缆统筹设计,并宜分缆敷设。

19.13.6 通信光(电)缆在区间低路基段宜敷设于通信槽道内,在区间隧道内宜敷设于托板托架上或电缆槽内,在车站宜采用隐蔽敷设方式;地面光(电)缆的敷设宜采用管道或槽道敷设方式。

19.13.7 通信光(电)缆应与强电电缆分开敷设。

19.13.8 通信光(电)缆应采用无卤、低烟的阻燃材料,并应具有抗电气化干扰的防护层。地上区间的通信光(电)缆还应具有抗阳光辐射能力。

19.13.9 市域铁路敷设光缆不设屏蔽地线,接头两侧的金属护套及金属加强件应相互绝缘,光缆引入机房之前应做绝缘节。

19.13.10 通信线路设计还应符合现行国家标准《通信线路工程设计规范》GB 51158 及现行行业标准《铁路通信设计规范》TB 10006 等有关技术标准的规定。

19.14 通信设备运行环境

19.14.1 通信设备房屋及生产辅助用房的设置应符合设备布置、安全运行和维护要求,房屋面积按远期容量确定。

19.14.2 通信设备房屋的地面均布净高、荷载、装修、门窗、温度、相对湿度、照度、布置间距等可按现行国家标准《数据中心设计规范》GB 50174、现行行业标准《铁路通信设计规范》TB 10006 等有关标准设计。

19.14.3 通信设备及设备房屋防雷及接地设计应符合现行国家标准《建筑物防雷设计规范》GB 50057、《建筑物电子信息系统防雷技术规范》GB 50343 以及有关技术标准的规定。

19.15 接口设计

19.15.1 通信专业为相关专业系统提供光纤、通道的接口界面应符合下列规定:

1 通信光缆成端在通信机房的光纤分配架,为相关专业提供专用光纤时,接口界面可设置在通信机房光纤分配架的用户侧；也可将光缆自通信机房延伸至相关专业机房，工程界面设置在相关专业机房光纤分配架/终端盒外线侧。

2 为各应用系统提供 E1、FE 接口的接口界面宜设在通信机房的数字配线架用户侧、RJ-45 配线架用户侧。

3 为各应用系统提供音频通道的接口界面宜设在通信机房语音配线架用户侧。

19.15.2 通信与路基专业接口设计应符合下列规定：

1 地面区段路基两侧路肩应根据需要设置通信电缆槽（含盖板）。

2 应根据通信电缆过轨要求预埋光电缆过轨管材，并在通信光电缆过轨处路基两侧设置光（电）缆手孔，手孔应符合通信光（电）缆弯曲半径要求。

3 通信光（电）缆需要从路肩电缆槽引下时，应预设通信光（电）缆引下槽道。

19.15.3 通信与隧道专业接口设计应符合下列规定：

1 隧道两侧应设置通信电缆支架或通信电缆槽（含盖板）。

2 应根据设备安装的要求设置设备安装位置、光（电）缆过轨管材，并应符合通信光（电）缆敷设弯曲半径要求。

19.15.4 通信与桥梁专业接口设计应符合下列规定：

1 桥梁两侧应设置通信电缆支架或通信电缆槽（含盖板）。

2 应预留通信光（电）缆从桥梁上引下时电缆的安装条件。

19.15.5 站场、站台两侧应设置通信电缆槽，站场至站台的电缆槽间应平滑连接。

19.15.6 在设有声屏障或风屏障的地段，通信电缆槽应设于声屏障或风屏障内侧。

19.15.7 漏泄同轴电缆与接触网同杆架设时，应根据漏泄同轴电缆的挂高、负荷等统筹考虑接触网杆路设计。

19.15.8 相关专业应根据通信系统要求设置机房通风、空调、门禁、消防及电力等设施。

20 信 号

20.1 一般规定

20.1.1 信号系统设计应满足本线列车运行速度、行车间隔、停车精度、跨线运行、折返能力、运输效率等行车组织和运营管理的要求。

20.1.2 信号系统设计应满足市域铁路网内列车互联互通跨线运行,并兼顾与干线铁路、城际铁路列车互联互通跨线运行的要求。

20.1.3 信号系统设计应满足双线、双方向运行的要求。正方向运行应采用自动闭塞,反方向运行宜采用自动站间闭塞。

20.1.4 信号系统设备应适应移动通信系统的相关要求。当市域铁路与干线铁路、城际铁路跨线运营时,市域列车车载设备应能适应不同移动通信系统实现车地信息传输的要求。

20.1.5 涉及行车安全的信号系统及电路设计必须符合"故障-安全"原则。

20.1.6 信号系统设计应遵循安全可靠、成熟先进、经济适用的原则。

20.1.7 信号系统地面设备应采用统一的时间信息,车载和地面设备宜采用统一的时间信息。

20.1.8 信号系统的车载设备严禁超出车辆限界,信号系统的地面设备严禁侵入设备限界。

20.2 地面固定信号

20.2.1 车站、车辆基地应设置进站、出站、调车等信号机,根据需要可设置进路信号机,线路所应设置线路所通过信号机,均宜采用矮型信号机构。

20.2.2 信号机灯光配置、设置位置、进路表示器和信号标志的设置应符合现行行业标准《铁路信号设计规范》TB 10007 的有关规定。

20.2.3 区间地面信号可不设区间通过信号机,在区间闭塞分区的分界处设闭塞分区信号标志牌。

20.2.4 区间不设置通过信号机的线路,车站及线路所列车信号机应常态灭灯,并具备经人工确认后转为点灯状态的条件。区间设置通过信号机的线路,车站及区间列车信号机应常态点灯。

20.2.5 进出车辆基地的列车走行线宜按单线双方向设置通过信号机,每条列车走行线均满足列车进出车辆基地的要求。

20.2.6 调车信号机及车辆基地的列车信号机、进出车辆基地列车走行线的通过信号机以及与列车走行线衔接车站的进站信号机应常态点灯。

20.3 列车运行调度指挥

20.3.1 列车运行调度指挥中心级系统应具备辖区范围内列车和调车作业的指挥、管理、集中控制等功能,应在本地配置备用数据库服务器。

20.3.2 列车运行调度指挥中心级系统的技术方案及系统容量应与市域铁路线网规划及建设规模相匹配,并具备扩展条件。

20.3.3 列车运行调度指挥系统应采用调度集中系统,车辆基地宜纳入调度集中系统的集中监控范围。

20.3.4 列车运行调度指挥系统应设置中心级设备和车站级设备,调度指挥系统的网络规划与设计应遵循统一规划、统一标准、合理布局的原则。

20.3.5 市域铁路调度中心与其他路网调度中心的调度管辖区

域划分宜与运营维护分界保持一致,调度控制范围不应重叠。

20.3.6 列车运行调度指挥系统的车站级设备配置应符合现行行业标准《铁路信号设计规范》TB 10007 的有关规定;根据联锁设备设置要求,相应设置列车运行调度指挥车站级设备;无联锁设备车站,可根据需要设置列车运行调度指挥车务终端。

20.3.7 市域铁路列车运行调度指挥系统应纳入市域铁路调度中心统一控制。中心级系统设备的系统架构、运算能力和系统容量应满足市域铁路的功能特征、运营需求和远期线网规划要求,并适当预留系统扩展能力。

20.3.8 列车运行调度指挥系统主要功能应符合下列规定:

1 对管辖区段内的列车和调车作业进行指挥和管理,通过联锁、列车运行控制等信号设备实现集中控制。

2 应具备分散自律控制和非常站控两种模式,其中分散自律控制模式应包括中心操作方式和车站操作方式。

3 应适应公交化运营需求,宜满足行车计划编制、列车自动调整、早晚点预测、跳停、扣车、进路和命令安全卡控等运营需求。

4 列车运行调度指挥设备应适应 ATO 功能的相关要求。

20.3.9 列车运行调度指挥系统应设置时间同步设备,为其他信号子系统设备提供时间信息。

20.3.10 车辆基地的作业计划管理、作业过程控制、动车组位置追踪、现存动车管理等功能可由调度集中系统完成。

20.3.11 列车运行调度指挥系统接口应符合下列规定:

1 列车运行调度系统与其他专业系统的信息交互宜在调度中心层级完成。

2 应通过网络或电气接口,与联锁、列车运行控制、信号集中监测、ATO 等系统交互信息。

3 应通过网络接口,与时间同步系统交互信息,获取时间信息。

4 应通过网络接口,与运输调度管理系统交互信息,提供列车开行计划及列车站台信息推送。

5 应通过网络接口,与动车组管理信息系统交互信息,获取车辆运用、检修信息。

6 应通过网络接口,与综合维修管理信息系统交互信息,获取施工计划、维修计划信息。

7 根据需要,通过网络或电气接口,宜与综合监控系统交互信息,获取机电系统的报警信息。

8 根据需要,通过网络接口,可与干线铁路、城际铁路、城市轨道交通调度(控制)中心信息交互。

20.4 列车运行控制

20.4.1 市域铁路应根据设计速度、行车间隔、运营需求,同时结合市域铁路线路内部以及与其他线网之间实现互联互通等要求,选用适配其互通性和公交化运营需求的列车运行控制系统,宜采用 CTCS-2 级或兼容 CTCS-2 级列车运行控制系统,系统应具备 ATO 相关功能。

20.4.2 列控中心设计应符合下列规定:

1 有岔车站、线路所、车辆基地、区间信号中继站和兼作中继站的无岔站应设置列控中心。

2 区间应采用 ZPW-2000 系列轨道电路,站内正线区段应采用与区间一致的 ZPW-2000 系列轨道电路,站内其他区段宜采用 ZPW-2000 系列轨道电路。车辆基地宜采用 25 Hz 相敏轨道电路或不对称高压脉冲轨道电路。ZPW-2000 系列轨道电路及电码化的发送设备编码、区间运行方向、区间信号机点灯及站间安全信息传输等应由列控中心实现。

20.4.3 站内 ZPW-2000 系列轨道电路区段最小长度应根据列车车载设备可靠接收低频信息码时间和列车运行速度计算确定,列车运行速度应按该区段线路设计最高运行速度 110% 确定。

20.4.4 列控车载设备应与地面设备相互适应,列车运行控制系统应采用目标-距离连续速度控制模式。

20.4.5 以车载显示为行车凭证的列车运行控制系统,应具备降级运行模式。

20.4.6 临时限速服务器(TSRS)的设置应符合下列规定：

1 市域铁路各线路的 TSRS 宜集中设置,亦可设置于本线车站。

2 每台 TSRS 宜对应单个行车调度台,每个行车调度台可对应多台 TSRS。

20.4.7 地面应答器布置应符合现行行业标准《列控系统应答器应用原则》TB/T 3484 的有关规定,并应满足列车站内精确停车的要求。

20.4.8 地面电子单元(LEU)设置应符合下列规定：

1 LEU 宜集中设置在信号机房内,当 LEU 与有源应答器之间的电缆长度超过 2.5 km 时,宜将 LEU 设于轨旁。设置于轨旁的 LEU 应冗余设置。

2 控制正线列车信号机、中继站以及大号码道岔的有源应答器,LEU 设备应按"1+1"方式冗余设置,控制到发线出站信号机、调车信号机等处所有源应答器的 LEU 设备宜按"$N+1$"方式冗余设置。

20.4.9 ATO 系统应具备列车站间自动运行、车站自动停车、车站越行、车门/站台门防护及联动控制、自动折返、列车运行自动调整、运行节能控制等功能。

20.4.10 ATO 系统定点停车精度宜为 ±0.3 m,不应超过 ±0.5 m。ATO 停车精度要求达到 ±0.3 m 的概率是 99.99%。

20.4.11 车辆基地调车作业宜具备调车防护功能,配置 CTCS-2 级列车运行控制系统的车辆基地宜由车辆基地列控中心完成调车防护功能,必要时可独立设置调车防护系统。

20.4.12 正向运行时,应答器的设置位置与分相区反向断电标的最小距离应符合式(20.4.12)的规定,并确保后弓在主断路器合闸前已从接触网受流。

$$L_{min} = L_e + T_3 \cdot v_{出口速度} \qquad (20.4.12)$$

式中:T_3——列车检测到撤销过分相命令至主断路器合闸的时间(s);

L_e——车头驶出分相区后至列控车载设备撤销过分相命令的行驶距离(m);

$v_{出口速度}$——车头驶出距离 L_e 后的速度(m/s)。

20.4.13 闭塞分区的划分应满足列控车载设备按照目标距离模式控车和未装备列控车载设备的列车按四显示自动闭塞行车的要求。

20.4.14 列车运行控制系统应采集异物侵限、站台门、站台紧急关闭按钮等状态检测信息,并纳入列车运行控制系统控制。未设置列控中心设备车站的相关设备状态信息,由相邻车站的列车运行控制系统采集和控制。

20.4.15 根据运营需要,列车运行控制系统可采集防淹门和火灾报警的状态报警信息。

20.5 联 锁

20.5.1 有岔车站及车辆基地应设置联锁系统;无岔车站的联锁逻辑关系宜由邻近车站的联锁系统控制;线路所道岔应纳入联锁系统控制。

20.5.2 车站内设有多个车场且各车场相对独立时,宜分场设置联锁设备。

20.5.3 有岔车站的联锁系统可对无配线车站的信号进路进行安全控制。维修工区内道岔宜纳入联锁系统集中控制。

20.5.4 新建联锁系统车站应采用硬件安全冗余结构的计算机

联锁设备,并应符合现行行业标准《铁路车站计算机联锁技术条件》TB/T 3027 的有关规定。

20.5.5 道岔转辙设备设置应符合下列规定:

1 根据道岔型号,在道岔尖轨密贴段牵引点间设置密贴检查器。

2 联锁系统选排进路可分时分组转换道岔,多机牵引道岔转辙机宜采用分线分动控制方式。

3 道岔转辙设备控制电路应具有动作超时保护措施。

4 交流转辙设备控制电路应具有错相及断相保护措施。

20.5.6 信号机可采用色灯灯泡或 LED 方式。列车信号机若采用灯泡方式,应设置主灯丝断丝报警功能,常态灭灯的信号机宜具备冷丝检测功能;若采用 LED 方式,应设置 LED 故障报警和防止干扰误触发点亮功能。

20.5.7 联锁设备应具有与列车运行调度指挥、列控中心和信号集中监测等设备接口。

20.6 信号集中监测

20.6.1 市域铁路应设置信号集中监测系统,应通过汇集地面信号设备、车载信号设备等相关设备的运行状态和监测数据,实现信号设备健康状态及维护信息的集中存储、安全监督、智能诊断、综合分析等功能。

20.6.2 信号集中监测系统应通过数据通信方式与具备自监测功能的列车运行调度指挥系统、列控中心、临时限速服务器、联锁、ZPW-2000 系列轨道电路、道岔缺口监测、电源屏等设备接口,获取相关的监测信息。

20.6.3 信号集中监测系统宜直接采集不具备自监测功能的信号设备及其接口部分的模拟量和开关量信息。

20.6.4 信号集中监测系统在线采集信息时,严禁影响被监测对象的正常工作。

20.6.5 信号集中监测系统应设置中心级设备和车站级设备,监测终端设备应根据需要设置在相关维护管理部门。

20.6.6 信号集中监测系统接口应符合下列规定:

1 应通过网络或电气接口,与列车运行调度指挥、列车运行控制、联锁、车载 ATP、车载 ATO 等系统交互信息。

2 应通过网络或电气接口,与综合监控、移动通信等系统交互信息。

3 应具备时钟校核功能,确保接口各系统时钟的统一。

20.7 数据传输网络

20.7.1 数据传输网络应包括有线网络和无线网络,并应具备网络管理、维护功能。

20.7.2 列车运行调度指挥、列车运行控制和信号集中监测等系统的数据传输网络的网络安全和数据安全应采用数据分类分级保护,必须满足国家、地方和市域铁路信息安全等级保护相关要求。

20.7.3 有线网络应包括列车运行调度指挥、信号集中监测数据传输网络,CTCS-2级列车运行控制系统还应包括信号安全数据网;列车运行调度指挥数据传输网络、信号安全数据网应按双环网冗余结构设置。

20.7.4 市域铁路车地通信应采用无线通信网络。当需通过无线通信网络传输涉及行车及乘客安全的信息时,无线通信网络的 RAMS 指标应满足运营要求。

20.7.5 信号安全数据网设置应符合下列规定:

1 采用工业以太网网络设备构成冗余双环网,网络设备间采用专用单模光纤连接。

2 两个环网设备间互联光纤采用不同物理路径;同一环网

中设备间互联光纤与迂回通道使用的光纤采用不同物理路径。

20.7.6 列车运行调度指挥广域网设置应符合下列规定：

1 调度中心广域网包括市域铁路调度中心与其他调度中心之间，调度中心与车站之间、车站与车站之间的广域网络，应采用双通道连接，宜采用不同物理径路，双通道应接入互为冗余的两套网络设备。

2 调度中心与车站之间的广域网应采用冗余环形通道，每个环形通道车站数不超过 15 个，不同环形通道相对独立，信息交互应通过调度中心路由交换。

3 广域网宜采用专用数据传输链路，通道传输带宽不低于 2 Mbit/s。

20.7.7 信号集中监测广域网设置应符合下列规定：

1 广域网宜采用专用数据传输链路，通道传输带宽不低于 20 Mbit/s。

2 广域网宜采用环型结构，每隔 5 个～12 个信源点增加 1 条迂回通道与信号集中监测总机服务器相连。

20.8 信号电源

20.8.1 调度中心、车站、线路所、区间信号中继站、车辆基地均应设置信号电源设备，电源设备容量应根据信号设备用电量计算确定。

20.8.2 联锁、列控中心、临时限速服务器、安全数据网交换机、室外 LEU 和列车运行调度指挥等与列车运行相关的信号设备应由信号电源设备提供不同模块输出的双回路电源。

20.8.3 信号电源应采用双总线架构，电源设备应采用模块化、冗余结构并具有自检功能，且应能提供信号集中监测系统所需的监测信息。

20.8.4 信号不间断电源（UPS）设置应符合下列规定：

1 调度中心、车站、线路所、区间信号中继站、车辆基地等处应统一设置双套在线式UPS。

2 信号集中监测中心级设备和车站监测终端设备可设置单套在线式UPS。

3 UPS容量应按照除转辙机外的其他所有信号设备负荷用电量计算。

4 信号集中监测中心级设备和车站监测终端设备蓄电池供电时间不应小于10 min；其他有维护人员值守处所蓄电池供电时间不应小于30 min；无维护人员值守处所蓄电池供电时间不宜小于2 h。

20.9 光(电)缆线路与防护

20.9.1 信号传输线路应采用与使用环境及设备需求相适应的电缆或光缆。

20.9.2 室外信号电缆芯线备用量应符合现行行业标准《铁路信号设计规范》TB 10007的有关规定。

20.9.3 信号光(电)缆的防火性能应符合现行行业标准《铁路工程设计防火规范》TB 10063的有关规定，地下车站、区间及建筑物内的信号光(电)缆的防火性能宜符合现行国家标准《地铁设计防火标准》GB 51298的有关规定。

20.9.4 站内及市域铁路用地范围内的区间信号光(电)缆宜敷设在电缆槽内，地下范围可采用电缆支架敷设方式。信号光(电)缆与贯通电力电缆并行敷设时的防护距离应符合现行国家标准《通信线路工程设计规范》GB 51158的规定，或在二者之间设置实体隔断。

20.9.5 信号、通信光(电)缆宜同槽敷设。在市域铁路用地范围外敷设信号电缆时，应对电缆采取深埋及管槽防护措施。

20.9.6 信号光(电)缆引入及室内光(电)缆线路防护应符合现

行行业标准《铁路信号设计规范》TB 10007 的有关规定。

20.10 防雷及接地

20.10.1 室内外信号设备应采取雷电防护措施。信号设备与接触网之间的安全距离应符合现行行业标准《铁路信号设计规范》TB 10007 的有关规定。

20.10.2 信号电缆的同一芯线上任何两点间的感应电动势(有效值)应符合现行国家标准《电信线路遭受强电线路危险影响的容许值》GB/T 6830 的规定。

20.10.3 车站的扼流变压器、横向连接线的设置应符合回流畅通的要求。

20.10.4 涉及行车安全的信号设备受雷电干扰时不得产生非安全输出。

20.10.5 信号设备、信号设备房屋的防雷及接地应符合现行国家标准《建筑物电子信息系统防雷技术规范》GB 50343、现行行业标准《铁路防雷及接地工程技术规范》TB 10180 等有关技术标准的规定。

20.11 接口设计

20.11.1 信号专业应从行车专业获取区间信号布点、行车运行交路、列车运行间隔要求等资料,并共同确定行车调度指挥方式、调度区划分等内容。

20.11.2 信号专业应获取车辆基地股道停车要求等设计资料,并与车辆专业共同确定车辆基地的信号用房、电缆管线、停车库内信号机布置等内容。

20.11.3 信号专业应从线路专业获取线路线别、线路里程、线路设计速度、线路曲线以及线路坡度等资料。

20.11.4 信号专业与站场专业接口设计应符合下列规定：

1 提出道岔转辙装置和信号机的安装空间要求，信号电缆槽、电缆井、电缆手孔、过轨防护管槽及电缆防护设施等设计要求，列控系统对车站股道有效长和站台位置等设计要求。

2 获取车站、线路所、车辆基地的站场资料。

3 共同确定联锁集中控制范围以及轨道电路专用轨枕、绝缘轨距杆等的设置要求。

20.11.5 信号与轨道专业接口设计应符合下列规定：

1 提出站内机械绝缘节的设计要求，轨道电路补偿电容的设置位置要求，轨距杆的绝缘要求，无砟轨道区段的轨道钢筋绝缘处理要求、无砟轨道板处道岔转辙设备安装等设计要求。

2 获取钢轨配轨、胶结绝缘等设计资料。

3 共同确定钢轨伸缩器、轨道电路专用轨枕等设置要求，以及护轨区段应答器的设置要求。

20.11.6 信号专业应向路基专业提出信号电缆槽、电缆井、电缆手孔、过轨防护管槽及电缆防护设施等设计要求。

20.11.7 信号与桥梁专业接口设计应符合下列规定：

1 提出信号电缆槽、电缆手孔、过轨防护管槽及电缆防护设施等设计要求。

2 共同确定桥梁地段道岔转辙装置的设置要求，护轨区段应答器、计轴器的设置要求。

20.11.8 信号与隧道专业接口设计应符合下列规定：

1 提出信号电缆槽、电缆手孔、过轨防护管槽及电缆防护设施，隧道内信号设备防护等设计要求。

2 共同确定道岔转辙装置的设置要求。

20.11.9 信号专业与牵引供电专业的接口设计应符合下列规定：

1 提出轨道电路扼流变压器的设计原则。

2 获取牵引供电方式、牵引电流参数等。

3 共同确定高柱信号机、吸上线及轨道电路横向连接线的设置位置,采用应答器提供接触网电分相过分相信息或锚段关节信息时分相区的设置位置。

20.11.10 信号专业应向电力专业提出信号设备的用电负荷要求,并与电力专业共同确认接口处断路器设置等相关参数。

20.11.11 信号专业应向通信专业提出下列设计要求:

1 提出信号专用光纤、数据传输链路,以及信号无线网络等设计要求。

2 提出信号设备房屋设置环境监控装置需求,由通信专业统筹设置。

20.11.12 信号专业应向房屋建筑专业提出下列设计要求:

1 信号设备房屋面积、净高、净宽等需求。

2 预留信号设备大修倒替条件的要求。

3 信号设备房屋可设于综合站房内的要求。

4 区间信号中继站、线路所等信号设备房屋可与通信基站等房屋集中设置要求。

5 根据运营维护需要,提出信号检修及维护用房面积和相关配置需求。

6 室内信号设备布置及设备重量(或荷载)。

7 信号电缆槽道、电缆间、电缆手孔、过轨防护管槽及电缆防护设施等。

8 信号设备设施的综合防雷、电磁屏蔽等的设计要求。

9 车站信号设备计算机室应符合现行国家标准《数据中心设计规范》GB 50174 规定的 C 级标准。

20.11.13 信号专业应向暖通、给排水及相关专业提出对信号设备防护的暖通、排水和消防设施等设计要求。

20.11.14 信号专业应向站场、路基、轨道、桥梁、隧道、房屋建筑等专业提出信号设备设施的接地工程等设计要求。

21 信 息

21.1 一般规定

21.1.1 信息系统设计应遵循统一规划、统一标准、资源共享的原则,并应符合安全、可靠、先进、可扩展的要求。

21.1.2 信息系统技术方案应与市域铁路及相关线网规划、运营管理模式相适应。

21.1.3 市域铁路信息系统设计应考虑与相关系统的衔接。

21.1.4 信息系统宜由运输调度管理系统、客票系统、乘客信息系统、广播系统、时钟系统、动车组管理信息系统、办公信息系统等组成。

21.1.5 各信息系统可独立设置服务器或集中采用云平台部署模式,由云平台提供计算、存储及网络等通用IT资源。

21.1.6 信息系统的网络安全设计应符合国家及行业有关信息系统安全等级划分标准,并满足市域铁路网络安全的整体要求。

21.2 运输调度管理系统

21.2.1 市域铁路应设置运输调度管理系统,并符合市域铁路一体化调度指挥的需求。

21.2.2 运输调度管理系统应包括中心级运营调度管理系统和站段级运营调度管理系统。

21.2.3 运输调度管理系统应具备对管辖范围内市域铁路的相关调度指挥及管理功能。

21.2.4 运输调度管理系统宜具有计划编制、车辆调度管理、客运调度管理等功能。

21.2.5 运输调度管理系统宜设置数据库服务器、应用服务器、通信服务器、存储设备、调度台终端、网络设备、网络安全及维护管理设备等;运输调度管理系统可采用云平台部署模式。

21.2.6 根据运输作业的需要,在车站、车辆基地等基层站段可设置调度管理终端和配套的网络设备。

21.2.7 应统一运输调度管理系统与列车运行调度指挥、供电调度、综合监控、动车组管理等信息系统间的接口标准,实现相关信息的共享与交互。

21.3 客票系统

21.3.1 市域铁路客票系统应实现售票、检票、计费、收费、统计和结算全过程的自动化管理。

21.2.2 市域铁路客票系统设计应符合线网一体化运营、一票通的需求。

21.3.3 市域铁路客票系统应结合相关线网规划及运营管理模式,实现与相关线网客票系统的互联互通。

21.3.4 车票种类宜包括单程车票、储值车票等,可根据运营需要设置其他票种。

21.3.5 车票可采用非接触式 IC 卡、身份证、上海公共交通卡、电子车票、生物特征票等介质。

21.3.6 客票系统宜由中心级客票系统和车站级客票等子系统构成。

21.3.7 中心级客票系统宜具备客流统计、收益清分、运营管理、密钥管理、票务管理、交易管理、互联网售票、卡管理、业务管理、系统运行状态及客流数据监控等功能。应具备与交通卡、第三方支付平台等系统间的接口条件,系统外部接口应采用标准开放的通信协议。

21.3.8 中心级客票系统宜设置数据库服务器、应用服务器、存储设备、操作终端、车票编码分拣设备、网络及安全设备、维护管理设备等。系统可采用云平台部署模式。

21.3.9 车站级客票系统宜具有售票、检票、补票、退票、取票、充值等功能。

21.3.10 车站级客票系统宜设置车站服务器、操作员工作站、紧急按钮、打印机、网络及安全设备、自动售（取）票机、窗口售票机、自动检票机和手持检票设备。

21.3.11 自动售票机设置应符合下列规定：

 1 自动售票机设置位置及数量应考虑超高峰小时客流量、自动售票机处理能力、售票方式等因素，并与建筑布局相适应。

 2 每组自动售票机的数量不宜少于2台。

21.3.12 自动检票机设置应符合下列规定：

 1 自动检票机设置位置及数量应考虑超高峰小时客流量、自动检票机处理能力等因素，并与建筑布局及候检模式相适应。

 2 每组进出站处的自动检票机数量宜不少于3个通道，且每组中宜设置1台宽通道自动检票机，宽通道净距宜不小于900 mm。

 3 换乘车站的自动检票机位置及数量可根据跨线换乘、便捷换乘、换乘客流量等因素合理设置。

 4 潮汐客流明显的车站可设置双向自动检票机。

 5 车站控制室应设置紧急控制按钮，并应与火灾自动报警系统实现联动；当车站处于紧急状态或设备失电时，自动检票机阻挡装置应处于释放状态。

21.3.13 车站客票终端设备的所有金属外壳应可靠接地，以保证运营人员、维修人员及乘客的使用安全。

21.3.14 客票系统宜提供车站人工/自助购票、互联网购票等多种售票方式。

21.3.15 客票系统应具备实名制管理的功能，以符合运营管理的需要。

21.4 乘客信息系统

21.4.1 乘客信息系统应为旅客在购票、检票、候车、乘车等环节提供引导及资讯信息，为客运生产人员提供客运作业信息。

21.4.2 乘客信息系统应包括常态和辅助救灾两种运行模式，辅助救灾模式应向乘客和其他人员提供有序、快速撤离车站等相关信息。

21.4.3 乘客信息系统应采用中心、车站两级架构。

21.4.4 宜统一设置市域中心级乘客信息系统，应具备信源处理及编辑功能，宜实现对管辖范围内的车站级系统的集中管控和系统管理功能。

21.4.5 市域中心级乘客信息系统宜设置数据库服务器、应用服务器、接口服务器、存储设备、视音频切换及控制设备、操作终端、维护管理终端、网络及安全等设备。

21.4.6 车站级乘客信息系统宜设置控制器、显示终端、操作终端及网络等设备，根据运营管理需要可设置服务器。

21.5 广播系统

21.5.1 广播系统应在车站站厅、站台、出入口等区域提供列车运行及安全、向导、防灾等服务信息，以及提供工作人员作业通知，发生灾害时可兼作救灾广播。

21.5.2 广播系统宜采用数字制式系统。

21.5.3 广播系统应具备分区广播、临时插播、应急广播等功能。

21.5.4 广播系统应与火灾自动报警系统联动，发生火灾等灾害时应符合应急联动相关要求。

21.5.5 广播系统应采用中心、车站二级架构。

21.5.6 宜统一设置市域中心级广播系统,应实现对管辖范围内车站广播系统的集中管控,宜实现对车站、车辆基地(所、场)广播系统的统一管理。

21.5.7 市域中心级广播系统宜设置广播服务器、广播控制及功放设备、信源、话筒、操作终端、维护管理终端、网络及安全等设备;广播服务器等通用类IT设备宜采用云平台部署模式。

21.5.8 车站及车辆基地(所、场)广播系统宜设置广播主机、广播控制及功放设备、信源、话筒、扬声器等;车站广播系统根据运营管理需要可设置小区广播系统。

21.6 时钟系统

21.6.1 时钟系统应为旅客、工作人员及信息系统提供统一标准的时间信息。

21.6.2 时钟系统宜包括母钟及子钟等设备,在售票、候车、站台、办公管理用房等区域宜设置子钟。

21.7 动车组管理信息系统

21.7.1 动车组管理信息系统宜以资源共享技术为原则建立统一平台,实现调度中心管理和车辆基地运用检修作业的信息化管理。

21.7.2 动车组管理信息系统宜通过接入办公网络实现应用访问。

21.7.3 动车组管理信息系统宜具备动车组运用管理、维修管理、技术管理、设备管理、安全质量管理、统计与分析等功能。

21.7.4 动车组管理信息系统宜设置数据库服务器、应用服务器、存储设备、业务及维护管理终端等设备。

21.7.5 调度室内应设置作业调度管理终端设备,接收调度中心调度管理指令,并执行车辆基地统一作业调度管理。

21.7.6 运用检修设施库房宜设置工位终端设备,并具备人工录入现场数据和接收运用检修计划的功能。

21.7.7 检查库、检修库等大跨度空间可设置无线局域网,检修人员可配置无线手持终端。无线局域网的工作频率应符合国家无线电管理有关规定。

21.8 办公信息系统

21.8.1 办公信息系统宜具备电子办公、信息发布、资源管理等功能。

21.8.2 办公信息系统宜按中心级系统、站段级系统设计。

21.8.3 办公信息系统应设置数据库服务器、应用服务器、存储设备、业务及维护管理终端等设备。

21.8.4 在市域铁路调度中心、车站、段(所)等单位应设置办公管理系统终端及网络设备等。

21.8.5 系统 IP 地址资源应按网络信息资源规划的相关规定统一制定、统一分配。

21.8.6 办公信息系统应具备完善的网络安全措施。

21.9 运行环境

21.9.1 信息系统设备机房标准应符合现行国家标准《数据中心设计规范》GB 50174 等相关技术标准。

21.9.2 信息系统宜与其他系统合设机房,根据维护要求配置相应的维护用房。

21.9.3 条件具备时,机房装修、空调、电源、监控、管线等配套设施可采用集成化设计。

21.9.4 信息系统电源设置应符合下列规定:

  1 调度中心、车站、车辆基地的信息机房等处所应设置信息电源设备。
  2 信息系统宜设置在线式 UPS，UPS 可与相关专业合并设置。
  3 UPS 供电范围宜包括各信息系统服务器、网络设备、安全设备和售票等重要终端设备。
  4 蓄电池后备时间不宜小于 1 h。
21.9.5 信息系统机房、设备的防雷及接地设计应符合现行有关技术标准的规定。
21.9.6 信息机房宜设置电源及环境监控系统，对信息电源和信息机柜微环境进行监控，可与相关专业合并设置。

21.10 接口设计

21.10.1 相关系统专业应按信息系统要求设计设备用房、通风、空调、照明、消防及电力配套措施。

21.10.2 通信系统应按信息系统要求提供层级间网络传输通道。

21.10.3 乘客信息系统应获取行车实时运营时刻信息，宜在中心级与信号系统互联。

21.10.4 乘客信息系统应实现与火灾自动报警系统联动，火灾情况下显示紧急文本信息。

21.10.5 客票系统应实现与火灾自动报警系统联动。应急状态下，进出站自动检票机应按照消防疏散指令完成自动开放。

21.10.6 车站控制室综合后备盘上应设检票机紧急释放控制按钮。

21.10.7 广播系统与火灾自动报警系统共用广播扬声器时，广播系统应设置负载切换控制设备。

22 综合监控与安全防护

22.1 综合监控系统

22.1.1 市域铁路应设置综合监控系统，应满足运营管理的整体需求，并与行车指挥、环境与设备监控和管理、乘客服务等运营管理要求相适应。

22.1.2 综合监控系统的构成应采用集成和互联方式，宜集成环境与设备监控、门禁、站台门等系统；宜互联客票、广播、乘客信息、视频监视、时钟等系统；可根据需要集成或互联信号、火灾自动报警、供电调度等系统。

22.1.3 综合监控系统宜由中心级系统、车站级系统和主干网络等组成，采用中心和车站两级管理架构，中心级系统宜具备路网管理功能。当中心级系统故障时，车站级系统应能独立运行。

22.1.4 中心级综合监控系统宜由实时服务器、历史服务器、相关存储设备、各类调度员工作站、前端通信处理器、网络及安全设备等组成。

22.1.5 车站级综合监控系统宜由实时服务器、操作员工作站、前端通信处理器、综合后备盘、打印机、网络及安全设备等组成。

22.1.6 综合监控系统的服务器、调度员工作站、前端通信处理器、网络设备等关键设备宜采用冗余配置。

22.1.7 综合监控系统主干网络宜采用通信专业传输系统承载。

22.1.8 综合监控系统对被集成系统应具备监控和管理功能，对互联系统应具备监视和联动控制功能。

22.1.9 综合监控系统应具备在正常、灾害、阻塞和故障等工况下与相关系统的联动控制功能。

22.1.10 综合监控系统供电负荷等级应为一级负荷,可与市域铁路其他一级负荷合用一套电源设备,应急电源后备时间不小于1h。

22.1.11 综合监控系统利用系统平台采集信号、通信、信息、电力、环控、给排水等系统的相关状态信息,借助智能化技术,协助实现运营、管理、维护智能化。

22.1.12 综合监控系统可采用云技术架构,当综合监控系统部署在云架构平台时,由云架构平台提供综合监控系统所需的计算、存储和网络资源。

22.1.13 综合监控系统的信息安全及网络安全等级保护应符合国家现行有关标准的规定。

22.1.14 综合后备控制盘用于紧急情况下对关键设备的手动控制,主要控制内容应包括但不限于信号系统的紧急停车、扣车和放行,通风空调系统的紧急控制(模式控制)和消防联动,客票系统系统闸机紧急释放,门禁系统的门锁解禁,站台门系统的紧急开门,专用消防设备的紧急控制,自动扶梯的紧急停止。

22.1.15 扩展功能应基于综合监控系统平台,网络组建应利用综合监控系统主干网络和网络设备。

22.1.16 扩展功能应能满足运营管理、乘客服务、维修管理等多方面要求。

22.1.17 扩展功能应实现的功能包括但不限于能源管理、设备运行感知、一键开关站、综合信息可视化、客流监测、应急事件感知等。

22.1.18 扩展功能宜在车站实现相关监控功能,并在中心实现效果展示。

22.1.19 扩展功能的相关内容,可参考中国城市轨道交通协会2020年发布的《中国城市轨道交通智慧城轨发展纲要》,以及上海市轨道交通智慧相关的要求。

22.2 火灾自动报警系统

22.2.1 全封闭运行的车站、地下线、牵引变电所及系统设备机房、主变电所、车辆基地、调度中心应设置火灾自动报警系统。

22.2.2 火灾自动报警系统应具备火灾的自动报警、手动报警、通信和网络信息报警功能，并应实现火灾救灾设备的控制及与相关系统的联动控制。

22.2.3 火灾自动报警系统可由中心级监控管理系统、车站级监控管理系统、现场级监控设备及相关通信网络等构成。

22.2.4 火灾自动报警系统的中心级监控管理系统宜由服务器、操作员工作站、打印机、通信网络、不间断电源和显示屏等设备组成。

22.2.5 火灾自动报警系统的车站级监控管理系统应由火灾报警控制器、消防控制室图形显示装置、打印机、不间断电源和消防联动控制器手动控制盘等组成。

22.2.6 全线火灾自动报警与联动控制的信息传输网络宜利用通信或者综合监控系统的传输网络，火灾自动报警系统现场级网络应独立配置。

22.2.7 消防联动控制系统应实现消火栓系统、自动灭火系统、防烟排烟系统、消防电源、消防应急照明和疏散指示系统、消防广播系统、视频监视系统、客票系统、门禁系统、防火卷帘、电动挡烟垂帘、电梯等设备系统在火灾工况下的消防联动控制。

22.2.8 消火栓系统、自动灭火系统、防火卷帘、电动挡烟垂帘的控制应符合现行国家标准《火灾自动报警系统设计规范》GB 50116、《消防设施通用规范》GB 55036 及其他现行相关标准的规定。防烟、排烟系统的控制应符合下列规定：

    1 由火灾自动报警系统确认火灾，发布预定防烟、排烟模式指令。

2 消防专用的防烟、排烟设备由火灾自动报警系统直接联动控制；平时与火灾兼用的防烟、排烟设备，可由环境与设备监控系统或综合监控系统接收火灾模式指令进行联动控制，并保证优先执行火灾模式。

3 火灾自动报警系统直接联动的设备应在火灾报警显示器上显示运行模式状态。

22.2.9 消防联动对其他系统的控制可通过火灾自动报警系统或环境与设备监控系统、综合监控系统实现，并应具备下列功能：

1 自动或手动将广播转换为火灾应急广播状态。

2 自动或手动将视频监视系统切换至相关画面。

3 自动或手动将自动检票机开启。

4 自动解锁火灾区域门禁，手动解锁全部门禁。

5 按防火分区在配电室或变电所切断相关区域的非消防电源。

6 将电梯运行至疏散层，接收电梯的状态反馈信息。

7 按预设逻辑自动或手动控制消防应急照明和疏散指示系统的应急启动。

22.2.10 换乘车站的火灾自动报警系统宜集中设置，按线路设置的火灾自动报警系统之间应能相互传输并显示状态信息。

22.2.11 火灾自动报警系统现场设备设置应符合下列规定：

1 地下车站的站厅、站台、各种设备机房、库房、值班室、办公室、走道、配电室、电缆隧道或夹层、电梯井道上部、长度超过60 m的出入口通道和地下连通道应设火灾探测器。

2 地面及高架车站封闭式的站厅、站台、各类设备机房、管理用房、配电室、电缆隧道或夹层应设火灾探测器。

3 车辆基地的检修库、重要设备机房、可燃物品仓库、变配电室以及火灾危险性较大的场所应设火灾探测器，其中大空间场所宜采用吸气式感烟火灾探测器、线型光束感烟火灾探测器等。

4 非独立隧道、长度超过30 m的出入口通道及地下连通道应设手动报警按钮;设有应急疏散通道的区间或隧道,手动报警按钮应设置在应急疏散通道侧,电话插孔及消火栓按钮应结合消火栓设置。

22.2.12 车站消防控制室宜与车站控制室等结合设置,车辆基地宜在综合楼或检修库设消防控制室,在重要库房或办公区域内设置区域火灾报警控制器。

22.2.13 火灾自动报警系统应与其他系统共用接地装置,接地电阻不应大于1Ω;系统防雷应符合现行国家标准《建筑物电子信息系统防雷技术规范》GB 50343及其他相关标准的规定。

22.2.14 火灾自动报警系统接口设计应符合下列规定:

1 应向相关专业提出机房、通风、空调、电源和接地以及预留预埋等设施要求。

2 应向通信或综合监控系统提出传输通道和标准时间信号要求。

3 应向被联动控制的设备或系统提出联动控制要求。

22.3 环境与设备监控系统

22.3.1 地下车站、隧道内的防灾救援设施应设置环境与设备监控系统,地面及高架车站、车辆基地、运营调度中心宜设置环境与设备监控系统。

22.3.2 环境与设备监控系统应具备下列功能:

1 车站及地下线、车辆基地、运营调度中心机电设备的监控功能。

2 执行火灾联动和列车阻塞通风联动功能。

3 车站环境监控与节能运行管理功能。

4 设备管理及维护功能等。

22.3.3 被监控的对象宜包括车站通风、空调与供暖设备、隧道通风设备、给水排水设备、自动扶梯及电梯、站台门及防淹门、出入口/风井人防门、区间隔断门、照明系统、低压系统应急电源系统、车站环境参数等。

22.3.4 正常运行工况需要控制的设备应由环境与设备监控系统直接监控；火灾工况专用的设备应由火灾自动报警系统直接监控；正常运行与火灾工况均需控制的设备，平时可由环境与设备监控系统直接监控，火灾时环境与设备监控系统应能接收火灾自动报警系统指令，并优先执行火灾自动报警系统确认的火灾工况。

22.3.5 环境与设备监控系统应在车站级由综合监控系统集成，环境与设备监控系统的车站及中心级功能应由综合监控系统实现。

22.3.6 环境与设备监控系统设备应选择具备高可靠性、容错性、可维护性的工业级控制设备，控制设备应采取冗余措施。

22.3.7 环境与设备监控系统负荷等级应为一级负荷，应采用不间断电源供电，后备供电时间不应小于 1 h。

22.3.8 环境与设备监控系统应与其他系统共用接地装置，接地电阻不应大于 1 Ω；系统防雷应满足现行国家标准《建筑物电子信息系统防雷技术规范》GB 50343 及其他相关标准的规定。

22.3.9 环境与设备监控系统接口设计应符合下列规定：
  1 应向相关专业提出机房、通风、空调、电源和接地以及预留预埋等设施要求。
  2 应向综合监控系统提出传输通道和标准时间信号要求。
  3 应向被监控对象提出数据采集和控制要求。

22.4 门禁系统

22.4.1 车站、车辆基地、运营调度中心内涉及安全的重要设施的通道门、系统和设备用房及管理用房门应设门禁系统。

22.4.2 门禁系统构成、设备配置和布置应与运营管理模式相适应,根据需要可设置中心级系统、车站级系统和现场级系统。

22.4.3 线网内门禁系统宜采用统一授权管理和统一的技术标准。

22.4.4 门禁系统宜与综合监控系统实现集成或互联,宜采用综合监控系统的传输网络,门禁系统的界面宜纳入安防平台范畴。

22.4.5 门禁系统应与火灾自动报警系统联动控制,实现火灾时自动解锁火灾区域门禁的要求;车站综合控制室综合后备盘上应设紧急释放控制按钮。

22.4.6 门禁系统安全等级宜分为四级,系统配置应符合下列规定:

  1 一级应设双向读卡器,进门侧设密码键盘或其他识别装置,并与视频监视系统相互配合,实现安全联动监控。

  2 二级应设双向读卡器,进门侧设密码键盘或其他识别装置。

  3 三级应设双向读卡器。

  4 四级应设单向读卡器。

22.4.7 门禁系统的监控对象安全等级应符合下列规定:

  1 调度中心进入中央控制室的通道门应设置一级安全等级的门禁;重要设备机房应设置二级安全等级的门禁。

  2 无人值班的主变电所、牵引变电所通道门宜设置一级安全等级的门禁。

  3 车站票务管理室宜设置二级及以上安全等级的门禁;车站综合控制室宜设置三级及以上安全等级的门禁。

22.4.8 门禁系统的负荷等级应为一级负荷,宜采用不间断电源供电,后备供电时间宜为1 h。

22.4.9 门禁系统应与其他系统共用接地装置,接地电阻不应大于1 Ω;系统防雷应满足现行国家标准《建筑物电子信息系统防雷技术规范》GB 50343 及其他相关标准的规定。

22.4.10 门禁系统接口设计应符合下列规定:

  1 应向相关专业提出机房、通风、空调、电源和接地以及预留预埋等设施要求。

2 应向综合监控系统或安防系统提出传输通道和标准时间信号要求。

3 应配合火灾自动报警系统实现火灾时自动解锁火灾区域门禁的要求。

22.5 安全技术防范系统

22.5.1 市域铁路可根据需要设置安防集成平台。安防集成平台应集成管理入侵报警系统、安检系统，与综合视频监控系统、门禁系统互联。安防集成平台应能对安防各子系统进行统一管理。

22.5.2 根据运营管理需求，安防集成平台可按中心级系统、站段级系统设计。

22.5.3 安检系统设置应符合下列规定：

1 车站应设置安检仪、手持金属探测仪、防爆罐及防爆毯，安检仪宜采用双源双视角安检仪。

2 车站宜设置安全门。

3 车站宜设置爆炸物探测仪、液体检测仪等安检设备。

4 安检系统根据需要可具备人体测温功能。

5 换乘车站的安检设备位置及数量可根据跨线换乘、便捷换乘、换乘客流量等因素合理设置。

6 安检仪和安全门的设置位置及数量应根据安检区布置、乘客超高峰小时发送量、各乘客入口客流比例等因素综合确定。

7 安检仪功能和性能应符合现行国家标准《微剂量 X 射线安全检查设备 第1部分：通用技术要求》GB 15208.1 等有关标准的规定。

22.5.4 入侵报警系统设置应符合下列规定：

1 车站票务管理室、客服中心、车控室等区域宜设置入侵报警系统，车辆基地、隧道区间出入口、主变电所、区间风井紧急疏散出入口等处可设置入侵报警系统。

2 入侵报警系统应对设防区域的非法入侵行为进行有效的探测和报警,并应符合现行国家标准《入侵报警系统工程设计规范》GB 50394 等标准的规定。

3 入侵报警系统应设置控制设备、探测设备、报警设备。

4 入侵报警系统可与视频监控系统互联。

23 调度中心

23.1 一般规定

23.1.1 市域铁路应建立调度中心。

23.1.2 调度中心设计应遵循"一次规划、逐线接入"的原则,结合线网规模、开行方式、运营维护管理模式等因素进行设计。

23.1.3 调度中心建设规模应根据市域铁路线网总体规划及所需接入线路需求综合确定。

23.1.4 调度中心应对市域铁路运营的全过程进行集中监控和管理,具备计划调度、行车调度、供电调度、环境及设备监控调度、车辆调度、客运服务、设备维修等运营调度和指挥功能。

23.1.5 调度中心应兼作防灾和应急指挥中心,应具备防灾和应急指挥的功能。

23.1.6 调度中心设计应遵循安全和可靠原则,宜设置为独立建筑;与其他用途的建筑合建时,应设置独立的出入口通道,并应确保调度中心用房的独立性和安全性。

23.2 选址与规模

23.2.1 调度中心的选址应满足市域铁路运营需求,与所在地土地利用规划、城市总体规划、线网规划相协调,并结合线网规划、日常运维、应急指挥等因素综合确定,宜靠近主要线路和车站且方便运营管理的区域。

23.2.2 调度中心应避开各类污染源、振动源及干扰源等,并应设于污染源的上风向,同时应利用有利的地形和环境或采取相应设施隔离。

23.2.3 调度中心应结合监控管理线路数量、调度管理模式及配套实施的其他功能，经济合理地确定其规模及装修标准，并预留远期扩展空间。

23.3 工艺设计

23.3.1 调度中心工艺应根据线网规划、功能定位、建设规模、运营管理模式、组织架构及定员数量等要素进行设计。

23.3.2 工艺设计应满足安全可靠、易于运维、绿色环保、智慧高效等要求。

23.3.3 调度中心宜划分为调度大厅、设备区、调度管理区、综合区等功能区。各功能区的划分应结合线网规模、运作模式和管理模式等因素进行设计。

23.3.4 调度大厅和调度管理区应相邻设置；设备区应集中设置，同一专业的设备宜同层布置。

23.3.5 设备机房应避开强电磁干扰源；重要设备机房不应设在地下室，不应与消防水池相邻，不应与厕所、浴室或其他常态积水场所相邻或处于其下层。

23.3.6 调度大厅各系统设备的布置及设计应符合下列规定：

1 调度大厅内设备和调度台的布置应整齐、紧凑和美观，并应便于观察、操作和维修，同时应便于调度人员行动和疏散。

2 调度大厅内总体布置应以行车指挥为核心对综合显示屏和各调度台进行设计，各类调度台的规划应便于相互间的信息沟通。

3 综合显示屏和调度台宜呈弧形布置，综合显示屏显示专业信息的位置应与各专业系统调度台的设置位置相对应。

4 综合显示屏宜统一设置，综合显示屏的屏前应留有足够的视觉空间，应设置设备的检修空间。

5 调度台与综合显示屏最近距离应结合显示屏尺寸和最佳观感距离确定,且不应小于 2.5 m;相邻调度台前后之间的距离应留有足够的操作空间及维修空间,且不宜小于 1.6 m。

6 调度区域宜按专业调度岗位划分功能区,行车调度台宜集中设置在调度大厅中部。

7 调度台造型应美观、大方,并应符合人体工程学要求,应统筹考虑调度台面和台下设备的安装空间和散热要求。

8 各类调度台的显示终端、键盘及鼠标宜统一尺寸、颜色和安装方式。

9 调度大厅内不宜设置与调度、管理和安全无关的系统和设备,不应安装干扰影响设备运行的大功率电器设备及其他动力设备。

23.3.7 调度大厅设备机房、交接班室和打印室应与调度大厅同层相邻设置,应急指挥室的位置布局应便于对调度大厅及调度管理区的管理。

23.3.8 调度管理区应按照运营组织架构设置运营调度管理、技术管理、生产和作业管理等所需的办公和生活设施。

23.3.9 设备区各系统设备的布置及设计应符合下列规定:

1 设备机房的内部布局应整齐、紧凑,且便于观察、操作和维修。

2 设备机房的建筑布局应按系统划分,行车和供电调度设备机房的位置宜靠近调度大厅。

3 设备机房内不应有水管穿过;顶部环控风管的布置应避免管道产生的水滴落于电气设备上。

23.3.10 调度中心应有序敷设各类管线,宜采用综合管线和综合布线敷设方式。缆线选型和敷设防护应满足强、弱电和消防等专业的工艺要求;管线敷设路由宜满足距离较短、安全可靠和经济合理的要求。

23.3.11 设备机房内机柜之间的布线应结合机柜类型和空调风

管路位置进行布置。

23.3.12 综合布线和综合管线应满足检修、更新改造预留的要求;综合布线和综合管线应满足防火、防水和防鼠等要求。

23.4 建筑与结构

23.4.1 调度中心的建筑布局应以实用、经济、符合管理要求为原则,应满足整体工艺要求,体现市域铁路调度指挥的功能特点,应预留远期扩展空间。

23.4.2 调度中心应按绿色建筑设计,评价等级应不低于现行上海市工程建设规范《绿色建筑评价标准》DG/TJ 08—2090 规定的三星级要求。

23.4.3 调度中心宜采用建筑信息模型(BIM)技术开展设计和交付,宜满足建筑全寿命周期的信息化、智能化和可持续化要求。

23.4.4 调度大厅的建筑功能及空间应符合下列规定:

1 调度大厅宜设计为相对独立的封闭区域。

2 调度大厅净高应根据房间面积、视线要求及综合显示屏尺寸综合确定。

3 室内地面宜采用防静电架空地板,并应结合系统工艺要求设置调度台管线接口。

23.4.5 中心级系统设备机房净高应根据机柜高度、管线安装及环境控制要求综合确定,净高不宜小于 3.0 m,楼宇智能、消防等辅助设备机房净高不宜小于 2.8 m。

23.4.6 调度中心应设计设备运输通道,通道及门体宽度尺寸应满足特殊尺寸设备和材料的运输要求,建筑物入口至重要设备机房的通道净宽度不应小于 1.5 m。

23.4.7 调度中心结构设计除符合现行国家、行业标准外,还应符合下列规定:

1 结构的耐久性设计要求应与市域铁路的主体结构相一

致,设计工作年限为100年。

2 结构设计分别按施工阶段和使用阶段进行强度、变形等计算,同时满足环保、防火、防水、防锈蚀、防雷等要求。

3 结构净空尺寸应满足设备的安装、使用以及施工工艺要求。

4 建筑结构安全等级应按"一级"要求设计。

5 建筑抗震设防类别为重点设防类(乙类),抗震设防烈度为7度,设计地震分组为第二组。

6 建筑耐火等级应按"一级"要求设计。

7 地基基础设计应符合现行上海市工程建设规范《地基基础设计标准》DGJ 08—11的规定。

23.5 调度台

23.5.1 调度中心根据市域铁路的功能定位与运营需求,宜设置行车、供电、环境及设备监控、车辆、客运服务、综合维修等调度台。

23.5.2 调度台的数量、类型应根据线路条件、车站数量、行车密度、车辆基地布局、重要设施布局等因素进行统筹设计,应兼顾调度员在运输秩序异常或系统设备故障时的工作强度及事件处置复杂度等因素,合理设计调度台的空间位置关系及备用冗余数量。

23.5.3 调度中心应设置计划调度台,负责全线网的行车计划编制及管理。

23.5.4 行车调度台的设置应符合下列规定:

1 单个行车调度台的区段管辖范围宜不大于150 km和不多于30个车站。

2 当单个行车调度台管辖多个互不衔接的调度区段时,宜适当减少调度台管辖范围。

3 当单个行车调度台管辖衔接 3 条及以上线路的列车互联互通跨线运行时，宜适当减小调度台管辖范围。

4 应具备辖区范围内列车和调车作业的指挥、管理、集中控制等功能。

23.5.5 供电调度台的设置应符合下列规定：

1 宜按线路划分情况、调度业务工作量、接触网停送电条件、事故抢修等因素进行设置。

2 单个供电调度台的管辖范围宜为 200 km～400 km。

3 单个调度台宜设 2 套调度员工作站，并行运行，互为冗余。

4 应含供电系统实时监视、计划报表查看等调度作业显示，以及列车调度、视频监控、运营管理、环控系统显示。

23.5.6 环境及设备监控调度台的设置应符合下列规定：

1 应监视各站环控模式按计划运行，监控、检查各车站机电设备运行状态，监视各管辖区域火灾自动报警系统运行状态。

2 根据联动要求，对区间隧道通风以及各站进行模式控制。

3 单个调度台的管辖范围宜结合运营需求、实际业务量确定。

23.5.7 车辆调度台的设置应符合下列规定：

1 应实现中心调度人员对各车辆基地的动车组运用、检修业务的统一管理功能。

2 单个调度台的管辖范围宜结合实际业务量确定。

3 应实现对各车辆基地上报检修计划、检修实绩、车底交路等业务信息及各车辆基地间动车组配属转属流程的管理。

23.5.8 客运服务调度台的设置应符合下列规定：

1 应实现调度中心与动车组、车站的信息互通，满足客运服务应急管理、应急事件处理等业务要求。

2 单个客运服务调度台的管辖范围宜结合运营需求、实际业务量确定。

23.5.9 综合维修调度台的设置应符合下列规定：

1 应实现多专业协同维修及施工的计划管理、作业监督、专业协调、应急抢险。

2 宜实现对设备设施状态监控管理功能。

3 单个综合维修调度台的管辖范围宜不大于 300 km。

23.5.10 各类调度台宜配置备用调度台，并符合下列规定：

1 应承担临时或应急调度作业功能。在应急状态下，应能快速承接主用调度台的所有功能。

2 宜承担新增或调整业务测试功能。

23.6 网络安全

23.6.1 市域铁路关键信息基础设施应在网络安全等级保护制度的基础上，实行重点保护。建设关键信息基础设施应确保其具有支持业务稳定、持续运行的性能。安全保护措施应与关键信息基础设施同步规划、同步建设、同步使用，并遵循网络安全工作统一规划、统一建设、统一安全运营的原则，实现风险评估、安全统一管理及安全业务处理的网络安全管理闭环。

23.6.2 市域铁路关键信息基础设施应支持接入国家网信部门统筹协调建立的网络安全信息共享机制，应支持从相关部门及时获得技术支持和协助。

23.6.3 市域铁路计算机信息系统的网络安全等级保护技术设计包括各定级系统安全保护环境的设计及其安全互联的设计。

23.6.4 市域铁路计算机信息系统的网络安全保护环境的设计，应遵循"一个中心"管理下的"三重保护"体系框架，构建安全机制和策略，形成定级系统安全计算环境、安全区域边界、安全通信网络和安全管理中心的安全保护环境。

23.6.5 市域铁路各定级系统安全互联的设计，应对相同或不同等级的定级系统之间的互联、互通、互操作进行安全保护，确保用户身份的真实性、操作的安全性以及抗抵赖性，并按安全策略对信息流向进行严格控制，确保进出安全计算环境、安全区域边界以及安全通信网络的数据安全。

23.6.6 市域铁路保护对象安全保护等级应根据受侵害的业务系统及对其的侵害程度，应按现行国家标准《信息安全技术　网络安全等级保护定级指南》GB/T 22240 等有关标准确定。按照业务系统的安全保护等级，对保护对象采取分级分类保护措施。

23.6.7 市域铁路网络安全等级保护设计应充分考虑机房物理位置、物理访问控制、防盗、防破坏、防火、防水等因素对网络安全系统的影响，应符合现行国家标准《信息安全技术　网络安全等级保护基本要求》GB/T 22239 中对各定级系统安全物理环境的要求。

23.6.8 市域铁路宜为关键信息基础设施建立安全运营中心。

23.6.9 市域铁路宜为关键信息基础设施建立安全测评中心。

23.7　供电、防雷与接地

23.7.1 调度中心宜单独设置变电所。

23.7.2 调度中心防雷接地应符合现行国家标准《建筑物防雷设计规范》GB 50057 的有关规定，其防护类别不应低于第二类防雷建筑物。

23.7.3 调度中心强、弱电系统综合接地应统一设置，接地电阻不应大于 1 Ω。

23.8　其他设施

23.8.1 调度中心应设置火灾自动报警、环境与设备监控、火灾事故广播、自动灭火、水消防、防排烟等系统，宜设置智能楼宇系统。

23.8.2 调度中心应设置消防控制室、安保控制室，用房宜合并设置。

23.8.3 调度中心各分区出入口、主要通道和重要房间应设置视频监控摄像机和门禁终端。

23.8.4 通风空调应满足下列规定：

　　1 调度中心应根据房间功能和使用性质设置通风、空调系统。

　　2 调度大厅、管理用房、设备机房的空调系统应分开独立设置。

23.8.5 调度大厅、设备区、管理区、综合区的通风、空调系统宜分区设置，消防控制室的空调设施应独立设置。空调系统的选用应符合运行可靠、经济适用、节能和环保的要求，调度大厅及设备用房应采用正压送风方式。

23.8.6 调度中心应设置正常照明与应急照明。照明灯具应选择节能型、散射效果良好、使用寿命长及维修更换方便的灯具；灯具的布置宜与建筑装修和设备布置相协调。

23.8.7 调度大厅内的照明设计应符合下列规定：

　　1 调度大厅的照明应柔和均匀、无眩光，并应满足调度操作台面和通道的照度要求，在调度操作台面不应有阴影。

　　2 室内照明均匀度不宜低于0.7，并应采用分区调光。

　　3 调度操作台距地面0.8 m处的照度宜为150 lx～250 lx，并可调节。

23.9 接口设计

23.9.1 调度中心建筑总体布局应与城市规划整体协调，应满足与城市道路、建筑内部各机电工程的管线、设备设施等的接口衔接。

23.9.2 调度中心建筑工艺设计应满足通信、信息、信号、综合监控、电力监控等生产业务系统以及给排水、暖通、电力等配套支撑系统的运行要求。

23.9.3 调度中心系统设计应与列车运行调度指挥、供电调度、通信、客票、旅客服务信息、综合监控等系统的设计原则、功能相匹配。

24 车辆基地

24.1 一般规定

24.1.1 车辆检修应实行计划性预防修和状态修相结合的检修制度。车辆修程分为一、二、三、四、五级修，日常维修主要包含一、二级修，定期检修主要包括三、四、五级修。

24.1.2 车辆基地可分为动车段、动车所和存车场，其工作范围应符合下列规定：

　　1　动车段：承担车辆的各级检修、临修、整备及存放作业。

　　2　动车所：承担车辆的整备、日常维修、临修及存放作业。

　　3　存车场：承担车辆的整备和存放作业，可根据需要设置日常维修和临修设施。

24.1.3 车辆基地设置应符合下列规定：

　　1　车辆基地的布局、功能和设备设施的配置，应按照集中检修、分散存放的原则，根据市域铁路线网规划、建设时序、行车组织运营方案和检修工作量等确定。

　　2　车辆定期检修宜集中设置一处。

　　3　车辆基地规模应根据开行对数、列车编组、配属车辆数量、检修周期和检修时间确定。

24.1.4 车辆基地选址应符合下列规定：

　　1　用地应符合国土空间规划，与周边环境、景观相协调。

　　2　应有良好的接轨和收发车条件，减少空车走行距离。

　　3　宜避开工程地质和水文地质不良的地段，并具备良好的排水系统，基地布局应满足防洪、防淹要求，并应满足城镇内涝防治要求。

24.1.5 车辆基地需进行综合开发时,总平面布置应在保证运用检修功能和规模的基础上,对车辆基地的各项设备设施与综合开发内容进行统一规划,并应满足现行国家标准《地铁设计防火标准》GB 51298、现行上海市工程建设规范《城市轨道交通上盖建筑设计标准》DG/TJ 08—2263 的消防要求。

24.1.6 车辆基地产生的环境影响应进行综合治理,并应符合国家现行有关标准的规定。

24.2 总平面布置

24.2.1 车辆基地总平面布置应符合下列规定:

1 总平面布置和用地范围应按远期规模确定。

2 总平面布置应根据生产工艺、环保、消防、卫生、通风、采光等方面的要求,结合地形、地质、水文、气象等自然条件,布置建筑物、轨道、道路、管线及绿化等设施。车辆基地应有不少于2个与外界道路相连通的出入口,并满足消防要求。

3 车辆基地宜按存车、日常维修、定期检修、辅助生产、生活办公等功能分区布置。

4 车辆基地内的危化品应有单独隔离的存放区域,并应符合现行国家标准《建筑设计防火规范》GB 50016 等标准的有关规定。

5 空压机、变配电等设施宜邻近负荷中心。

6 用地面积应满足功能和布置要求,并满足远期发展需要。

24.2.2 车辆基地内线路配置应符合下列规定:

1 动车所应配置出入线、牵出线、存车线、车体外皮清洗线、检查库线、不落轮镟轮线、临修线等,根据需要可设置检修库线、静态调试线、人工清洗线、车底吹扫线、材料运输线、动态试验线等线路。

2 存车场应配置出入线、存车线等,根据需要可设置检查库线、牵出线、车体外皮清洗线、人工清洗线等线路。

24.2.3 车辆基地的各级检修列位数量应符合下列规定：

1 一、二级修检修列位按下式确定：

$$H = \frac{A \times T}{J \times I} \qquad (24.2.3\text{-}1)$$

式中：H——检查库列位数(列位)；
$\quad\quad A$——运用车和备用车数量(列)；
$\quad\quad J$——工作时间(h)；
$\quad\quad T$——库停作业时间(h)；
$\quad\quad I$——时间间隔(d)。

2 三、四、五级修检修列位应根据年检修工作量、年工作天数、作业时间、不平衡系数按下式确定：

$$H = S \times T \times \beta / D \qquad (24.2.3\text{-}2)$$

式中：H——检修库列位数(列位)；
$\quad\quad S$——年检修工作量(列)；
$\quad\quad T$——库停作业时间(d)；
$\quad\quad \beta$——不均衡系数，取 1.2；
$\quad\quad D$——年工作天数(d)，取 250 d。

24.2.4 车辆基地线路设计应符合下列规定：

1 出入线数量应根据存车规模确定。出入线与正线宜采用立体交叉。贯通式车辆基地主要方向出入线应为双线，另一方向可为单线。非贯通式车辆基地出入线应设 2 条，困难情况下，规模不大于 12 列位的存车场可设 1 条。

2 当仅考虑存车作业需求时，存车股道可按露天设计，存车线有效长应满足停放整列车长度加作业及安全距离的要求。

3 存车线数量宜根据运用车数、备用车数和调车列位数量确定，检查库线数量可计入存车线数量。

存车线有效长应根据列车长度、安全距离和信号设置方式确定。

4 检修(检查)库线应根据工作量计算确定,检查库线不宜少于4条。

5 车体外皮清洗线可采用贯通式、尽头式或八字形往复式布置,清洗装置两端股道有效长除应满足各停放1列车的要求外,还应考虑信号设置方式的因素。车体外皮清洗线数量应根据清洗作业量及清洗作业时间计算确定。

6 轮对踏面及受电弓检测设备应采用贯通式布置,两端股道宜各设置1节车体长度的平直股道。

7 临修线、不落轮镟轮线可采用贯通式或尽头式布置,不落轮镟轮设备前后股道有效长应满足各停放1列车加安全距离的要求,其中直线段长度不应小于设备长度与设备前后各1节车体长度之和。

8 牵出线数量应结合作业流程设置,有效长不应小于1列车长、牵引车长与安全距离之和。

9 静态调试线数量应根据检修作业量计算确定,长度和轨道铺设精度应满足整列车静止调试停放要求。

10 动态试验线长度应根据车辆性能、列车长度以及试验要求综合确定,动态试验线两端应设滑移式缓冲车挡,并应采取封闭措施。

11 动态试验线的技术标准应根据动车组性能、技术参数及试车速度等试验要求确定。

12 受用地条件限制,无法设置满足全速的动态试验线时,可按最高试车速度不低于50 km/h设计,也可考虑在符合线路条件的正线试车。

13 动态试验线应配置列控车载设备测试及试验的地面设备。

14 动态试验线可设置检查坑,并配置相应试车设备设施。

24.2.5 车辆基地各种单体有关部位的最小尺寸应根据单体类

型、检修工艺、设备布置等要求确定。

24.2.6 车辆基地内检修库线、检查库线应为平直线路,存车线宜为平直线路。

24.3 运用整备设施

24.3.1 车辆运用整备设施应根据存车、整备、日常维修等作业要求设计。

24.3.2 车辆运用整备应包含车载运行信息的采集、转储及处理,润滑油脂补充,车体外皮清洗,车厢内部清洁,车内垃圾收集及转运等作业内容,日常维修应包括走行部、制动系统、受电弓、电气系统、空调系统、列控装置、列车网络控制系统的检查与维修等作业内容。

24.3.3 车辆运用整备应设置检查库及辅助车间、临修库、不落轮镟轮库、车体外皮清洗库、轮对踏面及受电弓动态检测棚等,辅助车间宜在检查库边跨内集中设置,配备走行部、受电弓、空调系统、制动系统、行车安全装置等检测设备以及零部件立体存储设备等。

24.3.4 检查库设计应符合下列规定:

　　1 检查库长度应根据列车长度、检修工艺流程、运输通道宽度、厂房组合情况以及建筑、结构设计要求等因素确定。尽端式检查库可按一线一列位或一线两列位布置,贯通式检查库可按一线两列位或一线三列位布置。检查库长度宜按下式计算确定:

$$L_c = (L+0.5) \times N + (N-1) \times 8 + L_x \times 2 + L_y \times 2$$

(24.3.4)

式中:L_c——检查库长度(m);

　　L——列车长度(m);

　　0.5——停车误差(m);

N——每条线进行作业的列车列数(列),一线一列为1,一线两列为2,一线三列为3;

8——各列位间通道宽度(m);

L_x——车库一端斜坡长度(m);

L_y——车库两端横向通道宽度(m),取6。

检查库长度计算结果可根据厂房组合和建筑、结构设计要求等适当调整。

2 检查库高度应根据检修作业人员在车顶作业高度加安全距离及接触网导线高度综合确定。

3 检查库宽度应根据库线数量、线间距、作业场地、设备尺寸、人行及运输通道宽度等计算确定。

24.3.5 检查库设备配置应符合下列规定:

1 检查库内应设架空接触网,库前应设置接触网分段绝缘器、带接地的隔离开关,库内应设与隔离开关联锁的警示装置。检查库采用一线两列位布置形式时,两列位之间应设置接触网分段绝缘器。

2 库内承担日常维修的股道应设置轨道桥、检查地沟、立体检查作业平台及作业人员安全防护设施,平台下、地沟内应设照明设备。

3 库内应设车辆检修管理信息系统终端设备和接口。

4 库内各类管线应利用立体作业平台结构及屋架进行管线综合设计,各类管线应整齐、标识清楚、便于维护。

5 库内应设置安全联锁门禁系统,其数据应纳入车辆检修管理信息系统。

6 库内可根据需要设置车辆地面测试用电源等设备设施。

7 与车厢地板连通的作业平台上,每两节车厢宜设置1处上、下水设施及保洁机具用电插座。

24.3.6 检查库辅助车间宜在检查库边跨内集中设置,配备走行部、受电弓、空调系统、制动系统、行车安全装置等检测设备以及零部件立体存储核备等。

24.3.7 临修库设计应符合下列规定：

1 临修库长度宜根据单节车临修作业时更换单个转向架及车体作业需要确定；临修库宽度及高度应根据检修工艺、车辆限界、运输作业通道、车顶作业空间、起重机结构尺寸等因素计算确定。临修库长度应按下式计算确定：

$$L_c = L_1 + L_2 + L_3 \qquad (24.3.7)$$

式中：L_c——临修库长度(m)；

L_1——车库前端横向通道宽度(m)；

L_2——一节车长作业平台与转向架更换长度(m)；

L_3——车库末端横向通道宽度(m)，取 6。

2 临修库应配置转向架(轮对)更换设备、起重设备，库内应有备用转向架(轮对)及大部件存放场地。

3 临修库宜采用公铁两用牵引车作业模式。

4 库内宜设不小于 1 节车长度的作业平台与防护网。

5 临修库库前直线段长度不宜小于 20 m。

24.3.8 不落轮镟轮库设计应符合下列规定：

1 库内应设置不落轮镟轮设备及公铁两用车，不落轮镟床数量及形式应根据不落轮镟床能力和镟轮作业量计算确定。起重设备可根据需要设置。

2 不落轮镟轮设备基础前后宜各设 1 节车体长度的整体道床。

3 不落轮镟床与轮对踏面诊断装置间应通过车辆检修管理信息系统进行数据传输。

4 不落轮镟轮库可与临修库合设。

24.3.9 车体外皮清洗设备应设置清洗水处理及循环使用系统。清洗设备两端应设隔离开关和分段绝缘器，头车清洗位置可设无电区。上盖开发应考虑设强排风以避免燃弧。

24.3.10 轮对踏面诊断设备应采用通过式布置，宜设置挡光棚，轮对踏面诊断数据应通过车辆检修管理信息系统传输至车辆基地调度控制室。轮对踏面诊断设备宜与受电弓动态检测设备合设在一处。

24.3.11 存车线应设安全监控装置、照明设备、登车平台及停车标识牌。

24.3.12 人工清洗线与存车线股道间距应保证人工清洗线作业不影响邻线过车，并相应设置给排水、隔离开关、照明设备及硬化地面。

24.3.13 存车库内疏散距离可采用直线距离，即存车库内疏散距离为库内任一点至最近安全出口的直线距离。当有通道连接或墙体遮挡时，按折线距离计算。

24.4 检修设施

24.4.1 车辆定期检修设施应按车辆的三、四、五级检修作业及检修规程进行设计，承担不同修程的检修库其设备配置不同，包括检修库、转向架库、车体库、车体涂装库、静态调试库、部件检修库、列车吹扫设施和动车组试验线等。

24.4.2 检修库应包含三级修库与四五级修库等，其中三级修库、四五级修库应与转向架库、车体库、车体涂装库、静态调试库、部件检修库采用厂房组合方式。

24.4.3 检修厂房应集中布置，主要库房宜联跨布置，检修工艺关系密切的生产车间宜布置在检修库边跨内。

24.4.4 检修库设计应符合下列规定：

    1 检修库长度应根据车辆长度、检修工艺、运输通道宽度、厂房组合情况、建筑和结构设计要求等因素确定。

    2 检修库宽度应根据库线数量、线间距、作业场地、设备尺寸、人行及运输通道宽度及起重设备跨度等计算确定。

3 检修库高度应根据检修工艺、车辆限界、车顶作业、起重机结构尺寸等因素确定,库内地面宜与轨道顶面平齐。

4 库内管线应集中布置,并应整齐、便于维护等。

5 库内应设车辆检修管理信息系统设备终端及接口。

24.4.5 检修库设备配置应符合下列规定:

1 承担三级修作业的检修库内应设置固定式或移动式同步架车机、转向架转盘、起重设备、车体移动设备、转向架及大部件的拆装及起重设备、静态轮重检测设备等,并应根据检修需要配置作业平台及地面试验电源。

2 转向架库规模和检修台位应根据检修作业量、检修工艺和检修时间计算确定,检修作业量大时宜采用流水线检修方式。库内应配置转向架解体、组装、试验设备,并配备构架、轮对、轴箱等零部件的清洁、检修、探伤、喷漆、试验和起重运输设备。轮对、车轮、车轴等的存储宜采用立体存储方式。转向架库宜靠近检修库布置,库间转向架的运输宜采用轨道运输方式。

3 车体库应根据检修任务量、检修工艺和台位作业时间计算确定,并应配备满足车体部件的拆解、检修、组装、试验作业需要的设备,包括车体及部件运输设备。

4 车体涂装库应承担车体预处理、打磨、喷涂、干燥、标记等工作并配备相应设施。库内台位数量应满足车体涂装作业要求。库内应设置通风设备,并应采取消防和环保措施,库内设备均应满足防爆要求。

5 静态调试库应设置柱式检查地沟、作业平台、地面调试电源、安全联锁门禁系统等,根据需要可设置限界检测设备、轮重检测设备等。

24.4.6 车辆部件可采用自主修理和委托修理相结合的检修方式。采用自主修理方式时,应设置部件检修库,并配置相应检修设备;采用委托修理方式时,可在车辆基地内设置作业场地。

24.4.7 动车所宜设置吹扫除尘设施及辅助生产房屋。

24.5 其 他

24.5.1 车辆基地应配置车辆检修管理信息系统。

24.5.2 车辆基地应根据检修工作量设置材料备品贮存设施。

24.5.3 车辆基地内应设置调度控制室、综合办公楼、食堂、乘务员公寓、变配电设施、设备维修间、机动车及非机动车停放设施等生产、生活、办公设施。生产、生活等用气(汽)宜集中供应。

24.5.4 车辆基地内应设一定的救援设施,并应设置应急救援调度电话。

24.5.5 车辆基地应设置消防设施、污水处理设施和垃圾收集贮运设施。

24.5.6 车辆基地可根据需要设置蓄电池充电及存放间、危险品库、油脂化验室及易燃废弃物存放间等房屋。

24.5.7 车辆基地可设置压缩空气站,设置地点应邻近负荷中心,空压机容量应根据工艺要求计算确定。压缩空气站应按现行国家标准《压缩空气站设计规范》GB 50029 进行设计。

25 综合维修设施

25.1 一般规定

25.1.1 根据市域铁路技术特点,基础设施维修对象可划分为线上设施和线下设施,应根据维修对象的特点合理确定和规划基础设施维修体系。

25.1.2 基础设施维修应以预防为主、防治结合、严检慎修为原则,采用计划修与状态修相结合的方式,实施"天窗修",线上设施采用综合检测与综合维修模式。

25.1.3 基础设施维修应根据维修对象特点采用适合的维修管理方式,线上设施实行自主化、专业化管理,线下设施宜采用社会化维修。

25.1.4 市域铁路应建立完整的基础设施维修体系,设置包括运营公司维修主管部门、动态检测及大机维修中心、维修车间等在内的维修机构、维修设施,必要时可独立设置维修工区,共同承担市域铁路基础设施维修相关工作。

25.1.5 动态检测及大机维修中心、维修车间及维修工区应根据运营维护需求,同时结合运营维护管理模式进行设计。设置动态检测及大机维修中心时,动态检测及大机维修中心还应结合线网进行统一规划,按照资源共享原则设计。

25.1.6 动态检测及大机维修中心、维修车间及维修工区宜与车辆基地共址设置,避开工程地质和水文地质不良地段,并应有良好的排水条件。

25.1.7 动态检测及大机维修中心、维修车间及维修工区应设置维修信息系统。

25.1.8 未设置维修工区的车站,宜在车站设置维修值守房屋。

25.1.9 维修设备及生产生活房屋应根据维修需求进行配置,维修设备的配置还应考虑智能化、信息化功能。

25.2 动态检测及大机维修中心

25.2.1 动态检测及大机维修中心负责基础设施的动态检测及周期性维修作业,具备承担动态检测作业、大机维修作业、大型检测及维修车辆检修等任务的能力。

25.2.2 综合检测车、钢轨探伤车、综合巡检车、钢轨打磨车、接触网检测车、接触网抢修车组、线路维修机组等大型检测、维修车组,应根据检测及维修作业内容、作业量、维修周期、机械作业能力以及线网规模统筹配置。

25.2.3 动态检测及大机维修中心可根据需要配置生产用汽车、大型检测、维修车组的维修设备,以及其他相应仪器仪表、试验、化验设备等。

25.2.4 动态检测及大机维修中心总平面布置应符合下列原则:

　　1 动态检测及大机维修中心应设置于区域线网中心,与各线路连接顺畅,并宜与维修车间共址设置。

　　2 总平面布置应有利于检修作业,工艺流程顺畅,避免流程交叉、相互干扰;应近远期结合,预留发展条件。

　　3 动态检测及大机维修中心承担大型养路机械检修任务时,线路设置应符合下列要求:

　　　　1) 动态检测及大机维修中心内根据功能需要设置出入线、走行线、整备线、停放线、检修线、标定线、试验线、牵出线、材料装卸线等。

　　　　2) 动态检测及大机维修中心宜设置钢轨探伤车试验线,当配置维修机组时应考虑设置捣固车试验线。钢轨探伤车试验线的设置应根据车组性能、加速及制动距离和试验要求综合确定,配备符合测试及试验要求的地面设备、标准伤损钢轨等。捣固车试验线应设置 S 曲线及 300 m 直线段。

3）维修作业车停放线及材料线数量和长度应根据运营维护需求合理确定。

4）动态检测及大机维修中心内道岔应采用股道自动化集中控制。

4 当综合检测车以市域动车组为平台车辆时,其停放及检修设施宜与车辆基地统筹考虑。

25.3 维修车间

25.3.1 维修车间应按承担管辖范围内基础设施的维修管理及作业组织、静态检测、物资存储和调配、维修保养后的质量验收管理、组织紧急抢修等任务进行设计。

25.3.2 维修车间应结合区域线路情况综合设置,管辖范围宜为营业里程 150 km 左右。

25.3.3 维修车间设备配置宜符合下列原则：

1 工务维修可根据无砟和有砟轨道线路维护及抢修需要配置轨道车、平板车、汽车、轨料装卸等设备设施,以及工务检修需要的静态检测设备、小型维修、计量等机具。

2 供电维修可根据检测、维修及抢修需求配置汽车以及其他专用工器具、仪器仪表等设备。

3 其他专业维修及抢修用仪器仪表、备品备件及交通工具可根据需要配置。

25.3.4 维修车间总平面布置设计应符合下列原则：

1 维修车间宜设置于所辖线路的中部位置、规模较大的车站所在地,当设有车辆基地时,宜与车辆基地共址。

2 维修车间规模应根据管内基础设施的类型、数量、检修周期和时间,以及配属维修车辆计算确定。

3 维修车间总平面布置应有利于检修作业,确保工艺流程顺畅,避免交叉干扰;应有利于维修人员、机具、材料等通过轨行车辆、汽车及时顺畅到达维修作业现场。

4 维修车间线路设置应符合下列原则:

1) 维修车间线路应设置出入线、停放线、材料装卸线等,出入线的设置应便于作业车进出正线。
2) 维修车间内车辆停放线的设置应根据维修车间车辆配属及周期作业停放的车辆参数、数量等综合考虑。

5 装卸线侧的材料场地应有道岔存放和运输条件,并应设置轨道、弓网备料等材料存放场地和仪器、仪表、机具存放库,且应根据需要设置油料间、危化品存放间等。

6 维修车间应根据需要设置工务、供电、电务实操培训及练兵设施。

25.4 维修工区

25.4.1 维修工区应按承担管内基础设施的日常巡检与保养、临时补修和小型抢修、配合大型养路机械完成维修等任务进行设计。

25.4.2 维修工区管辖范围宜为营业里程 60 km 左右。

25.4.3 维修工区设备配置宜符合下列原则:

1 工务维修可配备养护、临修作业所需的维修设备、专用工具及备品备件。

2 供电维修可配备电力工程车、接触网检修作业车或接触网高空作业车、折叠梯车、专用检修工器具等,电力维修配备电力工程车、专用检修工器具等。在沿线采用高架桥地段上道较困难的工区,可配置高空作业汽车。

3 房建维修可配备工程汽车、升降平台、超声波探伤仪、应急照明设备、限界测量仪及测距仪等专业设备。

4 给排水维修可配置管道检漏仪、作业面潜水泵、手抬机动泵等专业设备。

5 其他专业维修用仪器仪表、备品备件及交通工具可根据需要配置。

25.4.4 维修工区总平面布置设计应符合下列原则：

1 维修工区宜设在管辖范围内配套设施相对较完善的车站；当设有停车场时，宜与停车场共址。

2 维修工区总平面布置应有利于维修人员、机具、材料通过轨行车辆、汽车及时顺畅到达维修作业现场。

3 维修工区线路设置应符合下列原则：

　　1）维修工区应根据维修需求，配置相应的大型养路机械停放线、轨道车停放线、接触网作业车停放线以及材料装卸线。

　　2）维修工区内车辆停放线的设置应根据工区车辆配属及周期作业停放的车辆参数、数量等综合考虑。

4 维修工区可根据检测、养护机具设备的类型、数量等配置相应机具库、轨道车库、油料间等生产房屋。工区宜按管内轨道的备料要求及弓网备料率设置存放场地及条件。

25.5 物资总库

25.5.1 物资总库宜结合线网规划以及各线情况统筹考虑，并宜与车辆基地、维修车间集中设置。

25.5.2 物资总库应设有各种仓库、材料棚和必要的材料堆放场地。

25.5.3 不同性质的材料和设备宜分库存放，存放易燃品仓库的建（构）筑物宜单独设置。

25.5.4 物资总库应设材料装卸线，可与维修车辆停放线共用。

25.5.5 物资总库应配备装卸起重设备和公路运输车辆。

26 给水排水

26.1 一般规定

26.1.1 给水系统的选择应结合市政供水系统现状及规划,根据市域铁路工程生产、生活和消防等各项用水对水量、水压和水质的需求,经技术经济综合论证确定,并应符合综合利用、节约用水的原则。

26.1.2 排水系统的选择应结合城镇排水现状及规划,根据排水性质、排水标准、排水出路综合确定,并满足批复的工程环境影响评价的有关要求。

26.1.3 给水排水系统的设计应符合下列要求:

1 给水水源应优先采用城市给水管网供水;当无城市给水管网时,应采用其他可靠的供水水源。

2 给水系统应充分利用市政水量水压;当市政水量水压不足以满足用水需求时,应设贮水调节设施及加压装置。

3 应采用生产生活与消防分开的给水系统。

4 生产给水应优先循环或重复利用。

5 排水系统应采用雨、污分流排水体制,应符合国家和上海市有关排水标准和排水体制的规定。车辆基地内的室外排水系统可根据所处周边市政管道的排水体制而定。

6 应优先采用重力流排水系统;当重力流无法排出时,应采用压力流排水系统。

7 给水排水设备宜设集中监控和信息管理系统,并预留上传到相关管理部门的接口。

26.1.4 给水排水管道、设备及附件的选型应符合技术先进、工艺成熟、安全可靠、经济合理的原则,规格宜统一。设计中应为施工安装、操作管理、维修检测以及安全保护等提供便利条件,并应符合下列规定:

1 给水排水管道的材质应根据管径、系统工作压力、材料力学性能、外部荷载、土壤性质、环境条件以及施工、维护等因素,经技术、经济、安全等综合分析确定。

2 给水排水管道不应穿越变电所、配电间、通信机房、信号机房、控制室等电气设备用房。

3 给水排水管道不宜穿越结构变形缝;当必须穿越时,应设置补偿管道伸缩和剪切变形的装置。

4 管道穿越地下结构外墙、屋面或钢筋混凝土水池(箱)的壁板或底板时,应设置防水套管。

5 室外明装和敷设在地下车站的风道、出入口通道内给排水管及管道上设置的阀门、配件、地上式水泵接合器和室外消火栓应设置防冻保温措施。室内冷却水管不设保温。地下车站公共区或穿越走道、管理用房的生产、生活给水管应设置防结露保温措施。保温材料均应满足现行国家标准设计图集《管道和设备保温、防结露及电伴热》03S401 的相关要求。

6 管道穿越轨道时,宜集中布置、垂直穿过,并应符合现行行业标准《铁路给水排水设计规范》TB 10010 的规定。

7 室外各类给水阀门井及水表井、排水检查井、消防水池取水口的井盖应具有防盗功能,各类井及地下构筑物的室外人孔应安装防坠落装置。

26.1.5 给水排水设计应按现行国家标准《公共建筑节能设计标准》GB 50189、《建筑节能与可再生能源利用通用规范》GB 55015 和现行行业标准《铁路工程节能设计规范》TB 10016 等的有关规定采取节水、节能措施。给水排水设备应采用节能、环保型设备,并应按自动化运行管理设计。

26.1.6 给水排水设计除应符合本标准外,尚应符合现行国家标准

《室外给水设计标准》GB 50013、《室外排水设计标准》GB 50014、《建筑给水排水设计标准》GB 50015、《建筑给水排水与节水通用规范》GB 55020等有关标准的规定。

26.2 给　水

26.2.1 给水系统用水量标准应符合下列规定：

1 工作人员生活用水定额为50 L/人·班，小时变化系数为2.5。

2 车辆基地职工淋浴用水定额应取40 L/人·次，宜采用定时供应。

3 结合市域铁路设置的公共厕所生活用水定额按现行国家标准《建筑给水排水设计标准》GB 50015中卫生器具的小时用水量计，小时变化系数为1.5，每日按18 h计。

4 车站站厅层、站台层公共区清扫水量按2 m³/d计。

5 空调水系统的补充水量按冷却循环水量的1‰～2‰计。

6 生产用水定额应按生产工艺、设备用水要求确定。

7 车辆基地浇洒道路及绿化用水定额按1.5 L/(m²·次)～2 L/(m²·次)，每日浇洒1次计。

8 各附属建筑物用水定额按现行国家标准《建筑给水排水设计标准》GB 50015确定。

9 车站管网漏失水量与未预见水量之和按最高日用水量的8%～12%计。车辆基地管网漏失水量和未预见水量按最高日用水量的15%计。

26.2.2 给水的水质、水压应符合下列规定：

1 生活用水的水质应符合现行国家标准《生活饮用水卫生标准》GB 5749的规定。

2 生活用水设备和卫生器具的水压应按现行国家标准《建筑给水排水设计标准》GB 50015确定。超压时，应采取减压措施。

　　3　生产用水的水质水压应满足工艺的需要。

26.2.3　给水系统的布置应符合下列规定：

　　1　车站内生产、生活给水的进水管宜从消防引入管水表井前接出，并应单独设置水表井。

　　2　地下车站的给水引入管宜通过新风井或出入口进入车站，倒流防止器宜设置在新风道内或出入口便于检修处。

　　3　室内生产、生活给水管道可布置成枝状管网。

　　4　冲洗栓给水管上应设置真空破坏器等防回流设施。

　　5　车辆基地室外每隔约 60 m～80 m 间距宜设置洒水栓。

26.2.4　洗手盆水嘴应采用非接触式或延时自闭式水嘴。

26.2.5　车站内有热水需求时，宜采用局部热水供应系统。车辆基地内的公共浴室、司机公寓、食堂等集中热水供应系统应优先采用太阳能热水供水系统，并设有辅助加热设施。

26.2.6　茶水间内的开水器应有防烫伤措施。

26.2.7　管材的选型应符合下列规定：

　　1　室外生活、生产给水管管径小于 DN100 时，宜采用给水塑料管或其他符合生活饮用水标准的管材；管径大于或等于 DN100 时，应采用球墨给水铸铁管或有可靠防腐措施的钢管。

　　2　室内生活、生产给水管道应选用耐腐蚀、安装连接方便可靠的管材，可采用薄壁不锈钢管、铜管、塑料给水管（塑料热水管）和金属塑料复合管（金属塑料复合热水管）等符合国家有关规定及生活饮用水卫生标准的管材。

26.3　排　水

26.3.1　生产、生活污水接入市政污水管之前应设置污水监测井，达到国家及上海市现行排放标准后方可排放。附近无城市污水排水系统或排水水质不达标时，应经过处理达到排放标准后再排放。车辆基地洗车库的废水应经过处理后重复利用；其他含油废水,不符合国家规定的排放标准时,应经过处理达到标准后排放。

26.3.2 污废水排水量计算标准应符合下列规定：

1 生活用水排水量按其用水量的95%计。

2 消防和清扫排水量应与用水量相同。

3 地下车站及区间隧道的结构渗水量应符合现行国家标准《建筑与市政工程防水通用规范》GB 55030的规定,渗水量根据隧道专业要求确定。

4 生产用水排水量按生产工艺要求确定。

5 结合市域铁路设置的公共厕所排水量按现行国家标准《建筑给水排水设计标准》GB 50015执行。

26.3.3 雨水排水量计算标准应符合下列规定：

1 设计暴雨强度按上海市最新暴雨强度公式计算。

2 屋面设计雨水量计算按现行国家标准《建筑给水排水设计标准》GB 50015中的要求。地面车站、高架车站、车辆基地内大库及综合楼屋面雨水管道工程设计重现期按10年计,设计降雨历时按5 min计。其他建筑屋面雨水管道工程设计重现期按5年计,设计降雨历时按5 min计。屋面雨水排水管道工程和溢流设施的总排水能力不应小于50年暴雨重现期的雨水量。

3 高架区间雨水量按50年暴雨重现期计算,集流时间以5 min计。

4 车辆基地内道路场坪排除雨水量按5年～10年暴雨重现期计算,集流时间以10 min～15 min计。

5 地下车站敞开出入口、风亭和隧道敞开引道段的排除雨水量按50年暴雨重现期计算,且按100年暴雨重现期复核管道及设备的排水能力,区间隧道敞开引道段雨水集流时间根据坡度、坡面流长度和地表粗度系数计算确定。

26.3.4 排水系统的布置应符合下列规定：

1 地面车站、高架车站、车辆基地的污水、废水宜采用重力流接入市政排水系统。

2 高架区间的雨水通过线路明沟收集,沿高架桥墩通过雨水立管接入市政雨水排水系统。

3 地下车站废水通过横截沟、地漏、排水管,重力流至废水泵房,通过泵房内的排水泵加压,经由风井或出入口排出室外。地下车站局部排水泵房宜设在地面至站厅层的自动扶梯基坑附近、站台板下、电梯井、风亭等不能自流排水而又有可能集水的低洼处。

4 地下隧道区间内的主排水泵房应根据隧道纵断面设置在线路实际坡度最低点。大盾构区间宜利用轨面下的空腔设置;小盾构区间宜结合联络通道设置,确有困难时可采用道床内置废水泵房的形式。

5 有条件的中间风井宜充分利用盾构降板设置主废水泵房。

6 地下区间隧道敞开引道段应在洞口适当位置设横向截沟和雨水排水泵房。

7 地下车站排水泵房的压力排水管宜通过风道或出入口接入城市排水系统,区间排水泵站及隧道洞口雨水泵站的压力排水管宜通过区间风井或穿过泵房顶部直接排出,无条件时,可经由车站直接接入城市排水系统或排至车站主废水池间接接入城市排水系统。

8 所有压力排水管在进入市政排水系统前应设置压力窨井。

9 车辆基地停车列检库、定修库、试车线、电缆沟等局部低洼处应设排水设施。

26.3.5 排水泵站的水泵台数应符合下列规定:

1 地下区间主排水泵房、辅助排水泵房和车站主废水泵房,排水泵应不少于 2 台,平时应一台工作,必要时应同时工作。排水泵的总排水能力应按消防时的排水量和结构渗水量之和确定。连接敞开段呈V字坡的地下区间主排水泵房及连接敞开段呈单坡的车站主排水泵房,宜增加1台最大排水能力的排水泵。穿越较大水域的区间,其两端车站的主废水泵房应增加1台最大排水能力的排水泵。

2 车站敞开出入口及敞开风井雨水泵房,排水泵不应少于2台,平时应一台工作,必要时应同时工作。

3 地下区间洞口雨水泵站的工作泵不应少于2台,宜设3台排水泵,平时二用一备,必要时应同时工作。

4 车站污水泵房应设2台污水泵,一台工作,一台备用,每台排水泵的排水能力不应小于生活排水设计秒流量。

5 工程分期实施时,先行实施隧道的最低处或临时需要排水的地方应考虑设置临时排水泵,并宜结合远期建设统筹考虑。

26.3.6 排水泵房的设计应符合下列规定:

1 排水泵站的布置要求应符合现行国家标准《室外排水设计标准》GB 50014的有关规定。

2 车站及区间雨水泵房的集水池有效容积,不应小于最大一台水泵5 min～10 min的出水量。车辆基地室外雨水泵房的集水池有效容积,不应小于最大一台水泵30 s的出水量。

3 地下车站污水泵房内宜采用污水密闭提升装置,污水密闭提升装置的污水泵每小时启动次数应满足其产品技术要求。当采用污水池时,集水池有效容积不宜小于最大一台污水泵5 min的出水量,且污水泵每小时启动次数不宜超过6次。

4 其他各类排水泵房的集水池有效容积,不应小于最大一台排水泵15 min～20 min的出水量。

5 车站和区间主排水泵房、洞口雨水泵房的集水池应设冲洗管、人孔和爬梯,集水池底应设集水坑,坡向集水坑的坡度不宜小于10%。

5 排水泵应采用液位自动控制、就地控制方式,并应在控制室显示排水泵工作状态和水位报警信号;车站和区间主排水泵、洞口雨水泵等重要位置应接入车站综合监控系统;不具备条件的,可预留接口及上传条件。

26.3.7 其他措施应符合下列规定:

1 地下车站厕所污水泵房的污水池应设透气管,透气管应接至排风井处。

2 硬聚氯乙烯排水管道穿越楼板及不同的防火分区时应设阻火圈。

26.3.8 管材的选型应符合下列规定:

1 室外重力排水管宜采用排水塑料管或钢筋混凝土管,应根据管径、埋深、水力条件等因素进行技术、经济比选,穿越铁路处宜采用Ⅱ级钢筋混凝土管。

2 室内重力流排水管道宜采用阻燃性塑料管或柔性接口机制排水铸铁管,压力流排水管宜采用钢塑复合管。开水器排水管应采用金属排水管或耐热塑料排水管。

26.3.9 车辆基地的雨水排水系统应结合上海市海绵城市规划,通过"渗、蓄、滞、净、用、排"相结合的技术措施,经过技术经济比较,采用渗透地面、屋顶绿化,以及设置雨水集蓄设施等技术措施对雨水进行就地消纳和回收利用。

26.4 接口设计

26.4.1 给水需引自城市自来水、排水需排入城市排水管网时,应向市政管理部门提出给水排水的水量、水压、水质以及管径、高程等接驳要求。

26.4.2 给水排水管道平行或穿越铁路时,应向相关专业提出给水排水管道敷设位置、深度及管沟、防护涵洞、防护套管等设置要求。

26.4.3 给水排水工程设计时,应提出给水排水设施平面布置、房屋面积与净高、室内地面高程、预留沟槽孔洞、工艺设备基础、起吊重量、用电需求及环境通风等要求。同时与建筑的屋面雨水设计进行衔接。

26.4.4 非市域铁路使用的商业设施,给水、排水系统应单独设置,可在车站实施时同步单独预留土建条件。

26.4.5 给水排水工程设计应根据设备运营管理需要,提出监测、监控、信息、通信需求。

26.4.6 换乘车站应根据换乘类型、建设时序,考虑资源共享,合理确定接口及预留条件。

27 通风与空调

27.1 一般规定

27.1.1 市域铁路通风与空调的设计范围包括车站、区间隧道、车辆基地、其他生产及生产辅助房屋等。

27.1.2 通风与空调系统应具有下列功能：

1 正常运行时，排除余热和余湿，降低空气含尘量，保证车站、区间隧道和其他生产及生产辅助房屋内部的空气质量、温度、湿度、气流速度、压力变化和噪声等均符合本标准相关规定。

2 列车阻塞在区间隧道内时，应向阻塞区间提供一定的新、排风量，维持列车内部乘客能接受的环境条件。

3 当车站、地下停车区域或其他生产及生产辅助房屋等内部发生火灾时，应能有效排烟，并向乘客、工作人员和消防人员提供必要的新风量。

4 当车站或区间发生有害气体入侵等事故时，应能实现通风换气，及时排除有害气体或污染物。

27.1.3 通风与空调设计应按最大预测客流和通过能力设计，并优先采用自然通风、利用自然冷源；车站、区间的进风应直接采自大气，排风应直接排出地面。

27.1.4 换乘车站以及与干线铁路、城际铁路及轨道交通等合建的枢纽车站，其通风与空调系统的设计应结合建筑方案、实施条件、换乘形式、工期及合建工程性质等综合确定。

27.1.5 车站范围内预留的综合（商业）开发区应具备通风与空调设施的设置条件，车站或车辆基地的新、排风井应与综合（商业）开发风井分别设置，确有困难时新风井可合并设置。

27.1.6 除地面及高架车站、地上建筑的冷冻水管、冷凝水管和冷媒管道的保温材料可采用难燃材料外,通风与空调系统的管道、保温及消声材料应采用 A 级不燃材料,且具有防腐、防潮、防蛀、耐老化和无毒性能;风道(管)系统的最大漏风量不得大于现行行业标准《通风管道技术规程》JGJ/T 141—2017 中的 B 级要求。

27.1.7 通风与空调设计应采用技术先进、工艺成熟、运行可靠、高能效等先进技术,空调通风设备应采取消声减振措施,满足有关规范要求。

27.2 设计标准

27.2.1 地面、高架车站的室内设计标准应符合下列规定:

  1 当站厅采用通风时,站厅内的夏季设计温度不应超过 35℃。

  2 当站厅采用空调时,站厅内的夏季设计温度不应高于 30℃,相对湿度宜为 40%～70%。

  3 站台空调候车室的夏季设计温度不应高于 28℃、相对湿度宜为 40%～70%。

27.2.2 地下车站公共区和长通道的室内设计标准应符合下列规定:

  1 夏季站厅空调设计温度不应高于 30℃、站台空调设计温度不应高于 28℃,相对湿度宜为 40%～70%。

  2 当长通道采用降温措施时,夏季空调设计温度宜为 28℃～30℃,相对湿度宜为 40%～70%。

  3 冬季设计温度不应高于 18℃且不低于 12℃。

27.2.3 车站公共区的新风量和空气质量应符合下列规定:

  1 空气调节时新风量不应小于 20 m^3/h 人,机械通风时新风量不应小于 30 m^3/h 人,且车站的换气次数宜不小于 3 次/h,

净高大于 6 m 的场所可按 6 m 空间体积计算。

2 空气中 CO_2 的小时平均浓度不应大于 1.5‰。

3 空气中可吸入颗粒物 PM_{10} 的日平均浓度不应大于 0.25 mg/m³。

27.2.4 地下区间设计标准应符合下列规定：

1 夏季小时平均温度不得高于 40℃，冬季日平均温度不应高于 18℃ 且不低于 5℃。

2 区间隧道新风量不应小于 30 m³/h 人，且应保证隧道内 CO_2 小时平均浓度不高于 1.0‰。

3 车厢内空气压力波动率不应大于 415 Pa/s、时段压力波动不应大于 800 Pa/3 s。

4 隧道机械通风时的换气量不宜低于 1 次/h。

27.2.5 设备管理用房的室内设计标准应符合下列规定：

1 主要设备管理用房的室内设计参数应符合表 27.2.5 的要求。

表 27.2.5 主要设备管理用房室内设计标准

房间名称	冬季 设计温度(℃)	夏季 设计温度(℃)	相对湿度(%)	换气次数(m³/h) 进风	排风
车站控制室、售票室、票务室	18	27	40~60	6	5
通信设备、信号设备、站台门控制室、公共无线设备室	16	24	40~60	6	5
牵引变电所、降压变电所、主变电所、配电室、机械室	—	36	—	按排除余热计算风量	
变电所控制室(蓄电池、SCADA室)、环控电控室	16	27			
站长室、站务室、值班室、休息室、更衣室、修理间、清扫员室、公共安全室、会议交接班室	16	27	<65	6	6

续表27.2.5

房间名称	冬季 设计温度(℃)	夏季 设计温度(℃)	相对湿度(%)	换气次数(m³/h) 进风	排风
通信电缆室、信号电缆室、盥洗室、车站用品间	—	—	—	4	4
茶水间	—	—	—	—	10
清扫工具间、气瓶室、储藏室	—	—	—	—	4
污水泵房、废水泵房、消防泵房	5	—	—	—	4
环控机房	—	—	—	6	6
厕所	>5	—	—	—	排风

注:厕所排风按每坑位100 m³/h计算,且当位于地下时小时换气次数不宜小于15次、地面及高架时不宜小于10次/h。

2 新风量不应小于30 m³/(h·人)。

3 空气中CO_2日平均浓度不应大于1.0‰,空气中可吸入颗粒物PM_{10}的日平均浓度不应大于0.15 mg/m³。

27.2.6 车辆基地内的运用库、检修库、物资总库、工程车库等室内设计标准应符合下列规定:

1 采用机械通风时,通风量宜为1次/h~2次/h,净高大于6 m的场所可按6 m空间体积计算。

2 当设置岗位降温设施时,作业区域设计温度不宜高于30℃、风速宜不高于3 m/s。

3 当车辆基地上盖开发或位于地下、不具备自然通风条件时,库外车道和轨行区域的机械通风量宜不小于0.5次/h~1次/h,净高大于6 m时可按6 m空间体积计算。

27.2.7 空调通风设备传至各功能区的噪声应满足相应区域要求,传至户外噪声应符合现行国家标准《声环境质量标准》GB 3096的规定和项目《环境影响报告书》要求。

27.2.8 地面高架车站、车辆基地、调度中心及地下车站、隧道等室外空气计算参数分别见表 27.2.8-1 和表 27.2.8-2。

表 27.2.8-1 市域铁路空调通风室外空气计算参数

室外计算温、湿度	地面高架车站、车辆基地、调度中心及地下车站设备管理区*	隧道与地下车站公共区
夏季空调室外计算干球温度(℃)	34.4	—
夏季空调室外计算湿球温度(℃)	27.9	—
夏季通风室外计算温度(℃)	31.2	28.4
冬季空调室外计算温度(℃)	−2.2	—
冬季空调室外计算相对湿度	75%	—
冬季通风室外计算温度(℃)	4.4	4.8

注：* 不仅限于所列场所，包括除隧道与地下车站公共区之外的所有场所。

表 27.2.8-2 市域铁路地下车站公共区夏季空调室外计算逐时干湿球温度

温度(℃)	时刻								
	5:00	6:00	7:00	8:00	9:00	10:00	11:00	12:00	13:00
干球	28.6	29.2	30.0	31.1	32.0	32.9	33.4	33.8	34.1
湿球	25.9	26.3	26.7	27.1	27.5	27.7	27.7	27.6	27.4
温度(℃)	时刻								
	14:00	15:00	16:00	17:00	18:00	19:00	20:00	21:00	22:00
干球	34.0	33.8	33.1	32.0	31.0	30.2	29.6	29.3	29.1
湿球	27.6	27.7	27.6	27.3	26.7	26.7	26.7	26.7	26.6

27.3 高架及地面车站、车辆基地、调度中心及其他附属建筑

27.3.1 高架及地面车站公共区的通风空调设计应符合下列要求：

1 车站公共区宜采用自然通风方式，必要时站厅可设置机

械通风或空调。

2 当站厅设置空调时,站厅通向站台的楼梯口、自动扶梯口以及出入口处宜设置风幕。

3 站台空调候车室应设空调降温设施,且宜采用分体式或多联分体式空调系统。

27.3.2 车站设备管理用房、车辆基地、调度中心和牵引变电所等生产房屋、生产辅助房屋等应根据作业性质和环境要求,设置通风和空调设施;办公用房、计算机房、餐厅和乘务员公寓等应设置空调设施。

27.3.3 车站和大型车库辅跨内的设备管理用房,空调系统宜采用多联分体式空调,且设备用房与管理用房、不同运行时间房间的系统宜分别独立设置。

27.3.4 牵引变电所、降压变电所应设置机械通风系统,通风量按排除余热量计算;当采用机械通风不能满足要求时,可设置空调降温系统;送风应设置初效过滤器;机械通风量或供冷量宜能根据室温和负荷变化进行调节。

27.3.5 车站、调度中心等 24 h 连续运行的重点设备机房,其空调通风系统应能满足设备不间断运行要求。

27.3.6 车辆基地的通风空调设计应满足下列要求:

1 运用库、检修库、物资总库、工程车库等宜采用自然通风,当不具备自然通风条件时应采用机械通风。

2 检修线、临修线、不落轮镟轮线等作业岗位夏季宜设岗位降温设施,且宜采用分散空调方式。

3 当库外车道和轨行区域不具备自然通风条件时,应设机械通风设施。

4 当车辆基地位于地下或上盖开发时,冷却塔、多联分体式空调(热泵)室外机、空气源热泵机组等散热散湿设备应设置在板地外或板地边缘通风良好的场所。

5 当上盖开发建设滞后时,与其结合设置的风井(口)应做好衔接。

6 车辆基地的通风空调设备宜设在机房内,当设在设备夹层或吊装在顶部时,应避免设在轨行线和各类功能线上方,且应方便日常维护。

27.4 地下车站和区间

27.4.1 地下段的通风与空调系统宜按站台设置全封闭站台门设计。

27.4.2 地下车站公共区的空调通风系统应符合下列规定:

1 车站公共区空调在对早、晚高峰和中午最高温度运营时段的夏季冷负荷逐时计算的基础上,按最大小时冷负荷确定,新风、出入口渗风冷负荷应按室外空调计算温、湿度确定,活塞风入侵负荷应按邻接区间活塞风温、湿度确定。

2 公共区宜采用集中式全空气空调系统,应具有全新风直流通风功能,且送、排(回)风机应采用变频调速技术。

3 当采用分散式空调系统时,还应设机械通风系统,机械通风能力应符合本标准第27.2.3条的要求。

27.4.3 连续长度大于60 m的地下通道和出入口通道,应采取通风或降温措施且宜独立设置。

27.4.4 区间隧道应优先利用列车行驶活塞效应进行通风换气,当活塞通风不能满足要求或不具备利用条件时,应采用机械通风方式。

27.4.5 区间活塞/机械通风井宜设置在车站端部,且应符合下列规定:

1 应根据正常运行时活塞风井的利用效率和区间温度确定活塞风井设置方案。

2 机械通风系统宜结合活塞通风系统设置,上、下行线的事故风机宜互为备用。

27.4.6 车站停车区域宜设置排热通风系统,且有条件时排热通风管道宜避免设在轨行区上方空间。

27.4.7 当长区间隧道仅靠两端车站的活塞和机械通风系统不能满足通风要求时,应设中间风井,中间风井宜位于区间等分位置。

27.4.8 地下车站设备管理用房除应符合本标准第27.3.2～第27.3.5条的要求外,还应符合下列规定:

    1 当采用分体式或多联分体式空调(热泵)机组时,地下设备管理用房还应设机械通风系统。

    2 当采用全空气空调系统时,应具备全新风直流通风功能,且单台风量大于10 000 m³/h的系统,宜采用变频调速技术。

    3 设置气体灭火的房间及气瓶间排风应直接排出地面。

    4 厕所、污水泵房应设置独立的机械排风、自然进风系统,排风应直接排出地面。

27.4.9 风道、风亭的设计应符合下列规定:

    1 除风机与地面之间的井道、区间通风系统风道(管)外,空调通风系统的风管(道)不应采用土建风道、风室;当无法避免时,应采取可靠的防漏风和绝热措施。

    2 风道内壁应光滑,当风道采用混凝土结构浇筑方式时,表面应采用水泥砂浆抹光。

    3 土建新风道内表面宜敷设瓷砖,且应设清洗及排水设施。

    4 土建风道、大型风室内不得放置配电柜、控制柜等其他设施;当必需放置空调室外机时,其设置不得影响气流流通面积,且应避让气流主体通道。

27.5 空调冷源及水系统

27.5.1 地下车站应优先采用分站供冷方式,且应符合下列要求:

    1 空调冷源宜选用电动压缩式冷水机组,且每座地下车站选用不少于 2 台冷水机组。

2 冷负荷量小且分散时,可采用风冷式制冷(热泵)机组、分体式或多联分体式空调(热泵)机组。

3 冷水机组的冷冻水供、回水设计温差不宜小于 6℃。

4 冷水机组和冷冻(却)水泵的单机均应能适应不低于 50%～100%负荷变化范围的调节能力。

27.5.2 冷却塔、多联分体式空调(热泵)机组的室外机应设置在通风良好的地方,并应与周围环境相协调,其噪声应符合现行国家标准《声环境质量标准》GB 3096 的有关规定。

27.6 通风与空调系统控制

27.6.1 市域铁路通风空调系统应设就地级控制、车站级控制和中央级控制,且符合下列规定:

1 高架及地面车站、地下车站设备管理用房、车辆基地、调度中心和主变电所等生产房屋、生产辅助房屋的通风与空调设备应设就地级控制、车站级控制。

2 地下车站公共区通风与空调设备应设就地级控制、车站级控制,当与其他车站通风空调、区间通风设备联合运行时,应设中央级控制。

3 地下区间的通风设备应设就地级控制、车站级控制和中央级控制。

27.6.2 应对车站、调度中心等建筑的空调通风系统进行监测与控制,其内容包括参数检测、参数与设备状态显示、自动调节与控制、工况自动转换、能量和能效计算等。

27.6.3 地下车站公共区的制冷空调系统应设智能化控制系统,应能自动跟踪空调负荷变化;当采用电动水冷式冷冻水循环系统时,供冷季制冷机房的运行能效比不宜低于 4.9、空调系统的运行能效比不宜低于 3.4。

27.7 接口设计

27.7.1 通风与空调系统应考虑与土建、电力、监控、给排水等相关专业设计接口。

27.7.2 车站、风井等建筑应为大型通风与空调设备设置运输、安装通道及孔洞,并装设起吊设施。

28 综合接地

28.1 一般规定

28.1.1 综合接地系统应包括贯通地线、接地装置，其中接地装置包括接地体（极）、接地端子和接地线。

28.1.2 综合接地系统应遵循等电位连接的原则。

28.1.3 下列范围内的铁路电气设备和金属构件应接入综合接地系统：

　　1 接触网支柱及距接触网带电体部分 5 m 范围以内的金属结构物和电气设备。

　　2 距贯通地线 20 m 范围以内的铁路建（构）筑物的接地装置。

28.1.4 综合接地系统的接地电阻不应大于 1 Ω。

28.1.5 综合接地系统应符合现行行业标准《铁路防雷及接地工程技术规范》TB 10180 的有关规定。

28.2 贯通地线、接地线

28.2.1 市域铁路双线线路两侧各敷设 1 条贯通地线，单线线路在列车运行方向的左侧敷设 1 条贯通地线。车辆基地宜设置贯通地线。

28.2.2 设置在电缆槽内的贯通地线与电缆之间应采取物理隔离措施。桥梁地段的贯通地线宜埋设于电缆槽下方的保护层内。

28.2.3 贯通地线截面积的选择应符合下列规定：

　　1 宜按照远期的牵引电流计算。

2 应符合正常情况下流过贯通地线最大牵引回流的要求。

3 应符合牵引网短路时通过瞬间大电流对动热稳定的要求。

4 应根据不同区段牵引回流的分布情况和隧道结构形式，分段考虑贯通地线型号。

28.2.4 贯通地线应符合现行行业标准《铁路贯通地线》TB/T 3479 的要求。

28.2.5 路基地段对应接触网支柱的同一里程处，设贯通地线的引接线，该引接线应与贯通地线同材质、同截面。

28.2.6 线路两侧贯通地线应进行横向连接。路基地段间隔宜每隔约 500 m 设 1 处横向连接线，横向连接线应与贯通地线同材质、同截面。桥梁地段利用梁端接地钢筋、隧道地段利用隧道接地钢筋实现横向连接。

28.3 接地体(极)和接地端子

28.3.1 桥梁接地体(极)设置应符合下列规定：

1 桩基础桥墩在基础外围的每根桩中应选用非预应力通长结构钢筋，并在承台中环接构成接地体(极)。

2 明挖基础桥墩在基底底面设一层钢筋网格作为水平接地体(极)，通过桥墩中的非预应力结构钢筋与梁体接地钢筋相接。

3 无砟轨道桥梁和道砟厚度小于 0.3 m 的有砟轨道桥梁，在梁体上表层适当位置处应利用非预应力结构钢筋作为纵向接地体(极)和横向接地体(极)。

4 在桥梁两侧的防护墙上部，利用其上表层的非预应力纵向结构钢筋作为接地体(极)。

28.3.2 隧道地段应根据不同的围岩等级利用隧道初期支护锚杆、钢架、环向接地钢筋、底板钢筋作为接地体(极)，并符合下列规定：

1 锚杆接地体(极)每个台车位设置 1 处，用作接地体

(极)的锚杆环向间距要求为锚杆长度的2倍。

2 用于接地体(极)的锚杆与同里程的钢架或环向接地钢筋焊接。

3 底板接地体(极)按照1 m间隔选用底板结构钢筋,接地体(极)按照1个台车位的长度考虑,间隔1个台车位设置1处。

4 在电缆槽的线路侧外缘应各选取1根纵向结构钢筋,与隧道锚杆接地体(极)或底板接地体(极)及二次衬砌内的防闪络接地结构钢筋焊接。

28.3.3 隧道二次衬砌中接地体(极)的设置应符合下列规定:

1 二次衬砌中有钢筋网的隧道和明洞,应利用二次衬砌的内层纵、环向结构钢筋作为接触网断线保护接地体(极)。

2 二次衬砌无钢筋时,仅设环向接地钢筋与接触网基础连接,作为接触网基础接地体(极)。

28.3.4 盾构隧道接地体(极)设置应符合下列规定:

1 盾构隧道内轨道板底层有减震钢筋网的,应利用轨道板底层的减震钢筋网作为接地极。

2 盾构隧道内轨道板底层没有减震钢筋网的,在隧道底层填充层内设置一层纵横交错的钢筋网作为接地极。

3 盾构隧道应利用区间风井、隧道内横向通道或综合洞室内的接地装置作为接地极。

4 在两侧通信信号电缆槽的线路侧外缘应各选取1根纵向结构钢筋,每100 m与隧道底板接地结构钢筋焊接。

28.3.5 路基地段应利用接触网支柱基础内的非预应力结构钢筋作为接地体(极)。当接触网支柱基础内没有非预应力结构钢筋时应增设接地钢筋。

28.3.6 地下车站利用隧道底层的结构钢筋作为接地极,作为接地极的纵、横向结构钢筋间应进行可靠连接。

28.3.7 桥梁接地端子设置应符合下列规定:

1 在每桥墩墩帽设置接地端子,用于桥墩接地体(极)与梁体接地体(极)的连接;接地端子与桥墩内接地钢筋应焊接。

2 在每跨梁底部设置接地端子,用于梁体与桥墩间的接地连接。

3 在每跨梁上部设置接地端子,用于贯通地线及轨旁设备、设施等的接地连接。

4 梁体上的接地端子均应在梁体内与其接地钢筋焊接。

28.3.8 隧道接地端子设置应符合下列规定:

1 在两侧通信信号电缆槽靠线路侧外缘上约每50 m设置接地端子,用于轨旁设备、设施的接地连接。

2 在每个隧道洞室垂直线路的两侧壁下方设置接地端子,用于洞室内设备、设施接地连接。

3 在隧道电缆槽内间隔100 m设置接地端子,用于贯通地线的接地连接。

4 隧道内所有接地端子均应通过连接钢筋与电缆槽外缘的纵向接地钢筋连接。

28.3.9 地下车站接地端子设置应符合下列规定:

1 在两侧电缆槽靠线路侧外缘上约每50 m设置接地端子,站台外缘上一般约每100 m设置接地端子,设备集中处应根据需要集中设置接地端子。

2 地下车站内所有接地端子均应通过连接钢筋与接地钢筋连接。

28.3.10 路基地段接地端子设置应符合下列规定:

1 接触网支柱基础侧面应预制接地端子,并通过分支引接线直接与贯通地线连接,接地端子应与接触网支柱基础内接地的结构钢筋焊接。

2 根据需要可在电缆槽内适当位置设置接地端子,并通过分支引接线与贯通地线连接。

3 根据信号轨旁等设备或设施需要,在距接触网支柱不小于15 m的适当位置设置接地端子。

28.4 接地及等电位连接

28.4.1 接闪器的设计应符合下列规定：

1 接闪器应设独立的接地装置。

2 接闪器接地装置与贯通地线或建筑物接地装置的距离不应小于15 m，小于15 m时应接入综合接地系统。

3 当接闪器接地装置接入综合接地系统时，其接入点与通信、信号及其他电子设备至综合接地系统的接入点，沿接地体的埋地长度不应小于15 m。

28.4.2 无砟轨道区段，每间隔约100 m的轨道板之间的纵向接地钢筋通过接地端子进行等电位连接，并与靠近的线路侧预埋的接地端子单点T形连接。

28.4.3 站台范围的接地连接应符合下列规定：

1 站台墙的台面上层靠线路侧0.6 m范围内的纵向结构钢筋与站台墙内的部分横向、竖向结构钢筋及接地端子连接构成站台墙接地体(极)，并与综合接地系统间隔约100 m连接1次。

2 站台上纵向长度超过2 m的金属构件应接地，有条件时应接入综合接地系统。

3 车站雨棚(如有)应与综合接地系统连接。

28.4.4 牵引供电系统的接地应符合下列规定：

1 贯通地线与完全横向连接线连接点、PW线或NF线的引下线与扼流变压器或空芯线圈中性点连接点宜在同一位置。

2 与车站建筑合建的所亭宜与车站建筑共用地网，其他牵引变电所、开闭所和分区所均应单独设置接地装置，与综合接地系统等电位连接应符合有关技术标准的规定。

3 牵引网中单独设置的防雷接地体(极)在贯通地线上的接入点与其他设备在贯通地线上的接入点间距不应小于15 m。

4 桥上的接触网支柱基础内的钢构件应与桥梁接地钢筋

连接。

    5 隧道、明洞内的接触网预埋件应与隧道、明洞接地钢筋连接。

    6 路基地段的接触网支柱基础接地端子应与贯通地线连接。

28.4.5 消防水管、电缆支架、声屏障等线路两侧的金属构件应就近与综合贯通地线连接。

28.4.6 包含导电材料的声屏障及支架应就近与贯通地线连接。

28.5 接口设计

28.5.1 牵引供电专业应向综合接地贯通地线设计专业提供最大牵引回流及最大短路电流。

28.5.2 沿线需接地防护的设备设施，均由各自专业负责完成接地装置的设计。应根据综合接地系统要求，就近接入综合接地系统，接地点接地电阻不应大于 $1\,\Omega$。

28.5.3 综合接地系统贯通地线及接地装置应纳入桥梁、隧道、路基、车站建筑等同步设计。

29 防 灾

29.1 一般规定

29.1.1 市域铁路应具有针对火灾、水淹、风灾、地震、冰雪和雷击等灾害的预防措施。

29.1.2 每条线路均应配备应对紧急情况下的防灾疏散和救援设施；市域铁路调度中心应具有对所辖线路的防灾调度指挥功能及监控功能。

29.1.3 车站、车辆基地应具有与上一级防灾指挥中心和市域铁路调度中心联网通信的功能，服从统一指挥和调动。

29.1.4 针对火灾应贯彻"预防为主，防消结合"的方针。一条线路、一座换乘车站及其相邻区间的防火设计应按同一时间发生一处火灾计。

29.1.5 车站、车辆基地与其上盖建筑的消防设计应各自独立；该类项目的防火设计宜符合现行上海市工程建设规范《城市轨道交通上盖建筑设计标准》DG/TJ 08—2263 的有关规定。

29.1.6 防火设计除应符合本标准的相关规定外，还应符合现行国家标准《建筑防火通用规范》GB 55037、《消防设施通用规范》GB 55036 等的有关规定。

29.2 建筑防火

29.2.1 下列建(构)筑物的耐火等级应为一级：
    1 地下车站及其出入口通道、风道。
    2 地下区间、联络通道、区间风井及风道。

3 调度中心、主变电所。

4 车辆基地内的易燃品库、危废品存放间、油漆库等甲、乙类火灾危险性类别生产房屋及一类高层建筑。

5 地下(或半地下)车辆基地内的建筑。

6 板地下部建筑。

29.2.2 下列建(构)筑物的耐火等级不应低于二级：

1 地上车站及地上区间。

2 地下车站(含区间风井)位于地面的出入口、风亭等地面建(构)筑物。

3 地上车辆基地除易燃品库、危废品存放间、油漆库等甲、乙类火灾危险性类别生产房屋及一类高层建筑外的其他建筑。

4 板地上部建筑。

29.2.3 下列部位或场所的耐火极限和防火分隔应符合下列规定：

1 地下车站的出入口通道及风道、区间风井及其风道等围护结构的耐火极限均不应低于3.00 h。

2 车站内站台至站厅垂直电梯井道围护结构的耐火极限不应低于1.00 h。

3 车站(车辆基地)控制室(含防灾报警设备室)、变电所、配电室、通信及信号机房、固定灭火装置设备室、消防水泵房、废水泵房、通风机房、环控电控室、站台门控制室、蓄电池室等火灾时需运行的其他房间，应分别独立设置，并应采用防火门(窗)、耐火极限不低于2.00 h的防火隔墙和耐火极限不低于1.50 h的楼板与其他部位分隔。

4 两个防火分区之间应采用耐火极限不低于3.00 h的防火墙和甲级防火门分隔；在防火墙上设有观察窗时，应采用甲级防火窗；防火分区的楼板应采用耐火极限不低于1.50 h的楼板。

29.2.4 在车辆基地上部建造其他功能的建筑时，车辆基地与其他功能的建筑之间应由板地分隔；板地自身的承重柱和承重墙的耐火极限不应低于 4.00 h、梁和板的耐火极限不应低于 3.00 h。板地下方车辆基地层间楼板的耐火极限不应低于 2.00 h。

29.2.5 车站与相邻商业等场所的连接、车站内商铺的设置均应符合现行国家标准《地铁设计防火标准》GB 51298 的有关规定。

29.2.6 站台和站厅公共区可划分为同一个防火分区。站厅公共区的建筑面积不宜大于 10 000 m²;当站厅公共区的建筑面积大于 10 000 m² 时,应划分防火分隔区,并应符合下列规定:

1 相邻防火分隔区之间可采用耐火极限不低于 3.00 h 的防火墙或耐火极限不低于 3.00 h 的特级防火卷帘进行分隔,防火卷帘设置应符合现行国家标准《建筑防火通用规范》GB 55037 的有关规定。防火卷帘和防火墙的比例可不限。

2 每个防火分隔区直通室外的安全出口数量不得少于 2 个。

3 各防火分隔区的出入口疏散通道应各自独立,不得共用或借用。

4 各防火分隔区直通室外的安全出口应分散布置,相邻两个安全出口之间的最小水平距离不应小于 20 m,且站厅公共区任一点至最近出入口通道口或疏散楼梯口的疏散距离不应大于 50 m。

5 站厅公共区内除可设置符合现行国家标准《地铁设计防火标准》GB 51298 规定的小商铺外,不得设置其他商业和任何可燃物。

29.2.7 车站设备与管理用房区防火分区的划分应符合下列规定:

1 地下车站、建筑高度大于 24 m 的地上车站每个防火分区的最大允许建筑面积不应大于 1 500 m²。

2 地上车站每个防火分区的最大允许建筑面积不应大于 2 500 m²。

29.2.8 地下车站、区间风井、车辆基地位于地面或上盖平台上的出入口、风亭、电梯和消防专用出入口等附属建筑,以及地上车站、地上区间、地下区间及其敞口段(含车辆基地出入线)等与周围建筑物、储罐(区)、地下油管、上盖建筑等的防火间距应符合现行国家标准《建筑设计防火规范》GB 50016、《汽车加油加气站设计与施工规范》GB 50156等的有关规定。

29.2.9 地下车站、地下车辆基地、有上盖建筑的车站及车辆基地的采光窗井与相邻建筑之间的防火间距应符合表29.2.9的规定;当相邻建筑物的外墙为防火墙或在采光窗井与相邻建筑物之间设置防火墙时,防火间距不限。

表29.2.9 采光窗井与相邻建筑之间的防火间距(m)

建筑类别	裙房和其他民用建筑			高层民用建筑	丙、丁、戊类厂房、库房			甲、乙类厂房、库房
建筑耐火等级	一、二级	三级	四级	一、二级	一、二级	三级	四级	一、二级
采光窗井	6	7	9	13	10	12	14	25

注:表中甲、乙类厂房、库房指板地投影线范围以外的建筑。

29.2.10 消防水泵房的布置和防火分隔应符合现行国家标准《建筑防火通用规范》GB 55037的有关规定;地上车站的消防水泵房宜布置在首层,当布置在其他楼层时,应靠近安全出口;地下车站的消防水泵房应布置在站厅层及以上楼层,并宜布置在站厅层设备管理区内的消防专用通道附近。

29.2.11 调度中心宜独立设置,不应与商业、娱乐等人员密集的场所合建,并应避开易燃、易爆场所;当与其他建筑合建时,调度中心应采用无门窗洞口的防火墙与建筑的其他部分分隔。

29.2.12 主变电所宜独立设置。

29.2.13 地下车站、地下车辆基地、区间风井、有上盖建筑的车站及车辆基地的各风亭采用侧面开设风口时,应符合下列规定:

1 当进风亭、排风亭、活塞风亭的风口均位于同一方向时,排风口、活塞风口应高于进风口,且高差不应小于5m。

2 当有高差但不足 5 m 时,各风口口部应错开方向布置,且两两之间的水平距离不应小于 5 m。

3 当无法满足本条第 1、2 款的要求时,各风口口部之间的距离应符合本标准第 29.2.14 条的规定。

29.2.14 当进风亭、排风亭、活塞风亭均采用顶面敞口的低风亭时,各风亭之间的净距应符合下列规定:

1 进风亭与排风亭、活塞风亭之间不应小于 10 m。

2 活塞风亭之间、活塞风亭与排风亭之间不应小于 5 m。

29.2.15 有排烟功能的排风亭、活塞风亭,其排风口、活塞风口口部与车站出入口口部的净距应大于 10 m;当无法满足时,排风口、活塞风口口部应高出车站出入口口部 5 m;排风口、活塞风口与消防专用通道出入口口部的净距不应小于 5 m。

29.2.16 地上车站、车辆基地、调度中心、主变电所等建筑应设消防车道,消防车道的设置应符合现行国家标准《地铁设计防火标准》GB 51298、《建筑设计防火规范》GB 50016 的有关规定。

29.2.17 车站安全出口设置应符合下列规定:

1 每个站厅公共区安全出口数量应经计算确定,且应设置不少于 2 个直通室外的安全出口。

2 安全出口应分散布置,且相邻两个安全出口之间的水平距离不应小于 20 m。

3 换乘车站共用一个站厅公共区时,站厅公共区的安全出口应按每条线不少于 2 个设置。

4 地下一层侧式站台车站的每侧站台安全出口数量应经计算确定,且应设置不少于 2 个直通室外的安全出口。

5 站厅公共区与商业等非市域铁路功能场所的安全出口应各自独立设置,两者间的连通口、防火隔间、上下联系楼扶梯间等均不得作为相互间的安全出口。

6 地下换乘车站的换乘通道不应作为安全出口。

7 车站设备与管理用房区域每个防火分区的安全出口不应

少于2个。其中,有人值守的防火分区应有一个安全出口直通室外,另一个可利用与相邻防火分区相通的防火门或能通向站厅公共区的出口作为安全出口。

8 站台设备管理区可利用站台端门疏散。但当有人值守时,应至少设置1个直通室外的安全出口。

9 设备区的安全出口不得开向站台至站厅楼梯的中间平台。

29.2.18 车站安全疏散应符合下列规定:

1 站台和站厅公共区以及换乘通道内任一点至最近的安全出口或用于疏散的楼(扶)梯口的距离不应大于50 m。

2 地下出入口通道的长度不宜超过100 m;当大于100 m时应增设安全出口,且该通道内任一点至最近安全出口的疏散距离不应大于50 m。

3 出入口通道和其他用于乘客疏散的专用通道内、站台层以及站厅公共区的乘客疏散区内不得设置商业场所,也不得设置妨碍乘客疏散的设备、设施及其他非市域铁路功能的设施。

4 乘客的疏散路径上不应设置防火卷帘。

5 车站设备管理用房直接通向疏散走道的疏散门至最近安全出口的距离,当疏散门位于两个安全出口之间时,疏散门至最近安全出口的距离不应大于40 m;当疏散门位于袋形走道两侧或尽端时,疏散门至最近安全出口的距离不应大于22 m。

6 电梯、竖井爬梯、消防专用通道以及管理区的楼梯不得计作乘客的安全疏散设施。

29.2.19 车站楼梯和通道的通行宽度应符合下列规定:

1 天桥和通道不应小于2.4 m。

2 公共区单向人行楼梯不应小于1.8 m。

3 公共区双向人行楼梯不应小于2.4 m。

4 消防专用楼梯不应小于1.2 m,站台至轨行区的工作梯(兼区间疏散楼梯)不应小于1.1 m。

5 车站和区间用于乘客疏散的楼梯不应小于1.8 m。

6 设备管理区房间单面布置时,其疏散通道宽度不得小于1.2 m,双面布置时,其疏散通道宽度不得小于1.5 m。且应满足各房间的门均完全开启时通道的疏散净宽度不应小于1.1 m。

29.2.20 站台至站厅或其他安全区域的疏散楼梯、自动扶梯和疏散通道的通过能力,应保证在远期或客流控制期中超高峰小时最大客流量时,一列进站列车所载乘客及站台上的候车乘客能在4 min内全部撤离站台,并应能在6 min内全部疏散至站厅公共区或其他安全区域。

29.2.21 乘客全部撤离站台的时间应符合下式计算结果:

$$T = \frac{Q_1 + Q_2}{0.9[A_1(N-1) + A_2 B]} \leqslant 4 \text{ min} \quad (29.2.21)$$

式中:T——乘客全部撤离站台的时间(min);

Q_1——远期或客流控制期中超高峰小时最大客流量时一列进站列车的载客人数(人);

Q_2——远期或客流控制期中超高峰小时站台上的最大候车乘客人数(人);

A_1——一台自动扶梯运行时的通过能力[人/(min·台)];

A_2——单位宽度疏散楼梯的通过能力[人/(min·m)];

N——用作疏散的自动扶梯的数量(台);

B——疏散楼梯的总宽度(m),每组楼梯的宽度应按0.55 m的整倍数计算。

29.2.22 在公共区付费区与非付费区之间的栅栏上应设置平开疏散门。自动检票机和疏散门的通过能力应满足下式要求:

$$A_3 + LA_4 \geqslant 0.9[A_1(N-1) + A_2 B] \quad (29.2.22)$$

式中:A_3——自动检票机门常开时的通过能力(人/min);

A_4——单位宽度疏散门的通过能力[人/(min·m)];

L——疏散门的净宽度(m),按0.55 m的整倍数计算。

29.2.23 车站应在有车控室等主要管理用房的防火分区内设置消防专用通道及楼梯间,并应方便到达各层。当地下车站超过3层(含3层)或埋深大于10 m时,消防专用楼梯间应为防烟楼梯间;消防专用出口可兼作车站管理用房区的安全出口。

29.2.24 区间的安全疏散应符合下列规定:

1 载客运营的区间道床面应平整、连续、无障碍物,并应满足人员疏散行走的要求。

2 每个区间轨道区均应设置到达站台的疏散楼梯。

3 两条单线区间隧道应设联络通道,相邻两个联络通道的距离不宜大于600 m,困难条件下不应大于1 000 m。联络通道内应设置一道并列2樘且反向开启的甲级防火门,门扇的开启不得侵入限界。

4 载客运营的区间应设置纵向疏散平台,当纵向疏散平台为单侧临空时,其平台宽度不宜小于0.6 m;当纵向疏散平台为双侧临空时,其平台宽度不宜小于0.9 m。同时,应在区间壁的墙上设置靠墙扶手,高度宜为0.9 m;疏散平台上部净空不应小于2.1 m。

5 直线地段和曲线地段纵向疏散平台距轨道中心线高度应统一按低于车厢地板面高度150 mm～200 mm确定。

6 疏散平台的耐火极限不应低于1.00 h。

29.2.25 建筑构造与装修应符合现行国家标准《地铁设计防火标准》GB 51298的有关规定。

29.2.26 疏散指示标志应符合现行国家标准《地铁设计防火标准》GB 51298、《消防应急照明和疏散指示系统技术标准》GB 51309等的有关规定。

29.3 消防给水与灭火设施

29.3.1 车站、区间及其附属建筑的消防给水与灭火设施设计应符合现行国家标准《地铁设计防火标准》GB 51298 的有关规定。调度中心、独立设置的变电站(所)和车辆基地内建筑的消防给水与灭火设施设计应符合现行国家标准《建筑设计防火规范》GB 50016 及《火力发电厂与变电站设计防火标准》GB 50229 的有关规定。

29.3.2 消防用水量应按一条线路、一处车辆基地、一座车站(含换乘车站)同一时间内发生一次火灾时需要同时作用的室内外消防系统用水量之和计算。

29.3.3 消防给水系统应充分利用市政给水设施;当市政给水的水量、水压不满足消防用水要求时,应根据现行国家标准《消防给水及消火栓系统技术规范》GB 50974 的要求设置相应的消防储水和增压、稳压设施。

29.3.4 消火栓系统的设计应符合下列规定:

    1 除地上区间外,车站、附属建筑及车辆基地应设置室外消火栓系统。

    2 车站及其相连的地下区间、长度大于 20 m 的出入口通道及换乘通道、长度大于 500 m 的独立地下区间、区间风井应设置室内消火栓系统,地下区间及配线区内消火栓的间距不应大于 50 m。

    3 地面有上盖的车辆基地在板地下方的道路和咽喉区应设置室外消火栓,其余各区域均应设置室内消火栓。上盖平台上灭火救援口的 15 m~40 m 范围内应设置室外消火栓。室外消火栓的供水压力不应小于 0.1 MPa,以该消火栓所在位置地坪算起。

    4 地下、半地下车辆基地的道路区域和露天区域应设置室外消火栓,其余有板地覆盖的各区域均设置室内消火栓,库外轨道区域室内消火栓的间距不应大于 50 m。

    5 其他应符合现行国家标准《消防给水及消火栓系统技术规范》GB 50974 和《地铁设计防火标准》GB 51298 的有关规定。

29.3.5 下列场所应设置自动喷水灭火系统:

1 地下车站的站厅、站台的公共区。

2 存车库、检查库及上述库房的辅跨;地下、半地下和上盖设置了其他功能建筑的存车场、检修库、工程车库及上述库房的辅跨。

3 现行国家标准《建筑防火通用规范》GB 55037 规定的其他场所。

29.3.6 自动喷水灭火系统的设计应符合现行国家标准《自动喷水灭火系统设计规范》GB 50084 的有关规定;车站的火灾危险等级宜按中危险Ⅰ级执行。

29.3.7 地上3层及以上、单体总建筑面积大于 10 000 m^2 的车站,当室内采用临时高压消防给水系统时,应设置高位消防水箱;其他各类车站采用临时高压消防给水系统,当设置了稳压装置及气压设备或利用市政管网的条件能够提供管网稳压压力和火灾初期的消防水量时,可不设置高位消防水箱。

29.3.8 市域铁路与物业开发结合的工程,室内消防系统应各自独立设置。

29.3.9 灭火器的配置应符合下列要求:

1 车站、调度中心及车辆基地内的厂房应按现行国家标准《建筑灭火器配置设计规范》GB 50140 规定的严重危险级配置灭火器;车辆基地内的其他建筑应按现行国家标准《建筑灭火器配置设计规范》GB 50140 规定的级别配置灭火器。

2 独立设置的变电站(所)应按现行国家标准《火力发电厂与变电站设计防火标准》GB 50229 的要求配置灭火器。

29.3.10 不适合采用水介质灭火的重要电气设备用房,应设置气体、干粉等其他自动灭火系统,需要设置的场所应按现行行业标准《市域(郊)铁路设计规范》TB 10624、《地铁设计防火标准》GB 51298 和《建筑设计防火规范》GB 50016 的要求执行,选用介质应满足安全可靠、绿色环保、耐久性好、灾后恢复简便迅速等要求。

29.4 防烟、排烟与事故通风

29.4.1 防烟楼梯间及其前室、避难走道及其前室、封闭楼梯间等场所应设置防烟设施。

29.4.2 下列场所应设置排烟设施：

1 地下或封闭车站的站厅、站台公共区、连续长度大于300 m的全封闭地下区间和全封闭车道。

2 同一个防火分区内单个房间建筑面积大于50 m^2、总建筑面积大于200 m^2且无可开启外窗、经常有人停留或可燃物较多的房间或区域；建筑面积大于100 m^2且经常有人停留或建筑面积大于300 m^2且可燃物较多的房间。

3 连续长度大于60 m的地下通道和出入口通道，长度大于20 m的内走道。

4 地下、带上盖建筑的车辆基地的检查库、检修库、存车库（区）、物资总库、工程车库等。

5 现行国家标准《建筑防火通用规范》GB 50037规定的其他场所。

注：设置自动灭火系统的房间、消防水泵房、污水泵房、废水泵房、厕所、盥洗室、茶水间、气瓶室等场所可不设置排烟设施，且不计入第2款中计算面积。

29.4.3 车站防烟、排烟系统的设计应符合下列要求：

1 当对站厅公共区进行排烟时，应能防止烟气进入出入口、换乘通道、站台等邻近区域。

2 当对站台公共区进行排烟时，应能防止烟气进入站厅、地下区间、换乘通道等邻近区域。

3 当设备用房采用自动灭火系统时，其空调通风系统及控制应满足灭火和灾后换气需要。

29.4.4 地下车站和地下区间应设事故通风系统，其设计应符合下列要求：

1 当车站公共区发生有害气体入侵等事故时,应能对车站进行全面通风换气且换气量宜不低于 5 次/h,净高大于 6 m 时可按 6 m 空间体积计算。

2 当列车阻塞在区间隧道内时,应向阻塞区间提供一定的新、排风量,满足人员新风需求,并控制列车顶部最不利点的空气温度不高于 45℃、区间纵向风速不低于 2 m/s。

29.4.5 车站站厅公共区和设备管理用房区应划分防烟分区,防烟分区不应跨越防火分区,且应符合下列规定:

1 站厅公共区、地下通道和出入口中单个防烟分区的最大允许建筑面积不应大于 2 000 m^2;当空间净高不超过 6 m 时,防烟分区长边不应大于 60 m。

2 设备管理用房区单个防烟分区的最大允许建筑面积不应大于 750 m^2,防烟分区的长度应符合现行国家标准《建筑防烟排烟系统技术标准》GB 51251 的相关规定。

29.4.6 地面和高架车站应采用自然排烟;当不具备自然排烟条件时,应设置机械排烟。

29.4.7 车站排烟系统的风量应符合下列规定:

1 当空间净高不大于 6 m 时,站厅公共区、地下出入口通道和地下通道的排烟量应按各防烟分区的建筑面积不小于 60 $m^3/(m^2 \cdot h)$ 分别计算,当防烟分区的长边超过 36 m 时,排烟量应按不小于 90 $m^3/(m^2 \cdot h)$ 计算;当空间净高大于 6 m 时,应按设计火灾规模、烟层高度计算排烟量;站厅公共区单个防烟分区的排烟量不得低于 40 000 m^3/h,地下出入口通道和地下通道单个防烟分区的排烟量不得低于 15 000 m^3/h。

2 当防烟分区中包含轨道区时,应按列车设计火灾规模计算排烟量;当防烟分区中含有商铺时,还应按现行国家标准《建筑防烟排烟系统技术标准》GB 51251 的有关规定计算排烟量,且不得小于本条第 1 款中计算的排烟量。

3 地下站台的排烟量除应符合本条第 1、2 款的要求外,尚应满足连接站台与站厅楼（扶）梯垂直断面处、流向站台的水平风速不小于 1.0 m/s，或者楼（扶）梯坡段处向下风速不小于 1.5 m/s 的要求。

4 设备和管理用房区的排烟量应按各防烟分区的建筑面积不小于 60 m³/(m²·h) 分别计算，且排烟量不得低于 15 000 m³/h；内走道的排烟量不得低于 13 000 m³/h。

5 排烟风机的风量应按所负担的防烟分区中最大一个独立防烟分区的排烟量、风管（道）的漏风量及其他防烟分区的排烟口或排烟阀的漏风量之和计算，且不得低于最大防烟分区排烟量的 1.2 倍。

29.4.8 地下区间和车辆基地内检查库、检修库、存车库（区）等场所的排烟量应按列车设计火灾规模计算；当区域内设有自动灭火设施时，其设计火灾规模可取原设计火灾规模的 50%。

29.4.9 采用自动灭火系统的设备房，应符合下列要求：

1 灭火时，应自动关断房间风管上的风阀；灾后应能对房间进行通风换气，通风量不得小于 5 次/h。

2 当灭火介质比空气重时，应在房间下部设置排风口。

29.4.10 当信号设备、通信设备等重要机电用房外的区域发生火灾时，信号设备、通信设备等重要机电用房的通风空调系统宜能维持运行。

29.4.11 列车阻塞在区间隧道时，区间（段）滞留的列车数量不宜小于正常运行时该区间（段）同时允许的最大列数，且车载人数应按满载计算。

29.4.12 地下区间的排烟宜采用纵向通风方式，确有困难的区段，可采用设置排烟道（管）进行排烟。地下区间的排烟尚应符合下列规定：

1 采用纵向通风方式时，排烟方向可与行车方向一致；列车迫停区间时，事故区间（段）内滞留的列车数量应按不小于正常运行时该区间（段）同时允许的最大列数计算。

2 区间断面的纵向排烟风速不应小于 2 m/s 且不应大于 11 m/s,并能防止烟气逆流。

3 列车出入线、停车线等无载客区间的通风方向应能使烟气尽快排至室外和方便救援;当出入线连接地下车辆基地或带上盖建筑的车辆基地时,烟气不得排入车辆基地区域内。

29.4.13 排烟设备应符合下列要求:

1 地下车站、隧道的排烟设备应能在 280℃条件下连续运行时间不低于 1.0 h。

2 地面、高架车站以及其他地上附属设施的排烟设备在 280℃条件下连续运行时间不低于 0.5 h。

3 烟气流经的风阀、消声器等辅助设备应与相应风机耐高温等级相同。

29.4.14 排烟风机宜设置在排烟区的同层或上层,并宜与补风机、加压送风机分别设置在不同的机房内,排烟管道宜顺气流方向向上坡或水平敷设。地下车站的排烟风机确需与补风机、加压送风机共用机房时,设置在机房内的排烟管道及其连接件的耐火极限不应低于 1.5 h。

29.4.15 防排烟系统管道应采用不燃性材料制作,其密闭性能应良好且管道内壁光滑;非钢制排烟干管风速不应大于 15 m/s,钢制排烟干管风速不应大于 20 m/s。

29.4.16 下列部位应设置防火阀,防火阀的动作温度应根据风管用途确定:

1 穿越防火墙、防火隔墙、楼板及防火分隔处的变形缝两侧。

2 垂直排烟管道与每层水平排烟风管交接处的水平排烟管段上。

3 一个排烟系统负担多个防烟分区的排烟支管上。

4 排烟风机入口处。

29.4.17 车站与商业开发的防排烟系统、排烟风井等应分别独立设置。

29.4.18 排烟系统可与正常通风系统合用,但合用系统应符合排烟系统要求,且由正常运转模式转为火灾运转模式的时间不应大于180 s。

29.4.19 调度中心、主变电所、地面及高架车站的设备管理区、车辆基地内各单体建筑的防排烟设计以及其他未尽之处应符合现行国家标准《建筑防烟排烟系统技术标准》GB 51251、现行上海市工程建设规范《建筑防排烟系统设计标准》DG/J 08—88的有关规定。

29.5 火灾自动报警系统

29.5.1 车站、变电站(所)、车辆基地、调度中心等建筑物应设置火灾自动报警系统。

29.5.2 下列场所应设置火灾探测器:

1 车站封闭公共区及设备管理区内的房间、地下车站设备管理区大于20 m的内走道、长度大于60 m的地下连通道和出入口通道。

2 车辆基地内的存车库、检查库、检修库、物资总库、镟轮库、工程车库、易燃品库、综合楼、信号楼、牵降压各配电所和其他设备间、办公室。

3 地下、带上盖建筑的车辆基地的存车场及有联动控制需求的场所。

29.5.3 车站、变电站(所)、车辆基地、调度中心等建筑物消火栓箱旁、地下区间隧道纵向疏散平台侧壁上均应设置带地址的手动报警按钮及消防专用电话插孔。

29.5.4 消防联动控制应满足下列要求:

1 消防水泵、专用防排烟风机的控制设备应具有自动控制和手动控制方式。

2 当防排烟系统与正常通风系统合用的设备由机电设备监控系统(BAS)统一监控时,火灾自动报警和机电设备监控系统之间应联动,并应采用高可靠性通信接口。

3 应实现消火栓系统、自动灭火系统、防烟排烟系统,以及消防电源及应急照明、疏散指示、防火卷帘/防火门、电动挡烟垂帘、消防广播、售检票机、门禁等系统在火灾情况下的消防联动控制。

29.5.5 市域铁路与物业开发等一体化相结合的工程,火灾自动报警系统应各自独立设置,实现报警信息互传,且应实现与市消防中心联网,上传火灾报警信息。

29.5.6 列车火灾信息应上传至控制中心,并在中央控制室显示。

29.6 防灾通信

29.6.1 通信系统应具备迅速转换为防灾通信的功能。

29.6.2 公务电话系统应具有自动转接到市话网"119"的功能。

29.6.3 公安/消防无线引入系统应提供救援人员进行地上、地下联络的无线通信手段;有上盖建筑的车辆基地,其板地下方应实施公安/消防无线引入覆盖。

29.6.4 调度中心应设置防灾无线控制台,列车司机室应设置防灾无线通话台,车站控制室、站长室、保安室及车辆基地、主变电所值班室应设置无线通信设备。

29.6.5 调度中心应设置防灾电话总机,车站控制室及车辆基地、主变电所值班室应设置防灾电话分机。

29.6.6 调度中心应设置防灾广播控制台,车站控制室及车辆基地值班室应设置防灾广播控制盒。

29.6.7 调度中心、车站控制室及车辆基地值班室应设置视频监视器和控制键盘。

29.7 消防配电与应急照明

29.7.1 车站、地下区间、调度中心的消防用电设备应按一级负荷供电；车辆基地的消防用电设备，其负荷等级应结合建筑单体的负荷等级确定；消防用电设备应采用专用的供电回路，可从变电所低压母线或配电室取电，其配电设备应有明显标志。

29.7.2 专用的消防用电设备不得采用变频控制装置；与正常工况兼用的消防用电设备，如采用变频控制装置，火灾工况下应能切换为工频控制模式。

29.7.3 应急照明的设置应符合下列规定：

1 车站公共区及其楼（扶）梯、连接通道或换乘通道、疏散走道、消防专用通道、避难走道及前室，设备管理用房区的疏散走道、疏散楼梯间及前室等，调度中心及车辆基地等单体建筑的疏散走道、疏散楼梯间及前室、地下区间应设置疏散照明。

2 调度中心的调度大厅，行车值班室、站长室、售票室、综控室、通信机房、信号机房、信息机房、集中UPS电源室、消防控制室、变电所、配电间、自备发电机房、消防泵房、防排烟机房以及火灾时仍需要坚持工作的消防设备房应设置备用照明。

3 地下及带上盖建筑的车辆基地，其板地下方库外的疏散走道应设置疏散照明。

4 应急照明持续供电时间应满足现行国家标准《建筑防火通用规范》GB 55037的要求。

29.7.4 应急照明的最低水平照度应符合下列规定：

1 疏散走道、车站公共区、连接通道、换乘通道等疏散照明照度不应低于3.0 lx。

2 疏散楼梯间及前室、避难走道及前室、消防专用通道、车站公共区楼（扶）梯处等的疏散照明照度不应低于10.0 lx。

3 地下区间疏散通道、道床面疏散照明照度不应低于

3.0 lx。

4 本条上述规定场所以外的其他场所,疏散照明照度不应低于1.0 lx。

5 调度中心的调度大厅、行车值班室、站长室、售票室、综控室、通信机房、信号机房、信息机房、集中UPS电源室、消防控制室、变电所、配电间、自备发电机房、消防泵房、防排烟机房以及火灾时仍需要坚持工作的消防设备房,其备用照明照度不应低于正常照明照度。

29.7.5 消防设备供电回路的线缆应采用阻燃、耐火铜芯线缆,在车站、调度中心、地下线等场所还应具备低烟无卤性能,电缆选择和敷设应满足火灾时连续供电的需要,并应符合现行国家标准《建筑防火通用规范》GB 55037、《民用建筑电气设计标准》GB 51348等的相关规定。

29.8 其 他

29.8.1 市域铁路应按照相关技术规范组织编制地下公共工程防汛影响专项论证报告。

29.8.2 市域铁路可根据线网防灾中心设置、具体线路设计速度等情况合理设置灾害监测系统。

30 环境保护

30.1 一般规定

30.1.1 市域铁路选线、选址应符合下列规定：

1 选线、选址应绕避自然保护地核心保护区、饮用水水源一级保护区和生态保护红线中的禁止区域。

2 经方案比选后，确需经过上述敏感区的其他区域或其他法定敏感区时，应采取适宜的防护措施。

30.1.2 新建线路宜避让噪声敏感建筑物集中区域。确需经过时，应进行方案比选，采取适宜的减振降噪措施或采用地下线敷设。

30.1.3 建设项目的城镇区段宜提高植物措施标准和截排水工程、拦挡工程的工程等级，宜设置沉沙、雨洪集蓄利用等设施，并应注重绿化景观效果。

30.1.4 在设计与设备选型中，应采用低能耗、高效率的新技术、新工艺、新材料、新设备，不应采用高能耗、已淘汰的设备。

30.1.5 当车辆基地上盖开发时，宜专题研究减振降噪措施。

30.2 噪声与振动污染防治

30.2.1 地面或高架线路运营引起声环境敏感目标超标时，宜采取声屏障降噪措施，穿越国土空间规划敏感区域路段应预留声屏障的安装条件。利用既有铁路开行市域列车时，应根据既有铁路的工程情况和环境状况选择噪声治理措施。

30.2.2 噪声治理工程设计宜按近期规模确定。

30.2.3 高架线路设置声屏障区段宜配套设置减振措施,降低桥梁二次结构噪声。

30.2.4 声屏障宜靠近声源,并应符合市域铁路建筑限界的规定,严禁干扰铁路可视信号;声屏障不得影响其他运输设备的安全,并应满足其自身及其他设施检修和维护的要求。

30.2.5 声屏障结构形式应符合下列规定:

1 声屏障可采用插板式、整体式或其他形式的声屏障,预留安装声屏障的区段,宜按插板式结构预留声屏障基础及安装条件。

2 采用封闭式声屏障的地面与高架区间,应满足列车余热散发与通风要求;长度大于 300 m 的封闭声屏障顶部应设置自然通风孔,开孔率不应小于正投影面积的 5%,且宜均匀布设。

30.2.6 声屏障声学构件技术性能应符合现行行业标准《铁路声屏障声学构件》TB/T 3122 的有关规定。

30.2.7 声屏障声学设计、结构设计、附属设施和接口设计等应符合现行行业标准《铁路声屏障工程设计规范》TB 10505 的有关规定。

30.2.8 地下线路风亭和冷却塔应符合下列规定:

1 设备选型应选用低噪声设备。

2 风亭排风口和冷却塔与声环境敏感目标距离不宜小于 15 m。

3 环境影响不能满足标准时,应采取消声、隔声等降噪措施。

30.2.9 市域铁路采取减振措施后应使振动环境保护目标达到现行国家标准《城市区域环境振动标准》GB 10070 规定的昼、夜间环境振动标准限值的要求,应使地下段振动环境保护目标达到现行上海市地方标准《城市轨道交通(地下段)列车运行引起的住宅建筑室内结构振动与结构噪声限值及测量方法》DB31/T 470 规定的昼、夜间敏感建筑室内振动、结构噪声标准限值的要求。

30.2.10 振动污染防治应从振动源、传播途径、敏感目标等方面采取减振措施。

30.3 污水与固体废物污染防治

30.3.1 运营期产生的生产废水和生活污水应采取措施确保达标排放，有条件时应接入市政污水管网。

30.3.2 车辆基地洗车库废水经处理后宜回用，回用的冲洗用水水质应符合城市污水再生利用水质标准。

30.3.3 固体废物处理处置应符合下列规定：

    1 新建市域铁路车辆基地应设置垃圾收集、转运设施，车站应设置垃圾收集设施。

    2 生产作业产生的一般固体废物应采取资源化和无害化预处理措施。

    3 运营生产过程中产生的危险固体废物应按国家有关规定收集、贮存、运输、利用、处置。

30.3.4 施工产生的泥浆应通过泥浆沉淀池沉淀后采取其他处置措施。

30.4 电磁污染防治

30.4.1 110 kV 及以上电压等级的变电所设置应符合下列规定：

    1 地面设置的变电所应与居民区等电磁敏感建筑保持适宜的距离。

    2 城镇区内设置的变电所宜采用室内或地下变电所。

    3 变电所工频电场、工频磁感应强度应符合现行国家标准《电磁环境控制限值》GB 8702 的要求。

30.4.2 数字移动通信基站的电场强度、功率密度应符合现行国家标准《电磁环境控制限值》GB 8702 的要求。

附录 A 直线地段建筑限界轮廓及基本尺寸

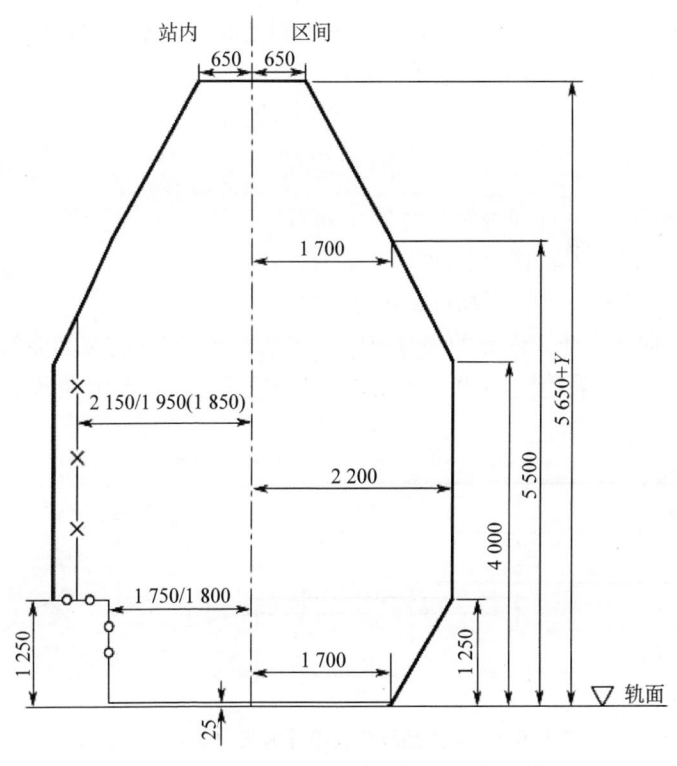

―×―×―×―×― 信号机、高架候车室结构柱和接触网、跨线桥、天桥、电力照明、雨棚等杆柱的建筑限的加宽(正线不适用)为 2 150 mm。
―○―○―○―○― ① 旅客站台建筑限界(侧线站台为 1 750 mm；正线站台,无列车通过或列车通过速度不大于 80 km/h 时为 1 750 mm,列车通过速度大于 80 km/h 时为 1 800 mm)。
② 站内反方向运行矮型出站信号机的限界为 1 800 mm。
――――― 各种建(构)筑物的基本限界,也适用于桥梁和隧道。
Y 为接触网结构高度,根据设计确定。

图 A 直线地段建筑限界轮廓及基本尺寸(mm)

附录 B 曲线地段建筑限界的加宽计算

B.0.1 曲线地段的建筑限界仅考虑因超高产生车体向曲线内侧倾斜的加宽,加宽量按下式计算:

$$W_1 = \frac{H}{1\,500}h \qquad (B.0.1)$$

式中:W_1——曲线内侧加宽量(mm);

　　　H——轨顶面至计算点的高度(mm);

　　　h——外轨超高(mm)。

曲线上建筑限界的加宽范围应包括全部圆曲线、缓和曲线和部分直线,采用图 B.0.1 所示阶梯加宽方法,或采用曲线顺圆方式。

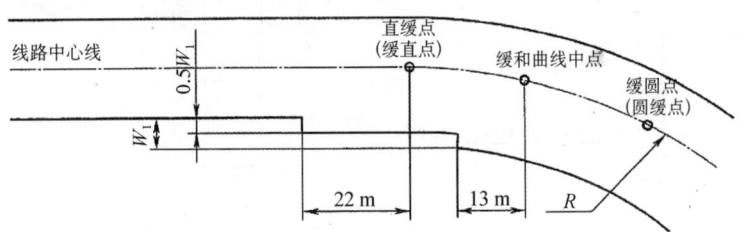

图 B.0.1 曲线地段建筑限界加宽示意图(一般)

B.0.2 曲线上的站线侧信号机及接触网、跨线桥、天桥、电力照明、雨棚等杆柱和高架候车室结构柱的建筑限界,站内反方向运行矮柱出站信号机建筑限界,站台建筑限界,需考虑曲线内、外侧的限界加宽。加宽办法如下:

1 曲线内侧加宽 W_1：

$$W_1 = \frac{40\ 500}{R} + \frac{H}{1\ 500}h \qquad (B.0.2-1)$$

2 曲线内侧加宽 W_2：

$$W_2 = \frac{44\ 000}{R} \qquad (B.0.2-2)$$

3 曲线内、外侧加宽共计 W：

$$W = W_1 + W_2 = \frac{84\ 500}{R} + \frac{H}{1\ 500}h \qquad (B.0.2-3)$$

式中：W_1——曲线内侧加宽量(mm)；
R——曲线半径(m)；
H——轨顶面至计算点的高度(mm)；
h——外轨超高(mm)；
W_2——曲线外侧加宽量(mm)；
W——曲线区段建筑限界加宽量(mm)。

$\dfrac{H}{1\ 500}h$ 的值也可以用内侧轨顶为轴，将有关限界旋转 θ 角 $\left(\theta = \arctan\dfrac{h}{1\ 500}\right)$ 求得。

曲线上建筑限界的加宽范围应包括全部圆曲线、缓和曲线和部分直线，采用图 B.0.2 所示阶梯加宽方法。

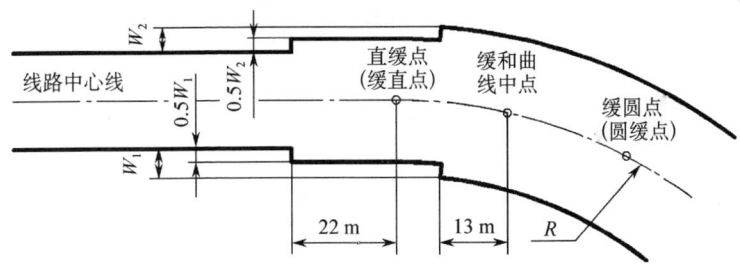

图 B.0.2 曲线地段建筑限界加宽示意图(杆柱)

本标准用词说明

1 为便于在执行本标准条文时区别对待,对要求严格程度不同的用词说明如下:
　　1）表示很严格,非这样做不可的用词:
　　　　正面词采用"必须";
　　　　反面词采用"严禁"。
　　2）表示严格,在正常情况下均应这样做的用词:
　　　　正面词采用"应";
　　　　反面词采用"不应"或"不得"。
　　3）表示允许稍有选择,在条件许可时首先应这样做的用词:
　　　　正面词采用"宜";
　　　　反面词采用"不宜"。
　　4）表示有选择,在一定条件下可以这样做的用词,采用"可"。

2 条文中指明应按其他有关标准执行的写法为"应符合……的规定"或"应按……执行"。

引用标准名录

1. 《通用硅酸盐水泥》GB 175
2. 《钢筋混凝土用钢》GB 1499
3. 《声环境质量标准》GB 3096
4. 《预应力混凝土用钢绞线》GB/T 5224
5. 《生活饮用水卫生标准》GB 5749
6. 《电信线路遭受强电线路危险影响的容许值》GB 6830
7. 《混凝土外加剂》GB 8076
8. 《电磁环境控制限值》GB 8702
9. 《城市区域环境振动标准》GB 10070
10. 《对空情报雷达站电磁环境防护要求》GB 13618
11. 《继电保护和安全自动装置技术规程》GB/T 14285
12. 《建设用卵石、碎石》GB/T 14685
13. 《城市轨道交通车辆组装后的检查与试验规则》GB/T 14894
14. 《微剂量X射线安全检查设备 第1部分:通用技术要求》GB 15208.1
15. 《城市轨道交通照明》GB/T 16275
16. 《高分子防水材料》GB/T 18173
17. 《中国地震动参数区划图》GB 18306
18. 《城市污水再生利用城市 杂用水水质》GB/T 18920
19. 《地震台站观测环境技术要求》GB/T 19531
20. 《铁路应用 机车车辆电气设备》GB/T 21413
21. 《橡胶密封件 给、排水管及污水管道用接口密封圈材料规范》GB/T 21873

22	《信息安全技术　网络安全等级保护基本要求》GB/T 22239
23	《信息安全技术　网络安全等级保护定级指南》GB/T 22240
24	《轨道交通　电磁兼容》GB/T 24338
25	《污秽条件下使用的高压绝缘子的选择和尺寸确定》GB/T 26218
26	《公共安全视频监控联网系统信息传输、交换、控制技术要求》GB/T 28181
27	《轨道交通　设备环境条件》GB/T 32347
28	《牵引站供电线路的继电保护及整定计算原则》GB/T 38435
29	《建筑地基基础设计规范》GB 50007
30	《建筑结构荷载规范》GB 50009
31	《混凝土结构设计规范》GB 50010
32	《建筑抗震设计规范》GB 50011
33	《室外给水设计标准》GB 50013
34	《室外排水设计标准》GB 50014
35	《建筑给水排水设计标准》GB 50015
36	《建筑设计防火规范》GB 50016
37	《城镇燃气设计规范》GB 50028
38	《压缩空气站设计规范》GB 50029
39	《建筑照明设计标准》GB 50034
40	《人民防空地下室设计规范》GB 50038
41	《工业建筑防腐蚀设计规范》GB 50046
42	《供配电系统设计规范》GB 50052
43	《建筑物防雷设计规范》GB 50057
44	《3～110 kV 高压配电装置设计规范》GB 50060
45	《交流电气装置的过电压保护和绝缘配合设计规范》GB/T 50064
46	《交流电气装置的接地设计规范》GB/T 50065

47	《石油库设计规范》GB 50074
48	《普通混凝土长期性能和耐久性能试验方法标准》GB/T 50082
49	《自动喷水灭火系统设计规范》GB 50084
50	《地下工程防水技术规范》GB 50108
51	《铁路工程抗震设计规范》GB 50111
52	《火灾自动报警系统设计规范》GB 50116
53	《混凝土外加剂应用技术规范》GB 50119
54	《内河通航标准》GB 50139
55	《建筑灭火器配置设计规范》GB 50140
56	《汽车加油加气加氢站设计与施工规范》GB 50156
57	《地铁设计规范》GB 50157
58	《数据中心设计规范》GB 50174
59	《公共建筑节能设计标准》GB 50189
60	《电力工程电缆设计标准》GB 50217
61	《铁路旅客车站建筑设计规范》GB 50226
62	《火力发电厂与变电站设计防火标准》GB 50229
63	《城镇污水再生利用工程设计规范》GB 50335
64	《建筑物电子信息系统防雷技术规范》GB 50343
65	《入侵报警系统工程设计规范》GB 50394
66	《油气输送管道穿越工程设计规范》GB 50423
67	《无障碍设计规范》GB 50763
68	《城市轨道交通结构抗震设计规范》GB 50909
69	《消防给水及消火栓系统技术规范》GB 50974
70	《城市轨道交通公共安全防范系统工程技术规范》GB 51151
71	《通信线路工程设计规范》GB 51158
72	《建筑防烟排烟系统技术标准》GB 51251
73	《地铁设计防火标准》GB 51298
74	《消防应急照明和疏散指示系统技术标准》GB 51309

75	《民用建筑电气设计标准》GB 51348
76	《工程结构通用规范》GB 55001
77	《建筑节能与可再生能源利用通用规范》GB 55015
78	《建筑与市政工程无障碍通用规范》GB 55019
79	《建筑给水排水与节水通用规范》GB 55020
80	《消防设施通用规范》GB 55036
81	《建筑防火通用规范》GB 55037
82	《城市桥梁设计规范》CJJ 11
83	《城市桥梁抗震设计规范》CJJ 166
84	《城市轨道交通预应力混凝土节段预制桥梁技术标准》CJJ/T 293
85	《高压配电装置设计规范》DL/T 5352
86	《建筑变形测量规程》JGJ 8
87	《通风管道技术规程》JGJ/T 141
88	《混凝土耐久性检验评定标准》JGJ/T 193
89	《公路桥涵设计通用规范》JTGD 60
90	《公路与铁路两用桥梁通用技术要求》JT/T 1246
91	《公路桥梁抗震设计规范》JTG/T 2231—01
92	《公路桥涵地基与基础设计规范》JTG 3363
93	《铁路工程沉降变形观测与评估技术规程》Q/CR 9230
94	《轨道交通工程人民防空设计规范》RFJ 02
95	《上海地铁基坑工程施工规程》SZ—08—2000
96	《铁路碎石道砟》TB/T 2140
97	《交流电气化铁路对油(气)管道干扰的防护》TB/T 2832
98	《铁道车辆金属部件的接地保护》TB/T 2977
99	《铁路车站计算机联锁技术条件》TB/T 3027
100	《机车车辆车顶绝缘子》TB/T 3077
101	《铁路声屏障声学构件》TB/T 3122

102 《铁路工程预应力筋用夹片式锚具、夹具和连接器》TB/T 3193
103 《铁路混凝土》TB/T 3275
104 《铁路数字移动通信系统(GSM-R)总体技术要求》TB/T 3324
105 《铁路贯通地线》TB/T 3479
106 《列控系统应答器应用原则》TB/T 3484
107 《机车车辆强度设计及试验鉴定规范》TB/T 3549
108 《铁路路基设计规范》TB 10001
109 《铁路桥涵设计规范》TB 10002
110 《铁路隧道设计规范》TB 10003
111 《铁路混凝土结构耐久性设计规范》TB 10005
112 《铁路通信设计规范》TB 10006
113 《铁路信号设计规范》TB 10007
114 《铁路电力设计规范》TB 10008
115 《铁路电力牵引供电设计规范》TB 10009
116 《铁路给水排水设计规范》TB 10010
117 《铁路无缝线路设计规范》TB 10015
118 《铁路工程节能设计规范》TB 10016
119 《铁路路基支挡结构设计规范》TB 10025
120 《铁路特殊路基设计规范》TB 10035
121 《铁路工程设计防火规范》TB 10063
122 《铁路照明设计规范》TB 10089
123 《铁路桥梁钢结构设计规范》TB 10091
124 《铁路桥涵混凝土结构设计规范》TB 10092
125 《铁路桥涵地基和基础设计规范》TB 10093
126 《铁路旅客车站设计规范》TB 10100
127 《铁路工程地基处理技术规程》TB 10106
128 《铁路防雷及接地工程技术规范》TB 10180

129	《邻近铁路营业线施工安全监测技术规程》	TB 10314
130	《铁路轨道工程施工质量验收标准》	TB 10413
131	《铁路声屏障工程设计规范》	TB 10505
132	《城际铁路设计规范》	TB 10623
133	《市域(郊)铁路设计规范》	TB 10624
134	《数字同步网节点时钟系列及其定时特性》	YD/T 1012
135	《数字同步网工程设计规范》	YD/T 5089
136	《地基基础设计标准》	DGJ 08—11
137	《基坑工程技术标准》	DG/TJ 08—61
138	《建筑防排烟系统设计标准》	DG/TJ 08—88
139	《公共建筑节能设计标准》	DGJ 08—107
140	《绿色建筑评价标准》	DG/TJ 08—2090
141	《轨道交通及隧道工程混凝土结构耐久性设计施工技术标准》	DG/TJ 08—2128
142	《城市轨道交通工程施工监测技术规范》	DG/TJ 08—2224
143	《节段预制拼装预应力混凝土桥梁设计标准》	DG/TJ 08—2255
144	《城市轨道交通上盖建筑设计标准》	DG/TJ 08—2263
145	《城市轨道交通(地下段)列车运行引起的住宅建筑室内结构振动与结构噪声限值及测量方法》	DB31/T 470

上海市工程建设规范

市域铁路设计标准

DG/TJ 08—2435—2023
J 17003—2023

条文说明

2024　上海

目　次

1 总　则 …………………………………………… 355
2 术语、缩略语和符号 …………………………… 356
　2.1 术　语 ……………………………………… 356
3 总体设计 ………………………………………… 357
　3.1 一般规定 …………………………………… 357
　3.2 主要技术标准 ……………………………… 358
　3.3 系统设计 …………………………………… 359
4 客流预测 ………………………………………… 362
　4.1 一般规定 …………………………………… 362
　4.2 基础资料与数据 …………………………… 363
　4.3 预测内容 …………………………………… 363
5 行车组织与运营管理 …………………………… 367
　5.1 一般规定 …………………………………… 367
　5.2 运输模式 …………………………………… 367
　5.3 运输规模 …………………………………… 368
　5.4 配　线 ……………………………………… 369
　5.5 运营管理 …………………………………… 370
6 车　辆 …………………………………………… 372
　6.1 一般规定 …………………………………… 372
　6.2 主要技术规格 ……………………………… 373
　6.3 车体与设备 ………………………………… 374
　6.5 电气系统 …………………………………… 375
　6.7 安全与应急设施 …………………………… 375

7 限界 … 376
7.1 一般规定 … 376
7.2 建筑限界 … 377
7.4 限界检测 … 378

8 线路与站场 … 379
8.1 一般规定 … 379
8.2 线路平面 … 381
8.3 线路纵断面 … 398
8.4 站场 … 401
8.5 交叉、附属设施及其他 … 405
8.6 接口设计 … 406

9 轨道 … 407
9.1 一般规定 … 407
9.2 轨道静态铺设精度 … 408
9.3 轨道部件 … 408
9.4 正线无砟轨道 … 409
9.5 正线有砟道床 … 410
9.6 轨道结构过渡段 … 411
9.7 配线、车场线轨道 … 411
9.8 减振轨道 … 411
9.9 无缝线路 … 412
9.10 轨道附属设备及常备材料 … 413
9.11 接口设计 … 413

10 路基 … 415
10.1 一般规定 … 415
10.2 路基面形状及宽度 … 426
10.3 基床 … 432
10.4 路堤 … 436
10.5 路堑 … 436

- 10.6 过渡段 ········· 436
- 10.7 地基处理 ········· 440
- 10.8 路基排水 ········· 442
- 10.9 边坡防护 ········· 445
- 10.10 路基支挡 ········· 446
- 10.11 接口设计 ········· 448

11 桥 涵 ········· 449
- 11.1 一般规定 ········· 449
- 11.2 设计荷载及工程材料 ········· 449
- 11.3 结构变形和变位的限值 ········· 453
- 11.4 结构设计 ········· 455
- 11.5 桥面布置及附属设施 ········· 456
- 11.7 高架车站桥梁结构 ········· 457
- 11.8 接口设计 ········· 458

12 隧 道 ········· 461
- 12.1 一般规定 ········· 461
- 12.3 荷载及工程材料 ········· 462
- 12.4 隧道结构设计 ········· 466
- 12.5 隧道附属构筑物 ········· 467
- 12.7 结构防水 ········· 467

13 车站建筑 ········· 471
- 13.1 一般规定 ········· 471
- 13.2 车站总体布置 ········· 472
- 13.3 车站平面、剖面设计 ········· 472
- 13.4 车站出入口 ········· 473
- 13.6 楼梯、自动扶梯、电梯和站台门 ········· 473
- 13.8 换乘车站 ········· 473

14 地下车站结构 ········· 474
- 14.1 一般规定 ········· 474

14.2　设计荷载及工程材料 …… 476
　14.3　施工方法及结构选型 …… 479
　14.4　基坑工程设计 …… 484
　14.5　结构设计 …… 494
　14.6　抗震设计 …… 497
　14.7　结构防水 …… 498

15　高架及地面车站结构 …… 500
　15.1　一般规定 …… 500
　15.2　设计荷载及工程材料 …… 503
　15.3　结构设计 …… 506
　15.4　抗震设计 …… 507
　15.6　接口设计 …… 508

16　人　防 …… 509
　16.1　一般规定 …… 509
　16.3　结　构 …… 510
　16.5　平战功能转换 …… 510

17　牵引供电 …… 511
　17.1　一般规定 …… 511
　17.2　牵引供电 …… 511
　17.3　牵引变电 …… 513
　17.4　供电调度系统 …… 517
　17.5　接触网 …… 517
　17.6　电磁干扰防护 …… 531

18　电　力 …… 532
　18.1　一般规定 …… 532
　18.2　供配电系统 …… 532
　18.3　电力变配电所 …… 533
　18.4　电力线路 …… 534
　18.5　动力照明 …… 535

18.6	接口设计	536
19	**通 信**	**537**
19.1	一般规定	537
19.2	传输系统	537
19.3	电话交换系统	537
19.4	有线调度通信系统	538
19.6	综合视频监控系统	538
19.9	电源及接地系统	538
19.12	民用通信引入系统	538
19.13	通信线路	539
20	**信 号**	**540**
20.1	一般规定	540
20.2	地面固定信号	540
20.3	列车运行调度指挥	541
20.4	列车运行控制	541
20.5	联 锁	543
20.9	光(电)缆线路与防护	543
21	**信 息**	**545**
21.1	一般规定	545
21.3	客票系统	545
21.7	动车组管理信息系统	546
22	**综合监控与安全防护**	**547**
22.1	综合监控系统	547
22.2	火灾自动报警系统	548
22.3	环境与设备监控系统	549
22.4	门禁系统	549
22.5	安全技术防范系统	550
23	**调度中心**	**551**
23.1	一般规定	551

	23.2 选址与规模	552
	23.5 调度台	552
	23.6 网络安全	553
24	车辆基地	556
	24.1 一般规定	556
	24.2 总平面布置	557
	24.3 运用整备设施	560
	24.4 检修设施	562
25	综合维修设施	563
	25.1 一般规定	563
	25.2 动态检测及大机维修中心	564
	25.3 维修车间	564
	25.4 维修工区	565
26	给水排水	566
	26.2 给　水	566
	26.3 排　水	566
	26.4 接口设计	568
27	通风与空调	569
	27.2 设计标准	569
	27.3 高架及地面车站、车辆基地、调度中心及其他附属建筑	570
	27.4 地下车站和区间	570
	27.5 空调冷源及水系统	572
	27.6 通风与空调系统控制	572
28	综合接地	573
	28.1 一般规定	573
	28.2 贯通地线、接地线	573
	28.3 接地体(极)和接地端子	573
	28.4 接地及等电位连接	574

29	防 灾	575
	29.1 一般规定	575
	29.2 建筑防火	575
	29.3 消防给水与灭火设施	578
	29.4 防烟、排烟与事故通风	579
30	环境保护	583
	30.1 一般规定	583
	30.2 噪声与振动污染防治	583
	30.3 污水与固体废物污染防治	585
	30.4 电磁污染防治	585

Contents

1 General provisions ··· 355
2 Terms, acronyms and symbols ································· 356
   2.1 Terms ·· 356
3 General design ·· 357
   3.1 General requirements ······································· 357
   3.2 Main technical standards ································· 358
   3.3 System design ·· 359
4 Passenger flow prediction ·· 362
   4.1 General requirements ······································· 362
   4.2 Basic information and data ······························· 363
   4.3 Concrete content ··· 363
5 Transport organization and operating management ······ 367
   5.1 General requirements ······································· 367
   5.2 Transport mode ··· 367
   5.3 Transport scale ··· 368
   5.4 Sidings ·· 369
   5.5 Operating management ····································· 370
6 Vehicle ·· 372
   6.1 General requirements ······································· 372
   6.2 Main technical requirements ······························ 373
   6.3 Vehicle body and equipment ······························ 374
   6.5 Electrical system ··· 375
   6.7 Safety facilities ··· 375

7	Gauge	376
	7.1 General requirements	376
	7.2 Structure gauge	377
	7.4 Gauge checking	378
8	Line and yards	379
	8.1 General requirements	379
	8.2 Plane of the line	381
	8.3 Profile of the line	398
	8.4 Station yard	401
	8.5 Intersections, ancillary facilities and others	405
	8.6 Interface design	406
9	Track	407
	9.1 General requirements	407
	9.2 Static laying accuracy of track	408
	9.3 Track parts	408
	9.4 Ballastless track of main line	409
	9.5 Ballasted track of main line	410
	9.6 Transition section of track structure	411
	9.7 Track of siding line	411
	9.8 Vibration damping track	411
	9.9 Seamless track	412
	9.10 Ancillary equipments and spare parts of track	413
	9.11 Interface design	413
10	Subgrade	415
	10.1 General requirements	415
	10.2 Shape and width of subgrade surface	426
	10.3 Subgrade bed	432
	10.4 Embankment	436
	10.5 Cutting	436

	10.6	Transition section	436
	10.7	Foundation treatment	440
	10.8	Subgrade drainage	442
	10.9	Slope protection	445
	10.10	Subgrade retaining	446
	10.11	Interface design	448
11	Bridge and culvert	449
	11.1	General requirements	449
	11.2	Design load and engineering materials	449
	11.3	Limits for structural deformation and displacement	453
	11.4	Structure design	455
	11.5	Deck arrangement and auxiliary facilities	456
	11.7	Bridge structure of elevated station	457
	11.8	Interface design	458
12	Tunnel	461
	12.1	General requirements	461
	12.3	Loads and engineering materials	462
	12.4	Tunnel structural design	466
	12.5	Tunnel accessory structures	467
	12.7	Structural waterproofing	467
13	Station building	471
	13.1	General requirements	471
	13.2	Overall layout of stations	472
	13.3	Station plane, profile design	472
	13.4	Station entrances and exits	473
	13.6	Stairs, escalator, elevator and platform screen door	473
	13.8	Transfer station	473

14	Underground station structure	474
	14.1 General requirements	474
	14.2 Design loads and engineering materials	476
	14.3 Construction methods and structural form selection	479
	14.4 Foundation engineering design	484
	14.5 Structural design	494
	14.6 Seismic design	497
	14.7 Structural waterproofing	498
15	Elevated and ground station structures	500
	15.1 General requirements	500
	15.2 Design load and engineering materials	503
	15.3 Structural design	506
	15.4 Seismic design	507
	15.6 Interface design	508
16	Civil air defence	509
	16.1 General requirements	509
	16.3 Structure	510
	16.5 Conversion of peacetime and wartime functions	510
17	Traction power supply	511
	17.1 General requirements	511
	17.2 Traction power supply	511
	17.3 Traction substations	513
	17.4 Power supply dispatching system	517
	17.5 Overhead contact line system	517
	17.6 Electromagnetic interference protection	531
18	Electric power	532
	18.1 General requirements	532

18.2	Power supply and distribution system	532
18.3	Power substations and distribution substations	533
18.4	Electric power lines	534
18.5	Power lighting	535
18.6	Interface design	536

19 Communication ··· 537

19.1	General requirements	537
19.2	Transmission system	537
19.3	Telephone switching system	537
19.4	Wired dispatching communication system	538
19.6	Integrated video monitoring system	538
19.9	Power and grounding system	538
19.12	Public mobile communication system	538
19.13	Communication line	539

20 Signal ·· 540

20.1	General requirements	540
20.2	Ground fixed signal	540
20.3	Train operation dispatching command	541
20.4	Train operation control	541
20.5	Interlocking	543
20.9	Optical fiber cables wiring and protection	543

21 Information ··· 545

21.1	General requirements	545
21.3	Automatic fare collection system	545
21.7	Multiple units management information system	546

22 Integrated supervisory control and security & protection ··········· 547

22.1	Integrated supervisory control system	547
22.2	Fire alarm system	548
22.3	Building automation system	549
22.4	Access control system	549
22.5	Security & protection system	550

23 Dispatching center 551
   23.1 General requirements 551
   23.2 Site selection and scale 552
   23.5 Dispatcher station 552
   23.6 Cybersecurity 553

24 Vehicle base 556
   24.1 General requirements 556
   24.2 General layout 557
   24.3 Facilities for running and service 560
   24.4 Maintenance facilities 562

25 Comprehensive maintenance facilities 563
   25.1 General requirements 563
   25.2 Dynamic monitoring and large machinery maintenance center 564
   25.3 Comprehensive maintenance center 564
   25.4 Maintenance work section 565

26 Water supply and drainage 566
   26.2 Water supply 566
   26.3 Drainage 566
   26.4 Interface design 568

27 Ventilation and air conditioning 569
   27.2 Design criteria 569
   27.3 Elevated and at-grade station, depot, dispatch center and other ancillary buildings 570

27.4	Underground station and interval	570
27.5	Air-conditioning cooling source and water system	572
27.6	Control of ventilation and air conditioning system	572

28 Integrated earthing ········· 573
    28.1 General requirements ········· 573
    28.2 Through earthing wires and earthing wires ······ 573
    28.3 Earthing bodies (electrodes) and earthing terminals ········· 573
    28.4 Earthing and equipotential bonding ········· 574

29 Disaster prevention ········· 575
    29.1 General requirements ········· 575
    29.2 Building fire protection ········· 575
    29.3 Water supply and fire fighting facilities ········· 578
    29.4 Smoke prevention, smoke extraction and accident ventilation ········· 579

30 Environmental protection ········· 583
    30.1 General requirements ········· 583
    30.2 Noise and vibration pollution prevention and control ········· 583
    30.3 Sewage and solid waste pollution prevention and control ········· 585
    30.4 Electromagnetic pollution prevention and control ········· 585

1 总 则

1.0.1 为满足市域铁路建设和发展需要，充分体现市域铁路的功能和特点，适应上海城市发展战略，突出综合交通体系建设理念，强化绿色低碳环保要求，编制一部有效指导市域铁路建设的设计标准是非常必要的。本标准是在总结城际铁路、市域铁路、上海城市轨道交通的建设、设计、运营实践经验以及总结规划、在建上海市域铁路实践经验基础上进行编制的。

1.0.2 根据市域铁路规划及在建情况，本标准最高设计速度定为160 km/h。同时，本标准规定适用采用交流电力牵引的市域铁路，其他非新建市域铁路可参照执行。

2 术语、缩略语和符号

2.1 术 语

2.1.2 总体设计需要合理选定主要技术标准、线路选线和建设方案,明确系统构成并选定系统集成方案,明确工期、投资和其他控制目标以及系统可靠性与内部控制设计等,要完成大型工程体系的总体方案和总体技术途径。

3 总体设计

3.1 一般规定

3.1.1 市域铁路工程实施是规划意图的具体体现,体现了国土空间规划战略意图,设计应统筹考虑运营调度及客运服务、车辆设备、土建工程、牵引供电、列车运行控制等不同功能系统的技术指标及相互关系,整体研究、逐步深化,研究项目上位规划、功能定位、主要技术方案和主要技术标准,科学合理确定总体设计原则,以总体设计统筹专业设计,实现建设意图。

3.1.2 市域铁路的功能定位和运输特点决定了其服务属性、技术特性、设备配置等要求有别于城际铁路和城市轨道交通。市域铁路总体设计应在充分研究项目需求和各种相关因素的基础上,合理选定运营管理模式、主要技术标准、线路走向和建设方案,统筹工期、投资和其他控制目标对市域铁路建设的影响,提升设计的技术经济合理性。

3.1.3 市域铁路客流水平受城市经济社会发展影响较大,为保证市域铁路初期建设投资,市域铁路应经济合理分阶段进行投资建设。对于基础设施及不易改、扩建的设计内容,应按远期客流量和运输性质设计;易改、扩建的设计内容,宜按近期客流量和运输性质设计,并预留远期发展条件;对于随运输需求变化而增减的运营设备,参照城市轨道交通初期年度即建成通车后第三年的客流量设计。市域铁路设计年度分为初、近、远三期。初期为建成通车后第三年,近期为建成通车后第十年,远期为建成通车后第二十五年。

3.1.5 根据相关政策文件:《关于促进市域(郊)铁路发展的指导

意见》（发改基础〔2017〕1173号），"……线路要串联5万人及以上的城镇组团和旅游景点并设站,设计速度宜为100～160公里/小时,平均站间距原则上不小于3公里……"。《关于推动都市圈市域（郊）铁路加快发展的意见》（国办函〔2020〕116号），"……市域（郊）铁路新建线路单程通行时间宜不超过1小时,设计速度宜为100～160公里/小时,平均站间距原则上不小于3公里,早晚高峰发车间隔不超过10分钟……"。市域铁路平均站间距需满足快线要求,考虑市域铁路160 km/h设计时速,平均站间距原则上不小于3 km。结合区域新城发展,中心城区平均站间距不宜小于2 km,其他路段平均站间距不宜小于4 km。

3.1.8 为实现多网融合,市域铁路与干线铁路、城际铁路宜有效衔接,与城际铁路特别是都市圈城际铁路实现互联互通,互联互通方式可以通过合场设置或者联络线实现。

3.1.9 市域铁路之间应根据功能定位或客流需求,做到互联互通,具备直通运输的功能。

3.1.10 为体现以人为本、一体化运营的服务理念,与城市轨道交通应尽量减少换乘距离,使换乘便捷。

3.1.11 市域铁路服务于旅客运输,具有快速度、大运量、公交化的运输特点,设计应围绕服务运输、优质高效、安全可靠的发展目标,坚持安全第一、预防为主的方针,将安全设计和风险防范贯彻始终。

3.2 主要技术标准

3.2.1 市域铁路主要技术标准,如设计速度、正线线间距、曲线半径、最大坡度等与设计线路的具体情况关系密切,需要结合运输需求、沿线自然条件及技术条件等因素,综合技术经济比选后确定。

3.2.2 市域铁路设计速度的选择首先应满足上海市国土空间规

划对出行时间目标规划要求及功能定位。同时,设计速度的确定还应结合线路长度、车站分布、运输组织模式和工程因素等综合确定。

3.2.3 市域铁路采用动车组制式,因此采用左侧行车,并能够实现与干线铁路、城际铁路的有效衔接。

3.2.5 列车编组辆数应根据高峰小时最大断面客流量、列车运行间隔、列车定员等综合确定,市域铁路 8 辆编组的列车高峰小时运输能力达到 3.5 万人(主城区),能满足客流需求。对于客流量比较小的线路,可采用 4 辆编组。

3.2.6 有干线铁路、城际铁路跨线运营的线路,车站到发线应满足现行行业标准《城际铁路设计规范》TB 10623 的要求。

3.2.7 市域铁路应根据线路的设计速度、行车间隔、站间距、停车精度等因素,选用 CTCS-2 级或以上级列控系统。市域铁路具有站间距短、站台停车精度高等特点,应具备列车自动运行功能。

3.3 系统设计

3.3.2 为保证高平顺性、高精度、小残变、少维修轨道结构的设计、施工和检测维护的需要,设计速度 160 km/h 及以下的市域铁路铺设无砟轨道地段宜采用精密测量控制技术,进行线路勘察、施工放线、线路沉降变形观测、区域沉降观测和评估,满足轨道铺设及观测评估需要。

3.3.3 区间通过能力一般按最小追踪间隔 3 min 设计。运输能力受到限制的往往是车站咽喉区,故设计时尽可能优化咽喉区道岔的布置,缩短咽喉区长度。

3.3.4 市域铁路采用公交化的运输组织模式,旅客疏散候车体现快进快出的特点。不与城际铁路合建的车站应采用站台候车,与城际铁路互联互通的车站宜采用站厅候车或站房候车。进入枢纽,与干线铁路、城际铁路合场共站房时,可以考虑结合客运流线和管理需要,安排候车条件。

3.3.8 有砟轨道和无砟轨道是市域铁路轨道结构的两种基本形式。有砟轨道弹性条件好,在一定的维修质量下具有较好的轮轨接触效应,减振、降噪效果较好,维修较方便,造价相对较低。但有砟轨道的线路状态保持能力相对较差,在列车动载荷作用下,轨道的平顺性容易受到破坏,养护维修工作量大。无砟轨道结构具有稳定性好、平顺性高、轨道状态可长期保持、维修工作量可显著减少等突出优点,但建设成本明显高于有砟轨道。故轨道结构形式应根据速度等级、线下工程及环境条件等情况,经技术经济比选后合理确定。

3.3.13 隧道衬砌内轮廓是影响工程投资的一个重要指标。隧道断面与建筑限界、设计速度及动车组的密闭性能息息相关。列车通过隧道时诱发的空气动力学效应,包括瞬变压力、微气压波、空气阻力、列车风、气动载荷等,车内瞬变压力对旅客耳膜健康和舒适度产生较大影响,是隧道断面设计要考虑的重要因素。我国一般以单线单车 0.8 kPa/3 s、双线交会 1.25 kPa/3 s 的单一型舒适度标准作为衡量车内瞬变压力的指标。此外,接触网采用简单链型悬挂或采用刚性悬挂,结构高度相差较大,对隧道断面也会产生较大的影响。根据有关研究成果,设计速度为 160 km/h 的隧道断面主要受空气动力学的影响,需要满足旅客乘坐舒适度的要求。设计速度在 160 km/h 以下的隧道断面需根据建筑限界、接触网悬挂方式,以及是否采用大型机械养护等因素计算确定。

3.3.15 市域铁路宜设置纵向疏散通道,疏散通道的宽度应根据疏散及消防要求确定。市域铁路疏散通道还应与既有道路有效衔接,以方便疏散救援。

3.3.20 牵引供电制式的选择与牵引负荷密切相关。市域铁路的运输组织具有公交化的特点,其牵引供电负荷相对于高速铁路、城际铁路都要小,采用带回流线直接供电方式能够满足其供电要求。同时,由于部分市域铁路线路经过城区或城镇中心时,敷设方式多采用地下隧道方式,牵引网采用带回流线直流供电方式对隧道净空要求要比自耦变压器(AT)供电方式要小,有利于降低隧道土建工程的造价。综上分析,市域铁路牵引供电宜采用带回流线的直接供电方式。

3.3.22 市域铁路与干线铁路、城际铁路、城市轨道交通跨线运行的互联互通功能时,移动通信系统的机车无线通信设备需与干线铁路、城际铁路、城市轨道交通同类设备相互兼容。

3.3.23 结合运输组织方案,上海市域铁路线网内部公交化开行,与城市轨道交通之间实现付费区换乘,可支持干线铁路、城际铁路列车跨线开行,可与长三角都市圈线路互相跨线开行。多层次轨道交通一体化发展的趋势下,上海市域铁路客票系统需支持或兼容相邻客票系统业务,为旅客联程出行提供一票乘车的技术条件。

3.3.24 上海市域铁路通过设置清分系统,可更好地处理与相邻交通客票系统间的接口关系,做到共同清分、准确清算。

4 客流预测

4.1 一般规定

4.1.1 轨道交通新线客流培育期一般为初期,但线路系统制式、车辆选型和编组、车站规模、运营组织方案等不仅要满足初期客流的需求,更重要的是还要满足未来不同时间的客流变化要求。因此,除了初期客流预测外,还需要进行近期和远期客流预测。

4.1.2 市域铁路是城市综合交通体系的重要组成部分,应以市域综合交通网为基础,并结合区域国土空间规划、沿线土地利用规划以及服务客流需求特征等因素进行客流预测。

4.1.3 市域铁路客流预测应采用定量预测模型。

1 关于模型服务范围:市域铁路服务范围较广,因此模型范围应涵盖市域及线路服务范围。

2 关于模型参数:模型参数以基础年交通数据为基础,基础年交通数据需采用综合交通调查数据或相关专项调查数据。鉴于我国仍处于快速城市化发展进程中,城市交通特征变化较快,为保证调查数据的时效性,规定5年内的交通调查数据可作为客流预测的基础;超过5年的,需组织进行新的综合交通调查。

3 关于模型标定与校核:模型标定与校核是客流预测技术流程中的重要环节,需在技术流程中加以详细说明。

针对服务于对外枢纽、大型旅游景点、大型场馆等大型客流点的车站客流预测,应分别选取工作日和周末开展客流点调查或使用5年内同类型客流点调查数据,必要时增加节假日客流点调查,在此数据基础上分别建立客流点模型,并对模型方法、参数选择进行说明。

4.1.4 承担干线铁路、城际铁路跨线列车等新建市域铁路应预测干线铁路、城际铁路列车跨线客流，以便于全面分析新建市域铁路的客流特征。

4.1.5 市域铁路线路服务范围较城市轨道交通线路更大，且普遍延伸至城市外围乃至邻近城镇，沿线待开发区域较多，规划的不确定性较城市轨道交通更高，客流风险也较高。因此，应加强客流敏感性测试和客流特征分析。

4.2 基础资料与数据

4.2.1 市域铁路客流预测的基础资料与数据主要包括社会经济数据和综合交通数据。其中，社会经济数据主要包括模型范围内的人口、就业岗位和地区生产总值等。

4.2.2 模型范围内的综合交通调查或专项调查数据是基础年数据的基本依据，根据规划数据推算或通过现有数据预测是获取预测年数据的基本手段。交通数据包括现状交通运行状况数据和交通需求特征数据等，主要用于现状运行状况和交通需求特征分析、客流预测模型建模、标定和验证。作为城市交通出行骨干，市域铁路在交通廊道上的功能较为突出，因此其现状运行状况和交通需求特征分析需以交通走廊为重点。交通运行状况分析具体包括道路、公路、铁路、城市轨道交通等方式涉及的路网总体负荷水平、道路行驶速度，公路、铁路等的发车班次和行驶速度信息等内容。交通需求特征分析具体包括常规公共交通、长途客车巴士、铁路、城市轨道交通、水运等方式的日客运量、平均运距及客流走廊的公共交通断面客流量信息等内容。

4.3 预测内容

4.3.1 客流预测直接为线路、车站设计等技术参数提供定量依据，因此，除了模型范围交通需求、线网及线路客流指标等总体层面的指标外，还要重点预测车站的进出站客流、换乘站的换乘客流。考虑到新线开通后将对既有路网及部分线路的客流造成影响，故还应预测强相关线路的客流。除了通勤交通功能以外，针对旅游交通等其他功能突出的线路，还应增加周末及节假日等客流高峰时期的客流预测分析。

4.3.2 模型范围交通需求预测内容主要包括交通出行总量、出行时空分布、交通方式结构以及通道内各交通方式的客流分担率等。市域铁路应重点分析不同组团间的交通需求；针对跨市域的市域铁路线路，还应分析跨市域的交通需求。

4.3.3 强相关线路指与新建市域铁路线路之间存在客流喂给、分流等关系的线路，这类线路的客流水平一定程度上受到新建市域铁路线路的影响，应对强相关线路客流进行预测。强相关线路客流预测内容主要包括初期、近期及远期的全日客流量、高峰小时单向最大断面客流量等，并结合项目具体情况，必要时增加有无本项目对强相关线路客流指标的影响。

4.3.4

1 线路客流预测内容主要包括初期、近期及远期工作日全日及早、晚高峰小时的客流量、客流周转量、换乘客流量、平均运距及运距分布、单向最大断面客流量、负荷强度、客流时段分布曲线、客流密度等。

2 考虑到市域铁路服务客流出行特征不同于城市轨道交通线路，还应结合市域铁路的特征，加强乘客出行特征的预测。由于市域铁路线路较长，线路不同位置的客流在高峰时段、服务群体、运距构成、客流方向、出行目的等指标会存在一定差别，应分别进行说明；且市域铁路工作日一般以服务长距离通勤乘客为主，与工作日平峰、周末、节假日的客流特征也会存在明显区别，因此，应针对市域铁路的不同功能特征，必要时对线路的工作日平峰期、周末及节假日期间客流特征进行预测及分析。

3 由于市域铁路具备网络化运营特征，当线路存在与其他轨道交通线路跨线运营时，还应分析跨线运营线路的客流构成，为市域铁路跨线运营方案设计提供客流依据。

4.3.5

1 车站客流预测内容主要包括初期、近期及远期的工作日全日及早、晚高峰小时各车站乘降客流、站间断面客流量、换乘站分方向换乘客流。

2 车站的客流高峰出现在非工作日早、晚高峰时段时，应预测分析车站高峰客流出现时段及车站乘降客流。类似火车站、机场、大型旅游景点等附近的轨道交通站点，其客流高峰可能不出现在工作日早、晚高峰时段时，应预测分析车站高峰客流出现时段及车站乘降客流。

3 由于市域铁路服务对象为长距离出行的通勤客流，长距离出行的客流在出行特征上，体现出客流在高峰小时内的某个时段相对集中出行，造成超高峰系数会高于城市轨道交通线路，按照高峰小时客流进行车站设计，可能会造成超高峰时段站内旅客严重拥挤。为此，车站客流预测应针对超高峰时段超高峰系数进行预测，用于校核车站能力设计的适应性和裕量控制，以及合理安排高峰时段车站客流组织方案。

4 工程初步设计阶段所需要的客流指标更为具体和细致，需进一步补充各出入口全日及高峰时段的上下行进出客流量、不同接驳交通方式进出客流量等预测内容，以满足站点初步设计的实际工作需要。

4.3.6 站间OD预测内容主要包含初期、近期及远期各站点全日及高峰小时站间OD矩阵及分区域OD。分区域站间OD矩阵主要用于分析组团交流。

4.3.7 客流敏感性分析，应根据初期、近期及远期不同影响因素给出全日客流量及高峰小时单向最大断面客流量的波动范围。影响因素主要包括沿线人口规模、沿线开发进程、票制票价方案、服务水平、交通接驳、交通政策、市域铁路交通走廊道路拥堵水平等因素。比如,沿线土地开发进程直接影响着沿线人口规模,进而影响线路吸引客流;许多城市进行轨道交通客流预测时,按照原规划的最终阶段进行预测,但实际上由于各方面的原因,沿线土地开发实施进程和规划存在差异,尤其是郊区的土地开发可能比较滞后,同时也有土地开发强度远超出规划的情况,这些都对客流产生了很大影响。票制票价方案、服务水平、交通接驳、交通政策、市域铁路交通走廊道路拥堵水平等因素对市域铁路的吸引力也有很大影响,需要进行敏感性分析。初期宜选取票制票价方案、服务水平、交通接驳等因素,近、远期宜选取沿线开发进程、交通政策等因素。

5 行车组织与运营管理

5.1 一般规定

5.1.2 在上海大力发展新城的背景下,市域铁路主要为城市核心区与外围新城、新城镇组团之间提供快速、大容量、公交化服务,一般线路较长,承担了支撑与引导大城市由单中心向多中心发展形态转变、促进新城发展的功能。在城市发展的过程中,不同时期、不同地段的市域铁路存在功能和客流服务的差异性,应根据市域铁路的需求特征、服务对象、服务范围等,合理把握其功能定位,确定服务目标,因地制宜地选择运输模式,提供符合市场需求的差异化服务。

5.1.5 市域铁路运营不仅要考虑正常的运营状态,还要考虑系统故障状态时的非正常运营状态以及遇到突发事件时的紧急运营状态。运营应在能够保证乘客和所有使用该系统的人员及设施、设备安全的情况下实施。

5.2 运输模式

5.2.2 枢纽指市域铁路枢纽车站及市域铁路线路交汇车站。

5.2.3 根据不同的客流需求特征,市域铁路可采用不同的服务模式。在客流规模较大时,宜采用高密度的等间隔服务模式,满足客流需求并保证一定的服务水平。在客流规模较小或开行快慢车时,同类型列车行车间隔较大,乘客等待时间较长,不利于精确候车,可借鉴干线铁路、城际铁路时刻表服务模式。对于一条线路的不同运营时段、不同运行区段,可结合客流需求采用不同的运营模式。

5.2.6 市域铁路为乘客提供多样化服务，快速通达的大站停列车开行较为普遍。其中，大站停列车越站不停车时，为尽量保证越站列车的速度优势、降低运营能耗，应对过站的最低速度提出要求：通过不临靠站台的正线越站，不应予以限速；通过临靠站台的正线越站，或者侧向通过不临靠站台的股道越站，在车站范围内的实际运行速度不宜低于最高设计速度的50%，且应满足运营安全和乘客舒适等要求，符合过站限界、站台门等专业的设计要求。

5.3 运输规模

5.3.1 考虑到市域铁路乘客出行距离及时间较长，为增强抗客流风险能力、提高乘客舒适性，建议高峰小时设计输送能力裕量不宜小于10%。

5.3.3 市域铁路以提供公交化服务为前提，普遍组织大站停、站站停等多样化列车开行方案。为保证一定的服务频次，更好地吸引客流、发挥市域铁路作用，应对不同设计年度的列车开行对数做出规定。

上海城市轨道交通通常运营初期高峰时段不小于12对/h，平峰时段不小于6对/h；远期高峰时段为24对/h～30对/h，平峰时段不小于10对/h。上海市公共汽车和电车通常高峰时段不小于8对/h，其他时段不小于3对/h。与城市轨道交通相比，市域铁路主要分布于主城区外围或新城，客流量级整体低于城市轨道交通，列车开行对数可以较其低。

市域铁路设计年度最大列车开行对数初期高峰时段不宜小于6对/h，平峰时段不宜小于4对/h，以保证一定的服务水平；远期结合线路功能、客流需求、运营经济等因素，在满足公交化运营的前提下，可分类考虑：一般地区不宜小于12对/h，平峰时段不宜小于 6 对/h；主城区考虑提升功能能级、承载城市核心功能，远期高峰时段宜适当加密。

仅开行站站停列车的线路，在保证上述列车开行对数的前提下，应采取等间隔开行模式；混合开行大站停、站站停列车的线路，列车开行计划应尽量均衡设计，保证服务频次。

5.3.4 在城际铁路中，采用快慢车越行模式时区间通过能力计算通常可采用图解法和分析计算法。但分析计算法需要确定不同类型列车的扣除系数和到发线空费系数，其取值较难把握，故仍需通过图解法辅助确定。考虑到市域铁路行车密度较城际铁路大、对运输能力要求高，因此计算区间通过能力应精确计算，通过铺画运行图确定。

5.3.5 市域铁路车厢舒适度的选择，既要满足长乘距客流对舒适度的要求，又要考虑运营经济性。我国市域铁路客流平均乘距一般远大于城市轨道交通，为提高乘客舒适度，建议其站席密度不超过 4 人/m^2。若市域铁路进入主城区，可能兼具城市轨道交通功能，客流规模加大，为提高运营经济性，经研究论证后可采用现行上海市工程建设规范《城市轨道交通工程技术规范》DG/TJ 08—2232 的相关要求，不宜超过 5 人/m^2。

5.4 配　线

5.4.4 《城市轨道交通工程项目建设标准》（建标 104—2008）规定"每隔 5～6 座车站或 8～10 km 设置故障列车待避线，其间每相隔 2～3 座车站(约 3～5 km)加设渡线"。该项规定是按城轨车辆推送速度 25 km/h～30 km/h，退出运行总时间控制在 30 min 以内，走行时间不大于 20 min 为控制目标计算得出的。与城轨相比，市域铁路旅行速度高、车站分布间距大、行车密度小，因此可考虑适当放宽救援时间标准，适当提高救援推送速度，加大停车线和渡线布设的距离。按照市域铁路故障车退出运行总时间

40 min～45 min 考虑,即走行时间以 30 min～35 min 为控制目标。按故障列车 30 km/h 的运行速度计算,故障列车停车线的车站间距为 15 km～18 km;结合国内运营经验,按故障列车 35 km/h 的运行速度计算,故障列车停车线的车站间距为 18 km～20 km。

故障列车停车线与折返线、到发线均具备正常运营状态下的服务功能,一般情况下三者不宜合设。但考虑到发线一般为开行快慢车发生越行时设置,其使用效率与快车数量、快慢车开行时段等紧密相关,因此可结合开行方案、工程实施条件等具体分析停车线与到发线合设条件。

5.4.6 上海为海边城市,属亚热带季风气候,降水较多且易受台风影响。为降低极端天气造成防汛、防风线路停运影响,靠近隧道洞口的地下车站及临近江河湖海岸边的车站,应充分考虑组织临时交路运行条件,结合工程实施条件及全线配线分布,研究确定车站配线形式。

5.5 运营管理

5.5.4 城市轨道交通定员主要由运营维修人员、车站管理人员和职能部门等工作人员组成,且车站工作人员在运营定员中所占比例较大。考虑到市域铁路站间距较大,设站数量较少,车站管理人员和车站设备维修人员相对而言应有所减少。综合地铁"首条地铁运营线路的系统运营人员定员不宜超过 80 人/km,后建的每条线路运营定员指标不宜超过 60 人/km"的要求,市域铁路系统运营定员宜控制在 40 人/km 左右,第一条运营的市域铁路运营定员配置可适当增加。

5.5.5 干线铁路、城际铁路客运专线运营时间一般为 6:00—24:00,每天运营 18 h,"天窗"时间一般在夜间,采用 4 h。上海地铁运营服务时间每天一般在 16 h 以上,夜间进行检修。考虑到市域铁路各线所处区域存在一定差异,以及延续上海城市服务便捷的领先性,故将运营时间规定为不低于16 h。综合维修"天窗"设置时间参考干线铁路、城际铁路及地铁运营现状,在经过开通运营磨合期并建立较为完善的维修体制、配齐相关维修设施后,4 h的"天窗"时间可以满足上述维修作业要求。

6 车　辆

6.1　一般规定

6.1.1　本条强调车辆主要技术参数应尽量统一,为实现线网互联互通、网络化、一体化运营创造良好条件。

6.1.2　本条强调市域车辆相对于干线、地铁车辆而言,应具有快速运行、频繁起停、大载客量及公交化运行的特征。

6.1.3　条文中"正常运行"的条件主要是指:

　　1　载荷在从空车到超员的范围内。

　　2　车辆速度不超过运行曲线规定的速度。

　　3　车轮磨耗在规定的范围内。

　　4　除灾害性天气以外的气候条件。

　　5　车辆、轨道、信号等维修工作均按规定要求进行等。

　　"并应具备故障、事故和灾难情况下对人员和车辆实施救援的条件",这些条件是指车上应配置灭火器、事故广播装置、应急疏散门、救援设施等。

6.1.4　为了防止火灾发生与蔓延,以及防止火灾发生时产生的有毒气体危害人体健康,车辆及内部设施原则上优先采用不燃材料,不得已的情况下(如电线、电缆、减振橡胶件等)方可使用无卤、低烟、无毒的阻燃材料。

6.1.6　本条强调车辆采用智能技术的必要性,包括车辆运维(智能监测及防撞系统、列车智能视频分析系统、走行部状态监测、车门智能监测、空调系统状态监测、车载蓄电池状态监测、乘客信息系统健康管理、车载弓网运行状态检测系统、车辆运行性能监测系统、轨道监测系统及数据集成采集系统、车辆专家系统)、乘客服务(智能照明系统、智能压力保护系统、无线充电、智能车窗)等方面,提供人性化服务,助力运维决策。

6.2 主要技术规格

6.2.1 车辆参数的确定需注意以下事项:

1 基于市域线网的规划及建设现状,车辆类型应综合考虑对商务和通勤人群服务,与干线铁路、城际铁路列车互联互通,实现市域铁路的跨线运营与检修资源共享,减少全寿命周期列车运营和维护成本,救援疏散,安全性,舒适性等方面需求。

2 不同编组形式的列车客室侧门应满足等间距要求,是在头尾车2对、中间车3对的前提下提出的。此项规定是为了简化不同编组、不同线路的站台门设计,有利于实现跨线运营、互联互通。

6.2.2 车辆使用条件应满足上海地区的实际情况,环境温度为−15℃～45℃。

6.2.6 列车外部噪声的限值是借鉴时速160 km城际车辆、温州市域铁路车辆以及北京大兴机场线车辆的辐射噪声数据及充分考虑目前车辆隔音降噪所取得的成果,结合车外关键系统噪声技术水平,依据欧盟规范《关于轨道车辆-噪声子系统相关的互用性技术规范》TSI 1304及《城市轨道交通车辆噪声》(VDV-Schriften154-2011)第5.2.1条款,对时速160 km城际车辆的辐射噪声值进行修正得到。

6.2.7 列车运行的动态气密指数 τ 一般为静态气密指数 τ' 的 $1/3$～$1/2$,为保证良好的气密性能,这里取 $1/3$。

静态气密指数 τ' 与保压时间的关系为

$$\tau' = \frac{t}{\ln(\Delta P_1/\Delta P_0)} \qquad (6-1)$$

式中:t——保压时间(h);

ΔP_1——保压开始时压力差(Pa);

ΔP_0——保压结束时压力差(Pa)。

当 $\Delta P_1/\Delta P_0 = e$ 时，$\tau' = t$，否则需按对数关系换算。

市域车辆客室侧门开度一般不小于1 300 mm，且为双开型式。根据工程实践数值，160 km/h 等级车辆的保压开始时压力为2 600 Pa，140 km/h 等级车辆的保压开始时压力为2 100 Pa。

根据上述数据，并将计算值取整，可得:

（1）160 km/h 等级车辆

在整备状态下，单节车辆关闭门窗及空调设备的对外开口时，车厢内空气压力由2 600 Pa 降至1 000 Pa 的时间为18 s。

（2）140 km 等级车辆

在整备状态下，单节车辆关闭门窗及空调设备的对外开口时，车厢内空气压力由2 100 Pa 降至1 000 Pa 的时间为15 s。

6.2.9 考虑到目前上海市域铁路在建或规划项目的列车编组均采用4辆编组、8辆编组形式，因此列车的动拖比选择也针对4辆编组、8辆编组，车辆动拖比配置形式有3∶1和1∶1两种。由于3∶1的动拖比具有更强的加速性能、故障运行能力，为后期运营组织提供便利，特别是在4辆编组、8辆编组混跑的情况下有利于提高故障救援能力，因此在线路有4辆编组和8辆编组混跑时以及线网需要统一调配车辆使用时，4辆编组宜选择3∶1的动拖比配置，8辆编组应采用1∶1的动拖比。

6.2.10 长短编组混跑的线路，应明确不同编组故障车辆的救援方案。

6.3 车体与设备

6.3.4 人均体重是结合上海地区实际，根据上海地铁设计时采用的乘客平均质量标准选用。

6.5 电气系统

6.5.5 列车牵引计算黏着系数,救援工况下允许值可为 0.2～0.3。

6.7 安全与应急设施

6.7.1 车辆的应急疏散门方案主要取决于基建设施及应急处置方案,干线铁路车辆依据行业标准《铁路隧道防灾疏散救援工程设计规范》TB 10020—2017 采用侧门疏散的方案,在列车上设置渡板、应急梯等设施,由列车乘务员指导乘客使用。地铁车辆疏散考虑到未设置随车人员,根据国家标准《地铁设计防火标准》GB 51298—2018、《地铁设计规范》GB 50157—2013 等,可根据隧道内疏散通道的设置选择侧门疏散或端门疏散方案。市域车辆疏散方案采用侧门疏散。根据设计经验,相同造型情况下气动阻力和列车速度的平方成正比,为降低气动阻力,设计时速 140 km及以上车辆多采用流线型,建议采用侧门疏散。

7 限　界

7.1 一般规定

7.1.1 市域铁路与干线、城际铁路贯通运营时,统一限界标准是考虑限界兼容可行性的前提。我国开通运营及在建的市域铁路往往存在交叉采用地铁及国铁技术标准的情况,就限界而言大多数采用地铁限界标准,并根据速度进行计算,部分线路对于区间建筑限界还按照路基、隧道及桥梁分别考虑。为此,将市域铁路建筑限界最大宽度与现行国家标准《标准轨距铁路限界》GB 146 中城际铁路基本限界保持一致,既可保证干线、城际铁路下线安全运行,又可实现市域铁路建筑限界轮廓的简统化,使得市域铁路的限界设计符合安全可靠、先进成熟、经济适用的要求。

7.1.3 根据现行国家标准《地铁安全疏散规范》GB/T 33668,当列车在区间发生火灾等事故,在列车完好且未失去动力的情况下,应优先将列车继续行驶至车站,在车站组织人员疏散,其次考虑在区间进行疏散。

因考虑干线、城际铁路车辆下线,为满足现行国家标准《标准轨距铁路限界》GB 146 的要求,在区间内无法设置高疏散平台。在上海机场联络线的设计实践中,高架、隧道地段考虑利用市域车辆配套的下车设施,配合轨旁低疏散通道(利用轨旁电缆沟盖板,设置 250 mm 低疏散平台),不设置纵向高疏散平台,不仅能保证较高的疏散效率,还大大节省工程建设和运维成本。路基地段如两侧设置疏散通道,需拓宽路基断面,从而增加投资。因此,本标准不建议路基段设疏散通道,不规定路基段相关疏散通道条款。

7.2 建筑限界

7.2.5

1 现行国家标准《地铁设计规范》GB 50157 中要求站台面低于新车厢地板面 50 mm，主要考虑车辆超载、偏载、轮轨磨耗等因素影响下车厢地板面可能低于站台面，导致乘客下车时绊倒而引起事故。但是从近年成都、重庆等城市部分地铁车站的实际测量结果来看，经过多年运营后，直线车站内车厢地板面高出站台面均不低于 20 mm。从统计结果看，上车时发生绊倒事故的概率甚至高于下车时，适当减小车厢地板面与站台面的高差是可行的也是有必要的。基于上述考虑，同时借鉴国铁经验，本标准站台面高度按照低于新车厢地板面 30 mm 确定。

2 站台建筑限界应符合现行国家标准《标准轨距铁路限界》GB 146 的规定。

7.2.6 站台门建筑限界应符合现行国家标准《标准轨距铁路限界》GB 146 规定。

7.2.7 一般情况下人防门/防淹门安装在车站端头，车辆通过速度不大于 80 km/h。若防淹门安装在正线区间，车辆通过速度超过 100 km/h 时，可能因气动效应导致乘客不适。因此，在此工况下，需采用限速通行或增大洞门内净空面积的措施以满足舒适性要求。

7.2.8

1 车辆基地库内双层检修平台的高平台及安全栅栏的建筑限界按空车在整体道床轨道上以 5 km/h 及以下速度运行进行设计。此时车辆转向架一、二系弹簧不变形，只产生轮轨间隙的随机变化，以及车体和转向架之间横动量的随机变化。故车体轮廓线和高平台（安全栅栏）之间按 80 mm 间隙进行建筑限界设计是安全的，这个间隙也能有效防止工人高空作业时出现安全事故。

7.4 限界检测

7.4.2 目前市域铁路参照城市轨道交通的验收程序,投入运营前需对建筑限界进行检测。建筑限界应在轨旁设备安装之前进行,以确保设备安装之后不侵入安全运营的最小限界要求。相关施工误差主要考虑检测工具的制作与测量仪器的定位误差。

8 线路与站场

8.1 一般规定

8.1.1 根据线路在运营中的作用,可分为正线、配线及车场线。配线包括到发线、渡线、折返线、停车线、安全线、联络线、出入线等。

1 正线为载客运营并贯通车站的线路。当线路分叉时,可细分为主线和支线。主线、支线按照行车对数大小进行区分,主线宜与正线直向贯通运营。

2 配线是指在车站管理的线路中除正线以外的其他线路,主要为运营组织提供列车转换线路、转换运行方向或增加运行灵活性等功能的线路。根据功能需求,可分为以下几类:

1) 到发线:办理乘客乘降作业、列车越行的线路;
2) 渡线:设置在正线线路左右线之间,为车辆过渡运行的线路;
3) 折返线:供列车折返运行的线路;
4) 停车线:办理故障列车待避、临时折返、临时停放列车或夜间停放车辆等作业的线路;
5) 安全线:为防止列车进入其他列车占用的线路而发生冲突事故的一种安全隔开设备;
6) 联络线:设置在两条相互分开的线路与线路之间、线路与车站之间、车站与车站之间,起到互相联络作用的线路,有跨线运行及资源共享两种功能;
7) 出入线:从车站或区间引出的连接车辆基地的线路。

3 车场线是指车辆基地内供列车停放、检修或其他维修车辆停放的线路。

8.1.2 确定线路设计标准的基本依据是旅客乘坐舒适度要求，并符合技术经济合理的原则，以体现建设项目合理的综合效益。车站位置一般选择在方便旅客乘降的地方，各种建筑物较多，为减少拆迁干扰，车站及两端正线设计标准可因地制宜选用。

对于全部列车均停站的车站，列车进出车站需减、加速，行车速度不高，采用与实际行车速度相适应的技术标准，可避免浪费，其行车速度可按牵引计算确定。

对于部分列车停站的车站两端正线设计标准，需根据通过列车的设计行车速度和停站列车的速度情况，选择适宜的技术标准，使通过列车的欠超高和停站列车的过超高在规定的限值内，以满足舒适度要求。

8.1.3 联络线的主要功能有跨线运行和资源共享。用于跨线运行时，为保证跨线服务水平，应采用双线立交疏解，以避免平面交叉引起两线相互干扰；用于资源共享时，是实现与其他线路资源共享或相互救援，可采用单线，但需检算行车能力。联络线技术标准一般情况下应与两端正线技术标准相匹配，但考虑到联络线的设置一般出现在交叉的线路之间，采用与正线一致的技术标准不利于城市用地规划或造成较大工程代价，可结合城市用地规划、工程条件确定合理的技术标准。

8.1.4 关于线路接轨及安全线的设置说明如下：

1 联络线、出入线在站内与正线接轨时，需要根据联络线、出入线上列车的接入方向确定安全线的设置。联络线、出入线上的列车接入正线（即两线汇合为一线）时，为确保正线上通过列车的运行安全，需要在联络线、出入线上设置安全线；正线上的列车接入联络线、出入线（即一线分为两线）时，没有必要设置安全线。安全线设置如图8-1和图8-2所示。

当到发线已满足安全防护距离时，联络线、出入线在站内到发线接轨可不设安全线。

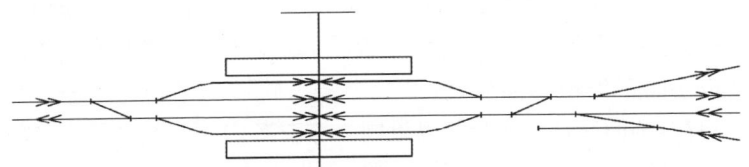

图 8-1 联络线、出入线与正线接轨安全线设置示意图

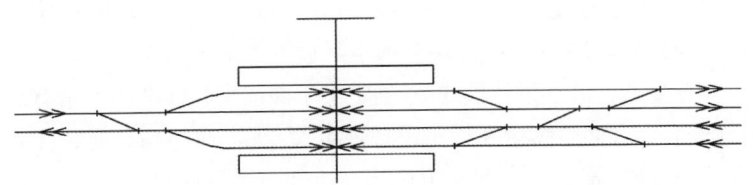

图 8-2 联络线、出入线与到发线接轨安全线设置示意图

2 停车线末端设置安全线,保证列车进入正线时的运行安全。如仅为故障车停车线,考虑短时间停留且有效长满足要求前提下,接入正线时可不设安全线

8.1.5 当联络线或出入线接轨于区间正线不办理旅客乘降或其他作业时,命名为线路所。如有相应行车作业,可命名为接轨站。

8.1.7 线路敷设方式应根据城市总体规划、地理条件和环境条件,因地制宜地选定。在上海市城市中心区域,因道路两侧建筑物密集、道路交通拥挤、管线复杂、动迁难度和代价巨大,为减少建设和运营期对城市的影响,一般宜采用地下线方式敷设。在中心城外围或城镇核心区外围,可结合道路红线宽度、两侧建筑物的退界要求、周边规划条件等因素,在满足环境噪声影响的情况下采用高架或地面线敷设。

8.2 线路平面

8.2.1 当线路设置小偏角曲线时,为了满足最小圆曲线长度不小于$(0.4\sim0.6)v$的要求,需采用较大的圆曲线半径。当平面曲线半径过大时,受线路的铺设、养护、维修养护精度控制,当曲线半径大到一定程度后,正矢值将很小,测设和检测精度均难以保证极小的正矢值的准确性,可能会成为轨道不平顺的因素。因此,宜对圆曲线最大半径加以限制。综合考虑线路测设精度和轨道检测精度,并参考国内外最大曲线半径采用情况,规定最大圆曲线半径为 12 000 m。

8.2.2 最小曲线半径是线路主要设计标准之一。与市域铁路运输组织模式、速度目标值、乘客乘坐舒适度等因素有关。

在高低速共线运营模式下,确定最小曲线半径标准的因素有两个方面:一方面是高速度列车设计速度 V_{max}、实设超高与欠超高之和的允许值 $[h+h_q]$;另一方面为高速度列车设计速度 V_{max}、低速度列车设计速度 V_{min}、欠过超高之和的允许值 $[h_q+h_g]$。

1 本标准设计速度目标值分级为 160 km/h、140 km/h。为便于设计者选用,平面半径计算时对 160 km/h 以下的设计速度,每 20 km/h 分档。

2 超高参数。

本标准各种超高参数标准均依据设计速度及舒适度条件确定。为合理地制定最小曲线半径标准,需适当确定超高参数标准,以充分体现工程设计的技术经济合理性。

1)最大设计超高允许值 $[h]$

(1)安全条件允许的最大超高。

当列车通过设置超高的曲线时车体会发生倾斜,因车体倾斜而导致车体中心偏离轨道中心,要控制此偏移距离,以保证车体不会因失去平衡而倾覆。由此得出了安全条件要求的最大超高计算式为

$$[h_a]=S^2/6H \quad (8\text{-}1)$$

式中:S——钢轨中心距(mm),取 1 500 mm;

H——车体重心高度(mm)。

我国 CRH6 型动车组的重心高度约为 2 000 mm,参照此参数计算得到的最大允许超高约为 188 mm。

(2) 舒适条件要求的最大超高。

试验研究表明,当列车停在超高为 200 mm 及以上的曲线上时,部分旅客感到站立不稳、行走困难且有头晕不适之感。

《铁路线路修理规则》(铁运〔2006〕146 号)(注:适用 200 km/h 及以下线路)第 3.7.1 条规定,实设最大超高双线不得大于 150 mm。《高速铁路有砟轨道线路维修规则(试行)》(铁运〔2013〕29 号)(注:适用于允许速度 200 km/h～300 km/h 有砟轨道线路维修,既有线提速线路除外)第 3.1.1 条规定,超高最大值一般不得超过 150 mm,困难条件下仅运行客车的线路不得超过 170 mm。国家铁路局发布的《市域(郊)铁路设计规范》TB 10624 中最大实设超高采用 150 mm。

(3) 国外高速铁路的最大超高一般为 170 mm～200 mm。

综合上述分析,最大设计超高允许值取 170 mm 是安全的,但是实设超高应考虑运营养护实际,本标准最大实设超高采用 150 mm。

2) 欠超高 h_q

在广深准高速客车试验中得到的舒适度与欠超高的关系为:$h_q=30$ mm,感觉良好;$h_q=55$ mm,感觉较好;$h_q=80$ mm,感觉略有不适;$h_q=108$ mm,感觉不舒适。考虑到本标准所适用的线路属上海市域范围内及周边近沪地区,市域铁路的运营长度一般不超过 100 km,综合现行相关设计规范,按照舒适度条件,本标准欠超高允许值标准见表 8-1。

表 8-1 欠超高允许值(mm)

舒适度条件	一般	困难
欠超高允许值 h_q	60	90

3)过超高 h_g

根据运营实践经验,上海市域动车组客车轴重较轻、牵引质量小,对于曲线地段钢轨磨耗及线路破坏作用较小。从舒适度角度分析,过超高与欠超高对于舒适度的影响是相同的,因此过超高采用与欠超高相同的标准,见表8-1。在实际设计中,适当降低过超高取值,可以更好地改善轨道受力条件。

4)设计超高与欠超高允许值 $[h+h_q]$

根据上述最大设计超高及欠超高取值分析,设计超高与欠超高允许值 $[h+h_q]$ 取值见表8-2。

表8-2 设计超高与欠超高之和取值(mm)

舒适度条件	一般	困难
设计超高与欠超高之和允许值 $[h+h_q]$	210	240

5)欠超高与过超高之和允许值 $[h_q+h_g]$

根据上述欠超高与过超高取值分析,欠超高与过超高之和的取值见表8-3。

表8-3 欠超高与过超高之和允许值取值(mm)

舒适度条件	一般	困难
欠超高与过超高之和允许值 $[h_q+h_g]$	120	180

3 最小曲线半径 R_{min} 的确定。

单一设计最高速度时的平面最小曲线半径计算见式(8-2);高、低速匹配时的平面最小曲线半径计算见式(8-3)。

$$R_{min}=11.8\frac{v_{max}^2}{[h+h_q]} \quad (8-2)$$

$$R_{min}=11.8\frac{v_{max}^2-v_{min}^2}{[h_q+h_g]} \quad (8-3)$$

式中:v_{max}——设计最高速度(km/h);

v_{min}——低速旅客列车设计速度(km/h)。

4 根据上述确定的超高参数,按照单一速度、高低速匹配两种条件计算最小曲线半径。高低速匹配是指车站两端通过车与停站车以不同的速度通过曲线。

1）设计速度 160 km/h

（1）最小半径计算值（表 8-4）

表 8-4 设计速度 160 km/h 最小半径计算值(m)

设计速度(km/h)	$[h+h_q]$	R	$[h_q+h_g]$	匹配低速(km/h)											
160	(mm)	(m)	(mm)	110	100	90	80	70	60	50	40	30	20	10	0
一般条件	210	1 438	120	1 328	1 534	1 721	1 888	2 036	2 163	2 272	2 360	2 429	2 478	2 508	2 517
困难最小	240	1 259	180	885	1 023	1 147	1 259	1 357	1 442	1 514	1 573	1 619	1 652	1 672	1 678

从表 8-4 计算结果看,匹配低速 110 km/h 时,最小半径标准由设计速度 160 km/h 控制。

（2）最小半径计算值取整（表 8-5）

一般条件最小值按 100 m 取整,困难条件最小值按 50 m 取整。

表 8-5 设计速度 160 km/h 最小半径取整值(m)

设计速度 160 km/h	低速 110 km/h 及以上			低速 110 km/h 以下										
	$[h+h_q]$ (mm)	R (m)	$[h_q+h_g]$ (mm)	100	90	80	70	60	50	40	30	20	10	0
一般条件	210	1 400	120	1 600	1 800	1 900	2 100	2 200	2 300	2 400	2 500	2 500	2 600	2 600
困难最小	240	1 300	180	1 100	1 200	1 300	1 400	1 500	1 600	1 600	1 700	1 700	1 700	1 700

2）设计速度 140 km/h

（1）最小半径计算值（表 8-6）

表 8-6 设计速度 140 km/h 最小半径计算值（m）

设计速度(km/h)	$[h+h_q]$	R	$[h_q+h_g]$	匹配低速(km/h)											
140	(mm)	(m)	(mm)	110	100	90	80	70	60	50	40	30	20	10	0
一般条件	210	1101	120	738	944	1 131	1 298	1 446	1 573	1 682	1 770	1 839	1 888	1 918	1 927
困难最小	240	964	180	492	629	754	865	964	1 049	1 121	1 180	1 226	1 259	1 278	1 285

从表 8-6 计算结果看，匹配低速 100 km/h 及以上时，最小半径标准由设计速度 140 km/h 控制。

（2）最小半径计算值取整（表 8-7）

一般条件最小值按 100 m 取整，困难条件最小值按 50 m 取整。

表 8-7 设计速度 140 km/h 最小半径取整值（m）

设计速度 140 km/h	低速 100 km/h 及以上			低速 100 km/h 以下									
	$[h+h_q]$ (mm)	R (m)	$[h_q+h_g]$ (mm)	90	80	70	60	50	40	30	20	10	0
一般条件	210	1 100	120	1 200	1 300	1 500	1 600	1 700	1 800	1 900	1 900	2 000	2 000
困难最小	240	1 000	180	800	900	1 000	1 050	1 150	1 200	1 250	1 300	1 300	1 300

3）设计速度 120 km/h

（1）最小半径计算值（表 8-8）

表 8-8 设计速度 120 km/h 最小半径计算值（m）

设计速度(km/h)	$[h+h_q]$	R	$[h_q+h_g]$	匹配低速(km/h)											
120	(mm)	(m)	(mm)	110	100	90	80	70	60	50	40	30	20	10	0

续表 8-8

设计速度(km/h)	$[h+h_q]$	R	$[h_q+h_g]$	匹配低速(km/h)										
一般条件	210	809	120	226	433	620	787	934	1 062	1 170	1 259	1 328	1 377	1 406	1 416
困难最小	240	708	180	151	288	413	524	623	708	780	839	885	918	937	944

从表 8-8 计算结果看,匹配低速 80 km/h 及以上时,最小半径标准由设计速度 120 km/h 控制。

(2) 最小半径计算值取整(表 8-9)

一般条件最小值按 100 m 取整,困难条件最小值按 50 m 取整。

表 8-9 设计速度 120 km/h 最小半径取整值(m)

设计速度120 km/h	低速 80 km/h 及以上			低速 80 km/h 以下							
	$[h+h_q]$ (mm)	R (m)	$[h_q+h_g]$ (mm)	70	60	50	40	30	20	10	0
一般条件	210	800	120	1 000	1 100	1 200	1 300	1 400	1 400	1 500	1 500
困难最小	240	750	180	650	750	800	850	900	950	950	950

4) 设计速度 100 km/h

(1) 最小半径计算值(表 8-10)

表 8-10 设计速度 100 km/h 最小半径计算值(m)

设计速度(km/h) 100	$[h+h_q]$ (mm)	R (m)	$[h_q+h_g]$ (mm)	匹配低速(km/h)								
				90	80	70	60	50	40	30	20	10	0
一般条件	210	562	120	187	354	502	629	738	826	895	944	974	983
困难最小	240	492	180	125	236	334	420	492	551	597	629	649	656

从表 8-10 计算结果看,匹配低速 70 km/h 及以上时,最小半径标准由设计速度 100 km/h 控制。

(2) 最小半径计算值取整(表 8-11)

一般条件半径按照整 100 m 倍数取值,困难条件按照 50 m 倍数取值。

表 8-11　设计速度 100 km/h 最小半径取整值(m)

设计速度 100 km/h	低速 70 km/h 及以上			低速 70 km/h 以下						
	$[h+h_q]$ (mm)	R (m)	$[h_q+h_g]$ (mm)	60	50	40	30	20	10	0
一般条件	210	600	120	700	800	900	900	1 000	1 000	1 000
困难最小	240	500	180	450	500	600	600	650	650	700

5) 设计速度 80 km/h

(1) 最小半径计算值(表 8-12)

表 8-12　设计速度 80 km/h 最小半径计算值(m)

设计速度 (km/h)	$[h+h_q]$	R	$[h_q+h_g]$	匹配低速(km/h)						
80	(mm)	(m)	(mm)	70	60	50	40	30	20	10	0
一般条件	210	360	120	148	275	384	472	541	590	620	629
困难最小	240	315	180	98	184	256	315	361	393	413	420

从表 8-12 计算结果看,匹配低速 50 km/h 及以上时,最小半径标准由设计速度 80 km/h 控制。

(2) 最小半径计算值取整(表 8-13)

一般条件半径按照整 100 m 倍数取值,困难条件按照 50 m 倍数取值。

表 8-13　设计速度 80 km/h 最小半径取整值(m)

设计速度 100 km/h	低速 50 km/h 及以上			低速 50 km/h 以下				
	$[h+h_q]$ (mm)	R (m)	$[h_q+h_g]$ (mm)	40	30	20	10	0
一般条件	210	400	120	500	600	600	700	700
困难最小	240	350	180	350	400	400	450	450

6) 最小曲线半径(表 8-14)

表 8-14　最小曲线半径(m)

设计速度 (km/h)	160	140	120	100	80	60
一般条件	1 400	1 100	800	600	400	350
困难条件	1 300	1 000	750	500	350	300

5　单一速度(或较小速差匹配)的曲线半径与较大速差匹配的曲线半径需区别选用相应的标准,最小半径值要合理考虑一定速差条件的要求。当高低速速差较小时,最小半径值由最高设计速度要求控制,当设计速度 160 km/h 与速度不低于 110 km/h 的列车共线时,最小半径值由设计速度 160 km/h 的要求控制,速差不控制;当匹配速度低于 110 km/h 时,最小半径需按照速差条件计算,当低速为 70 km/h 时,最小半径为 1 400 m。

6　限速地段平面最小曲线半径。

当列车运行速度小于设计速度时,称之为限速,这种工况一般指在车站两端减、加速地段或受环境、地质等条件控制采用低于设计速度的地段。C 型车转向架的轮对固定轴距为 2.5 m,车轮在曲线轨道上通过的相同几何状态验算,确定车型的圆曲线最小半径均为 350 mm;困难条件下采用 300 m。

8.2.3　复曲线不仅测设、施工及养护维修困难,而且由于曲率的不均匀变化降低了列车运行的平稳性,从而影响旅客乘坐舒适度。此要求与城际、市域各规范体系均一致。因此,上海市域铁路标准正线规定不设置复曲线。

8.2.4 区间正线左、右线线间距不受控的并行地段采用同心圆设计时,可保持圆曲线范围内两线线间距相等,减少部分工程量和节约用地,便于养护维修。单洞单线盾构隧道地段、高架线路左右线桥梁结构完全分开时,线路左右线可不按同心圆设计要求。

8.2.5 关于区间正线线间距的设计说明如下:

3 正线与联络线、出入线并行地段的线间距,需考虑会车压力波的影响以及各自线路采用的桥梁结构布置、施工误差对线间距的要求,同时考虑线间不设置高柱信号机,故规定了线间距不应小于5.0 m。

4 正线与既有铁路并行地段线间距主要是考虑会车压力波的影响、各自线路采用的桥梁结构布置、施工误差对线间距的要求,同时考虑线间设置高柱信号机对限界的要求,建筑限界最大半宽2 440 mm,信号机最大宽度380 mm,2 440×2+380=5 260 mm,故规定了正线与既有铁路并行地段线间距不应小于5.3 m。正线与既有铁路并行时,尚需考虑营业线施工安全管理对间距的要求,以及线间设置隔离设施时对间距的要求。

8.2.6 关于车站内两相邻线路线间距的设计说明如下:

1 正线间无渡线且有列车通过时,考虑列车交会运行时受会车压力波的影响,其影响情况与区间正线相同,因此线间距与区间正线保持一致。两正线间设置带进路表示器的双机构矮型信号机时,其要求的最小线间距为4.382 m,考虑信号机两侧10.9 cm的安全余量,正线间距不小于4.6 m。

2 设计速度160 km/h及以下线路正线一般采用9号或12号道岔,线间距应满足道岔铺设结构要求。当采用市域9号道岔时,根据道岔铺设结构要求,4.2 m线间距可满足单渡线的铺设,选用其他9号道岔型号时需根据道岔参数计算确定线间距。

当采用市域12号道岔时,4.5 m线间距能满足单渡线的常规铺设,当选用其他12号道岔型号时,需根据道岔参数计算确定线间距。

8.2.7 缓和曲线长度根据设计速度、曲线半径和地形条件,可按式(8-4)～式(8-6)计算并取最大值。

1 满足最大超高顺坡率要求的缓和曲线长度应按下式计算:

$$L_1 \geqslant \frac{h}{i_{\max}} \quad (8\text{-}4)$$

2 满足欠超高时变率要求的缓和曲线长度应按下式计算:

$$L_2 \geqslant \frac{v}{3.6} \cdot \frac{h_q}{\beta} \quad (8\text{-}5)$$

3 满足超高时变率要求的缓和曲线长度应按下式计算:

$$L_3 \geqslant \frac{v}{3.6} \cdot \frac{h}{f} \quad (8\text{-}6)$$

式中:L_1,L_2,L_3——缓和曲线长度(m);
　　　　h——设计超高值(mm);
　　　　h_q——设计欠超高值(mm);
　　　　$i_{\max}$——满足安全条件的最大超高顺坡率(‰);
　　　　v——设计速度(km/h);
　　　　f——超高时变率(mm/s);
　　　　β——欠超高时变率(mm/s)。

缓和曲线标准与设计速度、实设超高及超高时变率、欠超高及欠超高时变率、超高顺坡率等因素有关。超高时变率、欠超高时变率、超高顺坡率等标准,参照现行设计标准研究确定。

1) 超高时变率 f

高速铁路为25 mm/s、28 mm/s、31 mm/s;客货共线铁路为

28 mm/s、32 mm/s、36 mm/s；城际铁路为 28 mm/s、35 mm/s；铁道学会发布的市域铁路设计规范为 30 mm/s、40 mm/s；国家铁路局发布的市域（郊）铁路设计规范为 30 mm/s、40 mm/s；地铁为 40 mm/s。

考虑到上海市域铁路速度目标值为 140 km/h～160 km/h，参照铁道学会及国家铁路局发布的市域铁路设计规范，超高时变率 f 取 30 mm/s、40 mm/s。

2）欠超高时变率 β

高速铁路为 23 mm/s、38 mm/s；客货共线铁路为 40 mm/s、45 mm/s、52.5 mm/s；城际铁路为 23 mm/s、38 mm/s；铁道学会发布的市域铁路设计规范为 45 mm/s、50 mm/s；国家铁路局发布的市域（郊）铁路设计规范为 45 mm/s、50 mm/s。本标准速度目标值为 140 km/h～160 km/h，参照铁道学会及国家铁路局发布的市域铁路设计规范，欠超高时变率 β 取 45 mm/s、50 mm/s。

3）超高顺坡率 i

超高顺坡率允许值受车辆脱轨安全性的控制，现行有关规范规定最大超高顺坡率（i_{max}）不大于 2‰，即 1/500，国外规定的超高顺坡率最大值为 1/200～1/400 不等。

4 设计超高值

最大实设超高确定原则：根据平衡超高计算值确定的欠超高水平与半径计算参数相协调；最大半径一般在小偏角、保证圆曲线最小长度的情况选用，因此缓和曲线长度不宜过长，即超高设置不宜过大。设计超高按上述原则取值可保证欠超高、过超高、欠超高与过超高之和等参数均控制在允许范围之内。最小超高取值 15 mm，当平衡超高小于 10 mm 时可不设缓和曲线。

5 缓和曲线长度的确定

总结上述对超高时变率、欠超高时变率等参数选择分析，以及铁路建设经验，超高时变率与设计超高值成为缓和曲线长度选

择的主要控制因素。由式(8-5)及式(8-6)可知,设计缓和曲线的长度为

$$l_0 = \max\{L_2, L_3\}$$
$$= \max\left\{\frac{v}{3.6} \cdot \frac{h_q}{\beta}, \frac{v}{3.6} \cdot \frac{h}{f}\right\} \tag{8-7}$$

各档设计速度的缓和曲线长度见表 8-15 和表 8-16。

表 8-15　设计速度 160 km/h、140 km/h、120 km/h 缓和曲线长度(m)

设计速度 R(m)	160 km/h			140 km/m			120 km/h		
	超高 h (mm)	超高时变率 f(mm/s)		超高 h (mm)	超高时变率 f(mm/s)		超高 h (mm)	超高时变率 f(mm/s)	
		30	40		30	40		30	40
12 000	20	30	25	15	20	20	15	20	20
11 500	20	30	25	15	20	20	15	20	20
11 000	20	30	25	15	20	20	15	20	20
10 500	20	30	25	15	20	20	15	20	20
10 000	20	30	25	15	20	20	15	20	20
9 500	20	30	25	20	30	20	15	20	20
9 000	25	40	30	20	30	20	15	20	20
8 500	25	40	30	20	30	20	15	20	20
8 000	25	40	30	20	30	20	15	20	20
7 500	30	45	35	25	35	25	15	20	20
7 000	30	45	35	25	35	25	15	20	20
6 500	35	55	40	25	35	25	15	20	20
6 000	35	55	40	30	40	30	15	20	20
5 500	40	60	45	30	40	30	20	25	20
5 000	45	70	50	35	45	35	20	25	20
4 500	50	75	60	40	55	40	25	30	25

续表 8-15

设计速度 R(m)	160 km/h 超高 h (mm)	160 km/h 超高时变率 f(mm/s) 30	160 km/h 超高时变率 f(mm/s) 40	140 km/m 超高 h (mm)	140 km/m 超高时变率 f(mm/s) 30	140 km/m 超高时变率 f(mm/s) 40	120 km/h 超高 h (mm)	120 km/h 超高时变率 f(mm/s) 30	120 km/h 超高时变率 f(mm/s) 40
4 000	60	90	70	45	60	45	25	30	25
3 800	60	90	70	45	60	45	30	35	25
3 600	65	100	75	50	65	50	35	40	30
3 500	65	100	75	50	65	50	35	40	30
3 400	70	105	80	55	75	55	40	45	35
3 300	70	105	80	55	75	55	40	45	35
3 200	75	115	85	55	75	55	40	45	35
3 100	75	115	85	60	80	60	40	45	35
3 000	80	120	90	60	80	60	45	50	40
2 900	85	130	95	65	85	65	45	50	40
2 800	85	130	95	65	85	65	45	50	40
2 700	90	135	100	65	85	65	45	50	40
2 600	95	145	110	70	95	70	50	60	45
2 500	95	145	110	70	95	70	50	60	45
2 400	100	150	115	75	100	75	55	65	50
2 300	105	160	120	80	105	80	55	65	50
2 200	110	165	125	85	110	85	60	70	50
2 100	110	165	125	90	120	90	60	70	50
2 000	115	170	130	90	120	90	65	75	55
1 900	120	180	135	95	125	95	65	75	55
1 800	125	185	140	100	130	100	70	80	60
1 700	135	200	150	110	145	110	75	85	65
1 600	140	210	160	115	150	115	80	90	70

续表 8-15

设计速度 R(m)	160 km/h			140 km/m			120 km/h		
	超高 h (mm)	超高时变率 f(mm/s)		超高 h (mm)	超高时变率 f(mm/s)		超高 h (mm)	超高时变率 f(mm/s)	
		30	40		30	40		30	40
1 500	150	225	170	120	160	120	85	95	75
1 400	150	225	170	130	170	130	95	110	80
1 300	150	225	170	140	185	140	105	120	90
1 200	—	—	—	150	200	150	115	130	100
1 100	—	—	—	150	200	150	125	140	105
1 000	—	—	—	150	200	150	140	160	120
900	—	—	—	—	—	—	150	170	125
800	—	—	—	—	—	—	150	170	125
750	—	—	—	—	—	—	150	170	125

表 8-16 设计速度 100 km/h、80 km/h、60 km/h 缓和曲线长度(m)

设计速度 R(m)	100 km/h			80 km/m			60 km/h		
	超高 h (mm)	超高时变率 f(mm/s)		超高 h (mm)	超高时变率 f(mm/s)		超高 h (mm)	超高时变率 f(mm/s)	
		30	40		30	40		30	40
9 000	15	20	20	—	—	—	—	—	—
8 500	15	20	20	—	—	—	—	—	—
8 000	15	20	20	—	—	—	—	—	—
7 500	15	20	20	—	—	—	—	—	—
7 000	15	20	20	—	—	—	—	—	—
6 500	15	20	20	—	—	—	—	—	—
6 000	15	20	20	15	20	20	—	—	—
5 500	15	20	20	15	20	20	—	—	—
5 000	15	20	20	15	20	20	—	—	—

续表 8-16

设计速度 $R(m)$	100 km/h			80 km/m			60 km/h		
	超高 h (mm)	超高时变率 f(mm/s)		超高 h (mm)	超高时变率 f(mm/s)		超高 h (mm)	超高时变率 f(mm/s)	
		30	40		30	40		30	40
4 500	15	20	20	15	20	20	—	—	—
4 000	15	20	20	15	20	20	—	—	—
3 800	20	20	20	15	20	20	—	—	—
3 600	20	20	20	15	20	20	—	—	—
3 500	20	20	20	15	20	20	—	—	—
3 400	20	20	20	15	20	20	15	20	20
3 300	25	25	20	15	20	20	15	20	20
3 200	25	25	20	15	20	20	15	20	20
3 100	25	25	20	15	20	20	15	20	20
3 000	25	25	20	15	20	20	15	20	20
2 900	30	30	25	15	20	20	15	20	20
2 800	30	30	25	15	20	20	15	20	20
2 700	30	30	25	15	20	20	15	20	20
2 600	35	35	25	15	20	20	15	20	20
2 500	35	35	25	15	20	20	15	20	20
2 400	35	35	25	20	20	20	15	20	20
2 300	40	40	30	20	20	20	15	20	20
2 200	40	40	30	20	20	20	15	20	20
2 100	45	45	35	25	20	20	15	20	20
2 000	45	45	35	25	20	20	15	20	20
1 900	50	50	35	25	20	20	15	20	20
1 800	50	50	35	25	20	20	15	20	20
1 700	55	55	40	30	25	20	20	20	20

续表 8-16

R(m)	100 km/h 超高 h (mm)	100 km/h 超高时变率 f(mm/s) 30	100 km/h 超高时变率 f(mm/s) 40	80 km/m 超高 h (mm)	80 km/m 超高时变率 f(mm/s) 30	80 km/m 超高时变率 f(mm/s) 40	60 km/h 超高 h (mm)	60 km/h 超高时变率 f(mm/s) 30	60 km/h 超高时变率 f(mm/s) 40
1 600	55	55	40	30	25	20	20	20	20
1 500	60	60	45	35	30	20	20	20	20
1 400	65	60	45	35	30	20	20	20	20
1 300	70	65	50	40	30	25	20	20	20
1 200	75	70	55	45	35	25	20	20	20
1 100	85	80	60	50	40	30	25	20	20
1 000	90	85	65	60	45	35	30	20	20
900	105	100	75	65	50	40	35	20	20
800	120	115	85	75	60	45	40	25	20
750	130	120	90	80	60	45	45	25	20
700	140	130	100	90	70	50	45	25	20
600	150	140	105	110	85	65	55	35	25
500	150	140	105	120	90	70	70	40	30
400	—	—	—	150	115	85	95	55	40
350	—	—	—	150	115	85	110	65	50
300	—	—	—	—	—	—	120	70	50

8.2.8 规定相邻两曲线间的直线段最小长度和两缓和曲线间的圆曲线最小长度,是为了减缓列车进出曲线时的振动效应,使列车在不同线形元素上的振动不致叠加。

当桥梁等结构物对于反向曲线的夹直线长度有要求时,需结合其他工点情况综合分析比选后确定合理的夹直线长度。

8.2.9 正线上道岔与缓和曲线间设置一定长度的直线段,是为了减缓列车进出曲线时产生的振动对道岔的影响。仿真分析认为，列车进出曲线的振动用 1 s～1.5 s 可基本完成衰减，相当于 $(0.3\sim0.4)v$；从现行铁路有关标准及运营实际情况看，道岔与缓和曲线间留有不小于 25 m 直线段能够满足运营安全及道岔设备维护要求。因此，本标准规定该直线段的最小长度：一般条件不小于 $0.4v$；困难条件下不小于 25 m。

8.2.11 参考现行上海市工程建设规范《城市轨道交通设计规范》DG/TJ 08—109，根据上海已经运营的上海各条地铁线路情况，曲线车站半径最小采用了 $R=800$ m，有条件时采用了 $R \geqslant 1\,000$ m，实际运营中和屏蔽门安装等方面未出现明显问题，国外运营线路中也有更小的曲线半径车站。故参考上海及各地实际标准，地铁车站最小曲线半径采用 1 000 m，困难条件下采用 800 m。考虑到上海市域铁路车辆宽度为 3.3 m，地铁 A 型车宽 3.0 m，市域铁路曲线车站最小半径应较地铁 A 型车更大。经计算，站台范围内曲线半径采用 2 000 m 时，车辆轮廓线与站台边缘距离满足限界要求的不大于 180 mm 规定。

8.3 线路纵断面

8.3.1，8.3.2 最大坡度是指一条线路上所限定的最大设计坡度。最大坡度标准对线路的走向、长度、工程投资、运营费用及输送能力等都有较大影响。现行行业标准《城际铁路设计规范》TB 10623 取 20‰、30‰，现行行业标准《市域（郊）铁路设计规范》TB 10624 取 25‰、30‰，本标准规定线路最大坡度不应大于 30‰。困难条件下，为体现技术经济合理性，规定了用于资源共享的联络线最大坡度不应大于 35‰。

8.3.3 最小坡段长度根据坡度差计算，保证竖曲线不重叠；同时为保证纵断面设计的平顺性，上海市域铁路车辆编组为 8 辆，列车长度约 202 m，规定最小坡段长度不小于 250 m，困难情况下不小于远期列车长度。连续采用最小坡段会对线路平顺性产生影响,为避免列车运营过程中的频繁起伏,提高行车安全性和舒适性,最小坡段不连续采用。

8.3.4 关于正线竖曲线的说明如下:

1 设计速度 160 km/h 的正线线路,当相邻坡段的坡度差大于或等于 1‰ 时,以圆曲线形竖曲线连接相邻坡段;设计速度 160 km/h 以下的正线线路,当相邻坡段的坡度差大于或等于 3‰ 时,采用圆曲线形竖曲线连接相邻坡段。竖曲线最小长度不小于 25 m。

2 竖曲线半径与设计速度及竖向加速度有关。高速铁路最大竖向加速度为 $0.4\ m/s^2$,客货共线铁路为 $0.15\ m/s^2$,地铁为 $0.08\ m/s^2 \sim 0.3\ m/s^2$,城际铁路及市域郊铁路为 $0.25\ m/s^2 \sim 0.4\ m/s^2$。本标准规定竖向加速度采用 $0.25\ m/s^2 \sim 0.4\ m/s^2$,计算并考虑一定的余量后对竖曲线半径取整,见表 8-17。最大竖曲线半径不大于 30 000 m。

表 8-17 最小竖曲线半径(m)

设计速度(km/h)		160	140	120	100 及以下
一般条件加速度 $0.25\ m/s^2$	计算值	7 901	6 049	4 444	3 086
困难条件加速度 $0.4\ m/s^2$		4 938	3 781	2 778	1 929
一般条件	取整值	10 000	8 000	6 000	5 000
	竖向加速度 (m/s^2)	0.198	0.189	0.185	0.154
困难条件	取整值	6 000	5 000	4 000	3 000
	竖向加速度 (m/s^2)	0.329	0.302	0.278	0.257

从表 8-17 看,本标准竖曲线半径标准对应的加速度水平较适宜。

3 参考国家铁路局发布的《铁路线路设计规范》TB 10098,竖曲线与缓和曲线应避免重叠设置,且需保证 20 m 以上间隔。

考虑上海市域范围内选线控制点较复杂,在设计速度不高于160 km/h时,困难条件下可允许出现竖曲线(变坡点)与缓和曲线重叠设置,但对设置情况进行约束。有砟轨道地段竖曲线和缓和曲线重叠对轨道铺设时几何形态的控制、养护维修均造成不利影响,故有砟轨道地段竖曲线(或变坡点)与缓和曲线不得重叠设置。无砟轨道地段,线路几何形态稳定、养护维修不困难,困难条件下竖曲线(或变坡点)与缓和曲线可以重叠设置,但竖曲线半径需采用较大值,平面曲线半径不宜过小。

4 道岔是轨道的薄弱部位,结构及受力复杂,其尖轨和辙岔应保持平顺、严密状态。为保证列车经过道岔时具有良好的平稳性和减少对道岔的冲击力,确保安全与舒适,降低维修费用,规定竖曲线不得侵入道岔范围,并保持一定距离。

5 竖曲线与竖曲线不得重叠设置是考虑使一列车范围内只有一个变坡点,避免变坡点附加力的叠加影响。线路纵向最小坡段长度的设置已经考虑了竖曲线不出现重叠设置的情况。竖曲线和竖曲线之间相隔一定距离,有利于列车运行和线路养护维修。

6 竖曲线不得进入有效站台范围,是为了使车辆地板面和站台面保持等高度,以保证乘客上下车的安全。

8.3.5 隧道内、路堑地段线路最小坡度需考虑排水要求。

8.3.6 区间正线道岔宜设在比较平缓的坡道上,以利于列车的停车、起动和加速,防止道岔爬行。总结近年来工程实践经验,规定区间正线道岔一般不宜大于15‰,困难条件下不应大于20‰,本条规定源于现行行业标准《铁路线路设计规范》TB 10098的有关规定。

8.3.8 车站站坪由到发线有效长度范围和咽喉区两部分组成。为提高标准的可操作性和合理性,将车站站坪按照到发线有效长度范围和咽喉区分别进行规定。站坪坡度设计主要考虑列车进站能够安全停车,列车停车后能够启动,车辆不会自动溜逸和站内作业安全等条件。

动车组在防溜逸方面具有较大安全性,如CRH1型动车组在重车载荷下,能安全停放在30‰的坡道上。考虑动车组存放的安全性,防止邻线行车频繁振动造成动车组溜逸,本标准将地面及高架站到发线有效长度范围内坡度确定为平坡,当设在坡道上时不大于1‰。地下车站的到发线有效长的坡度参照现行国家标准《地铁设计规范》GB 50157的规定:车站站台范围内的线路应设在一个坡道上,坡度宜采用2‰。当具有有效排水措施或与相邻建筑物合建时,可采用平坡。

8.4 站 场

8.4.1 由于车站平面布置与运输组织模式、运营管理方式、车站作业量及列车开行方案以及地形条件等因素密切相关,车站布置图型在满足运营要求前提下结合具体情况确定。图8-3～图8-9所示为几种常见车站示意图。

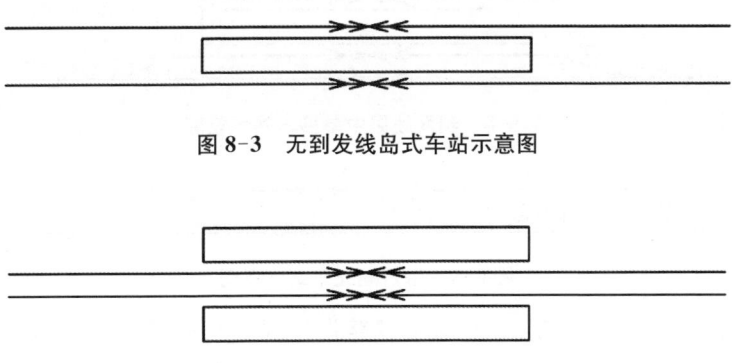

图8-3 无到发线岛式车站示意图

图8-4 无到发线侧式车站示意图

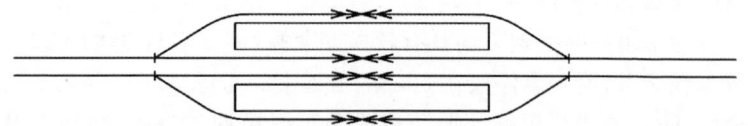

图 8-5　正线居中岛式站台车站示意图

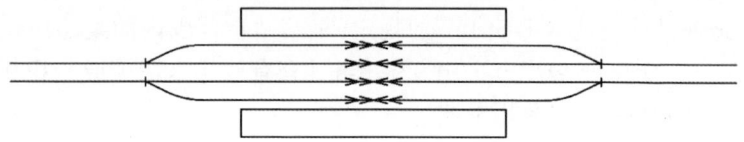

图 8-6　正线居中侧式车站示意图

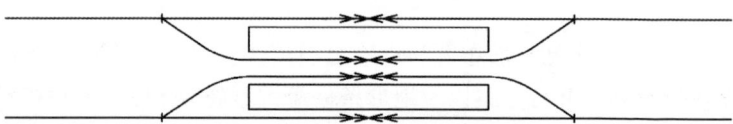

图 8-7　到发线居中双岛车站示意图

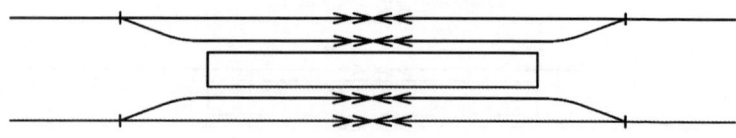

图 8-8　到发线居中单岛车站示意图

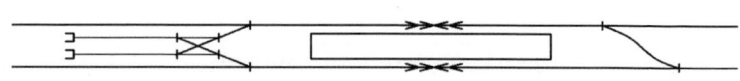

图 8-9　带折返线车站示意图

8.4.2　现行行业标准《城际铁路设计规范》TB 10623 与《市域(郊)铁路设计规范》TB 10624 相关规定有所不同。《城际铁路设计规范》TB 10623—2014 第 11.1.3 条规定:车站到发线应按双方向进路设计。在编制《市域(郊)铁路设计规范》过程中,考虑在实际运营中反向行车情况较少,而取消到发线反向行车可缩减车站规模,尤其对于地下站来说可有效节省工程投资,因此可结合项目实际情况,考虑单进路设计。

8.4.5 一般中间站的单渡线道岔宜按顺方向布置。所谓顺向布置是指道岔的辙叉向尖轨尖端处的方向,车辆通过尖轨是顺向运行,即使发生尖轨与基本轨不密贴,可能发生挤压尖轨时,但不易车轮出轨,偏于安全。若车辆通过尖轨是逆向运行,且尖轨与基本轨不密贴,可能发生撞击尖轨,容易发生车轮出轨,存在不安全因素较大。

8.4.7 关于安全线的设计说明如下:

　　2 安全线纵坡视具体场景确定,联络线、出入线与正线接轨处设置的安全线,尽量采用面向车挡的上坡道或平坡;地下站的安全线,需设置在面向车挡的下坡道上或平坡。

　　3 为了减少列车和维修车辆误入安全线造成的损失,规定安全线尾部需设置车挡和缓冲装置。

8.4.9 现行行业标准《城际铁路设计规范》TB 10623 规定动走线设计速度不宜大于 120 km/h,曲线半径一般不应小于 800 m,困难条件下不应小于 300 m。现行行业标准《市域(郊)铁路设计规范》TB 10624 规定市域 C 型车时最小曲线半径不宜小于 300 m,困难条件下不应小于 200 m。

考虑出入线均为正线道岔上侧向引出,且长度较短,动车组运行速度较低,因此降低一般条件下最小曲线半径取值,本次市域标准将一般条件不宜小于 300 m,但困难条件下沿用现行行业标准《市域(郊)铁路设计规范》TB 10624 的规定。

8.4.10 关于车辆基地内线路设计的说明如下:

车辆基地内动车组试验线试车速度较高,需满足一定的舒适度,因此动车组试验线上的曲线需设置缓和曲线;考虑满足一辆车定距,缓和曲线的最小长度取值 20 m。其他线路曲线地段列车运行速度较低且不载客,可以不设缓和曲线。

8.4.11 对道岔号数的选择说明如下：

1 正线上及侧向接发列车的到发线上的道岔号数的选择，主要考虑列车能够以较高的速度侧向通过道岔进站停车和发车，以提高正线和到发线能力。设计速度 140 km/h～160 km/h 正线道岔一般采用 12 号道岔。

3 到发线采用较大辙岔号的道岔，有利于提高区间通过能力，但影响甚微。由于市域（郊）铁路大部分线路沿城镇区敷设，中心城区可能采用地下线敷设方式，车站范围内配线，接发动车组列车的单开道岔不得小于 9 号。

4 车辆基地动车组试验线上道岔型号与试车速度相关，动车组试验线对道岔直向通过速度要求高，因此需结合通过速度选取道岔型号。为满足车辆基地内列车高峰小时的发车间隔、减小车辆轮轨的磨耗及缩短咽喉区长度节约用地，规定车辆基地内除动车组试验线外，其余道岔需采用 9 号。

8.4.12 关于道岔至有效站台端部的距离说明如下：

采用 CTCS-2 级制式信号系统时，由于列车安全防护距离纳入到发线有效长度范围内，因此道岔始端（或道岔后警冲标）至有效站台端部的距离需结合列车安全防护距离计算确定。

8.4.13 关于道岔至曲线间的直线段长度的说明如下：

1 正线上道岔与缓和曲线间设置一定长度的直线段，是为了减缓列车进出曲线时产生的振动对道岔的影响。

2 配线及车场线上道岔至圆曲线的最小直线段长度根据现行行业标准《铁路车站及枢纽设计规范》TB 10099 及曲线轨距加宽值计算确定，与现行行业标准《市域（郊）铁路设计规范》TB 10624、《城际铁路设计规范》TB 10623 均一致。

8.4.14 两组道岔之间插入直线段钢轨，有利于道岔单独定型化和维修更换。

相邻道岔间插入直线段钢轨是为了减缓列车过岔时的冲击振动，提高乘客的舒适度，有时也是道岔结构所限。两对向单开道岔间插入钢轨的长度,不受道岔结构限制,主要考虑列车通过时的平稳性以及方便今后改造和养护维修。相邻两道岔轨型不同,插入钢轨采用异型轨,提高钢轨接头的强度,减少现场的养护维修工作量,延长设备的使用寿命。

8.4.16 到发线上的列车运行速度较低,市域(郊)铁路一般不超过50 km/h,比照普通铁路标准,当到发线上相邻两坡段坡度差大于4‰时以竖曲线连接,竖曲线半径采用5 000 m,困难条件下采用3 000 m。

8.4.18 现行行业标准《城际铁路设计规范》TB 10623与《市域(郊)铁路设计规范》TB 10624的主要差别见表8-18。

表8-18 《城际铁路设计规范》与《市域(郊)铁路设计规范》主要差别

项目	《城际铁路设计规范》	《市域(郊)铁路设计规范》
最小坡段长度	200 m	50 m
设竖曲线最小坡度差	3‰	5‰
最小竖曲线半径一般值	5 000 m	—
最小竖曲线半径困难值	3 000 m	2 000 m

出入线为不载客运营线路,结合温州市域铁路设计经验,并参考现行行业标准《铁路车站及枢纽设计规范》TB 10099对于通行不载客列车线路纵断面的相关规定,适当降低出入线的纵断面标准,与现行行业标准《市域(郊)铁路设计规范》TB 10624规定一致。

8.5 交叉、附属设施及其他

8.5.1 市域铁路与其他铁路、公(道)路交叉时,在保证市域铁路安全的前提下,选择技术经济合理的设计方案。市域铁路与输油、输水、输气管道等设施交叉时,结合路桥隧工程条件选择可以保证市域铁路安全、设计方案简单的交叉方式。当其他交通方式上跨市域铁路时,应设置防抛网等安全防护设施。

8.5.2 防护栅栏在维修人员进出口及必要的位置设警示标志,以做到充分提示。

8.5.3 区间线路与其他铁路并行时,如设置隔离栅栏,应以满足铁路建筑限界及运行安全为前提。设置隔离栅栏的目的是防止养护维修人员误入相邻线路。线间隔离栅栏类型的选择需结合线路具体条件合理确定。

8.5.4 铁路与公(道)路并行时最小间距应满足各自主体及附属工程、防护设施互不干扰,有条件时满足各自保护区范围独立。在特殊气候地区(如季节性雾霾)、不良地质地段(如滑坡、泥石流)、公(道)路路况条件较差等不利条件下,应适当加大公(道)路铁并行的间距。铁路纵断面设计高程,原则上应高于公路路面高程。

8.6 接口设计

8.6.2 由于路堤和桥台连接处、梁缝处、过渡段的沉降变形和刚度相差较大,不利于道岔的稳定。因此,规定正线道岔设置避开路堤和桥台连接处及梁缝处。当采取一定的工程措施可以保证不同结构沉降变形和刚度变化一致时,道岔也可设在过渡段上。

8.6.6 一般设计时为尽量减少过渡段对城市造成的切割影响,地下线至地面线的过渡段往往会使用24‰以上的坡度。当车辆在长大陡坡上出现非正常停车时,雨雪条件会削弱列车重新启动能力。故对地下线至地上线的过渡段位于长大陡坡地段时采取防雨雪措施提出要求。

9 轨 道

9.1 一般规定

9.1.1 铺设无缝线路能增强轨道结构的稳定性,减少养护维修工作量,改善行车条件,减少振动和噪声。因此,在条件允许时尽量铺设无缝线路。

9.1.3 考虑到轨道刚度的均匀性及养护维修作业的便利,同一类型轨道结构要集中成段铺设。有砟轨道和无砟轨道间、不同无砟轨道结构间通过过渡段实现轨道刚度的均匀过渡,从而提高旅客乘坐舒适度。

9.1.4 轨道结构由钢轨、扣件、轨枕及道床等组成。这些轨道部件的强度、刚度、使用的耐久性均不相同,因此各部件的合理匹配十分重要。部件的标准化、系列化、通用化尤为重要。方便设备维修、缩短修理时间对运营的影响是轨道设计的一项基本技术准则。轨道部件的系列化是轨道结构合理匹配的科学原则。轨道部件的标准化、通用化是方便设备修理的必要条件;实现轨道部件的系列化是轨道结构能够最大满足列车平稳运行的充分条件。

9.1.6 市域铁路一般修建于人口稠密地区,对振动和噪声控制提出较高要求。在市域铁路轨道结构设计时,要结合环境影响评价,综合考虑各方需求,在振动和噪声超标地段采取相应的减振降噪措施。

9.1.11 根据列车通过曲线时的安全条件要求、舒适度条件要求及运营养护实际等确定最大设计超高允许值为 150 mm。按满足旅客舒适度要求确定的允许欠超高:未被平衡横向加速度取 0.4 m/s^2,对应欠超高为 61 mm,旅客无感觉;未被平衡横加速度取 0.6 m/s², 对应欠超高为 90 mm, 旅客感觉有横向力, 比较容易克服。从设备维护经济性方面考虑, 运营期间列车经过曲线的速度应尽量和设计超高相匹配或接近, 减少欠超高、过超高的使用。

9.2 轨道静态铺设精度

9.2.1 正线轨道静态铺设精度是指正线有砟轨道、正线无砟轨道、正线道岔(直向)有砟轨道、正线道岔(直向)无砟轨道新线施工完成后应达到的轨道几何验收标准。它是轨道施工质量过程控制的重要指标, 为达到规定的几何尺寸动态验收标准提供基础。

9.3 轨道部件

9.3.1 钢轨类型是根据轨道振动、轮轨冲击、轮轨接触和钢轨纵向力等计算确定的。轨道振动计算结果表明, 钢轨越重, 轨道各部分的动挠度和振动加速度就越小; 从轮轨冲击计算结果来看, 钢轨越重, 冲击力越大; 从钢轨纵向力分析, 在列车荷载作用下, 重型钢轨的动弯应力较小, 有较多的强度储备来承受纵向力。

市域铁路列车轴重较轻, 轮轨间的动荷载较小, 60 kg/m 钢轨的横向、垂向刚度可满足列车动弯应力的强度要求。而从运营经验看, 目前我国高速铁路均采用 60 kg/m 钢轨, 城市轨道交通除个别城市的少数线路采用 50 kg/m 钢轨外, 也普遍采用了 60 kg/m 钢轨。运营实践证明, 60 kg/m 钢轨具有良好的技术经济性能。同时, 结合国内钢轨生产现状, 市域铁路采用 60 kg/m 钢轨是适宜的。

9.3.2, 9.3.3 有砟轨道根据不同的速度等级, 选用不同的混凝土枕, 同时选用与轨枕配套的扣件, 我国混凝土枕主要采用不分开式弹性扣件。现场的多年使用实践证明,采用弹性扣件可提高轨道强度,并显著减少现场的养护维修工作量。

9.4 正线无砟轨道

9.4.1 世界各国铺设的无砟轨道结构形式多种多样。日本新干线主要采用板式轨道,目前累计铺设里程达 2 700 多 km。德国铁路批准上道的无砟轨道结构形式有 6 种:Rheda、Züblin、ATD、Getrac、Berlin 和 Bögl。在铺设的 660 km 无砟轨道(含 80 多组道岔区)中,Rheda 型轨道(含 Rheda2000 型)约占一半以上;Bögl 板式轨道在纽伦堡至英戈尔施塔特高速线(于 2006 年开通)上铺设了 35 km。

自 20 世纪 90 年代以来,我国铁路研发了轨枕埋入式、板式和弹性支承块式无砟轨道结构,在秦沈线三座特大桥上、西康线和赣龙线等隧道内进行了试铺。2004 年我国在遂渝线无砟轨道综合试验段的路基、桥梁、隧道及岔区首次成段铺设了无砟轨道,取得了一系列研究成果,研发了单元板式、双块式、纵连板式和岔区轨枕埋入式无砟轨道,首次在路基地段、岔区和大跨度桥梁上铺设,并通过了实车试验验证。2006 年底开始,在我国前期研究成果的基础上,针对我国高速铁路的工程特点和环境条件,国内组织开展了无砟轨道技术再创新研发,并在武广客运专线、京津城际及京沪高速铁路等项目得到试验和工程实践验证,形成了适应国情、路情的 CRTS I 型板式、CRTS II 型板式、双块式无砟轨道以及道岔区轨枕埋入式和板式无砟轨道的设计、制造、施工等成套技术体系,并已逐步在各高速铁路项目中推广应用。此外,自 2009 年开始,我国在无砟轨道再创新和总结 CRTS I 型板式、CRTS II 型板式和双块式无砟轨道工程实践经验的基础上提出了一种具有自主知识产权的新型无砟轨道——CRTS III 型板式无砟轨道,其首次试验铺设的时速 200 km 的成灌铁路现已开通运营。

为完善CRTSⅢ型板式无砟轨道技术体系,国内针对高速铁路CRTSⅢ型板式无砟轨道应用进行了深入研究,并将研究成果应用于盘盈客运专线工程,逐步取得了包括设计、制造、施工在内的成套技术。

与铁路相比,城市轨道交通较早推广了无砟轨道(整体道床)结构。目前,国内地铁一般地段无砟轨道的主要结构形式包括短轨枕埋入式无砟轨道和长轨枕埋入式无砟轨道,这两种道床结构应用广泛,设计、施工技术相对成熟。

鉴于不同无砟轨道结构具有鲜明的技术、经济特征,市域铁路设计时需针对不同项目的运营条件、工程和环境条件,进行技术经济比选,合理确定无砟轨道结构形式。

9.4.2 轨道结构的使用年限与线路运营条件、线路平顺性、轮踏面的圆顺性和气候条件等密切相关。无砟轨道结构设计工作年限主要针对难以修复和更换的道床混凝土结构(如混凝土道床板等)进行规定。

9.4.4 设计荷载的取值是根据国家"九五"攻关项目"高速铁路无砟轨道结构设计参数的研究"对不同运营条件进行轮轨动力计算分析,结合前期无砟轨道结构轮轨作用力测试结果并参照前期无砟轨道工程设计经验确定的。

9.5 正线有砟道床

9.5.1 道床承受着来自轨枕传来的列车动荷载作用,因此,其材料必须具有抗冲击、抗挤压、抗磨耗等特性,不同速度等级对道砟的质量要求不同。

为满足轨道电路传输长度等技术要求,规定道床顶面应低于轨枕承轨面30 mm,且不高于轨枕中部顶面。

时速200 km有砟轨道道床顶面宽度为3.5 m,砟肩宽达到450 mm,道床可提供足够的道床横向阻力,保证无缝线路稳定性。对于时速200 km以下铁路，根据我国铁路建设经验，道床宽度不小于3.4 m可满足线路各方面要求。道床边坡及不同速度等级线路的道床厚度主要参照现行规范及维修经验确定。

道床状态参数指标对轨道的强度、稳定性乃至对路基的强度及稳定性均起着很大作用。同时，线路横向阻力是无缝线路稳定性的可靠因素。

9.6 轨道结构过渡段

9.6.1 无砟轨道与有砟轨道通过过渡段实现轨道刚度的均匀过渡，从而提高旅客乘坐舒适度。

9.7 配线、车场线轨道

9.7.2 到发线、出入线及动态试验线按无缝线路设计时需满足无缝线路强度、稳定性要求，其钢轨、轨枕、扣件及道床指标相应匹配。

9.8 减振轨道

9.8.1 在铁路减振降噪措施方面，国内外开展了大量的理论和试验验证工作，提出了形式多样的减振降噪措施。减振措施主要包括采用焊接长钢轨、钢轨打磨、减振型扣件、减振型无砟轨道结构、设置隔振沟和隔振墙等；降噪措施主要包括采用阻尼钢轨、设置声屏障、铺设吸音板等。

轨道减振措施在城市轨道交通工程中已得到广泛应用。目前城市轨道一般是结合现有减振轨道结构的技术性能，根据敏感点振动噪声超标情况，按分级减振原则分为一般减振地段、中等减振地段、高等减振地段及特殊减振地段。一般减振地段采用无缝线路及弹性扣件等技术措施;中等减振地段采用弹性支承块式、减振扣件等技术措施;高等减振地段采用梯形轨枕、道床垫等;特殊减振地段采用浮置板道床。

在国铁线路上,采取了阻尼钢轨、弹性轨枕和道床垫等轨道减振措施。

由于各种轨道减振降噪措施的技术性能和工程造价差异明显,因此设计中可按环境评价结果采取分级减振方式,以使减振降噪措施与环境要求更好地匹配,确保工程建设的技术经济合理。为确保运营安全,无论采用哪种减振降噪措施,都要符合国家及行业有关准入规定。

9.9 无缝线路

9.9.1 设计锁定轨温是无缝线路设计的重要参数。确定设计锁定轨温必须保证无缝线路具有足够的强度、稳定性及断缝安全性。无缝线路的强度、稳定性及断缝安全性与行车速度、轴重、轨道结构、钢轨材质、轨枕类型、道床阻力、当地轨温等有关。根据无缝线路强度条件和断缝检算可以确定允许温降,根据无缝线路稳定性条件可以确定允许温升,从而确定无缝线路的设计锁定轨温及范围。

9.9.3 桥梁墩台设计时,应考虑无缝线路与桥梁间的相互影响。根据桥上轨道结构和桥梁结构形式,进行梁轨相互作用分析,计算无缝线路作用在桥梁上的纵向力,之后结合桥梁设计荷载,进行桥梁墩台设计检算。

9.9.6 钢轨伸缩调节器尖轨与基本轨间存在结构不平顺,根据中国铁道科学研究院实测资料,列车通过钢轨伸缩调节器时,其簧下竖向振动加速度($7.0g \sim 8.0g$)为通过平顺的焊接接头的簧下竖向振动加速度($2.5g \sim 5.0g$)的1.4倍~3.2倍,铺设钢轨伸缩调节器会对行车舒适性产生不利影响。另外,钢轨伸缩调节器是轨道结构的薄弱环节，在运营过程中，养护维修工作量大。因此，桥上无缝线路设计应尽量减少钢轨伸缩调节器的设置。

钢轨伸缩调节器由于其固有的结构特性，轨线不连续，结构不平顺，如果再与曲线叠加，制造工艺将更加复杂，运营中轨道几何形位难以保证，养护维修工作量大。因此，规定钢轨伸缩调节器应避免设在平曲线和竖曲线地段。

9.10 轨道附属设备及常备材料

9.10.2 当列车脱轨时，护轨可以将车轮引导、限制于护轨与基本轨之间，防止发生翻车事故。国外城市轨道交通高架桥上大多数不设护轨。现行国家标准《地铁设计规范》GB 50157 规定，在半径不大于 500 m 曲线地段的缓圆（圆缓）点两侧，跨越城市干道、铁路及通航航道等重要地段，在基本轨内侧设置护轨，以防列车脱轨翻到桥下。

9.10.3 缓冲滑动式车挡具有结构简单、安全可靠的优点。在被列车撞击后，车挡能滑动一段距离，有效地消耗列车的动能，迫使列车停住，一般能保障人身和地铁车辆的安全。固定式车挡结构简单、造价低，可满足一般车场线的安全要求。

9.10.5 线路信号标志是用来表明铁路建筑物及设备的状态或位置的标志。为了不妨碍列车的顺利通过，标志必须设置在机车车辆限界外，且在行车方向司机易见的位置上。

9.10.6 轨道常备材料的数量按照资源共享、合理配置的原则从严控制，可按线路长度、设备数量计列，也可按维修机构设置情况进行配置。

9.11 接口设计

9.11.3 轨道结构设计应考虑信号设计对道床电阻值的要求。

根据《高铁联锁列控设备质量若干问题规定》(铁总建设〔2018〕19号)要求,对于采用 CTCS-2 级或 CTCS-3 级列控系统,车站和区间采用一体化轨道电路的线路,最低道砟电阻率按有砟轨道不大于 $2.0\ \Omega \cdot km$、无砟轨道不大于 $3.0\ \Omega \cdot km$ 取值,特殊情况下应根据工程项目实际情况合理取值。

10 路 基

10.1 一般规定

10.1.1 路基工程是铁路轨下基础工程的重要组成部分,是保证列车快速、安全、舒适运行的关键工程。路基主体工程一旦破坏,维修难度高,对于运营的影响大,因此,必须按结构物设计。市域铁路应符合国家生态环保政策要求,建设资源节约型、环境友好型铁路。

路基工程设计应通过经济技术比较,采取技术可靠、经济合理、方便可行的路基结构形式及工程措施,尽量避免高填、深挖、长路堑和高大支挡结构。

10.1.2 路肩高程是控制线路纵坡因素之一,应符合现行行业标准《铁路路基设计规范》TB 10001 的规定。但在沿海港口或特殊地段,路肩高程可在设计阶段综合考虑区域规划、现状道路或场坪高程及防洪措施等条件确定。

10.1.3 路基支挡结构、承载结构,其结构一旦破坏将直接对行车安全产生影响,并很难修复或无法修复。因此,路基支挡结构、承载结构要具有足够的强度、稳定性和耐久性,该类结构的设计工作年限按 100 年进行设计。

路基防护结构、排水结构是比较重要的结构,虽然其结构一旦破坏将直接对行车安全产生影响,但能通过修复补强达到其结构强度和完整性要求。现行行业标准《铁路混凝土结构耐久性设计规范》TB 10005 规定防护结构、200 km/h 及以上铁路路基排水结构设计工作年限采用 60 年。

电缆槽、混凝土砌块、栏杆等小型构件出现结构破坏时,对行车安全产生影响相对较小,能较容易进行修复或替换,设计工作年限按 30 年进行设计。

考虑上海市域铁路所处区域多雨气候环境,排水结构耐久性使用年限不再考虑铁路速度等级要求,统一为 60 年。

10.1.4 路基稳定性安全系数参照现行行业标准《铁路路基设计规范》TB 10001、《铁路特殊路基设计规范》TB 10035 和《铁路工程地基处理技术规程》TB 10106 的规定确定。根据工程的重要性,永久边坡的最小稳定安全系数一般工况为 1.15～1.25,地震工况为 1.10～1.15;临时边坡的最小稳定安全系数一般工况为 1.05～1.10。

设计工作年限超过 2 年的边坡称为永久边坡,设计工作年限不超过 2 年的边坡称为临时边坡。

路堤的稳定安全系数按行车速度、施工期和运营期并区别地基处理方法进行明确,并以运营期的稳定安全系数作为设计指标,以施工期的稳定安全系数作为验算指标。

理论分析和实践工程均表明,一般情况下,路堤的堤身、路堤与地基的整体破坏滑动面较接近圆弧。工程中一般采用的圆弧稳定分析法有瑞典条分法和简化 Bishop 法。对于圆弧滑动面,本标准的稳定性安全系数与瑞典条分法相匹配,采用简化 Bishop 法时需适当提高。

上海地区软土分布较多,软土具有天然强度低、压缩性高和排水固结缓慢的特点,在其上修路堤时必须进行稳定性检算和沉降量计算。

对于有砟轨道松软土、软土路基地基,尤其是对于配套建设面积较大的车场、堆场等地基,采用排水堆载、真空预压等排水固结法处理可满足工后沉降的要求,且经济有效、绿色环保。可结合区域工程经验,加强过程控制,在表 10.1.4 的基础上可进一步降低安全系数取值。

10.1.5 路基工后沉降量不仅影响铁路运营和维护,也直接决定了地基加固处理投资,是路基设计的关键标准。

1 有砟轨道

(1)日本规定有砟轨道桥梁、高架桥附近的路堤工后沉降限值为 10 cm～30 cm,对于其他地区,需充分考虑路堤内构筑的建筑物种类以及残余沉降量对周围环境的影响等因素,综合判断目标值。同时,不均匀沉降增加沉降速度控制指标,采用 100 d 内轨道不均匀沉降的增加量为 0.5 mm/100 d～1.0 mm/100 d。

(2)UIC 以预测线路开通后发生的沉降可以通过日常线路养护进行调整为准,未见具体限值规定。

(3)法国有砟轨道高速铁路规定路基铺轨后 5 年内最大的允许沉降量为 5 cm,运营第 2、3 年内沉降量为 1 cm～2 cm。

(4)韩国有砟轨道高速铁路路基工后沉降限值为 7 cm。

(5)我国有砟轨道路基沉降标准,随着经济的发展逐步提高,最初的路基工后沉降允许值为 50 cm,提高到 30 cm,目前Ⅰ级铁路工后沉降值为 20 cm。总体而言,我国铁路路基沉降控制要求规定较细,区分线路等级及设计时速分别进行了规定,参见表 10-1。

表 10-1 我国不同标准有砟轨道路基工后沉降控制标准

线路标准或设计速度	一般地段工后沉降(cm)	桥台台尾过渡段工后沉降(cm)	沉降速率(cm/年)
Ⅱ级铁路	30	—	—
Ⅰ级铁路	20	10	5
200 km/h	15	8	4
250 km/h	10	5	3
300 km/h,350 km/h	5	3	2

鉴于地基沉降速率具有随时间变缓的趋势,地基沉降对运营的影响一般在最初开通 1 年～2 年内最为显著,以后将逐年减少;

根据"路基与桥桩沉降控制措施的试验研究"(铁道部项目,1999G028)和"软土地基路桥设计参数试验项目"(铁道部项目)的系列研究成果,对于在铁路路基填土高度不大于5 m,软土厚度不大于10 m的情况下,地基经排水固结法处理后,可加速其沉降固结过程,减小工后沉降量。通常情况下,排水固结处理软土地基1年后的固结度可达90%以上。如果有2年的路基预压期,采用排水固结法进行地基处理可以满足5 cm的工后沉降控制要求。

均匀的路基沉降对运营的影响是很小的,差异沉降则直接影响行车质量。由于荷载、结构、沉降控制措施的不同,路基与不同结构物间的差异沉降是不可避免的,相对于路基而言,一般桥梁沉降要小得多,与桥梁连接处的路基沉降将直接表现为与桥梁之间的不均匀沉降。

初步的经济分析表明,在现行沉降控制标准体系下,即使是在养护维修工作量较大的线路开通运营初期,因路基沉降导致的养护维修投入与沉降控制工程投入相比也是明显少得多。因此,总体而言,目前我国有砟轨道铁路根据线路标准及行车速度不同确定的沉降控制标准是能够满足运营需要的。由于不同标准的铁路桥梁沉降值没有明显差异,从减少不均匀沉降、提高乘坐舒适性的角度,适当提高铁路路桥连接处路基的沉降控制标准是有益的。

本标准编制时,考虑到与既有标准系列的协调,维持了目前的有砟轨道路基沉降控制标准。

2 无砟轨道

无砟轨道对沉降变形,特别是不均匀沉降的要求很严格。对于调高量为30 mm的扣件,扣除施工误差−4 mm~6 mm,仅有20 mm可以调整,再考虑列车运行时需要预留5 mm的余量,实际留给运营期间路基沉降的允许调整量仅为15 mm,即路基的沉降量不大于15 mm时才能保证设计的轨道高程。如果沉降量大于15 mm,将不能调整到原来的轨面高程。

(1) 日本规定省力化轨道(无砟轨道)中,进行地基施工措施时基准,表示为 10 mm/10 年。

(2) 德国无砟轨道建成后,工后沉降应符合 A 规定要求,在例外情况下允许使用 B 规定的条件。

A:在无砟轨道建成后,工后沉降不应超过扣件允许调高量减去 5 mm。在均匀沉降的路基长度超过 20 m 的情况下,工后沉降允许达到扣件允许调高量减去 5 mm 后的 2 倍。工后沉降的最大值规定为 20 mm,减去后的修正值为 15 mm,减去的 5 mm 为在铁路荷载产生的变形沉降。

B:在例外的情况下,最大工后沉降为 6 cm 的沉降是允许的,如果依据行驶动态条件 $R_{sh} \geqslant 0.4v^2$,这 6 cm 沉降能够通过曲线被抵消。未经德国铁路公司总部的许可,B 规定的使用局限于路堤高度超过 10 m 以及与桥的距离不低于 5 000 m 的情况。

根据德国的计算和经验,路基的允许工后沉降量为扣件留给路基沉降调整量的 3 倍时,在扣件调整后,通过圆顺线路(竖曲线半径 $R_{sh} \geqslant 0.4V_{sj}^2$)也能够满足运营要求。德国 DS836 行业标准中《路基工程设计、施工与维护标准》(译名)规定,长度大于 20 m 沉降比较均匀的路基,允许的最大工后沉降量为扣件允许调高量减去 5 mm 后的 2 倍。如允许的扣件调高量为 20 mm,减去 5 mm 后为 15 mm,这时允许的工后沉降为 30 mm。特殊情况下,如能够通过竖曲线调整来消除沉降的影响,60 mm 的最大沉降也是允许的。但在未经德国铁路公司总部特别许可的情况下,只局限于路堤高度超过 10 m 并且与桥的距离不小于 5 000 m 的情况下使用。总之,路基的工后沉降量必须控制在扣件调整量和线路竖曲线圆顺要求的范围内。

减少路基工后沉降是保持线路稳定平顺的基本前提,是列车高速、安全运行的基础。为此,要对可能产生工后沉降大于允许值的地段进行沉降分析,以便在必要时采取处理措施,使路基工后沉降值小于允许值。路基的允许工后沉降量需根据以下两条原则确定：

（1）保证列车按预定的速度安全、舒适地运行。

（2）在上述前提下做到经济上合理，即因减少工后沉降需增加的投资与因工后沉降而增加的养护维修费用的总和最小。

对于路桥、路涵等过渡段沉降造成的折角，日本新干线板式轨道线路规定不大于1/1 000，德国高速铁路无砟轨道技术标准中规定不大于1/500。我国干线铁路、城际铁路在路基上铺设无砟轨道，对铺轨工程完成后由于过渡段沉降而造成的折角，也采用不大于1/1 000进行控制。

由于在不同结构物的连接处的差异沉降有时是不可避免的，在轨道结构中采用特殊的过渡措施可以承受5 mm的差异沉降，因此，规定铺轨工程完成后路桥或路隧交界处的差异沉降小于5 mm。

应该注意，以上所述的工后沉降均指无砟轨道铺设完成后路基可能继续发生的沉降，也就是图10-1中A点以后发生的沉降Δs。所谓"铺轨工程完成以后"是指沉降的计算时间从铺轨工程完成时开始。对于铺轨时B点的情况，无论图中的沉降曲线是最初设计计算的，还是实测回归的，在曲线已知的情况下，A、B点的情况是能够相互确定的，铺轨时的要求也是明确的，而A点的要求是最终目的。

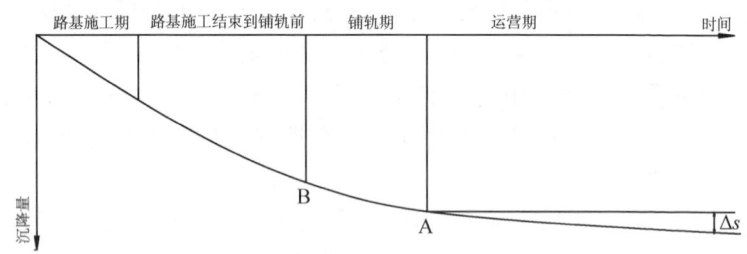

图10-1　路基沉降～时间曲线图

10.1.6 路基上的轨道及列车荷载是确定路基主要设计参数的

基础,确定路基面上轨道及列车荷载的分布宽度、荷载的数值,以满足对应轨道、列车荷载计算稳定、沉降的需要。设计速度140 km/h、160 km/h 时应采用 ZS 荷载,如图 10-2 所示。

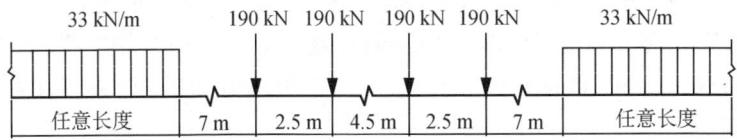

图 10-2 ZS 荷载标准图式

轨道及列车荷载根据直线地段计算确定,采用市域(郊)铁路 ZS 荷载图式时:

1 轨道结构自重荷载

$$q_1 = \frac{G}{l_0} \quad (10\text{-}1)$$

式中:G——纵向每延米轨道结构自重(kN/m);
l_0——荷载分布宽度(m)。

2 列车荷载

$$q_2 = \frac{F}{l_0 \times s} \quad (10\text{-}2)$$

式中:F——列车荷载图式中的集中荷载值,市域(郊)铁路 ZS 标准活载 $F=190$ kN;
s——集中荷载间距,市域(郊)铁路 ZS 活载为 2.5 m。

3 路基面上每股道总均布荷载

$$q = q_1 + q_2 \quad (10\text{-}3)$$

4 荷载分布宽度

有砟轨道荷载按单线最大设计超高且作用于轨枕,分布宽度按轨枕底缘 1∶1 扩散确定,道床厚度 50 cm,换算土柱分布宽度 $l_0 \approx 3.7$ m;道床厚度 45 cm,换算土柱分布宽度 $l_0 \approx 3.6$ m;道床厚度 30 cm,换算土柱分布宽度 $l_0 \approx 3.3$ m。无砟轨道荷载分布宽度为支承层底部宽度,双块式无砟轨道为 3.4 m。

5　计算结果

（1）有砟轨道道床厚度 50 cm,换算土柱分布宽度 $l_0 \approx 3.7$ m;道砟重度 20 kN/m³;钢轨重量 0.6 kN/m;采用Ⅲ型预应力混凝土枕,轨枕长 2.6 m,按 1 667 根/km 布置,计算得结果如下。

钢轨重量：$0.6 \times 2 = 1.2$ kN/m。

道砟重量：79.6 kN/m(其中,面砟重量为 58.9 kN,底砟重量为 20.7 kN)。

轨枕及扣件重量：5.6 kN/m。

轨道荷载：$G = 79.6 + 1.2 + 5.6 = 86.4$ kN/m

$$q_1 = 23.4 \text{ kN/m}^2, \quad q_2 = 20.5 \text{ kN/m}^2$$

（2）有砟轨道道床厚度 45 cm,换算土柱分布宽度 $l_0 \approx 3.6$ m;道砟重度 20 kN/m³;钢轨重量 0.6 kN/m;采用Ⅲ型预应力混凝土枕,轨枕长 2.6 m,按 1 667 根/km 布置,计算得结果如下。

钢轨重量：$0.6 \times 2 = 1.2$ kN/m。

道砟重量：73.8 kN/m(其中,面砟重量为 53.4 kN,底砟重量为 20.4 kN)。

轨枕及扣件重量：5.6 kN/m。

轨道荷载：$G = 73.8 + 1.2 + 5.6 = 80.6$ kN/m

$$q_1 = 22.4 \text{ kN/m}^2, \quad q_2 = 21.1 \text{ kN/m}^2$$

（3）有砟轨道道床厚度 30 cm,换算土柱分布宽度 $l_0 \approx 3.3$ m;道砟重度 20 kN/m³;钢轨重量 0.6 kN/m;轨枕长 2.6 m,按 1 667 根/km 布置,计算得结果如下。

钢轨重量：$0.6 \times 2 = 1.2$ kN/m。

道砟重量：57.0 kN/m。

轨枕及扣件重量：5.6 kN/m。

轨道荷载：$G = 57.0 + 1.2 + 5.6 = 63.8$ kN/m

$$q_1 = 19.3 \text{ kN/m}^2, \ q_2 = 23.0 \text{ kN/m}^2$$

（4）无砟轨道荷载参见表 10-2。

表 10-2　无砟轨道荷载

项目	单位	钢轨	扣件	轨道板	承轨台	支承层	轨道荷载 P
CRTS双块式无砟轨道	kN/m	1.2	0.55	20.4	0.34	30.3	52.8

$$q_1 = 15.5 \text{ kN/m}^2, \ q_2 = 22.4 \text{ kN/m}^2$$

（5）双线线间荷载强度 q_0 与线间轨道结构形式及道砟填筑方式有关，表 10-2 中所列有砟轨道 q_0 值为两线间道砟填平时的荷载值，采用时根据实际情况作相应调整。

10.1.8 市域铁路一般位于城区及其附近，通过地段可能存在其他既有铁路、市政排水设施；地方也可能有系统排水规划。新建路基排水工程应与其他既有铁路、市政排水设施及地方规划统筹考虑，合理衔接。

近年来极端气候频发，强降雨引发事故明显增多，市域铁路人口建筑密度大，土地资源紧张，排放要求多，很难建立独立的路基排水系统，因此在设计时强调充分考虑地方排水设施和规划。

10.1.9 市域铁路一般位于城区及其附近，满足要求的填料来源少、运距长，场地条件复杂、环境要求高，填料的选择及土石方调配方案难以确定。路基工程填料设计时，应根据地质特征、路基类型及分布特点、场地及环境条件等因素，对移挖作填或填料改良、集中取（弃）土、外购等进行技术经济比较，合理确定填料及土石方调配方案，满足路基各部位填料应用条件和环境保护等要求。

路基填料应符合现行行业标准《铁路路基设计规范》TB 10001 及

《铁路特殊路基设计规范》TB 10035 的相关规定。采用不合格填料的路基易产生沉降或上拱病害，不仅危及行车安全，而且整治费用高难度大，因此明确路基不得采用不合格填料，改良土应通过试验确定掺合料和配合比，级配碎石填料应符合现行国家标准《建设用卵石、碎石》GB/T 14685 的规定，应严格控制母岩选材和易溶盐、中溶盐的含量。应选用未风化且不易风化、均质、无软夹层、无裂纹、无水锈、非易溶岩的开山块石母岩、天然卵石或砂砾石，经破碎筛选而成；同时严格控制硫化物及硫酸盐含量，并采取适宜的措施，减少后期上拱。

基床表层填料与道砟、填料各层间颗粒粒径相差悬殊时易产生翻浆冒泥、路基下沉病害，因此应采用过渡或隔断措施。即使是级配碎石与改良土分界处，亦建议增加隔断层，以避免雨水下渗软化和碎石切割改良土。

10.1.10 在软土地基上修筑路堤，最突出的问题是在施工过程中及竣工后路堤的稳定与沉降。因此，规定在施工过程中，必须按设计要求的观测频率及精度对边桩和路堤地基的沉降进行定期观测。一方面，根据观测数据调整填土速率，以保证路堤在施工中的安全和减少附加沉降；另一方面，国内外工程实践表明，填土速率过快，外荷载超过土体的允许强度后，即使地基未达到完全破坏，也会造成地基内部塑性变形区加大，地基侧向变形增大，从而增加了地基的沉降值。因此，严格控制加荷速率是确保路堤安全与减少沉降的有效措施。

参考铁路、公路近几年来在软土地基路堤施工速率控制的经验，为保证施工期路基的稳定，原则上排水固结法加固地段，路堤中心地面沉降速率每昼夜不应大于 10 mm，坡脚水平位移速率每昼夜不应大于 5 mm。复合地基、刚性桩基础地段，应结合地基加固方法、地基条件，确定合理的控制值。

工后沉降的控制是路基工程的关键，沉降计算的影响因素较多，路基的工后沉降的计算精度具有一定的局限性，通过观测可以较好地预测今后的沉降,但建立预测需要一定的观测时间,根据经验,一般不少于 6 个月。

在铺设轨道之前,为保证路基的工后沉降和变形符合设计要求,应对路基变形作系统的评估。当观测数据不足以评估或工后沉降评估不能满足设计要求时,应继续观测或者采取必要的加速或控制沉降的措施,如超载预压等。

变形观测与评估可参考现行企业标准《铁路工程沉降变形观测与评估技术规程》Q/CR 9230 的规定。

路基沉降预测应采用曲线回归法,并满足以下要求:

(1) 根据实际观测数据作多种曲线的回归分析,确定沉降变形的趋势,曲线回归的相关系数不应低于 0.92。

(2) 轨道铺设前最终的沉降应符合其预测准确性的基本要求,即从路基填筑完成或堆载预压以后沉降和沉降预测的时间 t 应满足下式:

$$s(t)/s(t=\infty) \geqslant 75\% \qquad (10\text{-}4)$$

式中:$s(t)$——评估时实际发生的沉降;

$s(t=\infty)$——预测总沉降。

10.1.11 在路堤、路堑地段采用槽式、箱式、桩板等刚性结构路基形式,无须设置边坡,节省用地,可解决上海地区场地受限、地表水位较高、地下水发育的问题。箱式路基、桩板结构路基采用架空结构,无需采用合格填料进行填筑,可以根据需要在顶板下填筑普通土或建筑垃圾,可较好地解决合格填料缺乏、弃土存放困难、环境协调要求高等问题。考虑路基可维护性,建议上述刚性结构路基保留基床表层级配碎石。

10.1.12 车站内到发线与正线处于同一路基上,当线间无纵向排水槽或渗管、站台等设施时,为方便施工并满足路基面自正线向两侧排水的需要,在工程投资增加不多的情况下,到发线与正线采用相同的路基设计标准。

当正线与到发线间设有站台、排水槽或渗管等设施时,如车站规模较大,车场较宽,为减少工程投资,经技术经济综合比较,到发线和正线采用不同的路基设计标准。但施工时需注意在路基比较稳定后再铺设到发线无缝线路,以免导致不均匀沉降。

与正线路基分开设置的联络线、到发线、出入线、试车线有砟轨道基床结构和其他站线、段管线有砟轨道基床结构可参照现行国家标准《铁路车站及枢纽设计规范》GB 50091 确定。

10.2 路基面形状及宽度

10.2.1 路基面设计成三角形能够使聚积在路基面上的水较快地排出,有利于保持基床的强度和稳定性。

车站路基面较宽,配线和车场线路路基横断面形状应根据路基宽度、排水要求、路基填挖情况和线路坡度连接等条件设计。越行站一般采用单面坡或双面坡的横断面;线路数量较多的车辆段(场)宜采用锯齿形坡的横断面。其他配线和路基面横向排水横坡视各地区年降雨量等具体情况可适当放缓,但不小于 2‰。

10.2.3 根据运营和既有线提速实践总结的经验证明:路肩宽度是影响安全避车、路基的维修养护和路基本体尤其是边坡稳定性的重要因素。设置电缆槽、接触网杆基础及其他设备也需要一定宽度的路肩。

1 区间正线路肩宽度影响因素

路基面宽度要考虑路基稳定、养护维修、安全避让、线间距、轨道结构形式、曲线超高、电缆槽、接触网立柱基础、声屏障基础等因素的影响。路肩宽度不小于 0.8 m,主要考虑了以下因素:

(1) 路基稳定的需要:特别是浸水后路堤边坡的稳定性。经验表明,在降雨量大的地区,加宽路基宽度对于保证线路畅通有着重要作用。一般路堤浸水后边坡部分土质软化,在自重与列车产生的振动加速度的共同作用下,容易发生边坡浅层坍滑。路肩较宽时,即使边坡发生坍滑,也不影响路堤的承载部分,从而可使因边坡坍滑而影响列车正常运行的事故大幅度减少。

(2) 满足养护维修的需要:在线路维修时,搁置或通行小型养路机械及维修作业,都需要有一定的宽度。

(3) 确保人员安全避让距离的需要:尽管市域铁路是全封闭的,运行期间人员不能进入线路范围,但世界各国依然考虑人行的安全问题。德国在线路设计规范中把离线路中心 3.5 m 以外作为安全区。此外,为路堤沉降及道床边坡坍落适当留有余地,保持一定的路肩宽度是必要的。

2　国内外区间正线路肩宽度的调查

根据国外一些铁路路肩宽度设置来看,日本早期修建东海道新干线时,路肩宽度一侧为 0.5 m,另一侧为 1.0 m,但是 1978 年修订路基规范时,则提高到两侧路堤均为 1.2 m,路堑为 1.0 m;法国修建巴黎—里昂 TGV 时,路肩宽为 1.5 m～2.0 m,修建大西洋 TGV 时就改为 2.25 m;德国两侧均为 1.3 m。

早期收集部分国外铁路路肩宽度列于表 10-3。由此可见,除苏联和瑞士铁路路肩宽度较小外,其他国家所规定的路肩宽度均接近或大于 0.70 m,宽度范围为 0.64 m～1.20 m。

表 10-3　部分国外铁路路肩宽度(m)

国别	苏联		日本		法国	英国	澳大利亚	西德	比利时	瑞士
	重型混凝土枕	特重型混凝土枕	路堤	路堑						
路肩宽度	0.55	0.64	1.20	1.00	>0.70	0.64~0.86	0.70	0.74	0.80	0.45~0.50

我国广深准高速铁路路肩宽度路堤为 0.80 m,路堑为 0.60 m。现行铁路路基设计规范对于设计速度 200 km/h 及以下客货共线电气化铁路,考虑了电缆槽、接触网支柱基础的设置,规

定路肩宽度不小于0.8 m。

3 站场路基路肩宽度

站场路基面多线并行时,由于路拱的存在,单面坡较宽时常出现道砟放坡占压路肩宽度较多的情况,给养护和使用人员带来不便,因此本条规定路肩宽度不小于0.6 m。

10.2.4 表10.2.4正线直线地段路基面宽度,基于以下边界条件,当边界条件变化时,路基面宽度值宜相应调整:

1 接触网支柱内侧至线路中心距,有砟轨道大型机械养护时不小于3.1 m,无砟轨道不小于2.5 m。有砟轨道非大型机械养护时不小于2.5 m,路基面宽度值宜相应调整。

2 声屏障基础设置于路肩之外,不占用路肩宽度;接触网支柱基础路基横断面方向几何尺寸为0.7 m,支柱横断面方向几何尺寸为0.4 m。

3 路肩宽度不小于0.8 m。

4 电力、通信、信号电缆槽,双线设置于接触网支柱外侧,单线设置于对侧。

5 电缆槽外轮廓宽度不大于0.72 m。

6 双线无砟轨道电缆槽设置于触网支柱内侧时,按本条2中接触网支柱及基础几何尺寸、电缆槽外轮廓宽度,考虑立柱内侧基础宽0.15 m,电缆槽宽0.72 m,轨道板半宽1.7 m,合计2.57 m,超过接触网专业确定的接触网支柱内侧至线路中心距离2.5 m。需对接触网支柱及基础、电缆槽几何尺寸进行优化,并采取措施,降低接触网支柱及基础、电缆槽施工对轨道结构造成不利影响、避免对轨道结构造成破坏。

10.2.5 有砟轨道曲线地段路基面加宽值根据轨道超高设置值计算确定。此外,路基面应根据填料、路堤高度、软土地基工后沉降预留加宽值。

无砟轨道曲线地段接触网杆距离线路中心的净距为3.0 m时,路基面不加宽;为2.50 m时,路基内侧路基面宽度不满足接触网杆等设备侧面限界要求时,应考虑接触网杆外移引起的加宽。与隧道连接的槽式路基,路基面应比照隧道要求按照建筑限界要求加宽。

10.2.6 上海地区地势平坦、地下水位一般较高,土地资源珍贵,市域铁路主要以隧道和桥梁通过,路基较少,一般仅限于隧道口和桥梁连接段,及站场或车场路基。其横断面型式主要包括槽式路基、(低)路堤及浅路堑。

采用槽式路堑形式,可解决路堑地段地下水位较高或放坡条件受到限制的问题。在边墙高度较小地段,接触网支柱布置在边墙上;在边墙高度较大地段,接触网悬挂在边墙,可减小主体结构宽度,降低工程造价。

结合上海机场联络线、嘉闵线设计中的经验,对用地控制严格的地段、桥隧短路基地段,可采用了钻孔灌注桩+U型槽式路基形式,考虑到上海市域铁路桥隧间过渡段短路基较多,将U型槽式路基形式纳入本标准。具体工程设计时,还需要需结合工程地质、水文地质条件、气象、轨道类型等结合填挖高度合理选用。

地下水发育或地下水位较高的低路堤或浅路堑地段,可采用路堤式路堑或侧沟下设渗水盲沟,以降低地下水位,避免基床积水软化下沉并引起翻浆冒泥等路基病害。

10.2.7 关于站场路基面宽度的说明如下:

1 车站内线路中心线至路基面边缘的距离应综合考虑站线轨道设计标准、路肩宽度、养护维修方式、曲线加宽、路基面沉落加宽、铁路通信、信号、电力等各种光(电)缆沟槽、接触网立柱及声屏障基础的设置等要求计算确定。

(1) 电气化铁路最外侧线路路肩各项设备布置如图10-3所示。

车站内最外侧线路中心线至路肩面边缘的距离,可根据下列公式计算:

$$B=L_1+L_2 \tag{10-5}$$

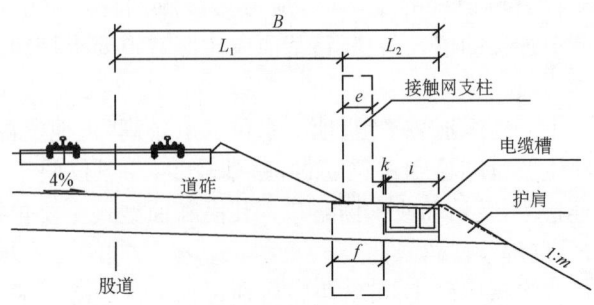

图 10-3 线路最外侧路基面结构示意图

$$L_2 = \frac{(f+e)}{2} + k + i \tag{10-6}$$

式中：B——车站最外侧线路中心线至路基边缘距离(m)；

L_1——接触网支柱内缘至最外侧线路中心最小距离(m)，一般为 3.0 m，考虑大机养护为 3.1 m；

L_2——接触网支柱内缘至路基边缘的距离(m)；

e——接触网支柱轨面以上宽度(m)；

f——接触网支柱基础宽度(m)；

k——接触网支柱基础与电缆沟槽外轮廓之间的距离(m)，取 0.05 m；

i——光(电)缆沟槽外轮廓宽度(m)。

按上式计算，车站最外侧线路中心线至路基边缘距离一般为 4.6 m～5.2 m。

(2) 参考已建客运专线的统计分析，一般中间站站内电缆槽的宽度为 0.92 m，接触网支柱宽度为 0.4 m，接触网支柱基础宽度为 0.7 m。当采用有砟轨道时，线路中心至接触网侧面的距离为 3.1 m，计算线路中心至路基边缘的最小宽度为 4.59 m，取整为 4.6 m；当采用无砟轨道时，线路中心至接触网侧面的距离为 3.0 m，计算线路中心至路基边缘的最小宽度为 4.49 m。统一考虑取 4.60 m。宽度不足的部分可采用调整电缆槽护肩的边坡坡率调整,护肩的边坡坡率一般不大于1∶1.3。

2 其他线路的线路中心至路基边缘的最小宽度为3.0m,系参照普速铁路的标准确定。

3 市域(郊)铁路车站规模较小,安全线与正线一般为同一路基,路基半宽建议与正线相同,考虑司机上、下车作业,路基半宽不小于3.5m。

4 当车站内配线较多时,不同标准线路间往往设有纵向排水槽或旅客站台等设施,这时路基可以分开设置,自标准较高的最外侧线路中心向外宽度不小于2m处按标准较高的路基设计,边坡可以设计为1∶1,路基面采用三角形,其余车站配线的路基按本身标准设计。

10.2.8 位于桥隧间敞开段的槽式或桩板式短路基,采用标准设计时,路基面宽度、路基结构形式与相邻的桥隧工程变化较大,主体结构、电缆槽和排水沟均需要顺接,不美观,并增加了用地和投资。考虑工程可实施性,规定此种情况下路基面宽度与路基结构形式宜与隧道或隧道敞开段保持一致,并与桥台平顺过渡。新建金山至平湖市域铁路桥隧间短路基设计如图10-4所示。

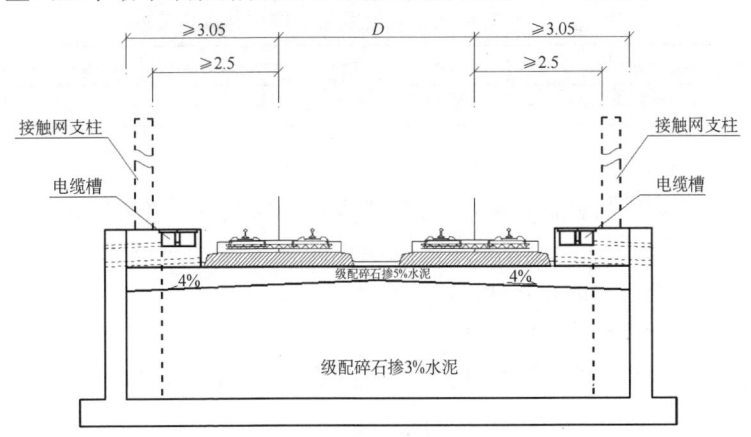

图10-4 桥隧间短路基横断面设计示意图

10.3 基　床

10.3.1 基床是指路基上部受列车动力作用和水文气候变化影响较大的土层。其状态直接影响列车运行的平稳和速度的提高，设计规范对基床厚度、填料及其压实标准等作出规定。

1　有砟轨道路基

1）基床厚度

路基基床厚度根据动应力在路基面以下的衰减形态，并参考国内外相关铁路目前所采用的基床厚度综合分析确定。

列车动应力由轨道、道床传至路基本体，沿深度逐渐衰减。在路基某一深度处，列车荷载引起的动应力只占路基自重荷载的一小部分，在此深度以下，动荷载对路基的影响很小。铁路路基基床厚度按列车荷载产生的动应力与路基自重应力之比为0.2的原则确定。动应力沿路基深度的分布，采用布氏(Boussinesq)理论计算。

市域铁路按轴重170 kN及运行速度计算基床厚度见表10-4。

表10-4　有砟轨道正线路基基床厚度计算结果表

运行速度(km/h)	80	120	140	160
基床厚度(m)	1.75	1.87	1.87	1.93

2）基床表层厚度

基床结构分析计算，考虑在列车动荷载作用下路基长期安全稳定，基床表层能够抵抗道砟压入和侵蚀，避免出现基床病害，并避免出现过大的累积变形。

(1) 基床承载力计算。

基床表层承载力按式(10-7)(汉森公式)进行计算：

$$R = 0.3\gamma B N_y + c(N_c + N_q) \quad (10\text{-}7)$$

式中：N_q, N_c, N_y——承载力系数；

$$N_q = \tan^2(45+\varphi/2)e^{\pi\tan\varphi}$$

$$N_c = (N_q - l)\cot\varphi$$

$$N_y = 1.8(N_q - l)\tan\varphi$$

γ——基床表层填料容重(kN/m^3);

B——道砟平均粒径(m);

c——基床表层填料黏聚力(kPa);

φ——基床表层填料内摩擦角(°)。

(2)基床应力和应变计算。

路基的动应力和动变形按照 Boussinesq 公式进行计算。首先将动轮载按比例分担到轨枕上,按轨枕的有效支承面积将其分布在道床顶面;然后按照 Odemark 的模量与厚度当量假定,将不同模量的层状结构等效成均质半空间体;最后按照 Boussinesq 公式计算路基面及基床中的动应力和动变形。

在缺少实测变形模量试验资料时,级配碎石基床表层取 180 MPa,碎石道床取 300 MPa。据此计算路基面及基床中的动应力和动变形。以动应力不超过承载力、动变形不超过控制值 1 mm 确定基床表层的厚度。

3)国内外有砟轨道路基基床厚度选定

德国 DS836 行业标准《铁路土方工程的设计、施工与维护》(译名)中规定,对于车辆轴重 250 kN、轴间距 1.6 m,设计速度 160 km/h 的客运专线铁路、客货混跑线,设计速度 120 km/h 货运专线铁路、地方铁路线,有砟轨道,基床表层厚度 0.4 m~0.6 m,基床总厚度不大于 2.0 m。国内有关标准规定的基床厚度见表 10-5。

表 10-5 我国有关标准规定的有砟轨道铁路基床厚度

规范名称	《地铁设计规范》GB 50157—2013	《城际铁路设计规范》TB 10623—2014	《铁路路基设计规范》TB 10001—2005	《新建时速 200 km/h 客货共线铁路设计暂行规定》

续表 10-5

铁路类别		时速≤100 km/h 地铁	时速 200、160、120 km/h 客运专线铁路	时速≤160 km/h 客货共线铁路	时速 200 km/h 客货共线铁路
列车荷载		轴重≤160 kN, 轴间距 2.0 m~2.5 m	ZC 活载 轴重 150 kN、轴间距 1.6 m	中-活载 轴重 220 kN、轴间距 1.5 m	轴重 200 kN、轴间距 1.6 m
基床厚度(m)	表层	0.5	0.5	0.6	0.6
	底层	1.5	1.5	1.9	1.9
	总厚度	2.0	2.0	2.5	2.5

综合以上，选定有砟轨道路基基床厚度为 2.0 m，基床表层厚度为 0.5 m。

2 无砟轨道路基

市域铁路按轴重 170 kN 及运行速度计算基床厚度见表 10-6。综合我国有关标准规定的无砟轨道铁路基床厚度（表 10-7），考虑上海市域土质地层深厚、强度较低等特点，选定无砟轨道路基基床厚度为 1.8 m，基床表层厚度为 0.3 m。

表 10-6 无砟轨道基床厚度计算结果

无砟轨道类型	CRTS Ⅰ 型	CRTS Ⅱ 型	CRTS Ⅲ 型	双块式
基床厚度(m)	1.70	1.64	1.63	1.67

表 10-7 我国有关标准规定的无砟轨道铁路基床厚度

规范名称	《市域(郊)铁路设计规范》TB 10624—2020	《城际铁路设计规范》TB 10623—2014	《北京市域(郊)轨道交通设计规范》DB11/T—1980—2022	中国铁道学会标准《市域铁路设计规范》TCRS 0101—2017	中国土木工程学会标准《市域快速轨道交通设计规范》TCCES 2—2017
铁路类别	时速 100 km/h、160 km/h 市郊铁路	时速 200 km/h、160 km/h、120 km/h 客运专线铁路	时速 100 km/h~200 km/h 市域(郊)轨道交通铁路	时速 100 km/h~160 km/h 市郊铁路	时速 100 km/h~160 km/h 市域快速轨道交通铁路

续表 10-7

列车荷载		ZS活载 轴重≤190 kN, 轴间距 2.5 m~4.5 m	ZC活载 轴重 150 kN、 轴间距 1.6 m	ZS活载 轴重≤190 kN, 轴间距 2.5 m~ 4.5 m	ZS活载 轴重≤190 kN, 轴间距 2.5 m~ 4.5 m	ZS活载 200 kN、 轴间距 2.25 m~ 2.5 m
基床厚度 (m)	表层	0.3	0.3	0.3	0.3	0.3
	底层	1.4	1.5	1.4	1.5	1.5
	总厚度	1.7	1.8	1.7	1.8	1.8

对于刚性结构路基,考虑动力影响和可维护性,宜设置基床表层,不设置时宜直接支撑轨道结构。

10.3.2 对于路基的压实质量,中国铁道科学研究院专题研究项目"铁路路基压实质量控制参数优化与控制体系的研究",主要研究结论是:路基的压实质量应采用物理和力学双指标控制;物理指标应统一采用压实系数;力学指标的 K_{30} 与 E_{v2} 所反映的路基力学性能基本相同且具有较好的相关性,可以相互替代;E_{vd} 可以作为力学指标的 K_{30} 或 E_{v2} 试验的补充手段;K_{30} 与 E_{v2} 对化学改良土的压实质量不起主控作用,建议采用无侧限抗压强度和压实系数作为化学改良土的压实质量控制指标。

从理论上讲,K_{30}、E_{v2} 和 E_{vd} 有一定的关系,但由于土的非线性性质和各种试验方法在操作程序和误差影响因素上的不同,还缺乏可靠的对应关系。因此,参考现行行业标准《铁路路基设计规范》TB 10001,采用多指标控制,这一方面有利于引进和消化吸收国外的经验,另一方面也有利于实际操作。

10.3.4 为减少基床病害对铁路运输产生的影响,减少运营期间的养护维修量和费用,保证运营安全,现行行业标准《铁路路基设计规范》TB 10001 根据多年来的铁路工程实践经验对低路堤、路堑基床底层的静力触探比贯入阻力值、天然地基基本承载力大小进行了规定,本条参照执行。

10.3.5~10.3.7 产生基床病害的诸因素中,基床土的性质为内因,水与动载属于外因。要预防基床变形的产生,除从防排水条件和路基土的压实密度方面改善提高外,还要从基床表层土的性质上去解决。水稳性强和级配良好的粗粒土是基床表层的理想材料;水稳性差的细粒土易产生基床病害,这是由于粒径小、遇水抗剪强度降低、承载力减小、稳定性差等特性引起的。

10.4 路 堤

10.4.3 路堤浸水部位一般是指河滩、滨河、滨海及积水洼地、池塘等地段,路堤位于设计防护水位以下经常或间歇受水浸泡的部位。

　　一般路基浸水后会引起路基填料软化、强度降低,致使路堤自身产生沉降或局部边坡发生溜坍等病害。为预防产生病害,常采用填筑水稳性好的渗水土并设置护道、边坡防护等措施。对于渗水土匮乏区域,可采取设置护道、封闭隔水措施。

10.5 路 堑

10.5.2 市域铁路浅路堑边坡主要以土质为主,考虑其风化剥落的细颗粒成分易被地表水流冲至坡脚堵塞侧沟,及养护维修和安全避让条件,规定在堑坡坡脚设置侧沟平台,平台宽度取值不宜小于1.0 m。

10.6 过渡段

10.6.1 为保证轨道的平顺性需严格控制路基变形,不均匀沉降变形控制更为关键。路基与桥台、隧道及路基与横向结构物连接处、地层变化较大处和不同地基处理措施连接处,易产生不均匀沉降变形,在地基处理和路堤设计中应采取逐渐过渡的方法,减少不均匀沉降,以满足轨道平顺性要求。

不能与正线分开的到发线路基,当到发线铺设无缝线路时,为保证到发线无缝线路的平顺性和受力状态,其轨下亦需设置路基过渡段。过渡段设置标准需与区间正线相同。可以与正线路基分开的有缝线路到发线及车场线路基,考虑其行车速度低,轨道为有缝线路,对轨道的平顺性要求不高,故可以不设过渡段。

行业标准《高速铁路设计规范》TB 10621—2014 第 10.6.8 条规定:道岔不应设置在路堤与桥台连接处,正线道岔不宜设置在路桥(隧)、路涵、路堤和路堑过渡段上;行业标准《市域(郊)铁路设计规范》TB 106224—2020 第 9.7.6 条规定:单组无缝道岔、渡线无缝道岔不应设置在隧道结构变形缝(路基桩板或槽式结构类似)或过渡段上。当不满足道岔设置条件时,应延长过渡段或采用刚度统一连续的结构。

10.6.2 与桥梁连接处的路堤一直是铁路路基的一个薄弱环节,由于路堤与桥梁刚度差别较大而引起轨道刚度的突变,同时路堤与桥台的沉降不一致,而导致轨面不平顺,因而引起列车与线路结构的相互作用增加,影响线路结构的稳定,影响列车高速、安全、舒适运行。根据国外高速铁路、公路的经验,在路堤与桥梁间设置一定长度的过渡段,以控制轨道刚度的逐渐变化,并最大限度地减少路堤与桥梁的沉降不均匀而引起的轨面变形。

路桥过渡段长度主要考虑以下因素。

1 竖向刚度因素

路桥过渡段轨道竖向刚度的变化对行车的平稳性有一定影响。根据车辆与线路相互作用的动力学分析结果,随着过渡段长度的增加,车体垂向振动加速度、轮轨垂向力等指标均逐步减小。理论计算结果表明,过渡段长度大于 20 m 后,有关各项动力学指标的变化就非常微小了,再继续增加过渡段的长度,几乎无任何作用。理论计算结果还表明,即使过渡段的长度短至 10 m 甚至 5 m,虽然车体垂向振动加速度、轮轨垂向力等指标有一定程度的增加,但其数值仍处于比较低的水平,远低于相应的控制值。这说明,过渡段刚度的变化,对过渡段长度设置影响不显著,不成为控制因素。

2 沉降变形因素

由于路桥过渡段工后沉降差引起的轨面弯折变形对行车的影响十分显著。根据车辆与线路相互作用的动力学分析结果可知,若路桥间的工后沉降差控制值为 h,则路桥过渡段的设置长度需为 $L \geqslant h/\theta$(高速铁路折角限值 θ 需不大于 1‰),才能保证过渡段轨面纵坡的变化值满足要求。如果考虑线路的正常维修作业(起拨道捣固)周期,由于路桥间的工后沉降差引起的轨面弯折变形并没有这么大,相应的过渡段设置长度可根据实际情况适当缩短。在实际应用时,由于路桥间的工后沉降差多与台后路堤的高度 H 关系密切,铁路过渡段的设计长度可取路堤高度的 2 倍。

10.6.3 为避免支承轨道的基础刚度发生突变,保证纵向刚度的均匀变化,规定路基与横向结构物连接处应设置过渡段。横向结构物与线路斜交时,过渡段长度自结构垂直投影至设计线最外侧起算。

10.6.5 近几年来,我国兰新、盐通、潍莱等多条无砟轨道铁路路基出现上拱病害,且大多发生在路基与桥梁或涵洞过渡段,初步分析认为与级配碎石填料中含有硫酸盐或黄铁矿等膨胀性物质含量有关。因此,规定加强过渡段级配碎石、水泥、水等材料的质量控制和施工过程控制。

硫酸盐侵蚀级配碎石掺水泥填料引起膨胀的问题最早发现于兰新客专,全线路基发生 10 mm 上拱病害超过 100 处,累计长度超过 12 km,最大累计上拱量超过 200 mm,约 80% 发生在路桥(涵)过渡段;潍莱铁路在开通前后发现了 6 处无砟轨道路基上拱,最大上拱 27.3 mm,大部分位于路涵过渡段范围;盐通铁路大丰站在开通前发现了严重的路基上拱,最大上拱量超过 10 mm。另外,张吉怀铁路 K166 区间非过渡段路基上拱,认为是黄铁矿氧化膨胀变形所致。以上线路典型工点的路基填料中均检测到了钙矾石或硅灰石膏等侵蚀膨胀的产物，与硫酸盐侵蚀水泥反应相关。

杭绍台铁路级配碎石填料采用国家标准《建筑用卵石、碎石标准》GB/T 14685—2011 对其母岩质量提出要求，并规定硫化物及硫酸盐（按 SO_3 计）不大于 0.5%，铺设轨道板前针对超标段落进行了换填处理，有效地遏制了上拱的趋势。其后的昌景黄、宣绩、龙龙铁路基本上都沿用了此项规定。

按照铁科院最新研究成果，推荐级配碎石的硫酸根离子量不超过 0.2%，黄铁矿含量不超过 1%。经多个铁路项目统计，满足硫酸根离子不超过 0.2%难度较大，并直接影响材料选择和工程造价，且硫酸根离子含量和黄铁矿含量与上拱的联系尚需要验证。因此，设计中应结合工程具体情况确定。

10.6.7 过渡段桥台基坑一般较为狭窄，大型压路机械无法进入，回填质量不易控制。考虑上海市域地基主要为土层，推荐采用灰土、碎（砾）石土或碎石回填，压实控制指标不低于原状地基，并不宜太高。

1 桥台背后为路基时，地基处理范围覆盖桥台基坑，故要求回填不弱于原状地基即可。

2 土质基坑采用混凝土回填，导致局部地基刚度不一，而且与后期路基地基处理干扰。

对于桥台基坑回填灰土、碎（砾）石土或碎石压实控制指标，现行行业标准《铁路路基设计规范》TB 10001、《高速铁路设计规范》TB 10621 和《城际铁路设计规范》TB 10623 规定动态变形模量 $E_{vd} \geqslant 30$ MPa；现行行业标准《市域（郊）铁路路基设计规范》TB 10624 规定地基系数 $K_{30} \geqslant 130$ MPa/m，动态变形模量 $E_{vd} \geqslant 35$ MPa。本标准碎石类路堤压实标准为 $K_{30} \geqslant 110$ MPa/m。

考虑可实施性和合理性，综合以上因素选定本标准桥台基坑回填压实指标：过渡段桥台基坑应以碎石或改良土分层填筑，应

满足地基系数 $K_{30} \geqslant 120$ MPa/m 或动态变形模量 $E_{vd} \geqslant 30$ MPa 要求。

10.6.9 短路基地段刚度过渡频繁，场地狭小、不易压实，经常产生不均匀沉降等病害，不能避免时，应按过渡段进行地基、填料、结构特殊设计。

10.7 地基处理

10.7.1 地基处理设计目的是保证路基稳定和控制工后沉降，控制路基工后沉降的核心是控制地基的工后沉降。地基处理措施应因地制宜，结合工程地基条件、土层性质、填土高度以及工期等要求和施工工艺、地区经验等合理确定。

1 有砟轨道路基和工后沉降要求不严的场坪工程，利用预压加速地基排水固结是软基加固既经济又有效的措施，但施工组织设计要预留足够的预压期，对路基面以上的预压荷载需确定合理可行的方案。工期较短时，可采用真空联合堆载预压措施。在天津港、曹妃甸港、黄骅港区域铁路，地方专业施工队伍采用增压式真空预压、真空动力固结、多点微振动挤密砂桩处理深厚软土和吹填土地基，造价低、效果好。

2 复合地基或桩基础应根据工程要求、环境条件、地层适宜性、成桩效果、经济性等因素综合确定。

（1）搅拌桩、旋喷桩常用于加固处理较厚的软土、饱和土、素填土或地下水相对静止的砂类土，以满足路基稳定、工后沉降或地基承载力要求。搅拌桩长度不宜超过 15 m，天然含水率大于 70%、塑性指数大于 25 或地下水 pH 值小于 4 等性质极差的软土慎用；旋喷桩处理深度可达 30 m。二者成桩质量主要取决于现场大面积施工工艺水平、过程监控力度。大量实践证明，在地层性质极差、成层条件变化复杂、加固深度大于 15 m 时，下部成桩效果难以保证。

（2）低强度 CFG 桩、螺杆桩、素混凝土桩适用于中软土地基处理，可有效地减少复合地基工后沉降，但在性质较差的深厚层软土地基中，成桩工艺和质量难以控制，应慎用。

（3）桩基础对于深厚、性质较差的软土地基稳定和沉降控制效果较好，但投资增加明显。无砟轨道路基宜采用桩板结构，其他路基可采用桩筏或桩网结构。

（4）预应力管桩强度介于素混凝土类桩和钢筋混凝土桩之间，预制成桩桩体质量有保障，对于中软土地基加固效果优于素混凝土类桩，但造价高；在深厚性质差软土中，由于直径较小，分节连接接头多，抗侧向位移和变形能力不足。

3 对于沿海深厚淤泥质或吹填土地基路基，尤其是车站路基，二次加固、多种地基加固措施配合可最大程度降低工程投资和满足稳定和沉降控制目标。比如首先采用真空预压处理大面积场坪地基，使其地基承载力达到 80 kPa 以上，满足稳定性和施工机械行走要求；然后按照车站各线、各区域工后沉降控制要求，分别采用填筑配合真空预压处理，复合地基或桩基础处理。

4 上海地区软土分布广泛，层厚、性质较差，路基稳定和沉降变形控制难度较大。市域铁路正线路基多分布于桥隧间，长度较短，对差异沉降控制要求较高，地基可选用沉降变形小且收敛快的桩网结构、桩筏结构和桩板结构等措施加固处理；处理面积较大的车场或站线路基结合沉降控制变形、工期要求可采用排水固结、复合地基处理。

10.7.3 地基处理属地下隐蔽工程，施工质量受人为因素的影响较大，且事后检测和补救比较困难。因此，施工质量控制及检测应贯穿于施工全过程的每道工序及各个操作环节。

地基加固工程正式施工前，应在现场进行试验段或试桩施工，验证地基处理设计有关参数，总结有关施工工艺和设备参数，取得成功后方可大面积开展施工。如达不到设计要求，需调整设计参数或改用其他处理措施。

10.7.4 地基处理的主要目的之一是满足各等级铁路工后沉降要求,减小路基与其他构筑物分界处、地层变化较大地段及不同地基处理措施连接处差异沉降和不均匀沉降,因此应进行差异沉降检算,采用渐变过渡的地基处理措施减少不均匀沉降。

顺线路方向可根据过渡段布置、路基高度、地层变化等检算,宽大站场可根据各线等级、地面横坡、地层变化等检算,依据检算结果调整地基处理措施。

根据调查近年来路基与横向构筑物如涵洞、框构地基处理措施不同是二者过渡沉降差异较大的主要原因,设计应考虑横向构筑物整体刚性、自重轻特点,协调地基处理措施,达到共同均匀沉降的目的。

10.7.5 上海市域交通、管线、重要建筑和设施密集,地基松软土深厚,强度低,地基处理应对既有设施的影响进行必要的检算和评估,采取加强监测和必要的处理措施,保证既有设施的正常使用和安全。邻近铁路营业线的要求可按照现行行业标准《邻近铁路营业线施工安全监测技术规程》TB 10314 的规定执行。

10.8 路基排水

10.8.1 路基地面排水设计流量与地区区域性暴雨强度、降雨重现期、工程特点、地形条件等密切相关。降雨重现期的选定同铁路的重要性、地区类型等有关,设计重现期的规定,一方面会影响铁路设施的使用和受水侵害的风险大小,另一方面会影响排水设施尺寸及工程投资。

关于路基排水设施设计降雨量的重现期,现行行业标准《铁路路基设计规范》TB 10001 规定设计速度 200 km/h 以下铁路应为 25 年～50 年;现行行业标准《市域(郊)铁路设计规范》TB 10624 规定区间路基宜采用 25 年～50 年,站场路基宜采用 50 年,有充分依据时,可按当地采用的洪水频率进行设计;现行国家标准《室外排水设计规范》GB 50014 与《地铁设计规范》GB 50157 规定区间路基位于超大城市和大城市时为 50 年。结合最近几年上海地区工程实施情况调查,规定路基排水设计降雨量重现期为 50 年。

市域铁路一般位于城市及周边地带,路基排水接入城市管网需综合考虑铁路和城市排水实施要求,与城市排水设施相配套,设计重现期取二者之间的大者。

10.8.2 无砟轨道曲线地段路基面线间排水由于超高设置的限制,横向直排难以实现,应采用集水井集中引排方式,集水井大小、间距应注意与超高方式相衔接配套。

车站平坡及纵坡小于 2‰无砟轨道路基面,易出现线间纵向积水,后期增设排水坡易脱落,采用拉槽破坏封闭层完整性,因此规定在设计时应采取措施避免线间积水。

10.8.4 水对土体的浸湿、饱和及冲刷作用常是促使路基病害发生和发展的重要原因之一。为了保持路基能经常处于干燥、坚固和稳定状态,首先做好排除地面水工作,即将可能停滞在路基范围以内的地面水迅速排除出去,并防止路基范围以外的地面水流入路基围内,不使其下渗浸湿路基土体或形成漫流冲刷路基边坡,尤其是对受水浸泡后易于松软或膨胀的特殊土,以及地质不良地段的路基更要注意做好排水工程。

为了充分发挥路基地面排水设施的功能,一定做好出水口的选择和处理工作。对于排水设施,要做到使水流顺畅,不出现堵塞、溢流、渗漏、淤积、冲刷等。对各种地面排水设施的平面布置、沟底纵坡进行了规定:

1 不良地质和特殊土地区,为加强排水设施的稳定性和防止渗漏,对排水设施的基础要进行必要的处理,并对沟渠进行防护。

2 为了使水流尽快排出,避免冲刷、淤积堵塞,各排水设施的沟底纵坡需满足一定的要求,坡度不小于 2‰;要选择最短的路径,单面排水坡坡段长度一般不宜超过 400 m。

3 排水设施接口多、转折点多,设计要注意沟槽截面高程平顺过渡,既要满足各段过水能力,又要做到使水流顺畅。

4 为了防止水流溢出并具有一定的安全储备,各排水设施常需要预留一定的安全高度,沟顶高出流水面至少 0.2 m。

10.8.5 渗水暗沟纵坡需根据地下水埋藏深度及纵坡、地层情况、出水口位置的高程等综合考虑决定。为了迅速排出地下水和防止淤积,渗水暗沟底部纵坡不宜太小。考虑地下水经地层土的自然过滤作用,其含泥量一般小于地面水的含泥量,若渗水暗沟的反滤层能起到应有的作用,不致携带沟壁的土粒进入排水孔,则淤积的程度是不会严重的。可见,对渗水暗沟的防淤措施,不仅是纵坡问题,尚需加强反滤层设置,方能取得实效。因此,规定渗水暗沟纵坡不宜小于 5‰,在困难条件下可减少至 2‰。当采用 2‰时,必须加强其他防淤措施,主要指加强反滤层、加大渗水暗沟的排水孔尺寸、缩短检查井的间距等。

10.8.6 对站场排水设计说明如下:

1 站场排水是指站场范围内地面水及对路基、基床有影响的地下水排出。地面水包括天然雨水、融合雪水、市域动车组上水时的漏水、废汽水等。在车站范围内,铁路内部尚有地下水、生产废水和生活污水的排除,设计时虽按专业分别处理,但为避免出现矛盾,做到总体布置合理,故需统筹安排,相互配合。站场排水设施与桥涵、隧道、区间路基以及站后设施的排水设施相衔接、协调配合,除根据当地降雨量特征、汇水面积、地形和地质条件、地下水状况进行设计和规划外,还需结合自然水系、城镇排水规划、场坪排水、站内建筑排水进行系统的规划和设计,大型站场需编制排水系统图。

改建车站为节约投资,充分发挥原排水系统的作业,尽量利用既有的排水设施。如原有排水系统排水不良,对设备应进行相应的改善。

2 站场纵向一般为平坡，横向较宽，排水困难，设计应注意纵横向配合，尽快将水排出路基之外，避免积水下渗。单面排水坡坡段长度一般不宜超过 300 m。

3 站场内排水设施与管线沟槽、设备、接触网支柱、雨棚柱基础不可避免产生干扰，易造成排水不畅。

2021年雨季多个铁路车站发生积水浸泡软化和冲毁路基事故，2021年年底开通的杭绍台铁路在 2022 年年初几场暴雨后发生多个车站积水，原因主要是大量深度不一的站后电缆沟槽与站前纵横向排水槽相互干扰，中断或成为断头沟，造成滞水或积水难以排除。

4 排水槽底部宽度小于 0.4 m 时，不便于清淤养护，同时也容易堵塞。底部宽度等于 0.4 m，深度大于 1.2 m 时，不仅影响路基稳定，而且不便养护人员维修清理，因此需将底部宽度加宽至 0.5 m～0.6 m。纵向和横向排水槽（管）的交汇点，排水管的转弯处和高程变化处，容易淤积、堵塞，在这些地方需设置检查井或集水井，以便于清淤。

5 无砟轨道岔区，纵横向排水困难，积水时在列车通过时动应力影响下易产生病害，因此要求采取措施避免积水。

10.9 边坡防护

10.9.1 路基加固防护是指为防止路基坡面发生溜坍等病害所采取的防护加固措施。市域（郊）铁路一般位于城区附近，受场地条件影响较大，对路基工程的稳定、变形和环境保护也提出了更高的要求。

10.9.2 植物防护是一种既经济又有利于生态环境的防止坡面侵蚀和表层坍滑的边坡防护措施，在宜于植物生长的边坡上需尽可能采用植物防护。但由于需要一定的生长期，在播撒草籽或移植幼苗初期，边坡易受雨水冲刷或大风吹蚀，因此在植物种植初期宜采取既能避免草、苗受损，又能有效防止坡面冲刷或吹蚀的固土措施。

全坡面圬工支护结构不符合生态环保、节约圬工的理念，不利于资源节约型、环境友好型铁路的建设。当填料及气候条件适宜时，要优先采用植物防护。土质路堤、路堑边坡高度较高时，一般采用空心砖、骨架、土工合成材料等植物与工程加固相结合的防护措施。

10.9.3 浸水路堤、受流水冲刷边坡可采用实体式浆砌片石或混凝土护坡（墙）防护，在设计时要结合具体条件和环境协调。

10.10 路基支挡

10.10.1 在城市及风景区周边，为节约用地，与周围景观协调可优先采用轻型支挡结构。研究和工程实践表明，墙背材料采用铺设土工格栅等加筋材料后，能有效降低土压力，且具有良好的变形适应能力。

10.10.2 重力式挡土墙、衡重式挡墙、悬臂式和扶壁式挡土墙、加筋土挡土墙、土钉墙应进行整体抗滑动稳定性检算（含水平滑动和随地基的整体滑动）、抗倾覆稳定性检算、基底偏心距计算和基底承载力验算。

加筋土挡土墙、土钉墙还应进行内部稳定性检算和拉筋（土钉）的抗拉检算、抗拔检算。

支挡结构混凝土构件要进行截面强度检算，钢筋混凝土构件应进行结构设计，锚杆（索）要进行钢筋截面和有效锚固长度设计。

10.10.6 槽式路基与其他支挡结构相比，边墙直立收坡，全断面防水止水，适用于地表水、地下水位较高、场地受限地段的路堤、路堑，尤其是地下隧道进出口段。

1 槽式路基防淹设计越来越受到重视，尤其是近年来发生的如 2021 年郑州 720 地铁和站前地道水灾、北京 718 地铁 6 号线、S1 线倒灌、京沈高铁高丽营隧道进水、2022 年杭州地铁金沙湖站下沉广场进水等事故,警示应高度重视槽式路基防淹设计。

(1)槽顶高程应综合各种不利条件确定,应考虑市域滞洪或积水水位,应与四周挡水设施形成封闭圈,并具有足够的强度。

(2)地下隧道进出口与槽式路基结合处一般设置集水井和排水泵站,接口密封不严会导致槽外积水倒灌,因此设计应细化此处排水接口措施,必要时应设置检查井。

2 槽式结构的抗浮稳定系数,行业标准《建筑工程抗浮技术标准》JGJ 476—2019 第 3.0.3 条规定见表 10-8,国家标准《建筑地基基础设计规范》GB 50007—2011 第 5.4.3 条规定,抗浮稳定系数 K_w 一般情况下取 1.05,相当于《建筑工程抗浮设计标准》JGJ 467—2019 中乙级工程、使用期的抗浮稳定安全系数。行业标准《铁路路基支挡结构设计规范》TB 10025—2019 第 8.2.8 条规定抗浮定安全系数 K_f 施工期采用 1.05,运营期采用 1.10。

表 10-8 建筑工程抗浮稳定安全系数

抗浮工程设计等级	施工期抗浮稳定系数 K_w	使用期抗浮稳定系数 K_w
甲级	1.05	1.10
乙级	1.00	1.05
丙级	0.95	1.00

注:本表为行业标准《建筑工程抗浮技术标准》JGJ 476—2019 第 3.0.3 条附表。

针对现有存在上浮风险的结构调研,交通行业槽式结构发生上浮的情况较少,原因在于其一般规模较小、露天开放,即使是极端暴雨条件下,由于雨水可以进入槽式结构中抵消上浮作用;出现问题的多是市政封闭的地下车库,立柱被上浮力剪断。

目前,铁路槽式结构有的规模很大,有时会设置雨棚减少降雨进入,考虑极端气候频现,并与相近行业规范统一,规定抗浮定安全系数施工期不应小于 1.05,运营期不应小于 1.10。对于规模较小的槽式路基,有可靠的区域工程经验时,可适当降低抗浮定安全系数。

10.11 接口设计

10.11.1,10.11.2 路基面上电缆槽、电缆井、过轨管线、接触网支柱基础、声屏障基础等工程的施工一般滞后于路基工程,需要在路基工程施工时预留条件,系统规划,统筹实施,避免二次开挖或重复施工,损害路基排水系统,影响路基强度和稳定。

10.11.4 电缆槽道在建设时已预留强弱电隔离,电缆井也需进行强弱电隔离,由站前专业在施工时同步实施。

11 桥 涵

11.1 一般规定

11.1.5 桥梁结构形式要重视对周边环境的影响,包括城市及城市周边景观的要求及对周边环境的保护(如噪声、振动防治等)。

11.1.9 桥涵结构物与路基的结合部,由于路基与桥涵结构物的刚度不同以及沉降不一致,会造成跳车现象。涵洞由于涵顶有填土,对行车的影响小一些。

当相邻桥梁两桥台之间的净距离过近时,会造成短时间内两次跳车,对旅客乘车的舒适性产生影响。路基规范要求两桥后均要设置过渡段,但当两桥台间的距离过近时,剩余的普通路基长度已很短,故与两桥连起来相比,经济上已没有多大差别。

对于涵洞,路基规范同样要求设置过渡段。由于过渡段路基的填筑要求很高,如两涵洞之间的净距过小,将会造成施工困难。

具体设计时,应综合考虑列车运行的平顺性要求、路桥(涵)过渡段的施工工艺要求,并进行必要的技术经济比较后,再确定合理的相邻桥涵之间路堤长度。

11.2 设计荷载及工程材料

11.2.1 荷载按其性质和发生概率划分为主力、附加力和特殊荷载。

主力是经常作用的;附加力不是经常发生的,或者其最大值发生概率较小;特殊荷载是暂时的或者属于灾害性的,发生的概率极小。

桥梁因温度变化而伸缩，因列车荷载作用而发生挠曲，桥梁的这些变形受到轨道结构的约束，又因桥上无缝线路的连续性致使梁变形时，钢轨产生两种纵向水平力，分别称之为伸缩力和挠曲力，同时两种力也反作用于梁，并传递到支座和墩台上。本标准参照现行行业标准《铁路桥涵设计规范》TB 10002 把长钢轨纵向水平力（伸缩力和挠曲力）划分到特殊荷载中。

桥上无缝线路的钢轨，由于疲劳、纵向力过大或其他原因损伤而可能造成断轨，从而产生断轨力。断轨力按一跨简支梁或一联连续梁长范围内的线路纵向阻力之和计算。

最大断轨力不超过最大温度拉力值。在正常运营养护条件下，发生断轨的概率比较小，因此将其作为特殊荷载。

在进行长钢轨断轨力荷载组合时，只考虑它与主力相组合，不与其他附加力组合。同时规定不论单线或双线桥梁，只计算一轨的断轨力。

11.2.3 考虑到不同荷载同时发生的概率不同，因此不同荷载组合时结构物应有不同的安全储备，采用的安全系数应该有所区别，反映在设计上的材料容许应力也应不同。对于主力作用下的安全系数要求高一些；对于附加力和特殊荷载则可以低一些。参照现行行业标准《铁路桥涵设计规范》TB 10002，以主力时的容许应力或安全系数为基数，对其他荷载组合可将容许应力分别乘以不同的系数，或采用不同的安全系数。

11.2.5 本条参照现行行业标准《铁路桥涵设计规范》TB 10002，规定了墩台上土的侧压力的计算方法，同时考虑到市域铁路台后过渡段采用的填筑材料的不同，一般为混凝土或级配碎石，特别提出了台后填土的内摩擦角应根据台后过渡段填筑的实际情况确定。

11.2.6 市域铁路设计速度 140 km/h～160 km/h，采用交流电力牵引，仅运行动车组列车，列车设计荷载采用现行行业标准《市域（郊）铁路设计规范》TB 10624 中的 ZS 荷载，ZS 荷载涵盖我国 CRH 系列动车组和轨道交通列车（包括市域 A、市域 B、市域 C、市域D、城轨A、城轨B、CRH1、CRH2、CRH3、CRH5等车型)。

11.2.7 本条对市域铁路ZS荷载图式加载方式进行了规定。

1 多线加载方式

市域铁路列车竖向荷载采用了与现行行业标准《铁路列车荷载图示》TB 3466相同的加载模式,即设计加载时,列车荷载图式能任意截取。计算承受多线荷载的桥跨结构和墩台,其竖向静荷载应按各线(均假定采用同样情况的最不利位置)静荷载的总和乘以规定的折减系数。对受局部荷载的杆件,则均应为该荷载的100%。如桥上所有线路不能同时运转时,要计算可能同时运转的线路上的列车竖向力及离心力。

2 关于加载长度

对于一般桥梁,按桥长全部加载进行计算;对于超大跨度桥梁,加载长度或杆件影响线长度超过动车组全部编组车长或车站到发线长度时,加载长度可采用列车最大编组长度。

3 影响线加载规则

1) 对单符号影响线和多符号影响线的单独加载区段,按荷载效应最不利情况进行加载。

2) 对多符号影响线,可以在同符号影响线各区段进行加载,若间隔的异符号影响线区段,如区段长度大于15 m,采用空车均布静荷载10 kN/m加载;如区段长度小于15 m,则可以不加载。

4 疲劳验算加载

疲劳强度计算时,按影响线求最大内力(应力)和最小内力(应力),应分别从右至左和从左至右依次加载影响线各区段,以其最不利者决定之。当同时加载数个区段影响线时,要连续加载,不得间断,且仅取其中某一区段加载最大值,其余区段以均布荷载33 kN/m加载。

5 关于空车荷载取值规定

市域铁路参照现行行业标准《铁路桥涵设计规范》TB 10002的

规定,空车荷载取为 10 kN/m。

11.2.9 综合考虑市域铁路运营动车组荷载以及市域铁路活载图式的情况。离心力的计算公式按照市域铁路活载图式进行计算,不考虑竖向活载折减。

11.2.10 根据现行行业标准《铁路桥涵设计规范》TB 10002,横向摇摆力与设计所采用的列车荷载相关联,横向摇摆力以客货共线铁路 100 kN 取值为基准,其他各等级铁路按其竖向静活载的竖向折减系数进行折减取值。高速铁路折减系数 0.8,城际铁路折减系数 0.6,得出列车横向摇摆力分别对应为 80 kN、60 kN。综合考虑以上因素,市域铁路列车横向摇摆力取为 60 kN。

11.2.14 桥涵结构设计时,需对施工和养护荷载予以检算。

11.2.16 在铺设无缝线路的桥梁中,因梁部结构与轨道的相互作用而产生的"长钢轨纵向水平力"是不可忽视的,其力的大小和分配,在很大程度上取决于桥梁下部结构的水平刚度、上部结构的跨度、竖向刚度及桥全长。

桥上无缝线路的长钢轨因受纵向力过大、疲劳或其他原因可能造成断轨。因断轨收缩受到梁体的约束而产生纵向水平力反作用于梁部并传递到支座和墩台,这就是断轨力,其力的大小是由桥上的线路纵向阻力控制的。

作用于墩台顶的长钢轨纵向水平力(伸缩力或挠曲力)和长钢轨的断轨力,都需按梁轨共同作用进行计算。

11.2.21 各国已建成的铁路中,预应力混凝土桥梁的数量占有绝对优势。与其他建桥材料相比,预应力结构具有一系列适合市域铁路要求的特性,如刚度大、噪声低,由温度变化引起的结构位移对线路结构的影响小,运营期间养护工作量少等,而且造价也较为经济。因此,要求桥梁上部结构优先采用预应力混凝土结构。桥梁下部结构在实际工程中一般采用钢筋混凝土墩台。

11.3 结构变形和变位的限值

11.3.1 混凝土梁目前设计、施工较为成熟,本标准依据现行行业标准《铁路桥涵设计规范》TB 10002 制定了混凝土梁跨度、钢梁跨度以及特殊结构桥梁墩高的使用范围。对于更大跨度或其他形式的桥梁,以及当采用新材料、新技术、新工艺设计时,要进行必要的科学分析、试验和试制工作,必要时还应进行运营观测,以取得设计所需的数据和经验来补充条文之不足,编写补充设计规定,确保桥梁设计的安全性。

11.3.2 在铁路桥梁设计中,对桥梁结构的变形进行控制一般有以下四个目的:

(1) 保证列车运营的安全性,满足客车乘坐舒适度和平稳性要求。

(2) 保证桥上线路的平顺和稳定。

(3) 保证桥梁结构的实际受力状态在设计控制的范围内。

(4) 减少桥上轨道的养护维修。

因此,各国铁路桥梁设计规范都对桥梁的变形进行了限制。随着列车速度的提高,乘客乘坐舒适性、列车运营安全性及轨道稳定性对变形的要求越来越严。

本条参照行业标准《铁路桥涵设计规范》TB 10002—2017 第 5.2.2 条中城际铁路的规定,提出市域铁路桥梁结构的变形限值。

11.3.4 对梁式桥跨结构容许挠度的规定,主要是为了适应列车安全平稳运行的要求,并考虑挠度对结构本身的影响。当挠度较大时,支座转角亦大,线路形成突变,不能维持连续平顺的曲线,致使此处受到冲击力,不利于养护。

市域铁路参照行业标准《铁路桥涵设计规范》TB 10002—2017 第 5.2.4 条中城际铁路的相关规定,提出桥面扭转限值。其中,桥面允许扭转变形示意图如图 11-1 所示。

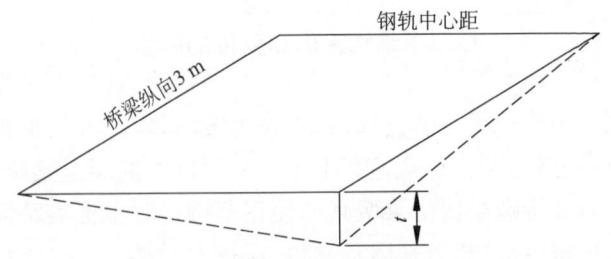

图 11-1　桥面允许扭转变形示意图

11.3.7　根据上海的气候特点,参照行业标准《市域(郊)铁路设计规范》TB 10624—2020 第 11.3.7 条,规定了常见跨度简支梁桥的墩台顶纵向水平线刚度限值。

11.3.9　本条梁端水平折角采用弧度(rad)表示。

11.3.10　桥梁墩台基础工后沉降限值主要为满足市域列车运营安全和舒适要求。

对于墩台基础均匀沉降,有砟轨道桥梁沉降限值参考了路基的沉降控制标准。无砟轨道桥梁沉降限值主要依据桥上扣件容许的调整量。对于调高量为 30 mm 的扣件,扣除施工误差-4 mm～6 mm,仅有 20 mm 可用于调整运营期间基础沉降、梁体徐变变形产生的轨道状态变化。考虑到基础发生均匀沉降时可通过圆顺线路满足运营要求,对于行车影响相对较小。

墩台基础不均匀沉降将在墩台位置产生变坡点,即出现明显的折角,直接影响行车的安全和舒适。

参照行业标准《铁路桥涵设计规范》TB 10002—2017 第 5.4.6 条,提出了市域铁路静定桥梁墩台工后沉降量限值。对于超静定结构,相邻墩台不均匀沉降限值还需考虑对结构产生的附加应力影响。

11.3.11　为保证市域铁路轨道平顺性,控制路基与涵洞间的不均匀沉降,条文规定涵洞沉降控制标准需与相邻路基控制标准相同,地基处理方式协调一致。

11.4 结构设计

11.4.6 钢筋混凝土的保护层及配筋要求,均按现行铁路桥涵设计规范中的有关规定执行。本条有关钢筋或管道表面与结构表面之间的混凝土保护层厚度的规定,不适用于处在侵蚀性环境中或有其他特殊要求的钢筋混凝土和预应力混凝土结构。

11.4.7 本条规定强调了封锚及接缝处要在构造上采取防水措施,是为了防止雨水渗入。比如,外露锚头周围设置钢筋网,钢筋网与梁体伸出的钢筋焊接,然后灌注较高等级的混凝土等。管道压浆材料和压浆工艺,都需要严格控制,确保压浆密实,这样才能保证预应力钢束不致锈蚀,保证预应力钢束与混凝土梁体的整体作用。

11.4.10 后压浆按压浆部位不同,可分为桩端后压浆、桩侧后压浆以及桩端桩侧组合后压浆。上海地区以桩端后压浆工艺为主。

桩端后压浆浆液通过渗透(粗粒土)和劈裂(细粒土)形式在沉渣和桩端一定范围土体中扩散,从而起到加固作用。试验表明,浆液循桩侧泥皮和软弱扰动层向上扩散 $10 \mathrm{~m} \sim 12 \mathrm{~m}$ 的高度(粗粒土取低值、细粒土取高值),对桩侧阻力起增强作用。这说明桩端压浆既增强端阻又使桩端以上一定范围的侧阻力得到增强。该现象通过开挖观察和桩身轴力测试均已得到证实。

后压浆桩应注重以下技术指标,从而保证后压浆对桩承载力的提高作用:①浆液水灰比;②桩端压浆终止压力;③持荷时间;④压浆流量;⑤压浆量。详见行业标准《公路桥涵地基与基础设计规范》JTG 3363—2019 附录 K。

根据工程实践,桩端后压浆灌注桩的单桩轴向受压承载力特征值宜通过静载试验确定。

现行行业标准《公路桥涵地基与基础设计规范》JTG 3363 中桩端后压浆灌注桩的单桩轴向受压承载力特征值是通过试桩资

料统计归纳后,提出的计算公式及参数取值。考虑到公规、铁规、沪规在计算钻孔桩单桩轴向承载力时相关参数取值及计算结果的差异,可在熟悉上述差异的基础上参照公规进行计算。

11.4.12 路基地段取消涵洞顶覆土可降低路基高度,节省工程投资。但涵洞顶不可高过路肩。

沉降缝设于轨道板下时,涵节的沉降差可能会引起轨道板的开裂,故沉降缝不允许设在轨道板下,而应设于两线之间。涵洞分节长度应根据地基和结构情况确定,一般不可超过 15 m,以避免边墙和底板施工缝处由于混凝土收缩产生较大裂缝。

11.5 桥面布置及附属设施

11.5.1 桥面宽度应综合考虑建筑限界、应急疏散、电缆槽、接触网立柱、声屏障结构及养护维修方式等要求确定。同时结合具体项目特点,如预制梁是否通过隧道、桥面上是否设走行在人行道上的检查车等综合确定桥面宽度。当桥上不设人行道检查车时,关于桥梁检修方式要综合研究。

对于下承式等特殊截面结构的桥面布置,在满足行车安全距离要求、通信信号布设要求及接触网布设要求的前提下,可以适当调整。

当桥上设置人行道检查车时,根据检查车的横向尺寸要求,接触网支柱外缘距栏杆或声屏障内侧最小距离不能小于 0.8 m;当桥上不设人行道检查车时,需要考虑防护墙、电缆槽(电缆支架)、接触网、人行道等布置要求,同时满足车辆限界、建筑限界等要求。

11.5.2 为保证维修养护人员的正常工作及操作安全,桥涵应设必要的检查设备。本条明确规定了桥涵进行检查养护必须设置的检修设备。

(1) 斜拉桥、系杆拱等均应安装相应的检查设备。

(2) 为便于对涵洞、护锥、桥下及隧道顶上进行检查,当路堤边坡高度大于 3 m 时,应设置台阶。

（3）市域铁路养护维修一般在"天窗"时间,可以不设避车台。

11.5.3 桥梁结构的各部位需要经常处于干燥状态,防止积水,以免出现冻胀、锈蚀、腐蚀等现象。因此,需要有适当的排水和通风条件。

桥梁的防排水设计是决定桥涵耐久性的重要因素,是市域铁路桥涵结构设计使用寿命能否达到 100 年的决定因素。从设计的角度,要做到结构能防水、结构不积水、有水能及时排出,排出的水应结合具体情况进行细部设计使之对外界的影响最小,对结构本身的不利影响也降到最低为原则。排水措施要保证在桥面行车道的结构表面排水顺畅,一般考虑纵横向设置排水坡,坡度不小于 2%,并布置排水孔、水篦子、排水管、排水槽以及排水沟等,其容量要与降水量相配合。还需注意,在结构的缝隙处,须采取防止落砟和防止漏水的措施。

11.5.4 当发生地震、火灾等自然灾害或桥上列车出现紧急情况时,需要对列车上的旅客进行疏散。因此,当桥长超过 3 km 时,根据实际工程的需要并结合地面道路情况,沿桥梁全长每隔 3 km 左右在线路双侧交错设置救援疏散通道和导向标志。救援疏散通道需要根据工程需要和桥下地面道路及地形情况综合考虑设置,桥下所处位置要便于旅客疏散并能及时疏解到地面道路,不要局限于 3 km 的间距要求而机械设置。

11.7 高架车站桥梁结构

11.7.1 市域铁路高架车站的设计中,一方面要考虑城市的规划设计,另一方面要结合整个车站的站房设计。结构设计要满足安全、实用等要求,同时要考虑景观要求。目前高架车站分为"建桥分离"和"建桥结合"两大类,对桥梁结构设计要求分述如下。

1 "建桥分离"高架车站

"建桥分离"的高架车站主体结构分为两个部分:高架桥和站

房建筑。站房建筑包在高架桥之外,承受轨道荷载高架桥从站房建筑中穿过。站房建筑与桥梁建筑结构上完全分开。

"建桥分离"方案受力明确,传力清晰明了,计算简单,桥梁结构与建筑结构自成体系,互不干扰,但车站建筑的整体性差,体积庞大,空间利用率不高,影响城市景观。

2 "建桥结合"高架车站

"建桥结合"的高架车站是先形成桥梁结构(基础、墩柱、梁等),再在桥上布置高架站台。桥梁上部结构承受轨道荷载部分采用箱梁,承受人群及建筑结构荷载部分采用T形站台梁。墩柱常用的结构形式可采用实体墩、V形墩、Y形墩、门架墩等结构。在高速铁路高架车站中,作为下部建筑的墩柱应能满足强度要求、刚度要求及耐久性要求,在列车荷载作用下保证稳定性和舒适性。

"建桥结合"方案结构紧凑,整体性强,外形美观,视觉效果好,方便乘客换乘。由于站房建筑与桥梁结构结合在一起,其受力状况很复杂,计算难度大,对于基础的沉降要求高,桥梁结构与站房结构设计采用的规范不同,计算时需要综合考虑,满足二者的要求。

11.7.2 道岔区的桥梁结构,道岔结构对桥梁结构提出了相对变形和变位的要求。如:整组道岔需要位于连续结构上,道岔首尾距梁端的最小距离,整体道岔需要位于横向整体结构上,以及梁的挠度、自振频率等要求。

11.7.3 桥梁和上部结构受力时协调变形,相互影响。在结构形成超静定体系后,桥梁后期承受的恒载及列车、人群活载所产生的位移必将使结构柱作用在桥梁上的力重新分布,上部结构本身内力和变形也会产生较大的变化。因此,整体的高架结构应统筹考虑整体结构的变形、变位。

11.8 接口设计

11.8.1 桥梁结构设计时应考虑轨道的要求和梁轨相互作用。

1 轨道

市域铁路桥上轨道形式总体上分为无砟轨道和有砟轨道两类。随着技术的不断发展和完善,轨道形式和种类不断增加,每种轨道形式和桥梁的连接方式都不尽相同,进而引起桥梁的防排水方式、伸缩缝设置方式等也不相同,而且还可能出现在同一座桥上不同的轨道形式并存的情况。不同轨道形式在桥上的过渡问题也要引起重视。桥上伸缩缝的设置,在设计阶段应与轨道专业协商设置。

2 梁轨相互作用

跨区间无缝线路极大限度消除了轨缝,使得线路平顺性增加、养护维修量降低、线路设备使用寿命增加、行车舒适性增加,不仅带来了极大的经济效益也带来了显著的社会效益。虽然无缝线路给铁路带来诸多好处,但是由于其结构特性,也将产生新问题。当轨温改变时,在无缝线路内部将产生温度力,在设计中需要认真考虑。桥上无缝线路结构更复杂,由于桥梁本身结构特点,桥梁与轨道相互作用,还将产生伸缩力、挠曲力和断轨力,将给桥梁和轨道设计带来影响。桥梁结构设计时必须考虑梁轨共同作用,尽量减小桥梁的位移与变形,以限制桥上钢轨的附加应力,保证桥上无缝线路的稳定和行车安全。

11.8.2 桥上要根据通信、信号、电力和电气化专业的要求预留设置电缆槽道、电缆上下桥设备、接触网支柱基础等设施的条件,如在梁端预留锯齿孔、在墩梁上预留滑道等。设置声屏障地段的桥梁,桥上电缆槽应敷设于声屏障内侧。

电气化专业的接触网电缆上桥,一般采用在接触网立柱处垂直桥面打孔上桥的方式。考虑美观因素,也有接触网电缆从桥墩经梁端锯齿孔入电缆槽再上接触网支柱的方式。

对于车站范围内的桥梁,需要根据信号专业的要求预留转辙机位置;站内桥墩的布置应与建筑专业协商确定。

11.8.3 桥梁需要根据信号专业的要求,在基础、墩台和梁部设置综合接地装置，包括墩梁间的连接。

11.8.5 市域铁路行车对轨道平顺性提出了较高要求，结构的沉降是影响轨道平顺性最重要的因素，通过试验观测桥涵发生的变形和沉降成为必然。故对于市域铁路无砟桥涵应设立观测基准点，进行系统观测与分析，其测点布置、观测频次、观测周期应符合无砟轨道铺设的有关要求。

结构变形主要考虑梁体徐变变形，桥梁结构徐变变形观测和评估可根据施工阶段（荷载条件）的不同划分为梁体张拉前～梁体张拉完成、梁体张拉完成～轨道铺设前、轨道铺设完成后三个评定分析阶段。根据每个阶段不同的情况，分析、计算梁体变形发展趋势，从而提出结论意见。

桥梁墩台基础沉降变形观测和评估可分为架梁以前、架梁以后～轨道铺设前与轨道铺设以后三个阶段；框架桥和涵洞的沉降变形评估可分为桥涵主体施工完成以前、桥涵主体施工完成～路基预压土施工前、路基预压土施工～预压土卸载前、预压土卸载后四个阶段。

12 隧 道

12.1 一般规定

12.1.3 隧道主体结构主要指直接和间接承担地层荷载和运营车辆荷载,保证市域铁路结构体稳定的结构构件。隧道结构耐久性不足,会增加使用过程中工程维修费用,影响结构正常使用。参照现行国家标准《混凝土结构耐久性设计标准》GB/T 50476 及现行行业标准《铁路混凝土结构耐久性设计规范》TB 10005,主体结构构件应严格按照 100 年的设计使用年限进行设计,以保证在设计使用年限内市域铁路的使用安全。

12.1.6 现行国家标准《地下工程防水技术规范》GB 50108 对二级防水范围的规定如下:"人员经常活动的场所;在有少量湿渍的情况下不会使物品变质、失效的贮存场所及基本不影响设备正常运转和工程安全运营的部位;重要的战备工程。"现行国家标准《地铁设计规范》GB 50157 规定"区间隧道及连接通道等附属的隧道结构防水等级应为二级,顶部不得滴漏,其他部位不得漏水;结构表面可有少量湿渍……"。根据目前建成运营的隧道情况统计,一般来说,少量的湿渍基本不影响电化隧道的正常运营,如果按照一级防水来要求,很难达到预期效果。结合以上情况,本标准将一般隧道工程的防水等级定为二级,有防潮要求的机电设备集中段防水等级要求应达到一级。

12.1.8 盾构法施工的区间隧道覆土厚度在确有技术依据时,允许在局部困难地段适当减少。

12.3 荷载及工程材料

12.3.1 作用在隧道结构上的荷载,如地层压力、水压力、地面各种荷载及施工荷载等,有许多不确定因素。因此,必须考虑每个施工阶段及使用过程中荷载的变动,选择使结构整体或构件的应力为最大、工作状态为最不利的荷载组合进行设计。

关于表12.3.1中荷载说明如下:

1 结构上部和破坏棱体的设施及建(构)筑物作用力应考虑现状及规划中的变化,一般地面超载宜取20 kPa。

2 温度变化影响:对覆土小于1 m,受外界温度影响较大的洞口段隧道结构,可考虑温度影响力。

3 周边环境存在可燃、易爆工况时,需考虑爆炸荷载,可计列入偶然荷载。

12.3.2 深埋隧道可根据地层参数,按泰沙基公式、普罗托季雅柯诺夫公式或其他经验公式计算地层竖向压力。

12.3.3 上海地区多条隧道实测资料表明,盾构隧道施工阶段黏性土水平地层压力按水土合算,采用经验系数0.65~0.75计算;正常使用阶段砂性土和黏性土均按静止土压力水土分算。

12.3.4 实测资料表明,盾构隧道施工阶段在衬砌较柔、土层刚性较大的条件下,宜考虑由衬砌变形所引起的地层抗力P_k,但水平直径处最大侧向土压力之和不得大于被动土压力。

抗力图形假设呈一等腰三角形,其范围为隧道水平直径上、下45°之内。抗力大小按弹性地基基床系数法计算:

$$P_k = k \times y \quad (12-1)$$

式中:y——衬砌圆环在水平直径处的变形量(m);

k——衬砌圆环侧向地层抗力系数(kN/m^3),当无测试资料时可参照表12-1采用。

表 12-1 衬砌圆环侧向地层抗力系数

地质条件		标贯锤击数 N	地层抗力系数(kN/m^3)
良好地层	密实砂	$N \geqslant 30$	5×10^4
	固结黏土	$N \geqslant 25$	4×10^4
良好地层	中密砂	$10 < N < 30$	3×10^4
	硬黏土	$8 \leqslant N < 25$	2×10^5
	中塑黏土	$4 < N < 8$	1×10^4
软弱地层	极松砂	$N < 10$	1×10^4
	软弱黏土	$2 < N < 4$	0.5×10^4
	极软弱黏土	$N \leqslant 2$	0

12.3.14

1 管片金属连接件应按现行国家标准《色漆和清漆 耐液体介质的测定》GB/T 9274 要求进行 168 h 的耐碱试验,按现行国家标准《人造气氛腐蚀 盐雾试验》GB/T 10125 要求进行 1200 h 的盐雾试验。

2 预埋承插式连接件的性能指标要求:

1) 预埋承插式环向连接件用球墨铸铁件,其强度应不低于 QT 500-7 的要求(表 12-2)。

表 12-2 球墨铸铁件的材料性能要求

力学性能			布氏硬度(HBW)	球化率(%)	主要基体组织
规定非比例延伸强度 $R_p0.2$(MPa)	抗拉强度(MPa)	断后伸长率(%)			
$\geqslant 320$	$\geqslant 500$	$\geqslant 7$	170~230	$\geqslant 85$	铁素体+珠光体

2) 预埋承插式环向连接件的锚固钢筋应使用 $\Phi 25$ HRB400 螺纹钢筋。其外观尺寸、表面质量、力学性能、化学分析均应满足现行国家标准《钢筋混凝土用钢 第 2 部分:热轧带肋钢筋》GB/T 1499.2 的要求。

4）预埋承插式纵向连接件由预埋套筒、衬圈、连接螺杆组成，纵向连接螺杆用嵌轴材料牌号应不低于 Q345B 或同等级螺栓，其外层覆裹材料为增韧改性聚酰胺材料，其主要组分为聚酰胺和玻璃纤维。聚酰胺应采用新料，禁止使用回收料。聚酰胺的拉伸性能应满足表 12-3 的要求。

表 12-3 聚酰胺材料拉伸性能要求

室温拉伸特征值(23℃±2℃)	室温拉伸断裂伸长率	室温拉伸弹性模量
≥90 MPa	≥2.5%	≥4 500 MPa

12.3.17

1 混凝土及其配合比

1）混凝土胶凝材料掺用粉煤灰和粒化高炉矿渣微粉等矿物掺和料或矿物复合掺和料的掺量控制值参考了现行国家标准《大体积混凝土施工标准》GB 50496 而得出。

2）混凝土工程中，萘系等传统高效混凝土由于技术性能的局限性，越来越不能满足工程需要。在国内外备受关注的新一代减水剂为聚羧酸系高性能减水剂，具有减水率高、流动性保持性好、水泥适应广、分子构造上自由度大、合成技术多、高性能化的余地大、对混凝土增强效果显著、能降低混凝土收缩、有害物质含量极低等技术性能特点，赋予了混凝土出色的施工和易性、良好的强度发展、优良的耐久性。因此，聚羧酸系高性能减水剂正逐渐成为配制高性能混凝土的首选外加剂，广泛应用于现浇混凝土和预制混凝土。

3）混凝土原材料中引入的氯离子总量值系根据现行国家标准《混凝土结构设计规范》GB 50010 而提出。

4）混凝土宜适当减少胶凝材料中水泥的用量，掺合比在不同季节宜做调整。

5) 混凝土的配合比应按高性能混凝土的要求配制，并在不同季节宜做相应调整。
6) 混凝土的配合比设计和混凝土配制，在满足施工和易性要求、强度等级要求等前提下，应以混凝土密实性、抗渗透性能、抗裂性能和抗碳化性能为主要控制指标。

2 混凝土胶凝材料

1) 现行行业标准《铁路混凝土》TB/T 3275 中的粉煤灰、矿粉指标要求均高于现行国家标准《用于水泥和混凝土的粉煤灰》GB/T 1596、《用于水泥、砂浆和混凝土中的粒化高炉矿渣粉》GB/T 18046，且本标准为市域铁路设计标准，因此粉煤灰、矿粉指标按照现行行业标准《铁路混凝土》TB/T 3275 执行。
2) 当混凝土有抗渗要求时，C3A 含量宜控制在 8% 以下。
3) 硅酸盐水泥和普通硅酸盐水泥的比表面积上限数值根据室内试验数据与现场实践而得，可有效控制混凝土产生的水化热，现行中国土木工程学会标准《混凝土结构耐久性设计与施工指南》CCES 01 也提出了此上限数值。
4) 在确定最终水泥品种前，应进行水泥与所使用的掺和材料、外加剂等之间的复配试验。

3 混凝土中的其他材料

1) 现行行业标准《铁路混凝土》TB/T 3275 中的细骨料、粗骨料、拌和用水指标要求均高于现行国家标准《建设用砂》GB/T 14684、《建设用卵石、碎石》GB/T 14685 及现行行业标准《混凝土用水标准》JGJ 63，且本标准为市域铁路设计标准，因此上述材料的指标按照现行行业标准《铁路混凝土》TB/T 3275 执行。近年来河砂资源紧张，应从源头对细骨料的氯离子含量进行控制，故增加了氯离子含量的指标控制要求。

2) 近年来,通过试验对现浇混凝土与预制混凝土的减水率经过多次测试,确定了条文中的数值。
4 混凝土主要的耐久性
1) 在确定混凝土配合比前,混凝土应进行混凝土快速碳化深度、混凝土抗裂性、电通量和氯离子扩散系数的检测。施工中,视需要还应增加混凝土电通量等指标的检测频率。
2) 混凝土抗裂性能试验方法与抗裂等级评定分别参照不同的标准执行,与其他混凝土耐久性量化指标有所差异。
3) 在确定混凝土配合比之前,应按照现行协会标准《混凝土碱含量限值标准》CECS 53 检验混凝土碱含量。

12.4 隧道结构设计

12.4.2 盾构法隧道结构应符合下列规定:

2 当隧道位于小曲线半径线路段,衬砌环宽度可结合盾构设备和曲线半径适当减小环宽,但一般不宜小于 1 m。

3 管片吊装孔和注浆孔设置要求:

1) 单洞单线隧道采用吊装孔形式进行吊装。管片中心宜预埋吊装孔,同时兼作注浆孔。
2) 单洞双线隧道采用真空吸盘形式进行吊装。
3) 在盾构进出洞、联络通道、与既有隧道叠交段,或周边环境对地面沉降有严格要求时,可在管片上增设注浆孔,以备进行二次注浆。
4) 隧道穿越砂性土层等风险地层,且周边环境空旷、无重要管线时,可不设注浆孔。

5 盾构始发、到达加固在环境保护要求高或地层风险高的区域需提高设计措施,如冻结法辅助加固、钢套筒始发和到达、水中进洞、土中进洞等。

12.5 隧道附属构筑物

12.5.3 当隧道位于富含承压水的高风险地层时,废水泵房可设置在隧道内部。

12.7 结构防水

12.7.1 对区间隧道而言,衬砌混凝土自防水也是根本。对盾构法隧道而言,管片混凝土的自防水尤为重要。考虑到管片混凝土的厚度较薄,除了通过试块进行抗渗等级检测外,还必须进行单块检漏试验,具体试验要求按照现行国家标准《盾构隧道工程设计标准》GB/T 51438 的有关规定执行。

12.7.2

1 新发布的《盾构隧道工程设计标准》GB/T 51438 规定,当管片厚度不小于 400 mm 且隧道处于富含水区域时,应设置 2 道密封垫。因管片厚度不小于 400 mm 仅设置单道密封垫的富含水区域工程案例较多,且防水效果良好,作为推荐性标准的条文不纳入本标准中。

2 根据现行国家标准《高分子防水材料 第 4 部分:盾构法隧道管片用橡胶密封垫》GB/T 18173.4 的规定,密封垫主要分为弹性橡胶密封垫和遇水膨胀橡胶密封垫,弹性橡胶密封垫依靠橡胶受压后产生的回弹力来达到止水功效,遇水膨胀橡胶密封垫依靠膨胀橡胶遇水后在有限的空间内产生的膨胀压达到止水功效。

3 由于橡胶为体积不可压缩的材料,密封垫沟槽面积应大于或等于密封垫的截面积,这样才能使密封垫在完全压缩(接缝张开 0 mm)状态下可被压缩于密封垫沟槽内,按国内外的经验得出公式(11.7.2),其中 A_0 前面的系数大小,视密封垫断面构造是否易压密而定。

4 弹性橡胶密封垫用三元乙丙橡胶(EPDM)为材料是多年实践的结论,密封垫构造中间开孔、下部开槽的特殊断面是目前最常用的。

5 通常,在高水压环境下,取 2 倍的实际水压作为设计水压;在低水压环境下,取 3 倍的实际水压作为设计水压。接缝张开值视地面荷载等造成挠曲与接缝张开、拼装方式、生产与施工误差、纵向变形与左右转弯等确定。错台量则视管片环面有无榫槽等构造形式决定。

12.7.4 目前,世界各地地铁盾构隧道管片嵌缝的居少,上海目前仅限于拱底道床范围采用嵌缝防水措施,而拱顶因嵌缝材料在运营过程中存在脱落现象,因此不宜进行嵌缝施工。

嵌缝预留槽既有嵌缝密封止水的功效,又有防止管片内沿受压缩应力集中碎裂的作用,也可用来埋管注浆堵水。

嵌缝预留槽槽深应大于槽宽,而且国外(西欧、日本)的深宽比有放大趋势,本条中深宽比 2.5,槽深宜为 25 mm～55 mm 及单面槽宽宜为 3 mm～8 mm 都是参考国内外大量数据而定的。

目前未定形类嵌缝材料是主流,预制成型类嵌缝材料因接缝张开量的变化而不容易适应,因此未将预制成型类嵌缝材料写入条文。

根据设计回访,位于隧道上半环的嵌缝材料有坠落现象,为了确保行车安全,现仅要求在道床范围内进行嵌缝作业。本条明确提出在隧道贯通后开始嵌缝作业施工,因只有在隧道贯通,拱底轨道梁拆除后,才能完成拱底嵌缝施工。

12.7.5 盾构区间的螺栓头暴露在空气中,而将手孔封闭,可防止螺栓头长期处于潮湿环境中产生锈蚀,保证螺栓的耐久性使用功效。但因封闭材料存在坠落的风险,故本条不做硬性规定。

12.7.7 塑料防水板与预铺防水卷材为矿山法联络通道夹层防水层的主要材质,塑料防水板的优势在于:①抗穿刺能力强;②接缝采用双缝焊接方式,防水质量有保证;③管道穿越防水板处防水措施可靠;预铺防水卷材的优势在于:①可与后浇混凝土形成一定黏结强度,防止窜水;②端部封闭要求不高。一般底板施作传统防水层后,需设置保护层。而预铺防水卷材如设置了保护层,则防水卷材无法与后浇二衬混凝土形成一定的黏结强度,失去了此类材料的优势。故采用预铺防水卷材时,不应设置保护层。

12.7.8 一般预制顶管管节厚度较薄,管节制作过程中产生的水化热较少,混凝土浇筑质量可有可靠的保证,因此其强度可等同于盾构法隧道的管片混凝土强度;而现浇顶管管节的断面尺寸较大,属于大体积混凝土,如混凝土强度要求较高,必然增加水泥用量,导致产生大量的水化热,混凝土的施工质量无法保证,故提出现浇顶管管节混凝土强度等级不宜低于 C35 即可。

12.7.10 混凝土管节接头过去常称 F 形接头等。根据现行协会标准《给水排水工程顶管技术规程》CECS 246,接口改成钢承口接头。顶管接头还有企口式、平口式等,因使用范围有限制,本标准不推荐。

12.7.11 密封圈有多种构造形式,目前应用最多的是楔形橡胶密封圈,其压缩率宜控制在 40% 左右。

12.7.13 管节橡胶密封圈固定在槽口位置。考虑到橡胶密封圈材料的弹性与伸长率,为了安装的密封圈达到紧箍管节的目的,密封圈的展开长度应为槽口实际展开长度的 80%～90%。

12.7.14 润滑油脂通常为硅脂类,止水润滑剂宜为特种聚氨酯类。

12.7.15 采用内弧面覆钢板水密性焊接,需间隔一定长度设置变形缝,以适应管节间变形的影响。水密性焊接过程中,槽口混凝土与预埋钢环的线膨胀系数不一致,易形成渗水通道,需在二者之间采取防水措施。采用槽口覆钢板水密焊接措施时,因高温对弹性密封胶的性能影响较大,且钢板焊接之后,管节接头即呈刚性连接方式,故此处嵌缝材料宜采用聚合物水泥防水砂浆。

12.7.17 由于隧道防水等级为二级,即允许少量渗漏水存在。列车在隧道运营时段内产生的活塞风会大量减少渗漏水的存在,而在非运营时段,隧道内表面依然会存在一定量的渗漏水,因此隧道内表面属于干湿交替环境Ⅰ-C,根据现行国家标准《混凝土结构耐久性设计标准》GB/T 50476 的规定,强度等级宜为 C40以上。

13 车站建筑

13.1 一般规定

13.1.1 车站因运输组织、运营管理、客流组织的不同,候车模式也会有所区别,存在站厅候车与站台候车两种模式。考虑到普通市域车站为公交化运营,则应采用站台候车模式。而对于与干线铁路、城际铁路合建的大中型枢纽车站,则宜采用站厅候车为主、站台候车为辅的模式。

13.1.6 超高峰设计客流量是指该站预测远期或客流控制期高峰小时客流量乘以 1.1～1.4 的系数,主要考虑高峰小时内进出站客流量存在不均匀性。本规定是假定高峰 20 min 内通过 37%～47%的高峰小时客流量,故取超高峰系数为 1.1～1.4。一条线而言,往往对换乘站、突发客流较大的车站、交路折返站等取上限值。

13.1.8 车站设公共卫生间,目前各城市做法不一,设于付费区或非付费内皆有。对于有建设条件的换乘站或客流量较大的车站,除在付费区设置卫生间外,宜考虑在非付费区增设公共卫生间。

13.1.9 根据网络及线路功能需求,车站布置及相应设施设备预留相关功能需求。例如,兼顾城市货运功能等需求。

13.1.11 由于干线铁路、城际铁路下线车辆的编组数及车厢尺寸与市域车型可能存在差异的情况,因此,对于有此类铁路下线的车站,站台有效长度应满足最长编组数的车辆运营要求。此外,线路中心线距离站台边、站台门、轨行区墙体等限界距离,也应取最大车型的限界值,以保证运营安排。

13.2 车站总体布置

13.2.4 高架车站的柱跨对交叉路口地面交通、城市景观都有一定的影响,因此,不宜骑跨横向道路设置;若受建设条件限制,必须骑跨横向道路,需征得相关部门同意。地下车站遇十字路口时宜跨路设置。

13.3 车站平面、剖面设计

13.3.6 市域铁路站房以站台候车模式为主,站台宽度受上、下车客流及行车间隔等因素控制,与地铁类似,故参考现行国家标准《地铁设计规范》GB 50157 站台宽度计算公式。站台计算长度应采用列车最大编组数的有效长度与停车误差之和,有效长度和停车误差应符合下列规定:有效长度在无站台门的站台,应为列车首末两节车辆司机室门外侧之间的长度;有站台门的站台,应为列车首末两节车辆尽端客室门外侧之间的长度。

13.3.10 根据本标准第 5.2.6 条规定:"越站列车通过车站时,实际运行速度不宜低于最高设计速度的 50%,且应满足安全运营要求。"其对地下车站临轨行区墙体及上方洞口周边墙体、门及相关设备设施有较大的风压冲击,因此,其抗风压值应大于越站列车通过时的最大风压值。一般可采用钢筋混凝土墙体及抗风压防火门。

13.3.15 母婴室应设有婴儿护理台、座椅、洗手台等设施,供婴儿换尿布、哺乳或临时休息使用的房间;宜紧邻车站公共厕所设置。

13.3.16 市域铁路地下车站因有效站台长度较长,一般 8 节编组车辆达到 220 m,有配线车站,站厅公共区长度、宽度较地铁站公共区体量大。为更好地体现空间的通透性,协调好人与空间的尺度关系,须适当提高站厅装修吊顶下净高。

13.4 车站出入口

13.4.1 每个出入口宽度应按远期分向设计客流量乘以 1.1~1.25 不均匀系数来设计，此系数与出入口数量有关，出入口多者应取下限值，出入口少宜取上限值。特殊情况下，当某一个出入口不能满足计算宽度时，应调整其他出入口宽度，以满足总设计客流量的通过能力。

13.4.4 地下车站出入口的地坪标高宜取高出该处室外地坪三踏步 450 mm；当此高程未满足防淹高度时，应加设防淹闸槽，槽高可根据最高积水位而定。出地面的电梯等部位也应作同样考虑。

13.6 楼梯、自动扶梯、电梯和站台门

13.6.9 由于市域铁路车站层高较高，且乘客出行过程中会携带较多或大件行李，为方便乘客通行，提高服务水平，适当增加供乘客使用的电梯额定载重量。

13.6.14 需要特别说明的是，当站台门的应急门设于楼扶梯区段和设备管理用房伸入站台计算长度段等站台上有障碍物的部位时，应核实当应急门开启时侧站台宽度是否满足计算要求。

13.8 换乘车站

13.8.4 换乘线如同属近期建设规划内计划建设的线路时，一般都进行同步实施（不含仅采用通道换乘方式的车站），但如不是近期建设规划内计划建设的换乘线，则宜预留换乘节点，其前提条件是该换乘线路前后各一站和相邻区间（即三站二区间）的线位站位必须稳定，否则可按预留换乘条件考虑。对预留节点两侧留出放大量，是为了换乘线实施时对线路、站位可有微调的余地。

14 地下车站结构

14.1 一般规定

14.1.1 为保证车站建成后的结构净空尺寸符合建筑限界的要求,围护墙施工时应考虑施工误差和倾斜度预留一定的外放量。

14.1.2 地下车站结构设计时应充分了解车站周边的城市规划：一是应考虑到规划建(构)筑物实施对车站工程地质、水文地质、荷载条件的改变,确保车站结构的安全可靠；二是应考虑对规划建(构)筑物实施条件的预留,如盾构隧道的穿越条件等。

14.1.3 结构形式和施工方法的选择,受工程地质与水文地质、环境条件、施工筹划等因素的制约,并对车站功能布局和运营安全、工程实施难度、工期、造价及施工期间周围环境影响等都会产生直接影响,是地下车站设计的重要内容。

市域铁路车站实施的制约因素各不相同,因此,车站的结构形式和施工方法选择应贯彻因地制宜的原则,通过综合比较,选择经济效益、社会效益和环境效益较好的方案。由于地下结构的型式与施工方法有一定的依从关系,因此施工方法的选择尤为重要。

地下车站优先选择明挖顺作法；当需要减少施工对地面交通的影响时,宜采用盖挖法；当环境保护要求较高时,宜采用逆作法；当不具备明挖条件时,可采用顶管、管幕等暗挖法。

14.1.4 为满足运营组织需要,市域铁路越行车站较为普遍。最高设计速度为 160 km/h 的市域铁路列车对结构沉降控制要求较高,为避免地质差异对地下车站纵向不均匀沉降的影响,市域铁路地下车站应进行纵向差异沉降的验算。

14.1.5 本条执行现行国家标准《工程结构通用规范》GB 55001 的相关要求：设计工作年限不应小于 100 年的构件，取 $\gamma_0=1.1$；进行施工阶段承载能力计算时，取 $\gamma_0=1.0$；按荷载效应偶然组合进行承载能力计算时，取 $\gamma_0=1.0$；临时构件的结构，取 $\gamma_0=0.9$。

14.1.6 现行国家标准《城市轨道交通结构抗震设计规范》GB 50909 的相关条款建议"日平均客流量超过 50 万人次的大型综合枢纽车站的主体结构划分为特殊设防类"，上海市域铁路地下车站的结构设计可参照执行。

14.1.7 上海轨道交通地下车站普遍采用叠合墙形式，已形成成套技术措施，经多年使用及验证，取得了良好效果。钢筋混凝土结构自防水是一个综合体系，故应以系统工程来对待，确立以混凝土自防水为根本、接缝防水为重点的防水原则。

14.1.8 地下车站的主体结构和使用期间不可更换的结构构件，应按设计工作年限为 100 年的要求进行耐久性设计。主体结构主要指直接和间接承担地层荷载和运营车辆荷载，保证结构体稳定的结构构件；使用期间不可更换的结构构件是指直接承受地铁设备和人群荷载，在使用期间无法更换或更换会影响运营的结构构件。

使用期间可以更换且不影响运营的次要结构构件，可按设计工作年限 50 年的要求进行耐久性设计。使用期间可以更换的次要构件主要指在地下结构内部的、位于次要部位且更换不影响使用功能和正常运营的结构构件。

不作为使用期间主要受力结构的围护结构，主要指基坑围护结构中的围护桩、围护墙和其他挡土结构，可不考虑耐久性要求，仅满足施工期间的使用即可。但对于可能在设计中部分考虑其承载作用的围护结构（如灌注桩和地下连续墙等）来讲，应满足相关耐久性要求。

根据上海地区多年轨道交通建设经验，市域铁路地下车站结构耐久性按上海市工程建设规范《轨道交通及隧道工程混凝土结构耐久性设计施工技术标准》DG/TJ 08—2128 的相关要求执行；一面临水、另一面干燥的壁厚大于 600 mm 的结构构件，可按照长期湿润环境考虑，故上海地区地下车站一般可按一般环境Ⅰ-B 开展耐久性设计。

14.2 设计荷载及工程材料

14.2.1 作用在车站结构上的荷载，如地层压力、水压力、地面各种荷载及施工荷载等，有许多不确定因素，故必须考虑每个施工阶段的变化及使用过程中荷载的变动，选取使结构整体或构件的工作状态为最不利的荷载组合及加载状态来进行设计。

14.2.2 浅埋暗挖地下车站的地层竖向压力，应按全部土柱重量计算。但对于较深覆土的暗挖地下结构所受竖向压力，宜根据所处工程地质、水文地质条件和覆土厚度，并结合土体卸载拱作用的影响进行计算。如上海轨道交通 14 号线静安寺站下穿延安路段，其站台层隧道是一个横向总宽度 9.9 m、竖向总高度 8.7 m 的类矩形断面结构，覆土已达 15 m，该隧道顶部地层竖向压力可结合土体卸载拱作用在全部土柱重量基础上作优化取值。

土体本构模型的选取是深覆土暗挖地下结构竖向压力分析关键问题。土体小应变范围（$10^{-5} \sim 10^{-3}$ 量级）内刚度随应变增加的非线性衰减对阵列顶管暗挖法周边环境影响的分析结果影响显著，经上海市城市建设设计研究总院（集团）有限公司与同济大学共同研究，根据试验与理论分析，提出了颗粒间应变 intergranular-strain（IGS）模型。

根据上海地区的室内土工试验结果并结合国内外研究，现行上海市工程建设规范《基坑工程技术标准》DG/TJ 08—61 给出了 HSS 模型的主要参数的取值方法，IGS 模型主要参数与 HSS 模型参数的换算关系及上海地区土层建议取值如表 14-1 所示，可作为数值分析时的参考。

表 14-1 颗粒间应变 IGS 模型主要参数与 HSS 模型参数换算关系或上海地区土层典型参数取值范围

IGS 模型参数	与 HSS 模型换算关系	典型取值范围
κ^*	$\kappa^* = \dfrac{3(1-2v)p'^{1-m}p_{\text{ref}}^m}{E_{\text{ur}}^{\text{ref}}}$	$0.011 \sim 0.022$
λ^*	$\lambda^* = \dfrac{p'^{1-m}p_{\text{ref}}^m}{E_{\text{oed}}^{\text{ref}}}$	$0.05 \sim 0.10$
χ	$\chi = \dfrac{3.81 \times 10^4 \gamma_{0.7}}{1 + 2 \times 10^4 \gamma_{0.7}}$	$1.24 \sim 1.30$
β_r	$\beta_r = 5 \times 10^{-5} (\gamma_{0.7})^{-1.04}$	$0.15 \sim 0.20$
n	—	$3 \sim 5$
R	—	$2 \sim 3$
μ	—	$\dfrac{2}{\lambda^*} \sim \dfrac{5}{\lambda^*}$
β	—	$0.76 \sim 0.94$

注:表中κ^*为$\ln(1+e)-\ln p'$平面内再压缩/回弹曲线的斜率;λ^*为正常固结黏土在$\ln(1+e)-\ln p'$平面内压缩曲线的斜率;$E_{\text{ur}}^{\text{ref}}$为三轴固结排水卸载再加载试验的参考卸载再加载模量;$E_{\text{oed}}^{\text{ref}}$为固结试验的参考切线模量;$p^{\text{ref}}$为参考应力;$m$为变形模量应力水平相关的幂指数;$\chi$、$\beta_r$和$n$为颗粒间应变参数;$\gamma_{0.7}$为当前割线剪切模量$G_{\text{sec}}$衰减到0.7倍初始剪切模量$G_0$对应的工程剪应变;$R$为影响计算的不排水抗剪强度;$\mu$和$\beta$控制黏土各向异性强度和刚度。

采用上述本构模型和主要参数取值进行静安寺站暗挖法周边环境影响分析(图 14-1),土体采用实体单元模拟,顶管用壳体单元模拟,桩基用实体单元模拟,桩基与土体相互作用处设置接触面单元模拟桩土相互作用。经分析,"品"字形阵列顶管暗挖法能有效控制延安路高架桥桥桩(台)的变形(图 14-2)。

对于水平压力,明挖顺作法结构使用阶段应按静止土压力计算,逆作法结构承受的土压力宜按静止土压力计算。

14.2.4 研究混凝土收缩问题时,往往与混凝土徐变现象分不

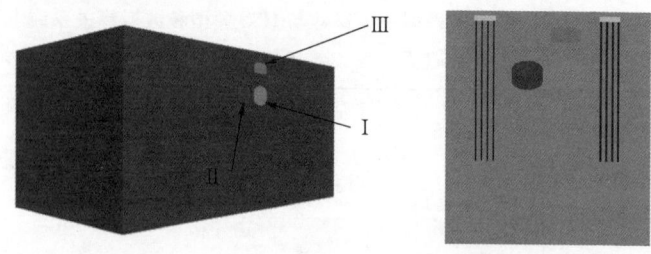

图 14-1　静安寺站暗挖段三维有限元模型图

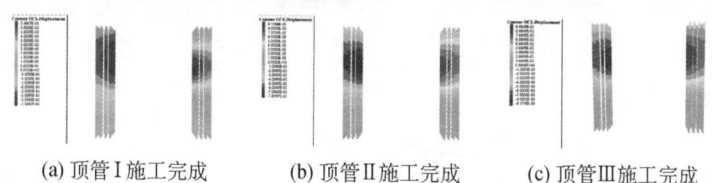

(a) 顶管Ⅰ施工完成　　(b) 顶管Ⅱ施工完成　　(c) 顶管Ⅲ施工完成

图 14-2　延安路高架桥桩基变形云图

开。混凝土收缩使构件本身产生应力,而这种应力的长期存在又使混凝土发生徐变,此种徐变限制或抵消了一部分收缩应力。混凝土的收缩系数一般可定为 $2×10^{-4} \sim 4×10^{-4}$,平均为 $3×10^{-4}$。但这些数值是指实验室内的试件而言,而实际上随着构件体积的增大,表面模量(单位体积的表面面积)相对减小,影响到表面的水分散发。另外,还要考虑实际构件施工过程中已完成部分收缩,因此采用收缩系数标准为 0.000 2～0.000 15,而混凝土的线膨胀系数为 0.000 01,相当于降低温度 20℃～15℃。

　　混凝土收缩的影响可假定用降低温度的方法来计算。对于整体浇筑的混凝土结构,相当于降低温度 20℃;对于整体浇筑的钢筋混凝土结构,相当于降低温度 15℃;对于分段浇注的混凝土或钢筋混凝土结构,相当于降低温度 10℃。车站顶底板厚度较大,受温度变化影响较为显著,分布钢筋应进行适当放大。

14.2.5　常规设备区的计算荷载按标准值不小于 8.0 kPa 进行设计。

14.2.6　列车的动力作用参数,可参照现行行业标准《铁路桥涵设计规范》TB 10002 中关于动力参数的计算公式取值,并乘以

0.8 的折减系数。

当轨道铺设在结构底板上时,一般来说,列车荷载对结构应力影响不大,并且为有利作用,列车荷载及其动力作用的影响可略去不计。

14.2.7 人群荷载设计时应考虑设计工作年限的调整系数 γ_L。当结构设计工作年限为 100 年时,γ_L 取 1.1;当结构设计工作年限为 50 年时,γ_L 取 1.0;当结构设计工作年限为 5 年时,γ_L 取 0.9。

14.2.8 逆作法施工平台层楼面的施工荷载取值不应小于 10 kPa。盾构井附近地面堆载在基坑开挖阶段不宜小于 20 kPa,盾构施工阶段不宜小于 30 kPa。

14.2.11 车站结构主要材料采用钢筋混凝土,混凝土的最低强度等级大多是从满足工程耐久性要求考虑的。地下车站环境类别应符合现行上海市工程建设规范《轨道交通及隧道工程混凝土结构耐久性设计施工技术标准》DG/TJ 08—2128 的有关规定。上海地区地下车站一般可按一般环境Ⅰ-B开展耐久性设计,混凝土强度最低等级确定为 C35。车站主体结构立柱为受压构件,考虑结构抗震构造要求,适当提高混凝土强度,有利于立柱断面设计,但高强度混凝土的收缩应力和温度应力相对较大,对结构的抗裂控制不利,故不宜盲目提高混凝土强度等级。

14.2.12 大体积混凝土指混凝土结构物实体最小厚度不小于 1 m 的大体量混凝土,或预计会因混凝土中胶凝材料水化引起的温度变化和收缩而导致有害裂缝产生的混凝土。

14.3 施工方法及结构选型

14.3.2 结合上海地区的工程实践,常见的地下车站施工方法可分为明挖顺作法、盖挖法、逆作法和暗挖法四大类。

1 明挖顺作法

是地下车站最常见的施工方法,由上至下挖土,随挖随撑,挖至坑底后,由下向上回筑内部结构。该方法结构简单、施工方便、造价较低。施工中常采用钢支撑,装拆方便但刚度较小,围护墙变形较大,也可结合环境保护要求采用钢筋混凝土支撑,但回筑时拆除工作量较大。

2 盖挖法

当地下车站设于城市主干道上,为尽可能减少对地面交通的影响,先用地下连续墙、钻孔桩等作围护结构,然后施工钢筋混凝土盖板或临时型钢盖板,在盖板、围护墙、立柱桩的支护下进行土方开挖和结构施工,通常为顺作法。该方法由于增加了临时路面设施,出土、材料运输较常见的明挖顺作法困难。

3 逆作法

当环境保护要求较高时,利用地下车站永久结构的全部或部分作为施工期间的支护结构,自上而下施工地下车站并与土方开挖交替实施。结合结构形式,地下车站逆作法又可分为全逆作法、半逆作法和框架逆作法。

全逆作法:先施工顶板,在顶板上覆土,恢复交通,同时在顶板下向下开挖,随挖随筑内部结构,先中板、后底板。当车站为多跨结构时,宜设中间支承柱(桩)以支承顶板和路面荷载,支承柱(桩)可与主体结构的立柱结合,也可另设。施工材料及土方将由临时出土孔运输,且节点构造较复杂。

半逆作法:明挖顺作至中板结构,利用中板作水平支撑,中板以下采用逆作到底,相对于全逆作法施工较方便,立柱桩荷载较小,也可较好地控制基坑变形。

框架逆作法:同样以保护周边为主要目的,将主体结构顶、中板的周边部分设计成平面框架,兼作水平刚性支撑,明挖顺作到底板完成后,将顶、中板预留孔回筑补全。整体刚度较好,节点构造简单,但最后板的补孔工作量较大。

当周边环境保护要求需要时,考虑结构板的立模、扎筋、浇筑、养护等基坑无支撑时间较长,一些工程采用了在板下采取预加固地基或在板下预加设支撑的措施,以减小墙体变形。

4 暗挖法

当地下车站经过骨干路网或复杂路段,不允许封交,或有较多无法搬迁的地下管线时,经技术经济比选,以上方法不甚合理时,可采用阵列顶管法、束合管幕法、冰冻法、矩形顶管法或管棚法等暗挖法施工。

14.3.3 两墙合一,即基坑围护墙兼作地下结构的外墙,具体可分为单一墙、复合墙与叠合墙三种型式,上海地区地下车站推荐采用叠合墙。

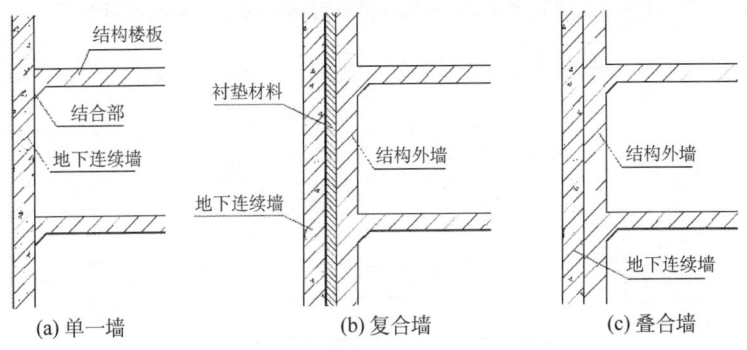

图 14-3 "两墙合一"地下连续墙

14.3.4 上海作为典型的富水软土地区,暗挖法是在高水位、低强度地质条件下实施地下车站的新工法,可采用阵列顶管法、束合管幕法、冰冻法等实施车站主体,采用矩形顶管法、管棚法等实施车站出入口等。

1 阵列顶管法

阵列顶管法,即以上下层叠和左右平行关系的近距离顶管隧道群暗挖实现地下空间功能的施工方法。

上海轨道交通 14 号线静安寺站车站主体采用阵列顶管法下穿延安路高架桥,避免了 54 路市政管线的搬迁,实现了交通零影响。车站利用 3 根顶管"品"字形布置实现暗挖段轨道交通厅、台

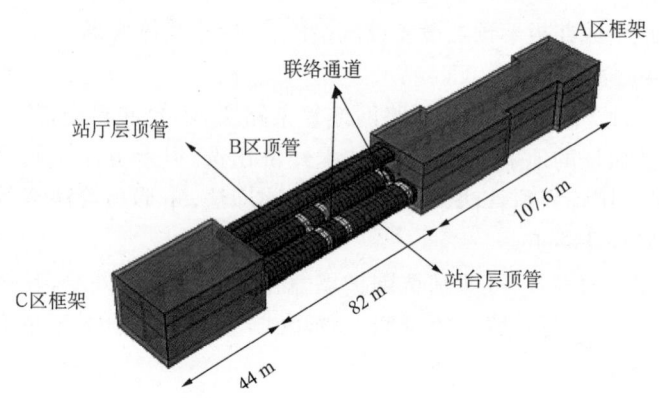

图 14-4　上海轨道交通 14 号线静安寺站阵列顶管法暗挖示意图

功能,暗挖段总长约 82 m(图 14-4、图 14-5)。

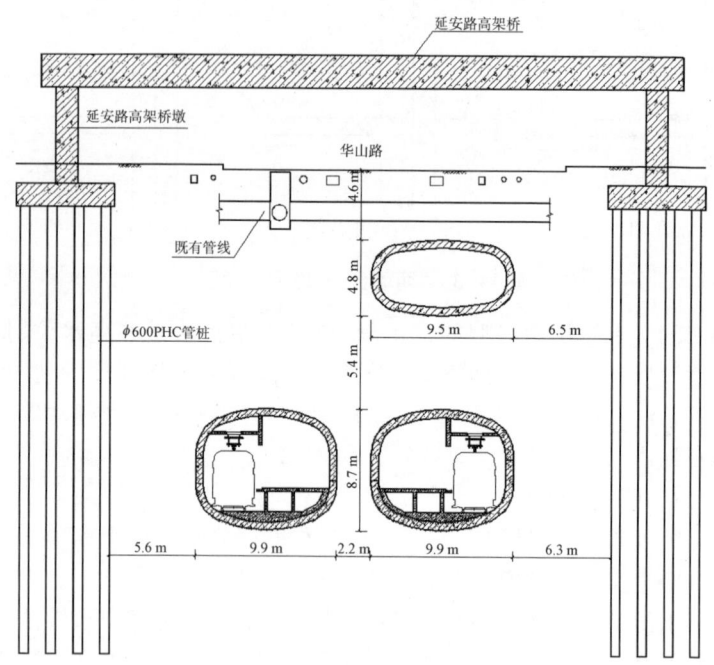

图 14-5　下穿延安高架桥暗挖段横剖面示意图

2 预应力束合管幕法(UBIT)

预应力束合管幕法(UBIT),即纵向顶进微小断面方钢管,通过横向张拉预应力筋形成可兼作永久结构的结构体系(图14-6)。

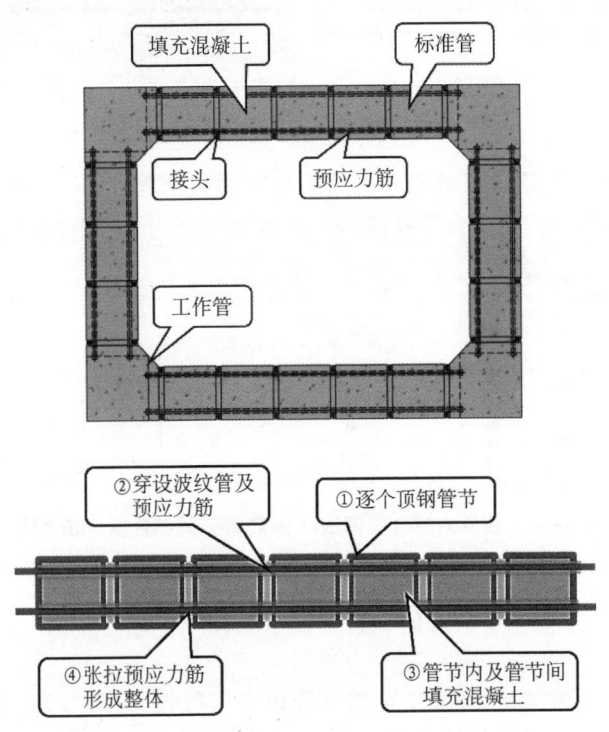

图14-6 预应力束合管幕法(UBIT)结构示意图

上海轨道交通14号线武定路站1号出入口过街暗埋段长约15.7 m,宽约6.4 m,是国内首例UBIT暗挖通道(图14-7)。

管节间结合缝的模拟与计算是预应力束合管幕(UBIT)工法设计计算的核心,经上海市城市建设设计研究总院(集团)有限公司与同济大学共同研究,根据试验与理论分析,提出了一种束合管幕钢管间结合缝的纤维铰模型(MSJ模型),可有效模拟结合缝处钢管与混凝土间的拉、压与滑动的耦合作用(图14-8)。经上海轨道交通

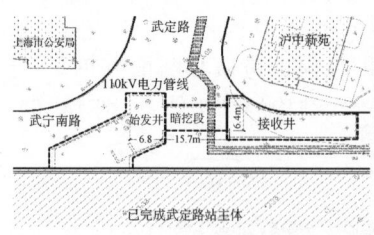

图 14-7　上海轨道交通 14 号线武定路站 1 号出入口

14 号线武定路站 1 号出入口的现场实测数据验证，该本构模型能较好模拟预应力束合管幕(UBIT)结构实际受力与变形情况。

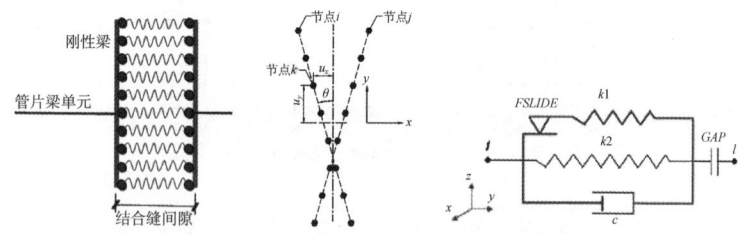

图 14-8　预应力束合管幕法(UBIT)管节间结合缝 MSJ 模型

14.4　基坑工程设计

14.4.1　本条表 14.4.1 中燃气管包含煤气管、天然气管、液化石油气管等。燃气管道的重要性与其设计压力有关。基坑周边以外 $1H$ 范围内存在需要保护的燃气管，当无法确定燃气管道压力、无法直接判断管线的重要性时，环境保护等级为一级；当确定燃气管道为低压时，环境保护等级可为二级。

本条表 14.4.1 中市政给水干管，指为各供水片区输水的主干管，一般直径不小于 600 mm。

14.4.2　本条第 1 款中方案比较和选型，指对基坑分区、施工方法、施工顺序的比选以及围护墙、支撑形式的选择。本条中第 5~7 款中有关要求均应在设计文件明确，作为相关专业单位编制详细降水方案、土方开挖方案、监测方案的依据。现行上海市工程建设规范《基坑工程技术标准》DG/TJ 08—61亦有此规定。

14.4.3 板式支护基坑的稳定性验算公式详见现行上海市工程建设规范《基坑工程技术标准》DG/TJ 08—61。

14.4.4 地下车站基坑一般为狭长形,基坑整体受力模式属于平面应变问题,沿基坑纵向严格控制分段、分层施工,可有效减小基坑及周边建(构)筑物、管线的变形,必须按照设计要求分段开挖和浇筑底板,每段开挖中又分层、分小段,并限时完成每小段的开挖、支撑、结构浇筑。基坑开挖及底板浇筑分段示意图可见图14-9和图14-10。

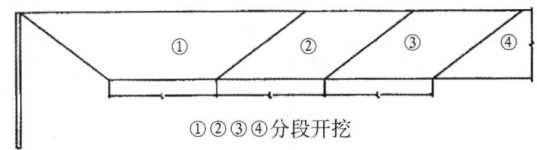

图14-9 狭长形车站基坑开挖及底板浇筑分段示意图

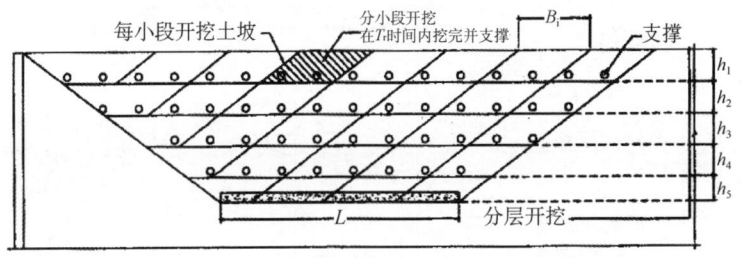

图14-10 每个开挖段分层分小段开挖示意图

注:1 开挖参数应由设计规定,通常取值范围:分段长度$L \leqslant 25$ m,每小段宽度$B_i = 3$ m~6 m,每层厚度$h_1 = 3$ m~4 m,每小段开挖支撑时间$T_r = 8$ h~24 h。

2 L、B_i、h_1、T_r在施工时可根据监测数据进行适当调整,但必须经过设计同意。

采用弹性地基梁杆系有限元算法计算围护墙内力和变形时,被动区水平基床系数K_h如何取值十分关键,直接关系围护墙设计的安全性、经济性和合理性。根据上海地区大量狭长形基坑施工观测资料,天然地基土以及加固区地基土的水平基床系数 K_h 可按表 14-2 和表 14-3 选取。

表 14-2 天然地基土水平基床系数 K_h 建议值

土层编号	土层名称	地层埋深	施工条件	$K_h(\text{kN/m}^3)$	说明
①,②	杂填土,中压缩性黏土,砂质粉土	地面以下 0~7 m	降水疏干 $b=6$ m $T=24$ h	6 000~10 000	地表以下 7 m 范围内,由于降水效果一般较好,表土有硬壳,施工参数比较容易掌握,故综合基床系数应较大
③,④	流塑性黏土		$b=6$ m $T=24$ h	6 000	
②₃	砂质粉土	4~15 m	降水疏干 $b=6$ m $T=24$ h	12 000~15 000	
③,④	流塑性黏土	地面以下 7 m~基坑底面	$b=6$ m $T=24$ h	6 000	表中 K_h 值根据土层的压缩性及 P_s 值选取,压缩性低、P_s 值较高,则 K_h 值应取大者
⑤₁	软塑性黏土,中到高压缩性		$b=6$ m $T=24$ h	8 000~10 000	
⑤₂	黏质粉土或砂质粉土(微承压水层)中压缩性	基坑底面以下	$b=6$ m $T=24$ h	12 000~15 000	
⑤₃	粉质黏土,可塑性,中压缩性		$b=6$ m $T=24$ h		
⑤₄	粉质黏土或黏土,中压缩性		$b=6$ m $T=24$ h		

续表 14-2

土层编号	土层名称	地层埋深	施工条件	K_h(kN/m³)	说明
⑥	硬塑黏土,中偏低压缩性	基坑底面以下	—	20 000	表中 K_h 值根据土层的压缩性及 P_s 值选取,压缩性低、P_s 值较高,则 K_h 值应取大者
⑦₁	砂质粉土,中密性		—	30 000	
⑦₂	粉砂,中密至密实		—	40 000~70 000	

注:1 表中 K_h 值适用于狭长形基坑;对于空间效应比较明显的方形基坑以及超宽基坑仅供参考。
2 表中 K_h 值适用于明挖顺作法,采用钢支撑的狭长形基坑;其余情况该 K_h 值仅供参考。
3 对于原状土,K_h 在开挖面以下 3 m~4 m 范围内取三角形分布计算,以下范围取矩形分布。
4 b 为每小段开挖长度(其间加 2 根支撑);T 为每小段开挖和支撑的施工时间。

表 14-3 加固区地基土水平基床系数 K_h 建议值

加固方法			地质条件	K_h(kN/m³)	备注
加固工艺	加固效果	加固方式			
降水	—	—	黏土夹薄砂层	—	强度提高 30%
			砂性土		强度提高 60%
双液分层注浆	$P_s \approx 1.0$ MPa~1.2 MPa	抽条对撑	淤泥质黏土夹粉砂层,底部坐落在无夹薄层粉砂的强度低的淤泥质黏土层中	10 000	如满堂加固,K_h 增加 1 倍
旋喷加固	三重管双高压 $q_u \approx 1.0$ MPa~1.2 MPa	抽条对撑	基坑中部、下部为淤泥质黏土地层,地下墙底部插入软塑或可塑黏性土中	25 000~30 000	如满堂加固,K_h 增加 1 倍
	三重管旋喷 $q_u \approx 1.0$ MPa	抽条对撑		15 000~20 000	

续表 14-3

加固方法			地质条件	K_h(kN/m³)	备注
加固工艺	加固效果	加固方式			
搅拌桩加固	三轴搅拌 $q_u \approx 1.0$ MPa~1.2 MPa	裙边	基坑中部至底部坐落于淤泥质黏土地层,基坑底以下为流塑或软塑的黏性土(⑤₁)	—	如满堂加固,K_h增加1倍
		对撑		25 000~30 000	
	双轴搅拌 $q_u \approx 1.0$ MPa	裙边		—	
		对撑		15 000~20 000	

注:1 对于加固土,K_h 在开挖面以下按矩形分布。
　　2 搅拌桩加固时,加固区域与围护结构之间的空隙必须用旋喷填充。
　　3 表中未提及的加固工艺(如超高压旋喷等),K_h值应以工艺试验或工程实测值为准。

14.4.5 本条所指型钢水泥土墙可采用内插型钢的水泥土搅拌墙或渠式切割水泥土连续墙。

后期盾构拟穿越范围内的围护墙钢筋应采用方便破除的纤维筋,目前采用较多的玻璃纤维筋。

采用玻璃纤维筋混凝土的围护墙设计计算、玻璃纤维筋规格、材料指标均应符合现行行业标准《盾构可切削混凝土配筋技术规程》CJJ/T 192 的有关规定。

为便于后期盾构、顶管的切削通过,采用玻璃纤维筋区段的混凝土强度在满足基坑开挖期间承载力要求的前提下,应尽可能低。

综合考虑后期盾构、顶管线路方案调整的可能及筋材搭接的要求,围护墙内设置玻璃纤维筋的范围一般为拟建盾构、顶管结构外轮廓外放 $D/2$(D 为圆形盾构、顶管结构外径或矩形盾构、顶管的短边长)。

14.4.6 地下连续墙槽段施工接头可分为柔性接头和刚性接头,柔性接头可采用圆形锁扣管接头、橡胶止水带接头、工字形钢接头等;刚性接头包括十字钢板接头等。各地下连续墙施工接头的适用深度详见表 14-4。

表 14-4 地下连续墙槽段施工接头

接头形式	地下连续墙深度
圆形锁扣管接头	不宜超过 50 m
橡胶止水带接头	不宜超过 50 m
十字钢板接头	不宜超过 65 m
工字形钢接头	不宜超过 70 m

近年来,上海地区地下连续墙深度不断刷新纪录。根据工程需要,当地下连续墙必须突破建议深度选择接头形式时,应进行专项评审或现场试验确认实施效果。轨道交通 9 号线中间风井使用了 48 m 深圆形锁扣管接头;轨道交通 19 号线世博大道站使用了 68 m 深的十字钢板接头地下墙;龙水南路隧道使用了 76 m 深工字形钢接头;轨道交通 14 号线黄陂南路站使用了 55 m 深橡胶止水带接头。

当地下连续墙深度超过 70 m 时,可采用套铣接头,但尚应结合地质条件和基坑特点,综合确定是否需要采取附加墙缝止水措施。

14.4.7 工程实践表明,因围护墙渗漏造成的墙后水土流失,引起邻近建筑物或地下管线的沉降量一般难以估计,且往往比墙体的变形大得多,当出现渗漏时必须引起重视。因此,建议环境保护等级为一级且围护接缝渗漏风险较大时采用墙缝止水措施。

地下连续墙是分幅施工的,搭接位于粉土、砂土层中时质量往往难以保证,故要求采用接缝止水加强帷幕质量。这里的粉土、砂土层主要指连续分布土层或者规模较大的透镜体土层,对于平面分布长度不大于 20 m、最大厚度不超过 1.5 m 的小透镜体粉土、砂土层,由于其总含水量有限,一旦发生墙缝渗漏产生的安全风险较小,可通过加强地下连续墙接缝施工质量的其他措施控制渗漏风险,可不考虑在墙缝外侧采取额外的接缝止水措施。墙缝止水措施所形成桩体的渗透系数宜达到 1×10^{-7} cm/s,且不应

大于 $1×10^{-6}$ cm/s。

根据现行上海市工程建设规范《全方位高压喷射注浆技术标准》DG/TJ 08—2289 相关条文说明,全方位高压喷射注浆(MJS)在上海市的最深应用案例已超 60 m;根据上海市工程建设规范《超高压喷射注浆技术标准》DG/TJ 08—2286—2019 第 4.0.3 条,高压喷射注浆(RJP)成桩深度不宜超过 70 m;根据上海市土木工程学会标准《N-Jet 工法超高压喷射注浆技术规程》T/SSCE 0003—2022 第 3.0.2 条,超高压喷射注浆(N-Jet)成桩深度不宜大于 115 m。

本条列举的全方位高压喷射注浆工法(MJS)、超高压喷射注浆(RJP)、超高压喷射注浆(N-Jet)等墙缝止水应符合现行上海市工程建设规范《全方位高压喷射注浆技术标准》DG/TJ 08—2289、《超高压喷射注浆技术标准》DG/TJ 08—2286 等标准的要求。当工程周边环境或工程水文地质复杂时,宜根据现场试验等方法确认相关的施工参数。

14.4.8 槽壁预加固是为了增加槽壁稳定性沿地下连续墙两侧设置的加固体,两排加固体之间的净距应大于地下连续墙设计宽度,加固体与地下连续墙之间的距离应根据加固体的垂直度确定。现行上海市工程建设规范《基坑工程技术标准》DG/TJ 08—61 亦有此规定。

对于地质条件差且超深地墙成槽时间长的情况,如存在较厚杂填土或暗浜时,建议也考虑采用槽壁预加固措施。

槽壁预加固具体方式宜采用三轴搅拌桩、渠式切割水泥土搅拌墙(TRD)、数字化微扰动搅拌桩(DMP)、铣削深搅水泥土搅拌墙(CSM)等。其中,渠式切割水泥土搅拌墙(TRD)是指采用锯链式设备,垂直切削下沉至设计深度,横向推进注入水泥浆液,形成的连续、等厚无缝的水泥土墙体,应符合现行行业标准《渠式切割水泥土连续墙技术规程》JGJ/T 303 的要求;数字化微扰动搅拌桩(DMP)是指采用四根钻杆的专用设备,利用数字化施工控制系统进行自动化施工控制,通过钻杆上的切削叶片和设置在搅拌钻头上的喷浆(气)口喷射处的浆液和气体共同切割土体,并将水泥等固化剂与土体均匀搅拌,通过地内压力自动控制与三通道异形钻孔的排浆、排气,实现成桩全过程对桩周土体的微小扰动;铣削深搅水泥土搅拌墙(CSM)是指采用铣削式设备,通过铣轮的匀速钻进和提升,喷浆搅拌,形成的连续、等厚无缝的水泥土墙体。

14.4.9 当采用叠合墙且必须后拆支撑时,应采取措施防止补孔混凝土渗漏水,也可采用特殊支撑接头或换撑措施。因后拆支撑侧墙需要后补墙孔时,新老混凝土结合面上应施涂水泥基渗透结晶防水涂料 1.5 kg/m²,并设置至少 1 道单组分遇水膨胀聚氨酯止水胶。

14.4.10 轴力自动补偿钢支撑设计尚应符合上海市土木工程学会标准《轴力自动补偿钢支撑技术规程》T/SSCE 0001 的要求。

目前轴力自动补偿钢支撑已有较多成功应用案例,对周边环境变形控制效果良好。当周边环境变形控制要求严格且基坑深度较大时,在上海、深圳等地还有成功应用轴力自动补偿混凝土支撑的工程案例。轴力自动补偿混凝土支撑由混凝土支撑、混凝土围檩、千斤顶等组成,如图 14-11 所示。在千斤顶轴力加载前,

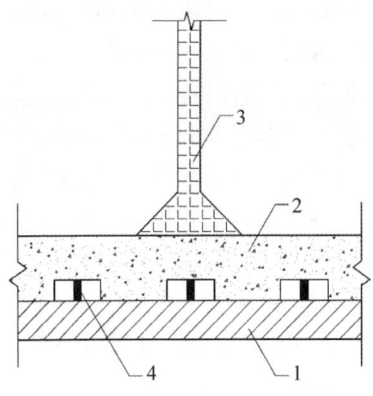

1—地下连续墙;2—混凝土围檩;
3—混凝土支撑;4—千斤顶

图 14-11 轴力自动补偿混凝土支撑示意图

该支撑体系与常规混凝土支撑一样，在轴力加载后，由于混凝土的受压收缩，千斤顶位置的混凝土围檩将会与地墙脱开，该支撑体系转变为由千斤顶控制的轴力补偿体系。

14.4.11 工程实践表明，随着基坑开挖卸载量的增加，立柱桩回弹量增大甚至会影响支撑的安全。市域铁路地下车站基坑开挖深度和宽度普遍大于 20 m，此类情况应引起重视。立柱桩的桩长、桩径设计时应满足基坑内土体开挖卸载后钢立柱隆起量的控制要求，且其配筋应满足桩基所承受的预拔力。

14.4.12 市域铁路车站一般设置于市政道路红线内，可能存在诸如城区级通信光缆、供电干线、污水总管、航空输油管等高等级骨干管线，临时搬迁代价高，可考虑采用原位保护的方法施工。

支护结构平面未封闭的缺口宽度与原位保护的管线类型密切相关，管线保护的具体方案要根据管线深度、类型综合比选确定，对于雨(污)水总管、信息管排、电缆沟等管线，缺口宽度较大，可采用全方位超高压喷射注浆(MJS)工法、超高压喷射注浆(RJP)工法或 N-Jet 工法。

常用的市政管线原位保护技术包括贝雷桁架、军便桥、钢托架等。贝雷桁架需架设在支挡结构冠梁之上，对于深埋管线并不适用；军便桥施工难度大，横向刚度小，容易使管线产生较大的竖向变形，一般适用于直径较小质量较轻的管线保护；对于埋深大、质量重、控制变形要求高的重要管线，可采用钢托架方式，在施工中按照"掏空→托底→悬吊→固定"的顺序，分段依序进行。

14.4.13 本条列举的全方位高压喷射注浆(MJS)、超高压喷射注浆(RJP)、超高压喷射注浆(N-Jet)、数字化微扰动搅拌桩(DMP)等土体加固措施应符合现行上海市工程建设规范《全方位高压喷射注浆技术标准》DG/TJ 08—2289、《超高压喷射注浆技术标准》DG/TJ 08—2286 等标准的要求。

14.4.14 隔离桩应在基坑与保护对象之间设置，桩体穿过土体滑动区嵌入下部土层，当土体产生滑移变形时，隔离桩通过提高滑移面的抗剪能力以及桩身提供的桩侧阻力以限制桩后土体的变形发展,减少桩后保护对象的沉降,同时一定程度上减少作用在支护结构上的土压力。

隔离桩必须具备一定的刚度,但刚度增加到一定程度后,刚度变化对桩后土体变形的影响非常小,一般采用树根桩或灌注桩。当采用树根桩时,压浆采用纯水泥浆更有利于浆液向周围土体扩散,以增强隔离桩的遮挡效果,且当基坑围护结构发生局部渗漏时,隔离桩能有效地减缓桩后水土流失。

隔离桩平面布置采用拱形能更好地发挥土拱效应,变形控制效果较一字型布置更好。

对于保护要求高又一时不能搬迁的重要管线,可采用开挖暴露以便监测,同时可将其悬吊或支起固定,管线不再支承与坑边土层,可避免坑边土体变位引起的管线变形。

此外,还可采取以下措施:

1) 原位增设一个更大刚度的加强套管或替换原管线管材,提升管线整体抗变形能力。
2) 预计可能管线变形较大的范围局部重新排布,以消除基坑开挖前,该管线已发生的累计变形。

14.4.15 通过疏干降水,不仅要求将坑内地下水控制在有效深度以下,而且要求有效降低被开挖土体含水量。根据上海地区的基坑工程经验,开挖前预降水时间以 15 d～30 d 为宜。

一般每 150 m² ～250 m² 设置 1 口疏干井,其平面布置密度应根据不同分类土层确定,如在古河道分布区的砂质粉土层中进行疏干降水时,为保证疏干降水效果,宜增大疏干井的设置密度,加强抽排水力度。古河道区域砂质粉土层的含水量大,虽然其渗透性相对较大,其中的地下水位易于降低,但土中水不易疏干。根据以往的疏干降水工程经验,该类土层中疏干井的单井有效疏干面积设计值宜取 120 m² ～180 m²。

14.4.16 当隔水帷幕部分插入减压降水承压含水层中,且伸入承压含水层中长度不小于承压含水层厚度的 1/2,或不小于 9 m 时,形成悬挂式止水帷幕,隔水帷幕对坑内外承压水渗流具有明显阻隔效应,可采用坑内减压方案。

地下车站坑内减压井的布置间距不应低于每 800 m² 布设 1 口。

当采用悬挂式止水帷幕时,基坑隔水帷幕的深度除应符合抗渗流稳定性要求外,方案设计时,其超出坑内减压降水井的高差(Δ)尚宜满足下列要求:

    1) 环境保护等级为一级且坑内承压水位降深大于 10 m 时,$\Delta \geqslant 8.0$ m。

    2) 环境保护等级为一级且坑内承压水位降深 5 m～10 m 时,4.0 m$\leqslant \Delta <8.0$ m。

    3) 其余情况下,3.0 m$\leqslant \Delta <4.0$ m。

    4) 基坑位于轨道交通设施、优秀历史建筑、重要管线周边时,尚应符合政府有关文件的要求。

当环境受限无法采用降水方案时,可采用水平封底隔水帷幕作为基坑承压水处置方案,但水平封底施工工艺及相关参数应根据现场试桩试验确定。

为减小抽降承压水对周边环境的影响,施工期间开展回灌措施是重要举措之一。回灌目的层应与减压降水目的层相同,回灌管井的深度应不大于隔水帷幕深度。

回灌管井应布置在临近受保护对象的区域,与保护建(构)筑物的间距应不小于 3 m。邻近基坑时,坑外回灌管井与隔水帷幕的水平间距及深度差均不宜小于 3 m。回灌管井的间距、数量应根据基坑工程水文地质勘察成果确定。未进行基坑工程水文地质勘察时,可按 8 m～15 m 初步布设回灌管井。

14.5 结构设计

14.5.1 当混凝土保护层厚度较大时,虽然裂缝宽度的计算值也较大，但从总体上看，较大的混凝土保护层厚度对防止钢筋锈蚀是有利的，故本标准规定，当设计采用的最大裂缝宽度计算式中保护层的实际厚度超过 30 mm 时，可将保护层厚度的计算值取为 30 mm。

根据上海市工程建设规范《轨道交通及隧道工程混凝土结构耐久性设计施工技术标准》DG/TJ 08—2128—2021 第 3.0.8、3.0.9 条规定，处于氯化物环境中的地下车站结构，当其构件壁厚大于 600 mm 时，可按长期湿润环境，即一般环境Ⅰ-B 作用等级考虑；处于氯化物环境中的桩基等永久浸没水（土）中，不存在干湿交替或接触大气，可按环境等级Ⅳ-C 考虑，其最大计算裂缝宽度允许值宜按 0.2 mm 考虑。

抗浮安全系数，在现行行业标准《建筑工程抗浮技术标准》JGJ 476 及现行上海市工程建设规范《地基基础设计标准》DGJ 08—11、《城市轨道交通设计规范》DG/TJ 08—109 等标准中均有所涉及，但尚无统一规定。本标准执行上海地区多年轨道交通建设的通常做法，即：当不计地层侧摩阻力时，抗浮安全系数不应小于 1.05；当计及地层侧摩阻力时，抗浮安全系数不应小于 1.10。其中，地层侧摩阻力可按现行上海市工程建设规范《地基基础设计标准》DGJ 08—11 的有关规定执行。

当地下车站采用叠合墙时，在逐层回筑底板、侧墙、中板及顶板时，结构体系在逐步改变，因此回筑阶段的结构内力宜采用随不同的结构体系分步加荷、分步计算后叠加求得，侧墙内力应按单层及双层墙分别叠加。上海市城市建设设计研究总院（集团）有限公司的"叠合墙地铁车站内力分析软件 HZC"、上海市隧道工程轨道交通设计研究院的"明挖地下结构静力计算软件 STEDI"均可供工程设计采用。

在反梁结构中，楼板主筋布置在梁主筋的内排，箍筋计算时应考虑两侧由板内剪力传递来的倒吊力作用。

市域铁路对结构沉降控制要求较高，应验算地下车站的纵向差异沉降。区别于铁路路基以工后沉降量,路桥、路隧交界处以差异沉降量、折角作为控制指标,借鉴建筑地基允许变形的思路,地下车站采用相邻柱间差异沉降作为变形控制指标。

参考轨道静态铺设精度的要求(弦长 10 m,允许偏差 4 mm,即 $0.04\%L$),本标准提出车站结构纵向相邻柱间差异沉降不应大于 $0.05\%L$(柱距)。

14.5.2 诱导缝处的钢筋断开一部分,其强度较正常部位略低但不会影响车站结构的基本受力特性。将车站结构可能产生的混凝土收缩及温差裂缝发生在人为预留的诱导缝处,并在诱导缝处设置防水加强措施,可有效保证结构裂而不漏。车站内部结构设置诱导缝是上海轨道交通建设的常用做法。诱导缝位置宜与地下连续墙墙缝对齐。

车站主体与出入口通道、风道等附属结合部采用刚性连接可有效避免变形缝渗漏水的问题,但应根据主体与附属的埋深差异、地质条件等采取沉降调节桩等措施,以更有效地控制接口部位的差异沉降。

表 14.5.2 中仅罗列了"内衬墙"的保护层最小厚度,当采用复合墙时,应按现行上海市工程建设规范《轨道交通及隧道工程混凝土结构耐久性设计施工技术标准》DG/TJ 08—2128 的有关规定执行。

在地下车站结构中,围护墙与内部结构分期浇筑,后浇的内衬结构受先施工的围护墙约束,易造成内部结构的收缩裂缝,为减少收缩裂缝,板的分布筋单侧一般为 0.2%。顶板结构在施工阶段有较长时间暴露于空间,故增加为 0.25%;顶板与侧墙(围护墙)交角处,受侧墙约束力较大,工程实例中该部位裂缝较多,因此增加至 0.3%。

叠合墙的内衬墙外侧(近地下墙)不宜小于 HRB400 12@150(双向);内侧面为 0.2%(计算截面高度取内衬墙厚度),间距不大于 150 mm,不宜小于 HRB400 16@150。

当采用复合墙时,车站楼板与侧墙的分布筋配筋率不宜低于0.2%,间距不宜大于 150 mm。

14.6 抗震设计

14.6.1 抗震等级和设防目标是车站结构抗震的重要技术标准,设计时应首先根据地下车站的结构特性、使用条件和重要性程度确定结构抗震等级。

相较于地上建筑,地下车站的抗震体系相对比较简单,但对于大型综合枢纽车站或与周边地块有结建的车站,平面、竖向不规则性或具有明显抗震薄弱部位的判定,是抗震设计的重要内容。

14.6.2 市域铁路作为城市重要基础设施,一旦破坏将直接导致运行中断、后果严重,同时适当提高车站结构地震抗力水平也不会导致工程投资明显增加,故本标准对地下车站结构的抗震设防目标有所提高,与现行国家标准《建筑抗震设计规范》GB 50011 相关要求有所区别。现行上海市工程建设规范《地下铁道结构抗震设计标准》DG/TJ 08—2064 亦有此规定。

14.6.4 鉴于形状不规则且具有明显薄弱部位的地下车站,易发生应力集中和弹塑性变形较大的情况,严重时会导致结构破坏甚至倒塌,故规定应进行预估的罕遇地震作用下的变形分析。

地下车站一般可按平面应变模型进行横向水平地震作用的计算;结构形式复杂或工程地质条件变化较大的区段,应按空间结构模型计算。地下车站进行设防烈度作用下的内力和弹性变形分析时,可采用弹性时程分析法或反应位移法计算;进行罕遇地震作用下的弹塑性变形分析时,可采用弹塑性时程分析法。

埋设于可液化土层的地下车站结构,应计入土层中孔隙水压力上升的不利影响,进行结构抗浮稳定性和构件截面抗震的验算,按现行国家标准《地下结构抗震设计标准》GB/T 51336 和现行上海市工程建设规范《地基基础设计标准》DGJ 08—11 的有关规定执行。

使用计算机软件进行地下车站结构抗震分析时，应对软件的功能有切实了解，计算模型的选取应复合结构的实际工作情况，设计应对计算结果进行判别，判定其合理有效后方可在设计中应用。上海市城市建设设计研究总院(集团)有限公司的"轨道交通地下结构抗震设计软件 SDSS"、上海市隧道工程轨道交通设计研究院的"地下结构抗震计算软件 STEDI SAUS"、上海同岩土木工程科技有限公司与同济大学的"同济曙光岩土及地下工程设计与施工分析软件 GeoFBA"均可供工程设计使用。

14.6.5 根据日本阪神地震相关案例的分析，地下单柱车站跨度大，地震工况下中柱的轴力与剪切位移大，与双柱车站相比，单柱的安全储备降低，故提高轴压比限值。现行上海市工程建设规范《地下铁道结构抗震设计标准》DG/TJ 08—2064 亦有此规定。

本条所指的框架柱仅包括纵向主梁下立柱，不包含站台板下、楼梯等处的立柱。

劲性钢筋混凝土柱或钢管混凝土柱可在不影响建筑功能的情况下、有效增加框架柱延性，故单柱车站框架柱推荐采用。

14.7　结构防水

14.7.4 当地下车站采用叠合墙结构时，顶板可选择防水卷材或防水涂料作为附加防水措施，侧墙及底板可仅采用防水混凝土进行自防水。当底板处于承压水层或微承压水层时，应选择相应的防水措施。

当地下车站采用复合墙结构时，顶、底板及侧墙迎水面应设置全包防水层，并应根据不同部位设置与其相适应的保护层。若底板设倒滤防水有保证，可以采用部分包覆防水。

当地下车站采用暗挖法施工时，可按表 14-5 选用防水措施。

表 14-5 暗挖法施工防水措施

衬砌结构				内衬砌施工缝						内衬变形缝(诱导缝)				
防水混凝土	塑料防水板	防水卷材	膨润土防水材料	遇水膨胀止水胶(条)	外贴式止水带	中埋式止水带	水泥基渗透结晶型防水涂料	防水涂料	预埋注浆管	中埋式止水带	外贴式止水带	可拆卸式止水带	防水嵌缝材料	预埋注浆管
应选	应选1种或2种			应选2种						应选	应选2种			

14.7.5 当地下车站采用叠合墙结构时,地下墙的抗渗等级可按现行国家标准《地下工程防水技术规范》GB 50108 的相关要求执行。地下连续墙作为围护结构并与内衬墙构成叠合墙时,其抗渗等级可比表 14-5 中的抗渗等级降低一级或二级,但不得小于 P8。

根据上海地区轨道交通建设经验,混凝土垫层厚度不应小于 200 mm。

上海地处沿海地带,当遇到氯离子侵蚀环境时,防水混凝土耐久性、抗渗等级和氯离子扩散系数密切相关,为保证结构防水效果,明确防水混凝土氯离子扩散系数不宜大于 4×10^{-12} m²/s。

14.7.6 地下车站底板位于承压水层或微承压水层时,底板防水层存在被承压水层压力破坏的风险,防水层与底板结构之间易形成窜水通道,故应选用与混凝土基面具备良好咬合性能的防水层,预铺高分子防水卷材可满足这个要求。

14.7.9 逆作法施工的结构板下墙体水平施工缝宜设置 1 道多次注浆管,且界面施涂水泥基渗透结晶型防水涂料。多次注浆管注浆时,应选用优质后膨胀丙烯酸盐浆液;注浆后,在浆液固结前,应及时用水清洗,以保证注浆管通道可供下次补浆。上部施工缝设置遇水膨胀止水条时,应使用胶粘剂(或水泥钉)固定牢靠。

15 高架及地面车站结构

15.1 一般规定

15.1.1 本标准适用于新建高架及地面车站,对于既有车站结构改造或加固,一般按现行国家标准《民用建筑可靠性鉴定标准》GB 50292 进行可靠性鉴定确定;当与抗震加固结合时,还需要按现行国家标准《建筑抗震鉴定标准》GB 50023 进行抗震鉴定。改造后的设计工作年限一般结合原结构的建造年限确定,与改造加固材料性能相匹配,需要满足现行国家标准《混凝土结构加固设计规范》CB 50367、《钢结构加固设计标准》GB 51367,现行行业标准《既有建筑地基基础加固技术规范》JGJ 123 及现行上海市工程建设规范《现有建筑抗震鉴定与加固标准》DGJ 08—81 等有关规定。车站范围内的桥梁加固改造需要满足现行行业标准《城市桥梁结构加固技术规程》CJJ/T 239 和《铁路桥梁抗震鉴定和加固技术规范》TB 10116。如仅进行局部改造,改造加固设计需对承重结构的整体安全进行检查与评估。对于在营业线或邻近营业线保护区内施工改造,应进行运营安全专项评估。根据《铁路安全管理条例》(中华人民共和国国务院令第 639 号)、《高速铁路安全防护管理办法》(中华人民共和国交通运输部令〔2020〕第 8 号)、《城市轨道交通运营管理办法》(中华人民共和国交通运输部令〔2018〕第 8 号)、《铁路营业线施工安全管理办法》(国铁运输监〔2021〕31 号)、《市域铁路结构安全保护技术标准》DG/TJ 08—2397—2022、《上海市铁路安全管理条例》等的规定,在线路安全保护区内进行施工,需进行运营安全专项评估。评估内容包括线路结构设施现状评估、工程对结构设施及运营影响预评估、工程施工过程评估、工程影响后评估等。

车站结构形式的选择，受沿线工程地质和水文地质条件、环境条件和城市规划等因素的制约，而且对车站的建筑布局和使用功能、线路的平面和纵断面、工程的实施难度、工期、造价及施工期间的居民生活、经济活动和周围环境等都会产生直接影响。因此，对车站结构形式的选择，应通过综合比较，选择经济效益、社会效益和环境效益较好的方案，车站应选择与建筑布置、功能匹配的结构形式。

15.1.2 车站的修建对周围环境产生的不利影响主要包括车站施工造成的影响和车站建成后造成的影响。车站施工造成的影响主要有施工引起环境质量恶化和地下水状态变化，施工对现状交通、临近建（构）筑物和地下管线的影响等；车站建成后造成的影响主要有车站渗漏造成含地层水土流失引起周围地层下沉、列车振动及噪声的影响、列车振动对邻近建（构）筑物的影响等。车站结构设计应尽可能减小对车站周围环境、交通、建（构）筑物造成的影响。市域铁路作为线网组成的重要部分，在线网规划确定以后，当规划建（构）筑物先于车站实施且位于施工相互影响范围以内时，需充分考虑后期车站施工对已实施建（构）筑物造成的不利影响，其设计时可采取必要保护措施。根据国土空间规划条件，车站设计需尽可能考虑规划建（构）筑物后期实施对车站结构产生的影响，必要时做出适当的预留。

15.1.3 车站根据轨道梁与车站结构的连接方式，可划分为"建桥分离""建桥组合"和"建桥合一"三种类型。"建桥分离"型车站是指区间高架或路基在车站范围内连续贯通并与站台和站厅的梁、板、柱及基础完全脱开，各自形成独立的结构受力体系的一种车站结构形式。"建桥组合"型车站是指轨道梁搁置在车站横梁上，轨道梁通过支座将列车荷载传递给车站横梁、立柱及基础的一种车站型式，此类型车站由于设置支座，可缓解车辆振动对结构的影响。"建桥合一"型车站是指轨道梁完全刚接于车站横梁上，不需要设置专门的轨道梁和支座，车站的横梁、支持横梁的立柱及基础受列车动荷载影响较大的一种车站结构形式。

15.1.4 车站结构的设计应选用符合实际工况和结构特点的设计方法，实现结构强度、刚度、稳定性、耐久性等的要求。实际工况包括施工工况、正常使用工况、偶然工况及地震工况等。对于承受列车荷载的结构构件，应同时满足建筑结构和铁路桥梁标准的有关规定。

15.1.5 车站中直接承受列车荷载的结构（包括承轨构件及其支承结构和基础）、线间立柱的雨棚和天桥等跨线设施、站台立柱的雨棚等跨线或邻近铁路线路的结构，以上结构破坏可能产生危及人身安全、公共财产安全等严重后果，社会和环境影响很大，因此将其安全等级定为一级。车站中的供电、通信信号、通风设备等重要用房功能的正常运转与否直接影响列车的运营安全，因此建议其安全等级为一级。鉴于偶有发生金属屋面被大风掀起的事故，影响行车及环境安全，因此将金属屋面的结构安全等级定为一级，设计中需特别注意风口的位置，此处为薄弱环节。金属屋面包括直接承受屋面荷载的构件及连接部位。

　　车站中直接承受列车荷载的结构以及供电、通信、信号、通风设备等重要用房的结构均属于地震时使用功能不能中断或需尽快恢复的生命线相关建筑，同时考虑车站属性，地震时可能导致大量人员伤亡等重大灾害后果，因此，需要提高设防标准，定为重点设防类。

　　站台立柱雨棚的抗震设防类别要考虑受流装置与雨棚结构的关系，如果接触网设置在雨棚结构上，建议提高站台立柱雨棚的设防标准，定为重点设防类；如果受流装置与车站雨棚不发生关系，此类雨棚可定义为标准设防类。

15.1.6 因结构损坏或大修对运营安全有严重影响的结构构件是指承受列车设备和人群荷载，在使用期间无法更换或更换会影响运营的结构构件，例如车站楼板、站台板、楼梯、轨道区结构、设备夹层等。

使用期间可以更换的次要构件主要指在车站结构内部的、位于次要部位且更换不影响使用功能和正常运营的结构构件。例如车站及区间轨行区应急疏散平台结构等。

线间立柱的雨棚和天桥等跨线设施、站台立柱的雨棚等结构构件的检修或更换影响运营安全,设计工作年限应为100年;若对线路运营无影响,设计工作年限宜为50年。

15.1.7 车站结构的耐久性,主要与使用环境、材料、构造、混凝土的裂缝、施工质量和使用阶段的维护等方面有关。耐久性设计的内容包括:

（1）确定结构和构件的设计工作年限、环境作用类别和作用等级。

（2）进行有利于减轻环境作用的概念设计,包括结构选型、布置和构造。

（3）选用混凝土材料和钢筋,提出材料的耐久性质量要求。

（4）根据耐久性要求确定混凝土保护层厚度。

（5）设置防水、排水等构造措施。

（6）提出混凝土裂缝控制要求。

（7）必要时,提出针对严重环境作用的多重防护措施与防腐蚀附加措施。

（8）提出针对耐久性要求的施工工艺与质量验收要求。

（9）提出使用阶段的维护与检测要求。

混凝土结构的环境作用等级及耐久性设计应符合现行上海市工程建设规范《轨道交通及隧道工程混凝土结构耐久性设计施工技术标准》DG/TJ 08—2128的规定。

15.2 设计荷载及工程材料

15.2.1 车站除了承受常规民用建筑荷载,还承受列车荷载,主要荷载说明如下：

1 列车竖向静荷载及其竖向动力作用应符合本标准桥涵的规定，对于设计速度不同时取用相应的荷载类型。本标准中列车设计速度均为 160 km/h 及以下，采用 ZS 荷载。

2 列车荷载中的制动力或牵引力一般按列车竖向静荷载的 15% 计算，当与离心力同时计算时，可以按竖向静荷载的 10% 计算。车站按双线制动力或牵引力计，每条线制动力或牵引力值可取竖向静荷载的 10%；制动力或牵引力作用与车辆重心处，按各构件验算的最不利工况进行布置。车站结构一般建于直线段或曲线半径较大段，当不存在越站通过时，列车的离心力、横向摇摆力对整体结构的影响较小，无缝线路纵向水平力、列车制动力或牵引力、无缝线路断轨力等荷载与风荷载、地震作用相比一般不起控制作用。

3 车站设备的荷载标准值需根据设备重量、安装运输要求、检修和正常使用的实际情况（包括动力效应）确定，其标准值一般不小于 4 kN/m²。对后安装的设备，其自重可考虑为可变荷载。

15.2.2 本条中各类荷载的组合可以参考现行国家标准《工程结构通用规范》GB 55001、《铁路工程结构可靠性设计统一标准》GB 50216 及现行行业标准《市域（郊）铁路设计规范》TB 10624 等。

15.2.4 人群荷载应考虑设计工作年限的调整系数 γ_L。当结构设计工作年限为 100 年时，γ_L 取 1.1；当结构设计工作年限为 50 年时，γ_L 取 1.0；当结构设计工作年限为 5 年时，γ_L 取 0.9。当设计工作年限为其他取值时，γ_L 不应小于按线性内插确定的值。

15.2.6 金属屋面受风荷载、雪荷载控制的影响比较大，因此建议重现期按 100 年取值。

15.2.8 对于可能遭受汽车撞击的车站墩柱，一般按要求设置防撞保护设施，通常在墩柱一定高度范围内设置防撞钢板并内侧加装吸能橡胶。当需要计入汽车对墩柱的撞击力时,可参考现行行业标准《铁路桥涵设计规范》TB 10002、《城际铁路设计规范》TB 10623等确定。通常,撞击力顺行车方向取1 000 kN,横行车方向取500 kN,作用在路面以上1.20 m高度处。

15.2.10 混凝土的最低强度等级大多是从满足工程的耐久性要求考虑的。混凝土强度等级的提高会导致超长结构混凝土的收缩应力和温度应力增大。因此,设计时不宜盲目提高混凝土的强度等级,且宜适当采取措施控制混凝土的涨缩影响。

15.2.11 一般环境指无冻融、氧化物和其他化学腐蚀物质作用的混凝土结构或构件的暴露环境;较低氯离子浓度环境指氯化物环境下氯离子浓度范围为100 mg/L~500 mg/L的环境条件。

15.2.12 对一、二、三级抗震等级的框架,规定纵向受力钢筋的抗拉强度实测值与屈服强度实测值的比值不应小于1.25,这是为了保证当构件某个部位出现塑性铰以后,塑性铰处有足够的转动能力与耗能能力;同时还规定了屈服强度实测值与标准值的比值,否则抗震设计中为实现强柱弱梁、强剪弱弯所采用的内力调整将难以奏效。框架和斜撑构件(含梯段)的纵向钢筋均应有足够的延性及钢筋伸长率的要求,是控制钢筋延性的重要性能指标。目前市面上带"E"编号的钢筋,均符合抗震性能要求指标。

钢结构中所用的钢材,应保证抗拉强度、屈服强度、冲击韧性合格及硫、磷和碳含量的限值。抗拉强度是实际上决定结构安全储备的关键,伸长率反映钢材能承受残余变形量的程度及塑性变形能力,钢材的屈服强度不宜过高,同时要求有明显的屈服台阶,伸长率应大于20%,以保证构件具有足够的塑性变形能力,冲击韧性是抗震结构的要求。当采用国外钢材时,亦应符合我国国家标准的要求。

15.3 结构设计

15.3.2 "建桥分离"车站是承受列车荷载的区间结构与两侧车站结构完全脱开,各自形成独立的受力体系。区间结构考虑其反复承受列车荷载的动力作用,与行车安全密切相关,其设计要求应符合本标准桥涵或路基的有关规定。

15.3.3、15.3.4 "建桥组合"和"建桥合一"车站均属于公共交通类建筑,应采用建筑结构设计规范进行设计。支承轨道梁的结构包括车站的横梁、支承横梁的立柱及柱下基础,上述构件受列车动力荷载影响很大,结构设计的可靠性与行车安全密切相关,还应按铁路桥涵设计规范进行检算,并进行结构包络设计。上述两种规范采用了不同的设计理论。建筑结构设计规范采用的是以概率理论为基础的极限状态设计法,而铁路桥涵设计规范仍沿用容许应力法,二者设计出的结构具有不同的安全度。另外,两种规范某些结构设计思想也不尽相同,如对于钢筋混凝土横梁剪力钢筋的配置,建筑结构设计规范以箍筋作为主要剪力筋,而铁路桥涵设计规范则以斜筋作为主要剪力筋。

15.3.6 横向单柱带长悬臂的车站结构,工程界对其抗震性能的研究较少,且单柱构件的破坏将导致整个结构丧失承载力,对抗震极为不利,在车站结构设计中尽量避免采用。若受限于现有条件必须采用独柱式车站时,需进行专门研究。对于高度超过 24 m 的车站尽量避免采用单跨框架结构,震害表明,单跨框架结构由于缺少必要的冗余度,地震作用下不能形成多道抗震防线,地震破坏严重。若必须采用时,应采取设置支撑、柱子翼墙或少量钢筋混凝土抗震墙等措施。悬挑长度大于 2 m 的悬臂结构称为长悬臂结构。

15.3.7 由于悬臂构件是工程实践中容易发生事故的构件,因此应对其挠度从严控制。本条中的悬臂端挠度限值是参照现行国家标准《混凝土结构设计规范》GB 50010 的规定和一些工程的实践确定的。

15.3.8 带长悬臂的高架车站控制其竖向自振频率的限值,是为了确保振动不使人产生不舒适的感觉。

15.3.9 为了减少振动噪声的影响,车站轨道梁及其支承结构不宜采用钢结构。

15.3.13 在车站结构承台之间设置基础连梁,可起到传递水平荷载、提高基础的抗推刚度、增加基础的整体性和刚度、协调各承台之间的沉降变形等作用。

15.3.14 本条对常规柱距的框架结构总沉降量和相邻框架柱的沉降差进行了规定,但对于柱距较小的车站,其相邻基础不均匀沉降量的容许值还应考虑沉降对结构产生的附加影响。

15.3.20 车站采用超长混凝土结构,减少伸缩缝的设置对建筑功能较为有利,但结构受温度影响开裂的风险增大。超长结构在温度作用下进行线弹性分析时,混凝土的徐变对温度收缩应力起到应力松弛效应,在很大程度上降低了弹性温度应力,因此设计时要考虑混凝土徐变对收缩应力的折减,一般温度效应折减系数取 0.3。设计时,除了要验算温度效应外,一般还采取设置屋面保温层、加密构造钢筋、预加应力、采用补偿收缩混凝土、降低混凝土水化热、增设后浇带、跳仓浇筑等措施。

15.4 抗震设计

15.4.1 车站结构采用横向三柱及以上多跨框架结构时,其抗震性能较好,因此应作为高架车站和地面车站首选的结构布置形式。与普通框架结构相比,其不同之处在于站台下层有列车通行,其荷载为重型动力荷载。

15.4.2 横向双柱单跨结构不能形成多道抗震防线,抗震性能相对于横向多跨结果较差,若受限于现有条件必须采用此类型车站,应按相关规范进行验算。

15.4.4 承受列车荷载的结构性能目标要满足现行国家标准《城市轨道交通结构抗震设计规范》GB 50909 的要求。E1 地震(重现期为 100 年的地震动)作用抗震性能要求Ⅰ,构件、基础的性能等级要求应为 1;E2 地震(重现期为 475 年的地震动)作用抗震性能要求Ⅱ,构件、基础的性能等级要求不应低于 2;E3 地震(重现期为 2475 年的地震动)作用抗震性能要求Ⅲ,构件、基础的性能等级要求不应低于 3。

15.6 接口设计

15.6.3 车站结构设计应做好与其他各专业之间的接口设计:车站结构断面及尺寸应与桥梁结构结合设计;应满足设备运输、安装及检修等需要;根据工艺要求预留供暖通风与空调设备的安装条件;应满足排水泵房的设置要求;应满足接触网、电力、通信、信号、综合接地等安装要求;应满足自动扶梯、垂直电梯及站台门等安装要求;宜与无砟轨道结构结合设计。

16 人 防

16.1 一般规定

16.1.1 随着《人民防空法》的颁布和市域铁路的发展,完善市域铁路地下工程自身的防护能力,开发地下空间的防护功能,提高城市整体防护能力,在未来战争中保护人民生命财产安全愈发重要。

《人民防空法》第十四条规定:"城市的地下交通干线以及其他地下工程的建设,应当兼顾人民防空需要。"依据《人民防空法》和《人民防空工程战术技术要求》,总结上海地铁设防经验,通过调研,在此基础上制定市域铁路设防标准。

16.1.2 市域铁路地下工程兼顾人防设计的抗力级别和防化等级是人防主管部门根据人防建设规划、地理位置和人防重要性不同而确定的。人防主管部门可以根据重点经济目标防护的原则和方法,提出不同的战时功能要求,设计可采取不同的设防标准和措施,从而更好地贯彻"长期准备、重点建设、平战结合"的方针。

16.1.4 市域铁路地下工程的设计首先应满足平时的交通运营需要,其次才是兼顾人民防空的战时要求。为了使设计中所采用转换措施在临战时能够实现,不仅对转换措施技术方面的可行性给出限定,对临战时的转换工作量也需要进行控制。人防主管部门在审批转换措施时,可根据上海的战略地位、人力物力条件以及相关政策综合确定。

16.1.5 当采用有防化等级设计时,其设计标准按现行行业标准《轨道交通工程人民防空设计规范》RFJ 02 进行设计。

16.3 结 构

16.3.1

1 结构各个部位抗力相协调是轨道交通地下工程防护设计的指导原则。即在规定的动荷载作用下,市域铁路地下工程各部位都能正常工作,防止由于存在个别薄弱环节致使整个结构抗力明显降低。

2 市域铁路地下工程按既防常规武器作用,又防核武器作用进行设计。两种荷载在战时不考虑同时作用,因此,设计时应取其中一种最不利的情况进行设计,而不必叠加。

16.3.2 明挖法工程主体等效静荷载计算,当采用等效静荷载设计结构时,其周边等效静荷载宜按同时作用设计,其标准值可按现行行业标准《轨道交通工程人民防空设计规范》RFJ 02 计算。

16.5 平战功能转换

16.5.3 各种门式设备在设计时均要求启闭操作简单、快捷,临战时可以快速关闭,按紧急转换时限要求完成转换。防护密闭封堵板指的是自带周圈密闭功能,战前紧固螺栓,楔紧挤紧块就可完成封堵的预制构件。封堵板平时随工程同步施工并就近放置,存放位置不应超出防护密闭封堵板所处车站或中间风井。

17 牵引供电

17.1 一般规定

17.1.2 牵引供电系统应从整体角度统筹考虑电力资源共享,并同有关部门明确运营界面划分,尽可能避免或减小相互影响,电力资源共享形式包括市域(郊)铁路内部电力与牵引共享和其他市域铁路共享。在市域铁路与其他类型线网如国铁集团管辖线路合场共站情况下,若无法通过设置电分相使牵引供电系统相互独立,可考虑与其进行电力资源共享。

17.2 牵引供电

17.2.1 市域铁路列车不超过 8 辆编组,最高速度不超过 160 km/h,即使间隔达到 3 min,牵引变电所负荷也不大,牵引变电所进线电压等级采用 110 kV 一般均可满足要求。但是对于多条线共享牵引变电所以及与电力供电共用外部电源的牵引变电所,其外部电源等级考虑技术性、经济性后综合确定。供电负荷较大时,经技术经济比较后也可采用 110 kV 以上电压等级。若电力与牵引共用外部电源,两路外电应具备同时运行条件。

17.2.4 牵引变电所分布应由供电计算确定,并综合考虑下列因素:

1 统筹考虑区域线网规划、与不同类型线网线路互联互通及资源共享。

2 满足全线远期运量需求。

3 满足接触网最低电压水平要求。

4 尽量靠近负荷中心。

5 尽量减少外部电源工程。

6 考虑相邻牵引变电所间供电能力的相互支援。

17.2.5 独立电源指设独立牵引变电所或牵引变电所出单独馈线。对于存车场独立馈线工程实施难度及投资较大时,经技术经济比选可采用非牵引独立电源供电方式,例如 35/27.5 kV、10/27.5 kV 供电方式等。

17.2.8 按中国国情和市域铁路牵引负荷的特点,我国牵引变压器的过负荷倍数常在 1.5～2.0 间选取。国内市域铁路的牵引变压器过负荷一般采用的曲线如图 17-1 所示。当采用室内或地下牵引所,近、远期差异不大时,可以直接按照远期设置。

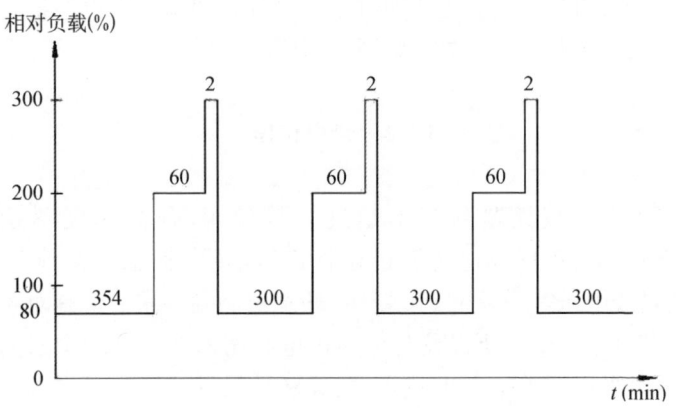

图 17-1 牵引变压器负荷曲线图

17.2.10 一对指上、下行各一列。越区供电能力至少应保证该区间有一对列车按设计速度运行,此外应根据线路功能定位、行车需求并兼顾经济性合理确定越区供电能力。

17.2.13 再生制动能量利用技术能够对列车再生制动产生的能量进行有效转移利用。市域铁路站间距小,列车频繁进站制动,充分利用除同行车相互吸收后剩余的再生制动能量,对牵引供电系统节能运行具有意义。再生制动能量利用装置可在牵引变电所或分区所中设置，牵引变电所采用储能装置改变再生能"时间特性"，可用于电力负荷或牵引负荷；分区所采用功率融通装置，实现相邻两座牵引变电所功率融通，改变再生能"空间特性"，实现能量转移利用。

17.3 牵引变电

17.3.1，17.3.2 结合上海市的城市特点，牵引变电所、分区所、开闭所的布置应尽量节约土地资源，牵引变电所与电力变电所合建，分区所、开闭所与车站等建筑物合建可有效节约用地面积；同时，采用全户内的布置方式可满足城市美观、保护环境等要求。

牵引变电所亭遭受水害将影响铁路的正常运行，结合上海市域铁路的重要性，对于独立设置的牵引变电所、分区所和开闭所所址高程采用100年洪水位之上，可有效提高牵引变电所亭的防洪能力。

17.3.3 主接线的设计主要考虑运行的灵活性和可靠性，牵引变电所电源侧接线方式主要根据外部电源情况而定。在上海地区，牵引变电所两路电源通常比较可靠，故优先考虑采用线路变压器组接线型式。

17.3.5 在实现牵引变电所无人化运行后，为便于运营维护管理，供电调度人员能及时掌握牵引变压器运行状况，规定了无载调压开关应纳入远程监视。

17.3.6 牵引变电所所内道路的设计应根据运行、检修、消防和大件设备运输等要求，以及现行国家标准《建筑设计防火规范》GB 50016和现行行业标准《铁路电力牵引供电设计规范》TB 10009的规定，为满足消防要求，所内外道路路面最小宽度均不应小于4 m。上海市域铁路牵引变电所设置在城市内，进站道路一般都较短，从保持路面整洁、改善运行环境、减少维修出发，进站道路采用与站内道路相同的路面。

17.3.7 结合本标准第17.3.2条,牵引变电所27.5 kV、110 kV及以上电压等级配电装置宜设置于户内。GIS组合电器、GIS开关柜具有体积小、运行安全的优点,在户内配电装置选型时应选用GIS组合电器和GIS开关柜。

17.3.8 27.5 kV开关柜的通道要求根据现行国家标准《3～110 kV高压配电装置设计规范》GB 50060的有关要求制定。由于不同厂家设备尺寸会有不同,具体设计时还须根据设备实际尺寸进行校核。

电缆夹层的高度根据现行国家标准《电力工程电缆设计标准》GB 50217的有关要求制定。设置电缆夹层是为方便27.5 kV电缆敷设,电缆夹层设固定楼梯是为方便运营维护。

17.3.9 参照现行国家标准《3～110 kV高压配电装置设计规范》GB 50060和现行行业标准《高压配电装置设计规范》DL/T 5352的相关要求,本条规定了110 kV及以上GIS配电装置的布置要求。

17.3.10 由于GIS配电装置会有微量SF_6气体泄漏出来,若SF_6气体浓度过大,对人的呼吸有窒息作用,经电弧分解的氟化合物有毒气体溢出侵入其他运行房间将危及人员健康。为保证人身安全,故屋内要求有正常的通风、排风装置,且配置SF_6泄漏报警仪。由于SF_6气体比重大于空气,排风取气口位置应布置在GIS配电装置室下部,或将轴流风机布置在对应断路器部位的墙上,或距地面0.5 m左右处。GIS配电装置屋内的低位区包括电缆夹层。

17.3.11 牵引变电所、分区所、开闭所采用综合自动化系统实现远程监控,自动化程度高、信息处理速度快、信息量大,为无人值守创造条件,并提高牵引供电系统运行的安全、可靠性。

17.3.12 牵引变电所、分区所、开闭所按照无人值班无人值守设计时,在牵引变电所投入运营初期或处于检修时期,应具备有人值守条件,设置值守室或应急待班室,并设置卫生间。在无人值守运营期间，运维单位可利用辅助监控系统完成日常巡检等工作。

17.3.13 为满足继电保护装置对牵引变电所及接触网设备的保护，规定本条。

17.3.14 本条根据现行国家标准《电力装置的继电保护和自动装置设计规范》GB/T 50062和现行行业标准《铁路电力牵引供电设计规范》TB 10009制定。

17.3.15 交直流系统中所有回路开关具有远程操作功能，便于运行调度人员快速处理交直流系统引起的故障。

17.3.17 根据现行国家标准《建筑物防雷设计规范》GB 50057的相关要求，电气线路或信号线路进入不同防雷分区时，应设置电涌保护器（SPD）。根据牵引变电所、分区所及开闭所的工程特点，规定了设置电涌保护器的位置。电涌保护器的选择和参数要求可根据现行国家标准《建筑物电子信息系统防雷技术规范》GB 50343的规定。

17.3.18 本条根据现行国家标准《交流电气装置的接地设计规范》GB/T 50065、《继电保护和安全自动装置技术规程》GB/T 14285和现行行业标准《铁路电力牵引供电设计规范》TB 10009的相关要求制定。屋外接地装置的主接地体采用铜材质，能够有效提高接地体的耐腐蚀性。牵引变电所、分区所、开闭所设置二次系统等电位接地，可提高继电保护的抗干扰性。

17.3.19 不同路径的牵引网回流均应接至牵引变电所集中接地回流箱，牵引变电所采用全户内布置，其回流导体优先采用电力电缆，一般情况下选用1 kV铜芯交联聚乙烯电缆。

17.3.20 本条依据现行国家标准《电力工程电缆设计标准》GB 50217和现行行业标准《铁路电力牵引供电设计规范》TB 10009制定。当27.5 kV配电装置采用GIS开关柜时，馈线备用方式一般采用上、下行互为备用，馈线电缆载流量应满足上、下行并联供电要求。

17.3.21 本条参照现行国家标准《电力工程电缆设计标准》

GB 50217及现行行业标准《铁路电力牵引供电设计规范》TB 10009的有关内容制定。对电缆在所内、桥梁、隧道等的敷设方式及分沟、分层要求进行了规定。

17.3.22 本条参照现行国家标准《电力工程电缆设计标准》GB 50217、《电气装置安装工程 电缆线路施工及验收标准》GB 50168的有关内容制定。为避免金属屏蔽层和铠装层非正常运行时产生感应电势而发生放电的危险,要求27.5 kV专用电缆金属屏蔽层与金属保护层应分开接地。

17.3.23 本条根据现行国家标准《电力工程电缆设计标准》GB 50217的有关内容制定。预制式电缆头包括27.5 kV预制式户内电缆终端和27.5 kV预制式户外电缆终端。预制电缆头的主体硅橡胶在工厂已预先制作成型,安装施工简单、迅捷,目前国内已大量生产并推广使用。

17.3.24 市域铁路牵引变电所、开闭所馈线多采用27.5 kV专用电缆,27.5 kV专用电缆在使用过程中时有故障发生,主要原因是在高电压、大电流的作用下,电缆易出现因绝缘老化、联接松动、接头制作不良、超负荷运行等引起的局部高温,且不易被人们察觉。在牵引变电所、开闭所内设置27.5 kV专用电缆温度在线监测系统,对27.5 kV专用电缆进行在线监测和故障诊断,可实现27.5 kV专用电缆预知性维修诊断,有利于提高供电安全可靠性。

17.3.25 对电缆孔洞采取防火封堵措施,可在电缆沟或电缆夹层内发生火灾时,阻止火灾蔓延。依据现行国家标准《电力工程电缆设计标准》GB 50217及现行行业标准《铁路电力牵引供电设计规范》TB 10009中的要求,本条中的电缆孔洞主要包括电缆构筑物中电缆引至电气柜、盘或控制屏、台的开孔部位,电缆贯穿隔墙、楼板的孔洞处,工作井中电缆管孔等。

17.4 供电调度系统

17.4.1 本条明确了供电调度系统的组成。结合上海市域铁路特点及业务功能需求,提出了供电调度系统按 4 个应用分区设置的要求。

17.4.2 远动系统的被控站主要包括牵引变电所、分区所、开闭所、接触网开关控制站、电力变配电所、开关站等。

17.4.6 上海市域铁路各线路调度台应设置在上海市域铁路调度中心,一般为多条线路共用一个调度台考虑,每个调度台管辖范围按 200 km~500 km 设计为宜。

17.5 接触网

17.5.1 本条对接触网系统设计时的弓网受流系统动态性能匹配的评估进行了规定。

接触网的动态特性取决于设定受电弓条件下的接触网悬挂参数、支持装置的系统设计。在设计过程中,一般采用计算机仿真预评价设计系统的受流质量。仿真设计内容包括接触线在悬挂点处的抬升量、平均接触力和标准偏差、离线率。

弓网受流系统动态性能匹配的评估标准包含:①接触网受电弓间的动态接触力的变化,包括平均接触力、接触力标准偏差、离线率;②受电弓滑板和接触线接触点的运动轨迹,包括接触线定位点处最大抬升量、跨中处最大抬升量、最大振幅;③弓网受流动态响应匹配下的接触网系统设计参数,包括波动传播速度、弹性不均匀度;④受电弓滑板和接触线脱离燃弧次数和持续时间。

1 动态接触力标准中的平均接触力 F_m 按国际电工委员会标准《轨道交通受流系统受电弓与接触网相互作用准则》IEC 62486—2010 及现行行业标准《市域(郊)铁路设计规范》TB 10624 确定,对于速度 160 km/h 以下线路为 $0.00047 \times V^2 + 60 \leqslant F_m < 0.00047 \times V^2 + 90(N)$。

参照广东省地方标准《轨道交通架空刚性接触网系统技术标准》DBJ/T 15—222—2021、北京市地方标准《轨道交通架空刚性接触网技术规范》BJJT/0043—2019，对于 $V \leqslant 160$ km/h 架空刚性悬挂接触网，电分段、非绝缘关节、电分相及刚柔过渡段等处最大接触力可增加至 350 N。

仿真设计时，平均接触力 F_m 需与标准偏差 $\sigma = 0.3 \times F_m(N)$ 共同使用，$F_m + 3\sigma$ 不大于最大接触力 F_{max}，$F_m - 3\sigma$ 不小于 0，可作为设计标准参考。

2 仿真计算离线率即接触力取样间距为 0.2 m 时，计算接触力小于 0 的设计比率。

3 "最高设计速度与接触线波动传播速度之比不应大于 0.7"系参照国内外运行经验制定，是各城际电气化铁路实践的共识。实际应用中，接触线张力的取用与导线磨耗、安全系数、张力差等有关。设计中，需进行弓网仿真，根据仿真结论，最终确定必须达到的波动传播速度。

4 接触悬挂的最小弹性一般位于定位点处，通过试验或工程静态测试获得。最大弹性一般位于跨距中间，利用下式进行计算：

$$e_{max} = L / [k \times (T_m + T_c)] \tag{17-1}$$

式中：L——跨距(cm)；

k——经验系数，一般简链取 4.0；

T_m, T_c——承力索和接触线的设计工作张力(kN)。

弹性不均匀度根据下式计算：

$$U = (e_{max} - e_{min}) / (e_{max} + e_{min}) \times 100 \tag{17-2}$$

式中：e_{max}——所评估接触网系统的最大弹性(mm/N)；

e_{min}——所评估接触网系统的最小弹性(mm/N)。

因此,接触悬挂的弹性不均匀度与承力索和接触线的设计张力有关。而线路设计速度越高,承力索和接触线的设计张力又相应加大,接触悬挂的弹性不均匀度相应减小。在工程验收时,柔性悬挂静态弹性不均匀度也需作为静态验收指标,检验系统工程质量。

7 相关国际标准对接触网的导线安全系数具体计算方法如下。

接触网导线安全系数:

$$K = F_{Bmin} \times K_{wear}/F \qquad (17-3)$$

式中:F_{Bmin}——未软化的导线最小拉断力(kN);

K_{wear}——导线允许磨耗系数,接触线工作允许最大磨耗按20%计算时,该系数取值为 0.80,其余导线取1.00;

F——导线额定或最大工作张力(kN)。

当采用安全系数计算的额定工作张力不能符合系统仿真设计要求时,需进一步采用以下计算方法进行校验,按不超过接触线最大许用应力或承力索最大许用张力,通过仿真设计,确定符合系统动态匹配性能要求的导线工作张力。

接触线最大许用应力计算公式及举例如下:

$$\begin{aligned}\sigma_w &= \sigma_{min} \times 0.65 \times K_{temp} \times K_{wear} \times K_{icewind} \times K_{eff} \times K_{clamp} \times K_{joint}\\ &= \sigma_{min} \times 0.65 \times 1.0 \times 0.8 \times 0.95 \times 0.97 \times 1.0 \times 1.0\\ &= \sigma_{min} \times 0.4792\end{aligned}$$

$$(17-4)$$

式中:σ_w——接触线最大许用应力(N/mm²);

σ_{min}——接触线最小抗拉强度(N/mm²);

K_{temp}——接触线最高温度系数,在最大导线温度80℃时,铜及铜合金导线取1.0;

K_{wear}——接触线允许磨耗系数,最大磨耗按 20% 计算时,该系数取值为 1-0.2=0.8,提高导线工作张力时,为符合安全系数或许用应力的检算要求,需适当降低最大磨耗,同时也降低了接触线工作寿命;

$K_{icewind}$——风和冰荷载系数,取决于风荷载、冰荷载以及接触悬挂的下锚设计形式,对于全补偿链型悬挂,风、冰荷载组合存在时取 0.95,仅有风荷载时取 1.00;

K_{eff}——接触线下锚补偿装置的精度和效率系数,在常规的制造和施工水平情况下,采用供货商提供的自动张力补偿装置的实际检测的补偿效率,设计时一般取 0.97;

K_{clamp}——接触线终端锚固线夹系数,高速接触网的接触线终端锚固线夹的抗拉强度大于双沟形接触线的抗拉强度的 95% 及以上,系数取 1.00;

K_{joint}——接触线焊接接头系数,城际铁路接触网的正线导线一般要求无接头,取 1.00。

承力索最大许用张力计算公式及举例如下:

$$F_w = F_{Bmin} \times 0.65 \times K_{temp} \times K_{wind} \times K_{ice} \times K_{eff} \times K_{clamp} \times K_{load}$$
$$= F_{Bmin} \times 0.65 \times 1.0 \times 0.95 \times 1.0 \times 0.97 \times 0.95 \times 0.8$$
$$= F_{Bmin} \times 0.455\ 2$$

(17-5)

式中:F_w——承力索绞线最大许用张力(kN);

F_{Bmin}——承力索绞线未软化的最小拉断力(kN);

K_{temp}——承力索绞线最高温度系数,在最大导线温度 80℃ 时,铜及铜合金绞线取 1.00;

K_{wind}——风荷载系数,在运行设计风速时,全补偿下锚取 0.95,无补偿下锚取 0.90;

K_{ice}——冰荷载系数,全补偿下锚时取 1.00,无补偿下锚时取 0.95；

K_{eff}——承力索绞线下锚补偿装置的精度和效率系数，在常规的制造和施工水平情况下，采用供货商提供的自动张力补偿装置的实际检测的补偿效率，设计时一般取 0.97；

K_{clamp}——承力索绞线终端锚固线夹系数，高速接触网的导线终端锚固线夹的抗拉强度大于承力索绞线的抗拉强度的 95% 及以上，系数取 1.00；

K_{load}——承力索绞线垂直荷载系数，取 0.8。

8 根据市域铁路安全运输的需求，为进一步提高接触网系统可维修性能，明确了市域铁路接触网安全性监测技术的应用条件。以安全优先为原则，提高接触网系统的安全性，对于易发故障的关键设备设置监控、监测手段，避免并尽量减少市域铁路运营风险。

接触网系统因其运行中弓网关系接触振动影响，不可避免地导致病害也相应增多，自然成为养护维修的重点和难点。

由于白天全封闭运行，只有在夜间开天窗时间内对其进行检查、检测与维护，因此，对检测监测手段及装备提出更高的要求。根据原铁道部发布的《高速铁路接触网运行检修暂行规程》中关于"状态检测"部分要求，运营维护部门采用视频设备对接触网分相、线岔、上网点电缆、长度不小于 3 km 的隧道口、局界口、出入线等关键设备状态进行监控。因此，建议设置的视频监控不能存在盲点，为日常的视频巡视和故障抢修发挥视频装置的辅助作用。

17.5.2 接触悬挂应符合下列规定：

1 刚性悬挂对隧道净空的要求相对较低，隧道内不需预留接触网下锚空间，适应设计速度一般可达 120 km/h～160 km/h，目前在国内工程中已得到广泛应用，如已开通运营的北京大兴国际机场线、广州 18 号线、广州 22 号线、兰新二线乌鞘岭隧道等。

为满足运输需要,针对本标准地下段160 km/h的速度目标值,本条规定经技术经济比较合理时可采用刚性悬挂。

4 接触线距轨面连线高度的选取与受电弓的最小工作高度、最大工作高度范围,以及动态条件下对机车车辆限界或建筑物的绝缘等因素有关。设计时,根据用户需要和具体工程条件在最小值和最大值之间选取。

行业标准《铁路电力牵引供电设计规范》TB 10009—2016第5.1.5条中规定"接触线距轨面连线高度仅开行动车组的线路不应小于5 150 mm",其条文说明中"仅开行动车组的线路"系指高速铁路及城际铁路,基于车辆限界高度4 800 mm而确定。

中国铁道学会标准《市域铁路设计规范》T/CRS C0101—2017第13.5.2条的条文说明中指出"5 150 mm高度系根据本规范车辆篇章规定的各类市域铁路动车辆最大落弓高度4 640 mm加约500 mm受电弓正常工作高度确定。当采用最大落弓高度4 450 mm的市域车型时,若受隧道净空限制,接触线距轨面的最低高度可相应减小至5 000 mm"。

接触线的设计坡度及坡度变化量对行车速度有较大影响,结合多年运营经验,柔性悬挂接触线的坡度以及坡度变化量根据现行国家标准《轨道交通 地面装置 电力牵引架空接触网》GB/T 32578以及现行行业标准《铁路电力牵引供电设计规范》TB 10009中的相关要求确定。刚性悬挂接触线的坡度以及坡度变化量是结合目前已经开通的运营线路的经验进行规定,对行车速度超过120 km/h的线路,结合北京大兴国际机场线的工程经验规定为不大于0.5‰和不大于0.25‰。

5 为了保证较好的弓网性能,柔性悬挂的结构高度不宜太小。目前已建成的市域铁路接触网结构高度,采用简单链型悬挂时一般均为1.4 m;部分线路考虑到系统引进的要求,采用了与之匹配的结构高度,如海南东环城际系统引进了日本的整体腕臂式接触网悬挂方式,隧道外接触网结构高度为950 mm,开通后的实际运营情况证明,接触网性能满足运营要求。特殊限制条件下,参照国外的标准设计,采用 200 mm 的最短长度虽然可以符合安全通过,但对局部接触线的使用寿命有不利影响,不建议大规模采用。

17.5.3 本条对市域铁路接触网设计重点基础数据做了规定,包括环境、气象条件等。

接触网设计包括合理确定接触网系统正常工作温度范围和腕臂、定位器、吊弦、补偿装置正常安装位置及刚性悬挂膨胀接头长度的温度。接触网系统正常工作温度的上限值取决于最高环境温度、日照、风速、导线载流量等因素。与接触网设计有关的温度、覆冰厚度等气象条件,还需结合既有电气化铁路或高压架空线路的运行经验综合确定。

市域铁路行车密度较高、电能传输较大,根据现行国家标准《轨道交通 地面装置 电力牵引架空接触网》GB/T 32578 及已开通运行的市域铁路建设及运营经验,铜合金导线最高工作温度一般为 80℃~100℃,纯铜导线的最高工作温度未超过 80℃。

接触网基本风速分为运行基本风速和结构基本风速是考虑不同工况下对接触网结构的不同要求。设计风速是在基本风速的基础上,结合了现行国家标准《建筑结构荷载规范》GB 50009,考虑地形、地貌、高度等因素后确定。运行设计风速用于确定接触网导线风偏、跨距和支柱挠度,结构设计风速用于确定接触网构件结构强度。

根据国家标准《建筑结构荷载规范》GB 50009—2012 附录 D 的规定:选取年基本最大风速时,一般应有 25 年以上的资料。

另外,日本新干线的结构设计风速一般取 50 m/s;欧洲标准中,结构设计风速也规定在无确切资料时取 50 m/s,在此条件下,由基础、支柱等构成的接触网主体结构不应被破坏。运行设计风速均取 35 m/s(相当于 12 级风)。

结合已开通客运专线的工程建设运营经验,在无确切资料的条件下,我国铁路运行设计风速一般取 30 m/s～35 m/s,结构设计风速按 50 m/s 考虑,可有效保证安全运营和结构设计的经济合理性。

25 kV 绝缘子爬电距离一般采用 1 400 mm 是根据近几年我国市域铁路的建设运营情况,并考虑了市域铁路沿线经济发达地区的工业污染情况的特殊性。爬电距离一般根据爬电比距及工作电压计算,按照现行国家标准《污秽条件下使用的高压绝缘子的选择和尺寸确定》GB/T 26218,污染区一般分为 5 个等级:极轻度、轻度、中度、重度、极重度,各个等级对应的爬电比距分别为 22 mm/kV、27.8 mm/kV、34.7 mm/kV、43.3 mm/kV、53.7 mm/kV。

17.5.4 本条对接触网防雷、绝缘进行了规定。

2 考虑到市域铁路为市区到郊区的高密度旅客运输通道,一旦接触网故障中断旅客运输,社会影响较大,参考现行行业标准《高速铁路牵引供电系统雷电防护技术导则》TB/T 3551,本款将市域铁路接触网防雷标准等同高铁对待,在支柱上方宜架设避雷线,也可将回流线或架空地线适当抬高兼作防雷功能。

3 本款规定为空气绝缘间隙及工程设计的安全距离,根据原中国铁路总公司《铁路技术管理规程》TG/01—2014 及现行行业标准《铁路电力牵引供电设计规范》TB 10009—2016,参考现行国家标准《轨道交通 地面装置 电力牵引架空接触网》GB/T 32578、《轨道交通 地面装置 电气安全、接地和回流 第 1 部分:电击防护措施》GB/T 28026.1,确定 25 kV 带电体空气绝缘间隙及各项安全距离要求,空气绝缘间隙各值在特别重污染区和隧道内应适当加强。

设计工况困难时的空气绝缘间隙取值可参考现行行业标准《铁路电力牵引供电设计规范》TB 10009 等标准中的相关规定。

17.5.5 本条对接触网平面布置设计进行了规定。

1 柔性悬挂

锚段长度:一般按张力差不大于 10% 进行锚段长度的控制设

计和校验，同时需符合锚段补偿坠砣的行程安装要求。三跨、四跨、五跨锚段关节在工程中均有应用实例。运营经验表明，只要锚段关节安装调整得当，无论三跨、四跨、五跨，均可取得满意的受流效果。

线岔：对于 160 km/h 及以下速度而言，采用交叉线岔和无交叉线岔均可满足接触网技术要求。

始触区是涉及接触网安全的关键区域，也是详细设计接触网道岔定位方式和空间位置的依据。

德国采用宽度为 1 950 mm 的标准类型受电弓和我国的类似，德国铁路标准《德国铁路建设和运营管理规程》DS 300 和《德国铁路接触网技术规范》DS 997 规定：在距受电弓中心 600 mm～1 050 mm 和受电弓动态抬升 150 mm 构成的空间区域为始触区。目前法国接触网安装设计采用不限位定位器，受电弓在任何位置的最大动态抬升按 200 mm 考虑。

始触区内存在线夹类零件（吊弦线夹除外）时，受电弓滑板与任何倾斜安装的线夹碰触可能诱发弓网事故的概率远高于其他区段，故始触区无线夹的设计原则在柔性接触网的设计中应严格遵守。刚性悬挂系统因其受电弓对接触线的抬升量极小，可不受此限，但仍应考虑受电弓左右偏移时可能发生的打弓风险。

2　刚性悬挂

刚性悬挂的弹性较小，与受电弓之间的相互磨损较大，故汇流排一般采用等斜率布置，其目的是使受电弓碳滑板在工作范围内的磨耗尽量均匀。

刚性架空接触网悬挂点的跨距在 6 m～10 m，从我国市域铁路刚性悬挂运营经验来看是适宜的。

17.5.6　本条参照国际标准和现行国家标准《建筑结构荷载规范》GB 50009、《建筑结构可靠度设计统一标准》GB 50068 等，明确了接触网结构设计的基本原则。

接触网结构设计的永久荷载包括自重、无冰风时导线张力引起的荷载。自重的标准值需根据对结构的不利状态,取上限值或下限值。可变荷载包括风荷载、冰荷载或其他临时增加的荷载。偶然荷载包括事故时考虑的安全荷载、施工运输荷载和维修荷载。根据现行国家标准《建筑结构可靠度设计统一标准》GB 50068,检算工程中可能发生的各种结构功能、运行要求及破坏极限要求的正常使用极限和承载能力极限状态的荷载效应组合,见表 17-1 和表 17-2。

表 17-1　各类结构部件的需考虑的荷载工况

序号	结构类型	应考虑的荷载工况					
		最低温度	风	冰	风和冰	施工和维修	事故
1	旋转腕臂支持结构	√	√	√	√	√	—
2	硬横梁	√	√	√	√	√	√
3	悬挂结构	√	√	√	√	√	—
4	定位装置	√	√	√	√	√	—
5	中心锚结下锚	√	√	√	√	√	√
6	中心锚结装置	√	√	√	√	√	—
7	水平定位用悬挂支持结构	√	√	√	√	—	√
8	下锚安装结构	√	√	√	√	√	√(对向下锚考虑一个方向事故)
9	附加导线支持结构	√	√	√	√	√	√
10	导线合架的支持结构	√	√	√	√	√	√
11	下锚拉线底座	√	√	√	√	√	√
12	结构基础	√	√	√	√	√	√

表17-2 各工况下荷载组合及分项系数汇总

荷载分项系数类型	工况					
	最低温度	风	冰	风和冰	施工和维修	事故
永久荷载	1.35	1.35	1.35	1.35	1.35	1.0
运输荷载	1.0/无设备时为0					
风荷载	—	1.4	—	1.4	—	1.0
冰荷载	—	—	1.4	1.4	—	—
安全荷载						1.0
施工荷载	—	—	—	—	1.5	

5 在不违反接触网的安全规定的前提下,设计中需考虑接触网的景观效果,尽可能不增加额外的接触网维修保养费用。接触网系统设计需综合考虑整体景观效果,经安全、技术、经济、景观效果等综合因素比较后确定。

6 根据系统 RAMS(可靠性、可用性、可维修性和安全性)的分析应用要求,需通过合理地分配对市域铁路电气化工程各部分要求的可靠性指标,使接触网系统工程和电气化工程在经济性前提下达到最终的可控和可量化的系统高可靠性水平,同时在工程实施中进行阶段性的接触网安全性评估。京津城际、武广客运专线牵引供电系统可靠性标准采用了如下指标,见表17-3。

表17-3 系统可靠性目标值

可靠性等级	定义	建议目标值(每年、每百条公里故障率)
R1	延误列车运行 2 min~5 min 和不影响运行图时刻表秩序的故障	3.33
R2	延误列车运行 5 min~2 min,或需要临封闭车站作业的故障	1.064
R3	延误列车运行 20 min 以上或需要临时封闭车站作业 2 h 或影响区间列车单方向运行 1 h 以上的故障	0.365

续表 17-3

可靠性等级	定义	建议目标值（每年、每百条公里故障率）
R4	严重干扰运输导致列车中途停车超过 1 h 的或关闭车站股道 1 d 以上的故障	0.365

以上故障仅仅指典型的由牵引供电系统和接触网系统自身的(设备、系统、运行维护)缺陷引起的部分,不包括外界因素比如机车、鸟、吊车、外界坠落物、倒树、非法侵入、雷电等引起的故障。

17.5.7 除与车辆有相互作用及相关的设备外,接触网任何设备安装均不得侵入建筑限界。与车辆有相互作用及相关的接触网设备一般包含接触线、吊弦、定位器、分段绝缘器、膨胀接头、腕臂、绝缘子等,在困难情况下也包含吊柱。

各国实际运营经验证明,悬挂点处定位安装设计是保障系统运行质量的关键环节,故需从严要求。

悬挂点处定位安装设计需尽可能考虑不同因素引起的弓网事故工况,如环境变化、线路维护情况、上线车辆状况等因素。结合国际通用的设计规定,根据受电弓动态包络线中规定的动态最大抬升量,考虑一定的安全系数作为定位安装设计的安全校验值。即在接触线高度基础上,根据定位器是否为限位,按事故发生时可能出现的不小于 1.5 倍(限位)或 2 倍(非限位)的受电弓抬升量,进行腕臂定位装置不打弓的安全校验。

17.5.8 本条对接触网电分段设计进行了规定。

为了尽量缩小事故及维修范围,在设有渡线的车站两端宜根据运营维护要求、安装条件灵活设置绝缘锚段关节。接触网电分段需与线路状况及所、亭分布情况充分结合,合理设置绝缘锚段关节及电动隔离开关。

电分相宜采用带中性段的锚段关节方式,中性区长度需根据受电弓的数量、间距及运用方式等因素综合确定。结合市域铁路站间距较小的特点,为减少列车过分相的速度损失,列车惰性区长度需要尽量缩短。

对于采用绝缘器件式电分相的情况,国外较为常见,但国外的绝缘器件与国内使用的绝缘棒在材料和结构上有所差异。考虑到采用绝缘器件设置分相的可行性,本条增加了器件式分相的相关要求,为稳妥起见,规定可在 120 km/h 以下的线路上使用,且只适用于单弓以及没有母线连接的双弓和多弓动车组。

17.5.9 本条给出了主要设备零部件方案选型。支柱的选型要求见本标准第 17.5.6 条第 5 款,本条对其他设备和接触网基础进行了规定。主要设备零部件的选型(包括结构、材质、加工工艺等)需满足结构合理、配置得当、安全可靠、类型相对较少、符合景观要求、标准化成熟、类型相对统一的基本条件。

零部件材质设计和选用需结合运行环境和具体部件的工况分类和确定。对载流要求较高的网上悬挂类零件,采用构造总质量轻、强度高、耐腐蚀、导电好的合金材料制造。位于大电流负载通道上的受力件材质选用需考虑抗磁性,尽量采用铝合金、铜合金等有色金属材料,并需杜绝各种电化学腐蚀以及应力腐蚀的产生条件。黑色金属(碳钢、铸钢等)零部件结合运行环境,采用可靠的表面热浸镀锌防腐措施。受力件和重要的连接零部件需避免积水,考虑防止或减缓因冰冻膨胀引起电位升高、电流腐蚀、应力腐蚀的工艺设计,避免损害和降低设定的零部件力学性能,并在工况许可的条件下尽可能对悬挂和腕臂结构支持系统的连接零部件采取冗余设计。

处于振动较强的网上悬挂零件结构、材质需考虑耐疲劳特性,相应的紧固件需考虑必要的冗余或防松措施。与接触线连接的网上金具采用质量轻、强度高、耐腐蚀、导电好的材料制造。

当采用新技术、采用相对运行经验不足的设计或对采用的零件和结构缺乏了解时,需适当提高安全系数。

耐张锚固线夹和连接导线的线夹握力需能保证至少承受

2.5倍的导线工作荷载或承受导线额定抗拉强度的95%荷载,线夹本体不可在1.33倍工作荷载时发生影响使用功能的残余变形。除楔形线夹外,耐张线夹均需采用非磁性材料制造,否则需采取消除磁闭合回路的措施。

对和速度没有直接关系、无载流因素的结构件,如腕臂等支持结构,一般采用经济技术相对较优的黑色金属材料(如碳钢、铸钢等),如有特殊景观要求也可采用耐腐蚀、便于安装的铝合金腕臂支持结构。斜腕臂与水平腕臂间根据强度、刚度检算和安全冗余确定是否加设腕臂支撑。平腕臂结构现已在国内新建及改建电气化铁路上大规模使用,相比采用钩头鞍子的悬挂方式,平腕臂结构具有稳定性好、施工调整方便等特点。

正线路基地段,拉线基础及H型钢支柱由站前专业预留机械钻孔灌注桩基础;高架桥地段支柱及拉线基础由站前专业预留法兰连接型基础;硬横跨钢柱基础宜由站前专业预留。法兰连接型基础便于施工和支柱的更换。

17.5.10 本条对接触网的回流接地的安全设计进行了规定。

市域铁路牵引负荷、短路电流较大,将导致钢轨电位较高,威胁人身安全。接地与回流系统设计采取等电位连接和导通回流回路等措施,并纳入综合接地系统。

接触网综合接地的要求需根据供电系统的工作电流、短路电流进行计算确定。

17.5.11 本条对附加导线的选型做了明确的规定。

由于附加导线一般沿线路和接触网支柱同杆架设,不设补偿装置,张力和弛度变化大,运营经验证明锚段长度不宜太大,故本条规定不宜超过2 000 m。

附加导线对铁路沿线树木之间的最小距离系参照国家标准《66 kV及以下架空电力线路设计规范》GB 50061—2010第12.0.12条制定。

17.6 电磁干扰防护

17.6.4 在高架桥梁地段,有必要考虑钢结构桥梁的屏蔽系数,根据我国曾进行的实测,50 Hz 时取 0.55～0.60,800 Hz 时取 0.30～0.35;铁路进入城区时,不同的城市屏蔽系数取值不同,范围为 0.12～0.85。

18 电 力

18.1 一般规定

18.1.1 本条对市域铁路电力工程设计的供电要求进行了基本规定,以保证在灾害情况下仍有一定的供电能力。

18.1.4 市域铁路有新建和改建利用既有铁路两种建设模式,管理运营也分独立运营和纳入国家铁路管理运营系统两种方式。对于改建利用既有铁路建设并纳入国家铁路管理运营系统的,需尽量利用既有铁路电力供电资源,节省工程投资。

市域铁路沿线车站、车辆段等多结合物业开发,电力设计需根据物业开发用电性质及用电负荷大小,适当考虑电力资源的共享利用。

18.2 供配电系统

18.2.2 相关用电负荷分级参考行业标准《城际铁路设计规范》TB 10623—2018 第 13.2.1 条和国家标准《地铁设计规范》GB 50157—2013 第 15.5.1 条,结合市域(郊)铁路中可能出现的负荷种类综合确定;消防相关用电负荷按现行国家标准《建筑设计防火规范》GB 50016 的相关规定确定。

18.2.3 市域铁路存在较多一级负荷,为保证其供电可靠性需由双重电源供电,而市域铁路为公共交通,停电影响较大,为保证其电源的可靠性,需至少一路电源为专线。

18.2.4 为保证市域铁路一、二级负荷的供电可靠性,中压配电网络需采用互为备用方案;故障情况下的最大线路末端电压损失以满足动力、照明设备的运行电压要求为标准。

18.2.5 无功补偿以配电变压器低压侧集中补偿为主,既可以减少配电变压器容量,减少无功穿越,又可以节省无功补偿装置投资。长距离电缆线路需根据电缆截面、线路长度、负荷大小及间距等参数计算确定无功补偿方式。当电缆线路较长、负荷间距较大时,区间需分散设置固定感性无功补偿装置可以减少电缆线路的无功损耗;当电缆线路较短、负荷间距较小时,区间可不设固定感性无功补偿装置,通过配电所集中设置动态无功补偿装置可以起到调节配电所进线平均功率因素以满足供电部门要求的作用。

18.2.6 本条根据国家标准《城市配电网规划设计规范》GB 50613—2010 第 5.6.2 条制定。对于 35 kV、20 kV、10 kV 中压配电网络,当单相接地故障电容电流不大于 10 A 时,采用不接地方式。35 kV 配网中,当单向接地电流超过 10 A、小于 100 A 时,宜采用经消弧线圈接地方式,接地电流宜控制在 10A 以内;当接地电容电流超过 100 A,或者为全电缆时,宜采用低电阻接地方式,其接地电阻宜按单相接地电流 1 000 A~2 000 A、接地故障瞬时跳闸方式选择。对于 10 kV 中压配电网络,当单相接地故障电容电流大于 150 A 时,考虑到接地变压器和消弧线圈容量将超过 1 250 kVA,体积庞大,且考虑消弧线圈及电缆阻性电流、高频电流不能被补偿因素,参照电力系统一般做法,消弧线圈接地方式的适用范围上限为单相接地故障电容电流不大于 150 A。根据行业标准《高速铁路设计规范》TB 10621—2014 第 12.2.10 条,为了降低单相接地电流对信号的干扰,减少对人身的伤害和对电气设备的冲击,同时又能保证继电保护快速动作,10 kV 系统单相接地电流宜限制在 200 A~400 A。采用低电阻接地方式时,低电阻选择可参考项目当地的电网条件。

18.3 电力变配电所

18.3.1 因电力变压器主要为沿线动力照明负荷供电,而牵引变压器主要给电力机车供电,供电负荷特点和结构形式均不一样,独立设置能够减少二者互相之间的干扰。

18.3.2 分段单母线接线简单清晰、设备较少、操作方便,适用于市域(郊)铁路电力变配所。

18.3.3 箱式变电所具有安装调试方便、占地面积小等优点,在出线回路较少、场地受限时采用箱式变电所供电;为了满足供电可靠性的要求,一台变压器供电单元故障不能影响另一台变压器供电。

18.3.4 电力供电采用双环网供电方式时,环网分段开关采用断路器保护能够更快隔离故障点,减小停电范围,提高供电可靠性。电力供电采用贯通线供电方式时,两端配电所能够形成互供条件,两端设断路器保护能够满足供电可靠性的要求。

18.3.5 本条规定了市域铁路电力设备监控的范围。电力设备监控纳入全线电力监控系统有利于节省工程投资、方便运营管理。

18.4 电力线路

18.4.1 电缆线路与架空线路相比,具有较好的抗风、雪、冰等自然灾害的能力,提高了供电可靠性和安全性,减少维修工作量,节约占地。另外,市域铁路一般具有站间距离短、桥隧比例较大、穿越城区、建筑物密集地区等特点,故市域铁路中压配电网络采用电缆线路较为合适。电缆导体材质根据相关规范要求和技术经济比较选择,如铜芯电缆、铝合金电缆等。

18.4.2 参考行业标准《城际铁路设计规范》TB 10623—2018 第13.4.3条,强调了单芯电缆的非磁性处理须确保有效。

18.4.3 交流单芯电力电缆采用"品"字形敷设或三相全换位敷设方式可以减少对相邻信号电缆的电磁干扰。

18.4.7 由于市域铁路中压配电网络与牵引供电线路平行敷设,

如果电缆金属层采用两点接地方式,电缆金属层将与综合地线一起承担了牵引供电汇流的一部分,其分流会引起电缆绝缘层发热,这对电缆金属护层的选择和线路的运行不利,并增加电缆投资,因此须采用单点接地方式。单芯电缆每段长度须按照满足金属护层感应电压要求和电缆生产制造工艺综合确定。

18.4.8 对电力电缆金属屏蔽层承载短路电流能力提出要求,避免短路电流对电缆绝缘和外护层进行破坏,扩大短路故障影响。

18.4.9 将地面线路的电力电缆与控制电缆敷设在电缆沟槽内有利于防盗、防晒、美观。

18.5 动力照明

18.5.2 放射式配电供电可靠性高,对重要用电设备优先采用放射式配电。

18.5.4

1 根据国家标准《建筑设计防火规范》GB 50016—2014(2018年版)第10.3.1、10.3.2条的规定,明确市域(郊)铁路疏散照明的设置及照度要求。

2 根据行业标准《铁路照明设计规范》TB 10089—2015第7.1.5条对备用照明的规定,结合市域(郊)铁路设备房屋类型及功能,对不同类型的重要设备房屋的备用照明提出相应的要求。车站重要的设备及管理用房包括车站控制室、站长室、消防泵房、排烟机房、通信机房、信号机房、信息机房、变电所、配电间、通风空调电控室、气瓶间等。其中,车站控制室、站长室、消防泵房、排烟机房、变电所、配电间等为发生火灾时仍需正常工作的应急指挥及应急设备场所。

18.5.6 根据市域铁路运营维护需求,地下区间内应设置照明和检修电源。根据《住房和城乡建设部标准定额司关于〈消防应急照明和疏散指示系统技术标准(GB 51309—2018)〉相关事宜的函》(建司局函标(2020)27号)的回复,在建市域铁路隧道应急照明建议采用AC220/380 V电源供电。根据国家标准《建筑电气与智能化通用规范》GB 55024—2022第4.5.4条的规定,疏散照明和疏散指示灯安装高度在2.5 m及以下时,应采用安全特低电压供电。

18.5.7 参考城市轨道交通,牵引供电采用直流制式的高架(地面)车站两端2 km范围内,存在定期的检修任务,宜在车站两端2 km范围内设置检修电源。市域铁路牵引供电采用交流制式,不再考虑设置。

18.6 接口设计

18.6.1 做好专业间的接口设计,有利于保证设计的系统性、完整性。

18.6.5 土建施工时做好预留、预埋工作,以免漏做造成返工。

19 通　信

19.1　一般规定

19.1.1　通信系统的信息等级保护应符合现行国家标准《信息安全技术　网络安全等级保护基本要求》GB/T 22239 等标准的有关规定。

19.1.4　按照上海市公共交通领域对于公众通信服务的要求和上海市公安局已下设轨道交通分局等条件，上海市市域铁路宜统一考虑公安通信系统和民用通信引入的安装需求，公安通信宜与专用通信系统共享建设，民用通信宜根据具体的投资渠道和项目建设模式进行系统建设。

19.2　传输系统

19.2.2　传输系统技术制式除考虑目前轨道交通主流技术之外，也要根据技术发展情况，关注切片分组网（SPN）等新技术制式。

19.3　电话交换系统

19.3.3　市域铁路电话交换系统宜结合调度中心的建设，集中设置软交换中心系统设备。后期建设的线路公务电话按接入中心系统设置，避免重复建设。

19.4 有线调度通信系统

19.4.9 市域铁路与干线铁路、城际铁路共线运行时,在市域铁路范围内的干线铁路、城际铁路车停靠站,市域铁路有线调度通信系统宜考虑与干线铁路、城际铁路有线调度通信系统的互联需求。

19.6 综合视频监控系统

19.6.12 综合视频监控系统作为统一的视频源,其视频存储时间应考虑国家及地市公安部门的相关标准要求,在满足运营指挥和服务管理的同时,为公安部门提供监控视频实时信息以及录像回放功能。

19.9 电源及接地系统

19.9.1 通信系统根据使用需求相应配备直流电源设备和交流不间断电源设备;在设备用电种类单一时,可以单独配备直流电源设备或交流不间断电源设备;通信电源系统可不独立设置,由综合电源系统供电。

19.12 民用通信引入系统

19.12.1 民用通信引入系统的建设方式应由市域铁路建设方与电信运营商协商后确定。一般来说,民用通信引入系统主要负责提供电信运营商网络在地下空间的无线覆盖、配套设施、电信运营商设备设施的引入条件及使用条件,无线基站等设备由电信运营商提供。

19.13 通信线路

19.13.4 干线通信光缆采用不同的物理径路引入通信机房有助于提高车站调度指挥的安全性,上、下行引入的光缆在引入通信机房前要避免同径路并排敷设。受地下车站等建筑条件限制,在条件困难时也需要保证上、下行区间引入的干线光缆保持必要的间距。在光缆无法保证足够的防护间距时,可在不同的阻燃防护管槽内分别穿放引入机房。

19.13.6 结合市域铁路存在大量的地下线路,况且市域铁路运行速度较高等特点,通信光(电)缆线路的敷设、安装要重点注意保证通信线路敷设以后的结构稳定性和维管的便利性,宜尽量采取竖向布置形式等措施改善线缆敷设环境。

20 信 号

20.1 一般规定

20.1.2 市域铁路在规划之初明确提出实现互联互通促进多种轨道交通系统融合发展的功能定位,互联互通的最高层次是实现不同线网或线路之间列车的跨线运营。因此,建议上海市域铁路信号系统应满足市域线网内部列车互联互通跨线运行,并兼顾与干线铁路、都市圈城际铁路实现互联互通跨线运行,必要时也可探索市域铁路与城市轨道交通实现互联互通跨线运行。

20.2 地面固定信号

20.2.1 现行行业标准《铁路信号设计规范》TB 10007 的有关规定中有高柱信号机构的内容,主要原因在于干线铁路、城际铁路列车种类较多,车载设备配置高低不一。由于市域铁路统一配置动车组列车,均具备 ATP 功能,且增加了 ATO 功能,降级模式下能够实现主体化机车信号控车要求,正常运行时信号显示为常态灭灯状态,地面信号显示要求相对弱化,同时从隧道运营环境和电务维修维护等综合考虑,故市域铁路信号机构全部采用矮型信号机构。

20.2.5 为提高列车走行线出入库作业的灵活性,避免因某一条走行线故障造成无法入库或出库的情况发生,故推荐按单线双方向设置通过信号机,每条走行线均满足入库和出库作业要求。

20.2.6 车站与车辆基地的列车走行线采用 CTCS-2 级列车控制系统,列车在 ATP 监控下由司机人工驾驶,由于作业相对较为繁忙,又存在双方向运行的情况,因此地面信号机宜与车辆基地均采用点灯方式,同时接轨车站的进站信号机的点灯方式应与走行线显示方式保持一致。

20.3 列车运行调度指挥

20.3.8 上海市域铁路列车既存在本线点对点折返模式运行,又存在不同线路跨线运行。对于乘客而言,乘坐本线点对点折返运行列车时,可不按车次号和时刻表乘车,对于跨线运行列车则需要根据车次号和时刻表乘车。因此,列车运行调度指挥系统增加列车的计划编制、自动调整和早晚点预测等公交化运营功能,对提升市域铁路的服务质量和提高运输效率尤为重要。

20.3.10 新建的市域铁路项目,系统设计应尽量采用综合化、集成化、智能化的原则。对于车辆基地的相关作业功能需求,调度集中系统配置动车组识别和定位设备,实现动车组管理系统接口后可满足上述要求。因此,可考虑由调度集中系统完成控制集中系统的全部功能,简化车辆基地的系统配置,降低工程投资和减少设备维护工作量。

20.3.11 将运营调度管理系统的计划调度功能划入列车运行调度指挥系统完成,故需分别与旅客服务信息系统、动车组管理信息系统、综合维修管理系统实现接口,以便从这些系统获取车辆运用、检修、施工计划、维修计划等信息,为计划编制提供参考和依据,同时列车运行调度指挥系统将编制好的行车计划及时传递给相关系统。

20.4 列车运行控制

20.4.1 目前列车运行控制系统制式主要有 CTCS 和 ATC 两种,上海市域铁路拟与干线铁路/城际铁路实现互联互通跨线运营,故列车运行控制系统宜选择 CTCS 系统。市域铁路一般最高时速在 200 km 以内,选用 CTCS-2 级列控系统能够满足列车安全运行和与干线铁路/城际铁路互联互通运营的需要,配置 ATO 功能,可有效提升 CTCS-2 级列控系统的自动化等级。市域铁路要其他轨道交通实现多网融合、提升公交化能力,从技术上不应排除兼容 CTCS-2 级列车运行控制系统的要求,以确保市域铁路的网络化和公交化功能。

20.4.3 市域铁路部分车站采用地下敷设方式,轨道区段的最小长度与车站规模直接相关。为能尽量减少土建规模,同时确保列车车载设备能够可靠接收轨道电路低频信息码,轨道区段的最小长度须考虑车载设备可靠接收轨道电路低频信息码时间按 2.5 s,列车运行速度根据联调联试测试列车最高试验速度按线路设计速度 110% 确定。

20.4.10 停车精度直接影响市域铁路的服务质量和乘客出行体验,因此要对停车精度要求更高的部分提出概率指标。参照中国城市轨道交通协会标准《城市轨道交通 基于通信的列车运行控制系统(CBTC) 互联互通系统规范 第 1 部分:系统总体要求》T/CAMET 04010.1—2018,规定 ATO 停车精度要求达到 ±0.3 m 的概率是 99.99%。

20.4.11 结合车辆基地的规模和调车作业频次,当可由一套列控中心设备完成全部功能时,从系统简化、维修维护和工程投资等因素综合考虑,宜优先考虑由列控中心完成调车防护功能;当车辆基地采用一套列控中心的能力无法兼顾调车防护功能时,可独立设置一套调车防护系统,完成调车防护功能。

20.4.12 在市域铁路中最大列车编组为 8 节编组,应答器设置位置与分相区反向断电标的最小距离可根据国家标准《轨道交通 客运列车断电过分相系统相互匹配准则》GB/T 36981—2018 附录 B、C 中模型进行计算可能受影响的范围(即主断合闸),以避免车载设备接收应答器信号受干扰。具体范围为:列车车头驶出分相区后至列控车载设备撤销过分相命令行驶距离 L_e 后,列车分别判断前后弓是否从接触网受流,再启动受电弓主断路器合闸期间列车走行的距离。参考 GB/T 36981 中 CRH2 参数,L_e 取 130 m,T_3 取 2.1 s,按市域铁路 8 节编组列车长为 200.5 m,最大速度取 160 km/h,则计算出应答器设置位置与分相区反向断电标的最小距离 L_{min}＝130 m＋160 km/h×2.1 s＝223.33 m,取整为 225 m。根据市域列车 4 节编组、4＋4 节编组、8 节编组的情况,其后弓距车头最远的情况为 4＋4 节编组下的 171.5 m,列车在驶出分相区 130 m 后,后弓位于分相区的无电区域边界与反向断电标之间,可满足后弓在主断路器合闸前已从接触网受流。

20.5 联　锁

20.5.2 对于具有多个车场的车站,为减少因设备故障或改造工程等对运营造成大范围的影响,宜优先采用分场设置联锁设备。同时结合具体站形、行车组织、工程投资等因素综合分析,亦可采用合设方式。

20.5.6 常态点灯的色灯灯泡信号机均具备了主灯丝断丝报警功能,对于常态灭灯的信号机,由于平常不点灯,故不能通过主灯丝断丝报警功能实现灯丝监测,宜采用冷丝检测检查灯丝是否完好。由于 LED 信号机采用 LED 灯阵列布置方式,其中少部分 LED 灯故障灭灯并不会影响正常显示,因此通常当 LED 故障灭灯超过总数 30％时,系统才发出故障报警信息,提醒维护人员进行更换,同时 LED 信号机还应具备防干扰和误点亮功能。

20.9　光(电)缆线路与防护

20.9.3 现行行业标准《铁路工程设计防火规范》TB 10063 对于

光(电)缆的防火性能仅要求室内和长度5 km及以上或设有紧急出口的隧道等应采用阻燃型或采取阻燃防护措施。对于站房和其他人员密集的建筑、地下室,应采用低烟无卤型。并未对电缆的阻燃级别进行明确规定,通常铁路里面信号光(电)缆的阻燃级别为C级。国家标准《地铁设计防火标准》GB 51298—2018第11.3.5条规定:"当电缆成束敷设时,应采用阻燃电缆,且电缆的阻燃级别不应低于B级,敷设在同一建筑内的电缆的阻燃级别宜相同。"市域铁路地下线路的工况环境与地铁基本相同,故地下范围及建筑物内的信号光(电)缆的阻燃级别宜参照国家标准《地铁设计防火标准》GB 51298—2018的规定。

20.9.4 市域铁路在路基和高架区段为尽量避免信号光(电)缆因裸露造成的老化问题,宜敷设在电缆槽内。地下范围由于限界和疏散通道等的影响,不一定有空间设置电缆槽,故可采用电缆支架敷设方式。

21 信 息

21.1 一般规定

21.1.3 市域铁路运营组织管理与城市各公共交通系统、监管单位以及政府等关系密切,信息系统实施互联才能充分发挥系统的效果。市域铁路客票系统除实现线网内部线路互联,还要采用标准开放的通信接口,预留对连外部交通系统的条件。市域铁路乘客信息系统可考虑与上海市相关电子媒体系统衔接,以提供必要的公共信息等服务内容。

21.3 客票系统

21.3.3 市域铁路在与外部轨道交通之间互相开行列车或便捷换乘的情况下,需要结合对端客票系统相应制式,可采用系统互联或相互延伸覆盖系统的方式,实现旅客便捷出行、一票出行,同时需满足双方主体各自票款准确、相互间结算准确。

21.3.5 市域铁路车票的介质需要结合技术发展、各种票卡实际所占比例、建设成本及运营维保、周转、调配等多方面因素确定。

21.3.6 市域铁路客票系统建设需以集约化为原则,清分系统和中心级客票系统可整合数据资源,制订针对清分和管理的不同业务模型。

21.7 动车组管理信息系统

21.7.2 动车组管理信息系统通过办公信息系统搭建的骨干网络和现场工位信息点,实现终端设备接入访问动车组管理信息系统的统一平台。

22 综合监控与安全防护

22.1 综合监控系统

22.1.2 集成子系统分为深度集成子系统和操作集成子系统。其中,深度集成子系统是指该子系统成为综合监控系统的一部分,其全部功能都由综合监控系统实现;操作集成子系统是指该子系统的监控管理人机界面及运营操作功能在综合监控系统中实现,其余功能由该子系统自身完成。

22.1.3 根据目前调度中心的规划,由中心云平台设置路网级的综合监控系统,为市域铁路各线路综合监控系统提供中心级业务。

22.1.4 服务器、存储设备可由线路综合监控系统设置,也可由中心云平台提供资源。

22.1.9 联动控制是根据运营条件,按照市域铁路运营模式要求,由单一系统触发,相关系统及设备根据接收到的指令,按照确定的逻辑动作顺序执行的一组的自动操作。针对不同的功能要求,实现全线如紧急广播、疏散指示,区域、区间等地方设施的联动控制。

22.1.11 市域铁路智能运维可借助综合监控系统平台或数据实现,综合监控系统结合大数据平台、物联网、BIM及设备故障预测和健康管理系统等,采用5G、AI、数据嗅探和仿真分析等技术,建立设备维护数学模型,实现设备维护数据的可视化,具备跨专业的故障智能诊断、隐患预警、设备运行质量评价和健康度分析功能,辅助实现状态修和预防修;同时具备运维联动功能,为市域铁路运维智能化提供建议和支持。

22.1.12 本条参考国家标准《城市轨道交通综合监控系统工程技术标准》GB/T 50636—2018 第6.0.9条制定。其中,云平台为综合监控系统提供网络资源,可由云平台采用云节点的方式,为综合监控系统提供主干网传输通道;也可由云平台提供中央云交换机,为车站级综合监控系统提供统一的中心级网络接入。

22.1.13 本条参考国家标准《城市轨道交通综合监控系统工程技术标准》GB/T 50636—2018 第3.0.10条制定。

22.2 火灾自动报警系统

22.2.7 消防联动是市域(郊)铁路火灾工况下,有效地组织各个设备系统实施灭火、人员疏散的重要手段。本条明确市域(郊)铁路涉及灭火、排烟、疏散、应急照明的设施均需在火灾工况下实现消防联动控制。

考虑到实际应用中,站台门的开启涉及站台人员的安全,车站的站台门由车站值班人员根据排烟工况来确定是否需要开启,当需要开启车站站台门时,由车站值班人员确认安全后人工打开,不通过联动控制系统直接自动联动开启。因此,联动控制的系统不包含站台门系统。

22.2.9 关于消防联动对其他系统的控制的说明如下:

1 对门禁系统的联动,火灾时仅自动解锁火灾区域内的门禁,其他区域不解锁,手动解锁时可以一次解锁全站门禁。

2 对于电梯的联动控制,需在电梯运行至疏散层并开门后,再切断其电源。

3 消防应急照明和疏散指示系统的联动控制依据国家标准《消防应急照明和疏散指示系统技术标准》GB 51309—2018 第3.6节制定。

22.2.10 采用同站站内换乘的车站,一般设置一个控制室,其火灾报警系统宜集中设置。

22.2.11 关于火灾自动报警系统现场设备设置的说明如下：

1 车辆基地的大空间场所主要指检修库内净空较高的场所，本条规定了车辆基地大空间场所采用探测器的形式。

2 设有应急疏散平台的区间或隧道，手动报警按钮设置在应急疏散平台侧；未设置应急疏散平台的区间或隧道，手动报警按钮、电话插孔及消火栓按（如需设置）统一设置在区间或隧道一侧，以方便使用。

22.3 环境与设备监控系统

22.3.1 考虑地下车站机电设备较多，运行模式复杂，需要设置环境与设备监控系统；根据现行行业标准《铁路隧道防灾疏散救援工程设计规范》TB 10020 的要求，隧道内的防灾救援设备也需设置环境与设备监控系统；地面及高架车站、车辆基地、运营调度中心需监控的设备相对较少，可以根据运营需要考虑是否设置环境与设备监控系统。

22.3.4 市域（郊）铁路存在部分通风、空调设备与防烟排烟设备合用的情况，为避免同一设备监控设施重复设置，减少投资、方便管理，规定正常运行与火灾工况均需控制的设备，平时由环境与设备监控系统直接监控，执行联动控制的环境与设备监控系统设备需冗余配置，监控内容需满足火灾自动报警系统联动控制要求。对于火灾工况专用的设备，由火灾自动报警系统直接监控，可以减少信息传递，提高执行效率。

22.4 门禁系统

22.4.5 车站内设置门禁的地方，一般是人员不经常通行的地方，或者平时只允许工作人员授权通过，火灾时又是人员逃生和救援人员需要使用的通道。在发生火灾时，需确保这些出入口或通道可以使用,但又不能因局部火灾扩大门禁系统释放范围,造成不必要的管理麻烦。因此,要求门禁系统与火灾自动报警系统的联动实现火灾时自动解锁火灾区域门禁。同时,在车站综合控制室的综合后备盘上设置紧急释放控制按钮,实现全站门禁一键释放。

22.5　安全技术防范系统

22.5.4　入侵报警系统应对设防区域的非法入侵行为进行有效探测和报警。现行国家标准《入侵报警系统工程设计规范》GB 50394 对入侵报警系统的功能和性能设计做了详细规定。

23 调度中心

23.1 一般规定

23.1.1 结合本市规划市域铁路数量及独立运营模式,为实现对运营过程全面的监控和管理,对行车、供电、环境与设备、车辆、设备维修、客运、防灾应急等集中、统一指挥,应建立一个具有适当环境、条件及规模的市域铁路运营调度、指挥和控制的调度指挥中心,简称调度中心。

23.1.2 本条的"一次规划、逐线接入"是指按照市域铁路规划的线路数量、长度、调度台数量等情况,一次性建成包括生产生活用房、设备机房、调度大厅、各系统中心基础设备等,后续规划范围内的各条线路接入时仅需相应配置线路级的设备设施即可。

23.1.4 环境及设备监控调度负责车站综合监控系统(ISCS)、火灾自动报警系统(FAS)、气体灭火系统、给排水、水消防、低压配电、电(扶)梯、站台门等设备的调度和管理工作。

23.1.5 防灾和应急指挥中心主要用于火灾、水淹、风灾、冰雪、地震、雷击等重大运营事故及运营设备、设施故障等情况下,对所辖线路的应急调度指挥。

23.1.6 调度中心是市域铁路运营管理最为重要的建筑之一,应具有高度的安全性和可靠性。考虑到调度中心的整体安全,宜将其设置为独立专有建筑,不宜与其他功能的建筑合用,以保证其安全;当确实有需要合建时,调度中心应设置独立的包括电梯和消防安全通道等在内的出入口通道。其他部门及设施不得影响调度中心的运营管理工作;与调度中心运营、管理和安全无关的系统、设备不宜纳入调度中心。

23.2 选址与规模

23.2.1 本条规定宜靠近主要线路和车站主要是考虑到两个因素,一是尽量保证光(电)缆经市域铁路线路引入调度中心路径在铁路保护区内;二是调度中心选址靠近主要线路可尽量减少各线路的系统设备经较少的路由与中心设备进行连接。

23.2.2 本条的规定是为保证调度中心的设备安全及运行可靠、生产人员身体健康免受有害污染。

23.5 调度台

23.5.4 本条是在广泛调研高速铁路、城际铁路和城市轨道交通调度台管辖线路长度及车站数,并结合本市的规划、在建市域铁路行车调度台设置情况后所做出的规定。

23.5.5 本条第2款是在广泛调研高速铁路、城际铁路调度台管辖线路长度,并结合本市的规划、在建市域铁路供电调度台设置情况后所做出的规定。

23.5.6 市域铁路环境与设备监控调度台总体上基于城市轨道交通环境与设备监控调度台,本条第3款是在广泛调研城市轨道交通环境与设备监控调度台设置情况,并结合本市的规划、在建市域铁路环境与设备监控调度台设置情况后所做出的规定。单个环境与设备监控调度台管辖范围以30座~50座车站为宜,当区间隧道和地下站较多时,管辖范围可适当减少。

23.5.8 本条第2款是在广泛调研高速铁路、城际铁路和城市轨道交通调度台设置情况,并结合本市的规划、在建市域铁路客运服务调度台设置情况后所做出的规定。单个客运服务调度台管辖范围以不多于50座车站为宜。

23.5.9 本条第3款是在广泛调研高速铁路、城际铁路调度台管辖线路长度,并结合本市的规划、在建市域铁路综合维修调度台设置情况后所做出的规定。

23.6 网络安全

23.6.2 《关键信息基础设施安全保护条例》第二十三条:国家网信部门统筹协调有关部门建立网络安全信息共享机制,及时汇总、研判、共享、发布网络安全威胁、漏洞、事件等信息,促进有关部门、保护工作部门、运营者以及网络安全服务机构等之间的网络安全信息共享。第二十九条:在关键信息基础设施安全保护工作中,国家网信部门和国务院电信主管部门、国务院公安部门等应当根据保护工作部门的需要,及时提供技术支持和协助。

23.6.3 本条"计算机信息系统"定义执行国家标准《信息安全技术 术语》GB/T 25069—2022"3.274 由计算机及其相关的和配套的设备、设施(含网络)构成的,按既定应用目标和规则对信息进行采集、加工、存储、传输、检索等处理的系统。"

23.6.4 安全管理中心,是对市域铁路中所有网络安全系统设备进行集中管控。安全管理中心集中管控要求包括:

1 应划分出特定的管理区域,对分布在网络中的安全设备或安全组件进行管控。

2 应能够建立一条安全的信息传输路径,对网络中的安全设备或安全组件进行管理。

3 应对网络链路、安全设备、网络设备和服务器等的运行状况进行集中监测。

4 应对分散在各个设备上的审计数据进行收集汇总和集中分析,并保证审计记录的留存时间符合法律法规要求。

5 应对安全策略、恶意代码、补丁升级等安全相关事项进行集中管理。

6 应能对网络中发生的各类安全事件进行识别、报警和分析。

　　7 应制定中心安全统一的标准接口,后建线路及车站安全设备根据标准接入中心系统平台。

23.6.6 当等级保护对象所处理的业务信息和系统服务范围发生变化,可能导致业务信息安全或系统服务安全受到破坏后的受侵害系统和对系统的侵害程度发生变化时,需重新确定定级对象和安全保护等级。

23.6.8 设立安全管理机构,支持日常运营工作开展,制定市域铁路网络安全工作的总体方针和安全策略,阐明机构安全工作的总体目标、范围、原则和安全框架等。安全运营中心要求包括:

　　1 应形成由安全策略、管理制度、操作规程、记录表单等构成的全面的安全管理制度体系。

　　2 应根据保护对象的安全保护等级及与其他级别保护对象的关系进行安全整体规划和安全方案设计,设计内容应包含密码技术相关内容,并形成配套文件。

　　3 应根据资产的重要程度对资产进行标识管理,根据资产的价值选择相应的管理措施。

　　4 应对信息分类与标识方法作出规定,并对信息的使用、传输和存储等进行规范化管理。

　　5 应定期开展安全测评,形成安全测评报告,采取措施应对发现的安全问题。

　　6 应定期验证防范恶意代码攻击的技术措施的有效性。

　　7 应规定统一的应急预案框架,包括启动预案的条件、应急组织构成、应急资源保障、事后教育和培训等内容。

23.6.9 为确保供应链安全,安全测评中心宜预先对网络安全产品进行测试,通过后方可投入使用。市域铁路网络安全产品应包含应用在系统的软件及硬件产品,其安全技术要求及测试评价方法应满足现行国家标准《网络关键设备安全通用要求》GB 40050、《网络关键设备安全检测方法 交换机设备》GB/T 41266、《网络关键设备安全技术要求 交换机设备》GB/T 41267、《网络关键设备安全检测方法 路由设备》GB/T 41268、《网络关键设备安全技术要求 路由设备》GB/T 41269、《信息安全技术 网络入侵检测系统技术要求和测试评价方法》GB/T 20275、《信息安全技术防火墙安全技术要求和测试评价方法》GB/T 20281 等的相关要求。

24 车辆基地

24.1 一般规定

24.1.1 车辆计划修修程和周期根据车辆技术平台、车辆全寿命周期质量指标和运用检修经验确定。市域车辆修程和周期见表 24-1。

表 24-1 市域车辆修程和周期

类别	检修修程	检修周期		检修时间
		走行里程(万 km)	时间间隔	
定期检修	五级修	360	12 年	45 天
	四级修	180	6 年	35 天
	三级修	90	3 年	15 天
日常维修	二级修	1.5～20	1～12 月	8 小时
	一级修	0.3	2 天	2.5 小时

24.1.5 车辆基地综合开发需注意下列事项：

1 明确开发内容、性质和规模，避免其盲目性，造成废弃工程。

2 总平面布置应在保证车辆基地规模和功能的基础上，对站场布置、房屋建筑、供电、通风空调、给排水及消防、环境保护等设备、设施统一规划，避免相互干扰。

3 综合考虑车辆基地与综合开发之间内、外道路的合理衔接，并明确车辆基地和综合开发工程接口划分。

4 做好相关市政配套设施的规划。

5 按设计阶段做好投资估算、概算及资金来源和筹措，并进行技术经济比较和经济、社会效益分析。

24.1.6 本条所说的国家现行有关标准主要有:《铁路边界噪声限值及其测量方法》GB 12525、《声环境质量标准》GB 3096、《工业企业厂界环境噪声排放标准》GB 12348、《城市区域环境振动标准》GB 10070、《污水综合排放标准》GB 8978、《环境空气质量标准》GB 3095 等。

24.2 总平面布置

24.2.1 车辆基地在总平面设计时,应注意:

车辆基地占地较大、投资高,在符合运输需要的前提下,设计规模要统一规划、分期实施,以节约投资。对于今后扩建不影响正常生产和周围环境时,其股道、房屋建筑和机电设备等可按近期需要设计;总平面布置要考虑工艺布局及运用管理的需要;用地范围应按远期规模确定,以免远期工程实施时征地困难,影响整体布局。

车辆基地平面布置形式一般有纵列式和横列式两种(图 24-1 和图 24-2)。布置形式受基地总规模(指远期规模)和地形条件两方面的限制。当基地总规模较大、存车数较多时,考虑到列车的到发次数以及检修车在检修线群和存车线群之间的转线次数增多,为缩短基地内作业时间,以采用纵列式布置为宜;在基地总规模较小、存车数较少时,基地内转线作业的干扰较少或受场地条件限制时,将检修线群与存车线群横列配置,可使总平面结构紧凑,且减少投资。

对于市域铁路来说,车辆基地选址、用地都比较困难,很难实现纵列式布置,而规模往往比较大,若采用横列式布置又会导致作业效率低下,甚至无法在规定时间内完成一级修作业,在此情况下,提出了错列式布置形式,即一条检查库线对应设置两条存车线(图 24-3),既缩减了用地长度,又兼顾了工艺流程,是为了平衡用地条件和作业效率的折中方案。

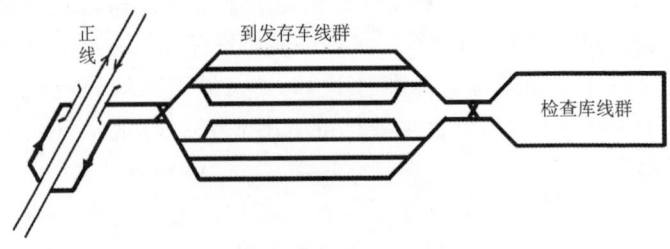

图 24-1　纵列式布置

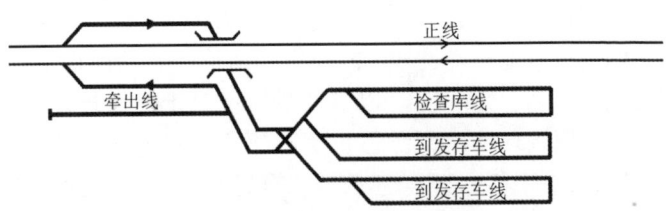

图 24-2　横列式布置

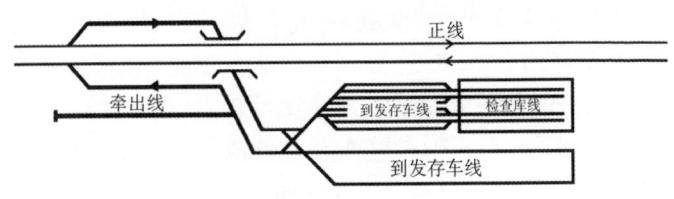

图 24-3　错列式布置

采用何种布置形式,不仅需根据车辆基地远期规模及车辆检修作业流程,结合具体地形条件确定,而且当近远期规模相差较大时,平面布置时要考虑工程分期实施的可行性,留出施工空间,以减少运营干扰。一般来说,动车段多为纵列式布置,动车所规模适中时,建议采用错列式置,规模较小且用地有限时可采用横列式布置。

我国目前已投产的干线铁路动车段(北京、上海、广州、武汉)均为纵列式布置,动车运用所也多为纵列式布置(如北京西、郑州、杭州、广州东、汉口等)。只有上海南运用所由于地形条件限制,采用横列式布置,从运营情况来看,由于与车站共咽喉区,对车辆运用效率有较大影响。国外动车段(所)新建时一般采用纵列式布置形式,在利用既有设施改建成动车段(所)时,由于受到地形的制约,也有采用横列式的实例(如法国的沙地翁)。

24.2.2 检查库线供车辆完成一、二级检修作业,检修库线供车辆完成三、四、五级检修作业。

24.2.4 关于车辆基地内线路:

1 车辆基地出入线数量是参考车辆基地实际情况确定的。如果车辆基地出入线切割正线,不仅影响正线通过能力,还容易造成行车安全事故。因此,规定出入线与正线采用立体交叉。

3 用地条件紧张时,检查库线数量可计入存车线数量。

有作业的存车线间距按 1 700 mm(限界半宽)+1 200 mm(通道宽度)+1 700 mm(限界半宽)计算得 4.6 m。

设有接触网支柱或灯桥柱的存车线线间距按不小于 2 440 mm+2 440 mm+1 500 mm(灯桥柱结构宽度)控制,取为 6.5 m。

上盖开发设有结构柱的存车线与柱边通道宽度按不应小于 1 700 mm(限界半宽)+800 mm(通道宽度)计算得 2.5 m。

4 检查库线计算时需综合相邻线因素确定所需规模,充分考虑检修资源共享,减少工程投资。

5 车辆清洗作业在回到车辆基地后进行,受洗车线有效长、调车作业、气候温度等因素影响,外皮清洗装置的闲置时间较多,能力没有充分发挥。因此,规定了列车外皮清洗线数量根据清洗作业时间确定。八字形往复式布置是指列车外皮清洗线采用两头尽端式与出入线并行。

6 轮对踏面及受电弓检测设备两端各设置 1 节车长的平直股道,目的是使车辆在通过检测时保持车体顺直,保证检测精度,该设备一般配备检测棚。

7 由于车辆临修及不落轮镟作业时均为整列作业,为保证车辆的每个转向架均能实施作业,故要求临修库、不落轮镟轮库前后股道有效长应按各1列车长加安全距离设置。

10 车辆性能是指车辆加速、制动等性能参数。列车长度是指远期最大编组的长度。

11 符合试车条件的正线:①试车区段应为平直线路;②试车区段线路有效长度应满足车辆性能和技术参数的试车作业需求;③试车区段应满足列车最高运营速度性能与信号接口的试验要求,160 km/h及以下速度等级的车辆试车速度可按50 km/h设计。

14 在列车动态调试和试车作业过程有时需对列车车底进行技术检查和临时故障处理,因此动态试验线宜设置一段检查坑,检查坑长度一般按照1/2列车长度加5 m考虑。

24.3 运用整备设施

24.3.1 车辆整备及一、二级修设施应按下列工作范围进行设计:

1 车辆走行部、制动系统、受电弓、电气系统、空调系统、列控装置、列车网络控制系统的检查及检修。

2 车载运行信息的采集、转储及处理,润滑油脂补充,车厢内部清洁及消耗品补充,车体外皮清洗,车内垃圾收集及转运等。

3 根据需要,可配置上砂作业设备。

24.3.4 本条规定了检查库及边跨设置的具体要求。

1 列位之间通道宽度一般需根据信号和接触网分段器安装要求确定,现行国家标准《地铁设计规范》GB 50157和现行行业标准《铁路动车组设备设计规范》TB 10028中此值均取8 m;斜坡长度可根据斜坡坡度计算确定,斜坡坡度可采用8%~12.5%,一般取 10%。

24.3.5 关于检查库内设备：

1 列车一般采用自走行入库方式,因此规定库内应设接触网;由于一、二级修需要登顶作业,为保证作业人员安全,届时应将接触网断电,因此规定检查库前应设置接触网分段绝缘器、带接地的隔离开关,库内应设与隔离开关联锁的声光警示装置,以保障安全生产。检查库采用1线2列位布置时,为避免一列车作业时对另一列车作业产生影响,规定在两列位之间设置分段绝缘器。

2 柱式检查地沟相对于壁式检查地沟而言,具有更开阔的空间,对于提高作业效率、改善作业环境具有显著作用。一般来说,检查库股道采用柱式检查地沟,调机工程车库股道采用壁式检查地沟。

24.3.7 临修库主要承担故障转向架或轮对及大部件的更换、处理车辆应急故障等作业。关于临修库设计的说明如下：

1 临修库长度除考虑进行转向架或车下部件更换作业外,还需考虑相邻车的车顶部件更换作业。工程设计中,临修库长度一般不小于60 m。临修库高度主要根据库内起重机轨顶标高及其安装高度确定,起重机轨顶标高一般不小于8.4 m。

5 临修库前直线段主要取决于头车转向架中心距大小(17.5 m),因此,库前直线段长度确定为20 m。受用地条件限制,库前直线段长度无法达到20 m时,临修库大门宽度应根据工艺要求适当加宽。

24.3.8 不落轮镟设备一般有单轴和双轴不落轮镟床两种。单轴不落轮镟床造价低、加工效率低;双轴不落轮镟床造价高、加工效率也高。从运营实践看,不落轮镟轮床使用频率较高,在具体工程设计时,可根据检修作业量的大小配备双轴或单轴不落轮镟床。

24.3.9 由于车体外皮清洗装置用水量大,洗刷水回收利用可节约水资源,符合建设节约型社会的要求。结合工程实际,建议清洗水按回收率不低于60%设计。

24.3.10 由于受电弓检测设备需设置在车顶,轮对踏面诊断设备宜与受电弓动态检测设备合设在一处,可共用遮光棚,便于安装管理,也节省安装费。

24.3.12 人工清洗线线间距应不小于6.5 m。

24.3.13 本条系参考国家标准《建筑设计防火规范》GB 50016—2014(2018年版)第3.7.4条规定。

24.4 检修设施

24.4.2 本条系参考干线铁路动车段检修厂房情况规定的。动车段检修厂房构成如下:

北京动车段:静调库及三、四级修库,五级修库(含部件检修),转向架检修库,涂装库。

广州动车段:三级修库(含部件检修),四、五级修库(含部件检修),调试库,转向架检修库,涂装库。

武汉动车段:三级修库(含部件检修),四、五级修库(含部件检修),转向架检修库,部件解体组装库,车体检修库,涂装库。

上海动车段:三级修调试库,转向架检修库,四、五级修库(含部件检修),车体检修库(含涂装)。

24.4.4 检修库前直线段主要取决于头车转向架中心距大小(17.5 m),因此,库前直线段长度确定为一辆车长。受用地条件限制,库前直线段长度无法达到一辆车长时,检修库大门宽度应根据工艺要求适当加宽。

24.4.7 吹扫除尘设施及辅助生产房是指工具间、材料间、休息室等辅助用房。

25 综合维修设施

25.1 一般规定

25.1.1 根据上海市域铁路的技术特点,将基础设施维修对象划分为线上设施和线下设施。线上设施主要包括线路、路基、桥涵、隧道、灾害监测、牵引供电、电力、通信、信号等设施;线下设施主要包括环控、给排水、车站设备、信息系统、房屋建筑等设施。

25.1.2 市域铁路的工务、供电、电务等线上基础设施具有高速度、高技术含量的集成特性,强化检测,采用综合检测与综合维修的方式,是保证作业质量从而保证运营安全、提高"天窗"利用效率的有效途径。

25.1.3 根据线上、线下设施维修对象的特点,规定采用不同的管理方式。工务、供电、通信、信号等沿线设施专业性强、市场化率低,需各专业协同作业,按自主化、专业化管理有利于提升作业效率,保证作业质量。建筑、环控、给排水、车站设备、信息等线下基础设施公共性、通用性强,采用社会化维修有利于集约资源、降低维修成本。

25.1.4 运营维护主管部门总体负责市域铁路网的维修管理。运营维护主管部门下设动态检测与大机维修中心、维修车间,动态检测及大机维修中心负责动态检测及大型养路机械作业,是线网级维修设施,维修车间与维修工区负责日常维修作业,是线路级维修设施,部分线路较长或互通条件较差以至于无法共享维修资源的线路可在维修车间下设维修工区。运营维护主管部门及各层级维修设施共同构建起上海市域铁路完整的基础设施维修体系,保障运营安全。

25.1.5 动态检测及大机维修中心为线网级维修设施,其设置结合线网统一规划。当周边有可利用的专业检测、维修资源时,检测、维修作业也可考虑采用委托方式完成。

25.1.6 维修设施与车辆基地共址,有利于维修车辆上线通路及用地的集约利用,有利于降低工程规模、节约工程投资。

25.1.7 动态检测及大机维修中心、维修车间及维修工区设置的维修信息系统具有维修管理、作业管理、材料管理、设备管理等相关功能。

25.2 动态检测及大机维修中心

25.2.2 综合检测车、钢轨探伤车、综合巡检车、钢轨打磨车、接触网检测车、接触网抢修车组、线路维修机组等各种大型检测、维修车组的配备从资源共享的角度出发,根据检测及维修作业内容、作业量、维修周期、机械作业能力,综合考虑线网规模统筹规划配置,以避免重复配置导致的资源浪费。

25.2.4

　　4 当综合检测车以市域动车组为平台车辆时,其停放及检修设施与车辆基地统筹考虑有利于检修资源综合利用。

25.3 维修车间

25.3.3

　　4 在维修车间内停放的车辆主要包括中心配属及周期作业停放的车辆,主要包括工务轨道车、大型养路机械、接触网作业车、接触网检测车、接触网抢修车组等。车辆停放线设置应根据上述车辆的类型、长度等车辆参数以及数量综合考虑,在满足运营维修需求的前提下尽量共用。

25.4 维修工区

25.4.4

3 在维修工区内停放的车辆主要包括工区配属及周期作业停放的车辆,主要有工务轨道车、大型养路机械、接触网作业车等。车辆停放线设置根据上述车辆的类型、长度等车辆参数以及数量综合考虑,在满足运营维修需求的前提下尽量共用。

26 给水排水

26.2 给 水

26.2.1
5 空调水系统的补充水量包含冷冻系统、冷却系统补水。
7 车辆基地室外绿化、浇洒应采用高效节水灌溉方式。

26.2.3
1 市域铁路车站室外生产、生活给水系统与消防给水系统分开设置,在水表井前分开。为避免车站生产、生活给水系统回流对城市自来水管网造成污染,故车站生产、生活给水系统均应在给水引入管上设置倒流防止器、真空破坏器及采用空气隔断等其他可靠的防倒流措施。

3 市域铁路沿线的市政给水管配套不完善,常为单水源,故室内生产、生活给水管道可布置成枝状管网。

26.2.7 室内生活、生产给水管道管材要求包括热水管,首推薄壁不锈钢管。开水管道金属管材的许用工作温度应大于100℃,并应采取保温措施。

26.3 排 水

26.3.1 污水监测井应符合上海市地方标准化指导性技术文件《上海市排水监测井技术规程》DB31 SW/Z 016—2021 和《上海市排水检测井图集》DB31 SW/Z 017—2021 的要求。

26.3.3 本条规定了上海市域铁路设计雨水量计算中对不同部位的暴雨重现期的取值。

26.3.4

4 由于市域铁路区间长、埋深大,在采用传统联络通道废水泵房施工风险大的区域,在轨道、结构、限界等相关专业的同意下,经专项论证后,可采用道床内置废水泵房的形式,但应保证废水池的有效容积,选用停泵水位低的潜污泵,对设备、管道及附件采取防腐、防淤积、防震动措施,同时精细化施工,并加强巡检及维护。

5 区间主排水泵站的间距原则上不应超过2.0km,但市域铁路站间距大、区间长,为提高区间排水系统的可靠性,可在有盾构降板的中间风井处设置主废水泵房,同时可为区间主废水泵房提供接力排水的条件。

6 为防止敞开段雨水进入地下区间,在隧道洞口设横向截水沟和排水泵站。

7 区间隧道排水泵站一般距离车站都较远,区间压力排水管的敷设有多种选择方案。为了减少区间压力排水管的水头损失,降低区间排水泵的扬程,减少区间压力排水管的敷设长度,区间压力排水管宜就近通过泵站附近的区间风井、施工竖井或直接从泵房顶部排出。若区间排水泵站正上方为河流、建筑物或市政道路,不便于区间排水管施工时,区间排水管可沿区间敷设至车站接入城市排水系统,但区间排水管在区间断面的设置位置应满足限界的要求。针对市域铁路区间长、埋深大的特点,当区间主废水泵房直接接入城市排水系统时,水头损失大、水泵扬程高,可通过相邻车站或中间风井的主废水泵房接力排水。

26.3.5

1 为保证地下车站、区间隧道废水、雨水等排水安全畅通,排水泵站均应设置不少于1台备用泵,对于过江、跨海等较大水下区间两端车站废水泵站的设置台数不应少于3台。

26.3.9 目前国家正推广海绵城市建设,车辆基地场地相对较大,可根据上海海绵城市规划,采用"渗、蓄、滞、净、用、排"相结合技术措施对基地雨水进行重复利用。

26.4 接口设计

26.4.3 给水排水生产用房、构筑物设计时,建筑、结构、暖通、电力专业应按给水排水专业要求进行平面布置、剖面设计、通风设计,根据给水排水设备布置提供各设备的用电电源、控制等。

26.4.4 车站土建范围内的商业设施因使用功能及产权单位与车站不同,应单独设置。如有给水、排水预留需求,应及时提出。

26.4.5 给水排水设备设置集控系统、信息管理系统时,通信、信息专业应预留信息通道等接入条件。

27 通风与空调

27.2 设计标准

27.2.4 市域动车均设置空调,结合上海市域和轨道交通运行情况,除早期设计的地铁2号线外,站台都装有全封闭站台门。因此,本次标准制定时地下区间的设计标准按列车设置空调、地下站台设置全封闭站台门制定。如果与该条件不符,可参照其他国家或上海市相关规范选定标准。

地下区间机械通风换气能力需同时兼顾新风、排热、事故通风换气要求,用于区间事故、早晚通风、维护作业等工况。城市轨道交通地下区间的机械通风换气能力一般不低于3次/h,1 km~2 km 的区间对应风量约 15 m³/s~30 m³/s。市域铁路地下区间单线断面积约 35 m²~48 m²、站间距平均不小于 3 km,最长甚至超过 10 km。采用同样的换气指标时,计算风量将达到 100 m³/s~400 m³/s,是城市轨道交通的数倍至数十倍,而基于人员新风需求或排热所需风量差异并不大。采用相同的换气次数,虽然换气效率高,但设备和土建投资高,必要性不大。因此,兼顾经济性和适当的换气效率,本条规定隧道的基本换气能力不低于1次/h。

27.2.8 隧道与地下车站公共区的夏季室外计算干湿球温度参数取自现行国家标准《城市轨道交通通风空气调节与供暖设计标准》GB/T 51357,其他参数取自现行国家标准《民用建筑供暖通风与空气调节设计规范》GB 50736。

27.3 高架及地面车站、车辆基地、调度中心及其他附属建筑

27.3.6

2 上海夏季天气炎热,本款建议对连续作业时间较长的维修岗位设置局部降温设施,以改善工人作业环境,提高工作效率。车辆基地的检修线、临修线、不落轮镟轮线等作业线的维修岗位作业时间一般超过 30 min,作业劳动强度为中至重度体力劳动,设置局部降温设施有助于延长全天累计作业时间;而存车线、检查库线、静态调试线等作业时间短,设置岗位空调的必要性不大。由于车库净空高、库区面积大,上部设有接触网、起重设施等,采用在作业岗位点设置空调柜机的分散空调方式空间适应性和管理适应性都较强,且利于节约运行能耗。

5 本款制定的目的是确保结合开发建筑设置且先期建成的轨道交通场站通风系统的正常运行。在车辆基地与综合开发一体化建设项目中,通常场站建设时综合开发方案尚未稳定,后期开发建设时存在变更风井(道)位置的可能性,影响原系统的运行。因此,特别提出要做好衔接。

27.4 地下车站和区间

27.4.2 地下车站公共区的空调负荷主要包括车站各类设备、乘客以及由区间排热系统和列车进出站活塞作用引起的出入口和区间渗透风,与客流、列车开行密度等因素相关。根据地铁设计经验,由排热风系统和活塞作用引起的出入口风量或抵御负压的新风负荷占车站总负荷量的 30%～40%。市域铁路全天发车密度线与线间差异很大,部分线路没有明显的早晚高峰。由于渗风负荷随车密度、室外新风焓全天波动,最高小时冷负荷可能发生在早晚高峰或中午时段,因此要对运行时段进行逐时负荷计算,

特别是 7:00—9:00、13:00—14:00 和 16:00—18:00 三个时间段,以确定系统容量。民用建筑在施工图阶段需进行逐时负荷计算,基于空调系统与车站规模关系密切,建议地下车站可提前至初步设计阶段进行逐时负荷估算。

27.4.5 与城市轨道交通相比,市域铁路的发车间隔长、车速高,当站间距不是特别长、行车密度不高时,上、下行同时存在列车运行的时段有限,双活塞风井与单活塞风井通风效果差异不大,而采用双活塞风井车站规模大、地面用地大,此时采用单活塞风井比较合适。当区间长、车密度大时,上、下行同时存在列车的运行时段多,为了加强活塞对外换气,避免上、下行线间的气流回流,建议采用双活塞风井,风井面积可取用隧道净面积的 80% 左右,以有效发挥活塞井的对外换气作用。

27.4.6 轨行区上部设置排热风道存在施工、调试等多方面问题。市域铁路采用 25 kV 交流制式供电,站台层板上净高近 7 m,管线空间富裕,有在站台候车区设置排热风管的条件。因此,有条件时将上部排热风管(道)移至站台候车区上部空间,侧开风口对排热本身和施工、调试、运维都有利。

27.4.8

2 根据轨道交通地下车站的设计经验,地下车站强电机房和弱电机房的冷负荷较大,采用全空气空调系统时机组风量通常为 20 000 m^3/h～40 000 m^3/h,且负荷存在波动和过大的可能。因此,参考现行上海市工程建设规范《公共建筑节能设计标准》DGJ 08—107 的要求,单台风量大于 10 000 m^3/h 的系统设置变频调速装置,以调节供冷量、节约运行能耗。

27.4.9

3 根据城市轨道交通的运行情况,运行一段时间后新风道表面容易积尘,混凝土表面的积尘量大,难以清洗,影响空调送风系统过滤系统的使用寿命和送风品质。因此,本标准提高了新风道装修要求和清洗设施要求,方便风道定期冲洗积尘,确保送风品质。

27.5 空调冷源及水系统

27.5.1

3,4 为了降低冷冻水输送能耗,参考现行上海市工程建设规范《公共建筑节能设计标准》DGJ 08—107 的要求,冷冻水的供回水设计温差要求不低于 6℃,空调箱表冷器的选型应能适应该项指标。根据轨道交通地下车站设计和运行经验,公共区的冷负荷随服务年龄和运量在 50%～100% 之间变化,因此要求冷源的供冷量应能适应车站负荷变化范围,实现节能运行。

27.6 通风与空调系统控制

27.6.3 制定本条的目的是响应国家能源政策,促进车站空调制冷系统的切实实现高效、节能运行。供冷季的制冷机房和空调系统的能效比参考现行团体标准《轨道交通车站高效空调系统技术标准》T/CABEE 008 中的二级能效比指标。

28 综合接地

28.1 一般规定

28.1.2 等电位连接可以有效地克服各系统设备之间的电位差。

28.2 贯通地线、接地线

28.2.1 市域铁路采用左侧行车,地下隧道存在单线单洞情况,考虑信号机、轨旁设备等安装于线路左侧较多,对于隧道右侧需要接地的设备设施,可利用隧道结构或接触网支柱基础等根据需要设置接地端子,以节省敷设贯通地线的工程投资。

对于上盖式车辆基地,可充分利用环形接地装置及结构柱接地装置,因此增加了车辆基地宜设置贯通地线的条款。

28.2.2 接触网回流不畅会引起贯通地线分流过大,当电缆外皮破损时,贯通地线向电缆放电产生电弧,导致电缆外皮燃烧。因此,贯通地线与电缆间应采取有效的物理隔离措施,如采用水泥砂浆包封方式。

28.2.6 利用桥梁、隧道及接触网支柱基础内的非预应力结构钢筋作为接地体(极),具有方便施工、节省投资和钢筋受混凝土保护不易腐蚀等优点。

28.3 接地体(极)和接地端子

28.3.10 路基地段电力及通信信号电缆槽侧壁每 500 m 各设置 1 个接地端子;电缆井内可按需设置接地端子,用于电力、牵引供电、接触网等设备设施接地的接地端子与通信信号接地端子间距不小于 15 m。

28.4 接地及等电位连接

28.4.1 本条参考了行业标准《铁路电力牵引供电设计规范》TB 10009—2016 第 4.12.12 条和第 4.13.9 条的规定,本条中的接闪器特指国家标准《建筑物防雷设计规范》GB 50057—2010 第 2.0.8 条中的接闪杆,一般指变电所和通信铁塔等设置的接闪杆,即通常所说的避雷针。

28.4.3 规定站台墙的台面上层靠线路侧 0.6 m 范围内的纵向结构钢筋与站台墙内的部分横向结构钢筋、竖向结构钢筋与综合接地系统相连,是为了消除旅客上、下车可能引起的跨步电压,以保证旅客人身安全。

29 防　灾

29.1　一般规定

29.1.5　当市域铁路车站或车辆基地进行上盖开发时,车站及车辆基地建筑与上盖物业开发建筑相互组合、叠加建造,有至少2种及2种以上使用功能,不同使用功能建筑之间需要进行严格的防火分隔,以保证火灾不会相互蔓延,故要求各个不同使用功能建筑的消防设计必须独立。该类项目的消防设计可参照现行上海市工程建设规范《城市轨道交通上盖建筑设计标准》DG/TJ 08—2263的相关规定执行。

29.2　建筑防火

29.2.1　地下车站是人流密集的封闭空间;调度中心、主变电所是市域铁路极为重要的组成部分;易爆、易燃的库房危险性大,且大多设置在车辆基地内;设置在地下的车辆基地规模大,且救援难度和排烟排热难度也大;板地下部建筑和上盖建筑是不同使用功能建筑的复合叠加,板地下部的车站为市域铁路公共建筑、车辆基地为工业厂房性质建筑,而上盖建筑多为民用建筑,叠加后的火灾危险性加大。因此,本条参照现行国家标准《建筑设计防火规范》GB 50016、《地铁设计防火标准》GB 51298 和《人民防空工程设计防火规范》GB 50098 的规定,将这些建筑的耐火等级确定为一级。

车辆基地建筑火灾危险性类别参照了现行行业标准《铁路工程设计防火规范》TB 10063 的相关规定。

29.2.2

4 利用市域铁路车站、车辆基地上方空间建设的非市域铁路类建(构)筑物。

29.2.6 本条是根据行业标准《市域(郊)铁路设计规范》TB 10624—2020 第 22.1.8 条的规定,以及参照现行上海市工程建设规范《城市轨道交通工程技术规范》DG/TJ 08—2232 的相关规定,对站厅公共区建筑面积大于 10 000 m² 时所采取的防火分隔措施提出的具体规定。

2 当为换乘车站时,安全出口的设置还应符合本标准第 29.2.17 条的规定,即换乘车站共用一个站厅公共区时,站厅公共区的安全出口应按每条线不少于 2 个设置。

4 站厅公共区任一点至最近出入口通道口或疏散楼梯口的疏散距离不应大于 50 m,是指站厅公共区任一点计算至最近出入口通道口或疏散楼梯口的走行距离不大于 50 m。因此,公共区防火分区的面积可不计算出入口通道的面积。

5 对一座多线换乘车站共用站厅公共区内设置的小商铺,站厅小商铺的总建筑面积仍应按照不大于 100 m²、单处的建筑面积不大于 30 m² 控制,并建议尽量分散在不同的防火分隔区内。

29.2.8 本条规定将国家标准《地铁设计防火标准》GB 51298—2018 中的第 3.1.2 条范围扩充,包括车站、区间风井、车辆基地位于地面或上盖平台上的出入口、风亭、电梯和消防专用通道的出入口等附属建筑,与周围建筑物、储罐(区)、上盖建筑等的防火间距均应符合国家现行有关标准的规定。

29.2.9 本条规定中的厂房、库房内若有涉及生产或存储有毒、易燃易爆危化品的场所,除应符合表 29.2.9 中规定的防火间距外,还应采用定量风险评价方法确定外部防护距离,二者取较大值。

29.2.10 若地下车站在站厅以上无楼层时,消防水泵房应布置在站厅层。

29.2.13 本条规定包括地下车站、地下车辆基地、区间风井等地下建筑位于地面上的所有风亭和有上盖建筑的车站及车辆基地位于上盖平台上的所有风亭,不论是与其他建筑合建,还是独立设置,若在风亭的侧面开设风口,高风亭的排风口、活塞风口应尽量高于新风口布置;若高差无法拉开,则应错开方向布置,以防止产生烟气倒灌现象;若方向也无法错开的,则应按顶面开设风口的标准设置,如图 29-1 所示。

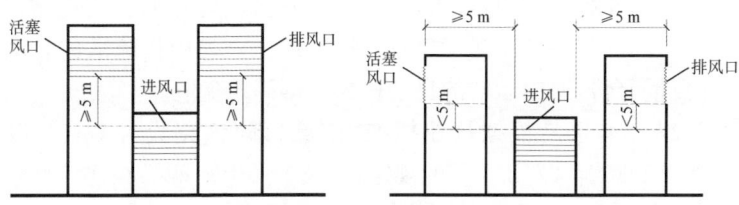

图 29-1　侧面开设风口的各风亭之间的距离示意图

29.2.15　排(活塞)风亭与出入口(消防专用出入口)之间的距离如图 29-2 所示。

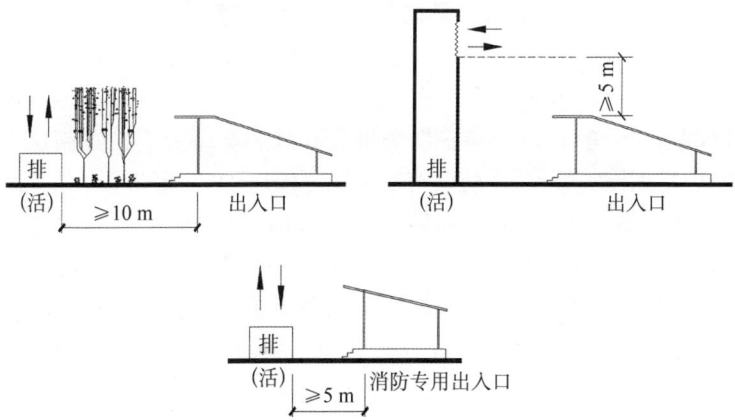

图 29-2　排(活塞)风亭与出入口(消防专用出入口)之间的距离示意图

29.2.20　乘客由站台楼扶梯口疏散至站厅公共区或其他安全区域的走行时间,应分别核算站台至站厅各组楼扶梯总走行时间。

并用其中最长走行时间核算总疏散时间;疏散公式 6 min 是指站台轨道区列车上最后一名乘客能疏散到站厅公共区或其他安全区域的总疏散时间。根据对既有案例的研究和大量计算验证,常规的地下二层车站基本能满足此要求,至于超过地下二层车站(或埋深较大的地下二层车站),应根据情况详细分段计算而定,亦必须满足 6 min 内疏散到站厅公共区或其他安全区域。

29.2.21 计算公式中,最大客流 Q_1 应按超高峰小时一列进站列车所载客流(非一列车满载客流)来取值。N 为用作疏散的自动扶梯数量(台),逆向运转的自动扶梯不得计入疏散。

29.2.24 本条是根据行业标准《市域(郊)铁路设计规范》TB 10624—2020 第 22.2.5 条的规定,以及参照上海四条在建市域铁路线路中上海市住房和城乡建设管理委员会对其《特殊建设工程消防设计审查意见书》的结论,提出了关于联络通道间距的具体规定。

29.3 消防给水与灭火设施

29.3.7 现行国家标准《地铁设计防火标准》GB 51298 和《地铁设计规范》GB 50157 均有条款明确地面和高架车站可不设置高位水箱,但根据国家标准《消防设施通用规范》GB 55036 第 3.0.9 条:"高层民用建筑、3 层及以上单体总建筑面积大于 10 000 m^2 的其他公共建筑,当室内采用临时高压消防给水系统时,应设置高位消防水箱。"该条款对地铁工程也适用,必须执行,故增加了对 3 层及以上单体总建筑面积大于 10 000 m^2 的车站应设置高位消防水箱的要求,其他车站仍按地铁专项规范执行。

基于高位消防水箱的作用是当建筑层高较高时,市政压力可能无法保障最高处的消防设施在消防泵启动之前也能充水并出水以及启动自喷系统报警阀的要求,设置高位水箱提供火灾初期的供水保障,而地下车站并不因为地下层数的增加影响管网压力最不利点的位置，故条文中的"3层及以上"与地下车站层数无关。

29.4 防烟、排烟与事故通风

29.4.5 基于特殊的防烟和排烟要求，站台公共区划分防烟分区没有实际意义。同时，由于行车安全性要求，也不对轨行区划分防烟分区。

参考现行国家标准《建筑防烟排烟系统技术标准》GB 51251和现行行业标准《市域(郊)铁路设计规范》TB 10624，当车站净高在6 m以下时，将站厅公共区防烟分区长边限制在60 m以内，一定程度上兼顾了公共区对建筑装修的特别需求，但考虑到长边长度增加后、烟气扩散路径加长、烟层冷却及沿程卷吸冷空气量增加，排烟量需增加，见后续相关条文要求。当净高大于6 m时，执行相关国家标准。

29.4.7 本条规定了排烟量计算的相关要求，主要如下：

1 按指标法计算排烟量沿用地铁相关标准要求。防烟分区的长边系指该防烟分区内烟气可能蔓延的最长水平距离。考虑到站厅防烟分区的长边过长会导致烟气层增厚、卷吸冷空气量增加，当长边超过36 m时排烟量提高至不低于90 $m^3/m^2 \cdot h$。当净空高度大于6 m或设计烟层底部高度大于2.6 m时，所需排烟量也会增加，此时应根据工程具体情况计算所需排烟量。另外，按市域铁路特点，综合考虑乘客携带行李、自动售货机、服务台、安检和售票机等设备设施，站厅公共区的火灾规模约1.5 MW～3 MW，当站厅净高小于6 m、烟层设计高度约2.6 m时，计算产烟量约40 000 m^3/h，因此规定站厅公共区单个防烟分区的排烟量不得低于40 000 m^3/h。出入口通道和长通道内仅为乘客通行和自动扶梯，单个防烟分区的最小排烟量同现行国家标准《建筑防烟排烟系统技术标准》GB 51251的规定。

2 列车火灾规模应取用生产厂商提供的数据，缺少时可参考行业标准《铁路隧道防灾救援疏散工程设计规范》TB 10020—2017，采用动车组时取 15 MW。由于站厅可能设置小型商铺，火灾规模可达 5 MW 甚至更高，因此，设有商铺时需要按现行国家标准《建筑防烟排烟系统技术标准》GB 51251 的相关规定计算。

3 站台火灾时，站台至站厅的楼扶梯为疏散通道，为了保障疏散楼梯和站厅的安全、防止烟气通过梯口扩散至站厅，采用国家标准《建筑防烟排烟系统技术标准》GB 51251—2017 第 3.4.3 和 3.4.6 条中楼梯间或避难走道前室或楼梯间疏散门洞风速防护要求，在水平段阻止烟气蔓延的门洞风速不小于 0.7 m/s～1.0 m/s，本标准采用不低于 1.0 m/s，风速位置见图 29-3(a)中所示 A 处。基于行业标准《市域(郊)铁路设计规范》TB 10624—2020 中要求的向下 1.5 m/s 的坡段风速要求，见图 29-3(a)所示 M 处，本标准仍遵循该向下风速要求。但由于楼扶梯坡段的角度为 27°～30°，采用公认的 Baker. Wu、Kenndy 或 Thoms 经验公式计算，阻止 2.5 MW 火灾烟气上行的临界风速约 2.7 m/s～3.5 m/s，远高于 1.5 m/s。因此，在坡段达到 1.5 m/s 向下风速防范烟气向上扩散的难度较大，而阻止烟气水平扩散相对容易。综合考虑安全性和站台排烟设施的规模，建议优先采用在水平段阻止烟气向站厅扩散，并建议楼扶梯两侧采用墙体或防火玻璃封闭[图 29-3(b)]，仅允许走行侧气流可以流通。

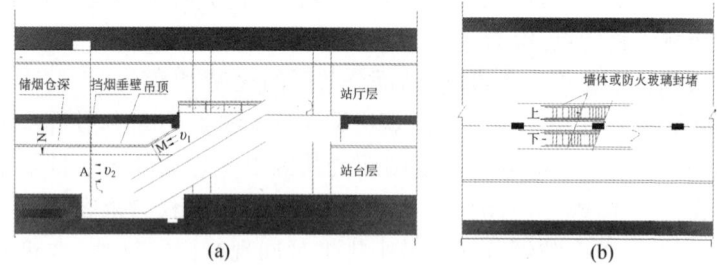

图 29-3 站台楼梯口风速和封堵示意图

站台控烟方式采用防、排一体化,由站厅流向站台的气流同时是站台排烟的补风来源,排烟量需要大于补风量,否则会造成烟气弥蔓的风险,因此站台排烟量需按本条第1款和第3款计算中的较大值取用。

4 设备管理区排烟量计算、排烟风机的风量确定原则上参照现行上海市工程建设规范《建筑防排烟系统设计标准》DG/J 08—88,未尽之处详见参考标准。

29.4.8 地下区间和车辆基地内检修库、存车库(区)等场所内的主要可燃物是列车,高大车库内的排烟量可参照现行国家标准《建筑防烟排烟系统技术标准》GB 51251提供的排烟计算公式计算,烟层厚度或设计清晰高度应综合考虑检修平台、车库大门等相关因素。当库内设有自动灭火系统时,可抑制火灾释热量,参考国家标准《建筑防烟排烟系统技术标准》GB 51251—2017第4.6.7条中有喷淋和无喷淋场景下的火灾热释放速率差异,考虑一定安全性,规定库内设有自动灭火系统时火灾规模可按减半计算。

29.4.9 自动灭火系统的灾后通风量取自现行国家标准《气体灭火系统设计规范》GB 50370的相关规定。

29.4.10 地下车站火灾时,因区间、车站公共区空间气流连通,且新、排风井为多系统共用,为减少对排烟区域的气流干扰以及风井内其他系统对正在运作的防排烟系统的影响,通常将共用风井的其他空调通风系统联动关闭。但车站的信号设备、通信设备等重要机房设备是事故时列车调度及疏散救援通信的重要保障,且该机房内设备发热量大,空调通风系统停机后可能会影响设备的运行。因此,要求在车站以及非该类重要机房区域火灾时,重要机房的降温系统需尽可能维持运行,实际操作时考虑到风系统窜烟的风险建议优先启用或保持多联机系统运行。

29.4.12 2012—2015年,受上海市科委支助,"地铁区间列车火灾烟气迁移规律和控制综合研究"项目完成,该项目重点针对轨道交通列车火灾处置原则下,列车系运行过程中着火、迫停在隧道内,对此典型火灾场景烟气迁移进行数值分析并进行实体冷烟试验。研究结果表明,列车运动过程中着火至迫停,烟气迁移显著受活塞风影响,当着火列车由运动至停止时,活塞风在惯性作用下仍然会前行一段距离,带动烟气蔓过列车头部至前方数百米远处。遵循烟气迁移规律、降低火灾损失,结合区间通风系统启动滞后的实际情况,因此当考虑列车火灾迫停区间时,本条允许采用与行车方向一致的纵向通风形式。在设计过程中,建议对列车车体的防火隔热性能提出明确要求,并要求车载空调通风系统参与列车火灾处置流程,在乘客撤离车辆时间内维持车厢内部适合的维生环境。当区间其他设施着火时,通风方向与行车方向一致,以免影响后续列车。

另外,满足最小风速要求需开启的风机数量和风机容量,与该区间滞留的列车数量关系密切,列车数量多、区段阻力大,气流组织的有效性降低,因此本条规定了事故区间计算的最少列车滞留数量。事故区间的列车滞留数量与行车、信号以及调度等多项因素有关,需视具体工程确定。

29.4.17 共用风井时需要相关系统联动,而车站与商业开发一般分属不同的管理主体,协调难度大,因此要求风井分别独立设置,但可共址建设。

30 环境保护

30.1 一般规定

30.1.1 《关于建立以国家公园为主体的自然保护地体系的指导意见》提出科学划定自然保护地类型,将自然保护地按生态价值和保护强度高低依次分为国家公园、自然保护区和自然公园三类;国家公园和自然保护区实行分区管控,原则上核心保护区内禁止人为活动,一般控制区内限制人为活动;自然公园原则上按一般控制区管理,限制人为活动。《关于在国土空间规划中统筹划定落实三条控制线的指导意见》明确指出生态保护红线内,自然保护地核心保护区原则上禁止人为活动,其他区域严格禁止开发性、生产性建设活动。本条结合以上指导意见及《中华人民共和国水污染防治法》《中华人民共和国文物保护法》等国家法律法规的相关规定,提出工程选址、选线需要遵守的原则。

30.1.2 根据《中华人民共和国噪声污染防治法》,噪声敏感建筑物是指用于居住、科学研究、医疗卫生、文化教育、机关团体办公、社会福利等需要保持安静的建筑物。

30.1.3 根据现行国家标准《生产建设项目水土保持技术标准》GB 50433 的要求,对于工程的城镇区段,工程的截排水、拦挡工程的工程等级需要按提高一级来考虑,植物措施标准中的林草覆盖率按提高 1~2 个百分点来考虑。

30.2 噪声与振动污染防治

30.2.1 声屏障是市域(郊)铁路采取噪声主动控制的主要工程

措施,也是有效的降噪措施。地面或高架线路运营引起声环境敏感目标超标时,推荐声屏障为降噪的主动控制措施,降低、缓解列车运行产生的噪声影响。对于利用既有铁路线路开行市域(郊)列车时,需要根据运营期噪声影响,结合既有铁路桥梁结构及荷载、路基基础条件以及周边的建筑物分布等环境状况,选择合适的噪声防治措施。条文中的"国土空间规划敏感区域"是指规划为康复疗养区和以居民住宅、医疗卫生、文化教育、科研设计、行政办公为主要功能的区域。

30.2.3 在高架线路设置声屏障区段,轮轨噪声降低后,桥梁二次结构噪声影响不容忽视;合理配套设置减振措施,降低桥梁二次结构噪声。设置直立式声屏障区段可以采取中等减振措施,封闭式声屏障区段可以采取高等减振措施。

30.2.4 声屏障的设置除了要满足降噪的要求外,还需符合工程的限界和其他运输设备安全、维修等方面的有关要求。其他运输设备是指接触网、信号机、转辙机等。

30.2.5 声屏障存在多种形式,在实际工程中,可以根据设置区段的线路条件、周边的环境状况,选择更加合适的声屏障形式,体现经济性和景观协调性。此外,对于需要预留声屏障安装的桥梁区段,需在土建实施阶段对声屏障安装基础进行预埋,选择便于后续安装施工的插板式声屏障结构,并按要求预留声屏障基础及安装条件。

对于采用封闭式声屏障的地面与高架区间,考虑到部分声屏障材料吸热量大、内部空间热湿环境差,上海市工程建设规范《轨道交通声屏障结构技术标准》DG/TJ 08—2303—2019 第 5.1.5 条规定"当全封闭声屏障设置长度大于 300 m 时,应采取通风措施"。参照上述条文的规定,长度大于 300 m 的封闭声屏障区间需考虑自然通风措施,以满足内部的热湿环境。开孔率参照国家标准《地铁设计防火标准》GB 51298—2018 第 8.3.5 条的规定,不小于正投影面积的 5%。

30.2.7 现行行业标准《铁路声屏障工程设计规范》TB 10505 对声屏障的声学设计、结构设计、附属设施和接口设计等做出了详细的规定。市域(郊)铁路声屏障的声学设计、结构设计、附属设施和接口设计等也要符合该标准的要求。

30.2.8 市域(郊)铁路区间风亭和车站的风亭、冷却塔等设施是地下线路重要的噪声源,风亭排风口和冷却塔与保护目标保持适宜的距离,有条件的区域可以参照《关于做好城市轨道交通项目环境影响评价工作的通知》(环办〔2014〕117 号)的有关要求,风亭排风口和冷却塔等距保护目标的最小距离不小于 15 m。

30.2.10 根据振动的产生、传播和接收等规律,减振措施可以从振动的产生源头、传播途径和接收点(保护目标)等环节来实施,目前源头减振、隔振技术措施主要有减振扣件、减振轨道垫板、隔振减振基础等,传播途径减振措施有地下隔振沟、隔振墙、隔振桩管等;敏感目标减振措施有隔振减振基础等。

30.3 污水与固体废物污染防治

30.3.2 车辆基地的列车清洗废水经处理后,优先考虑回用,回用的冲洗用水水质应符合城市污水再生利用水质标准。

30.3.3 市域(郊)铁路会产生生活垃圾和废旧蓄电池等危险废物。对于产生的生活垃圾等一般性固体废物,考虑资源化和无害化的处理措施,配备相应的垃圾收集、贮存、转运等设施;对于产生的危险废物,需要按照国家有关规定收集、贮存、运输、利用、处置等。

30.3.4 施工产生的泥浆要通过泥浆沉淀池沉淀后采取其他(如干化、清运和综合利用等)处置措施妥善处理。

30.4 电磁污染防治

30.4.1,30.4.2 变电所和移动通信基站的电磁影响也是公众关注的环境影响之一，现行国家标准《电磁环境控制限值》GB 8702 对电磁环境的有关限值做了相应的规定。位于城镇区的变电所需要采用地下或室内变电所的形式，变电所距电磁环境敏感建筑的距离要满足电磁、噪声防护的要求。